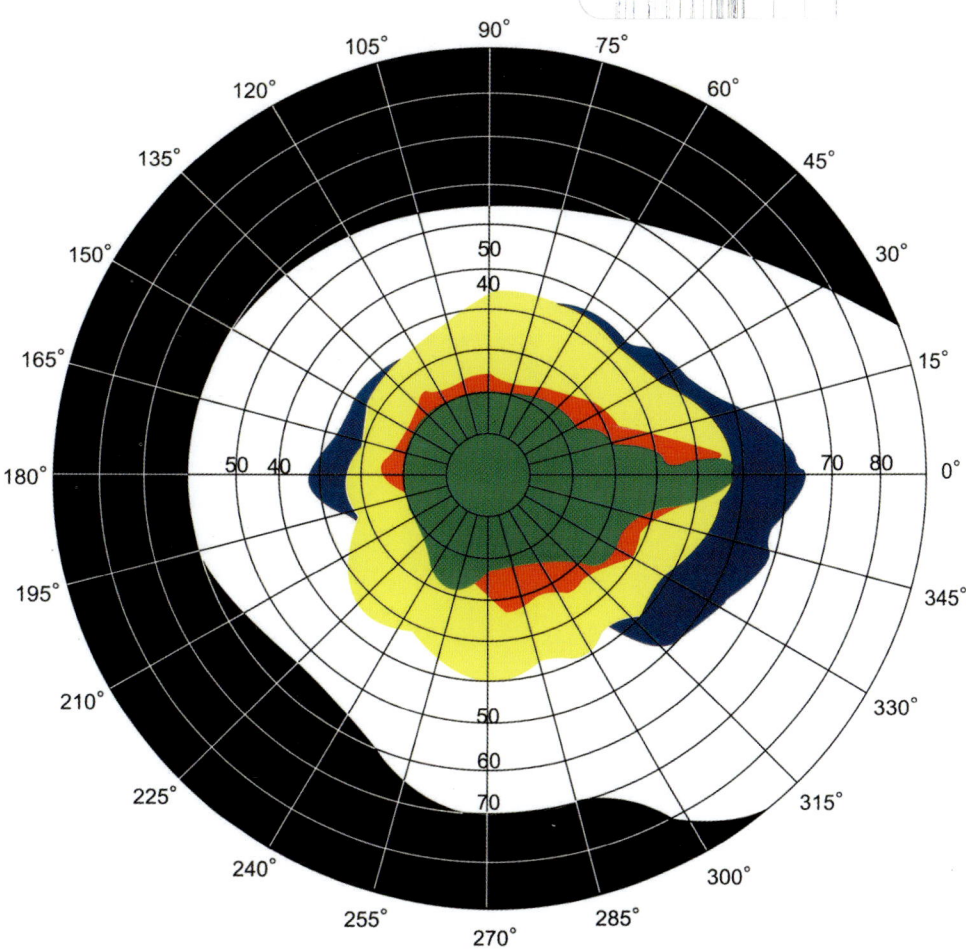

彩图1　右眼视网膜的颜色区

彩图2　检验视网膜颜色区实验

彩图3　色适应实验

彩图5　彩色对比示例

彩图4　不同颜色背景对样品颜色感觉的影响

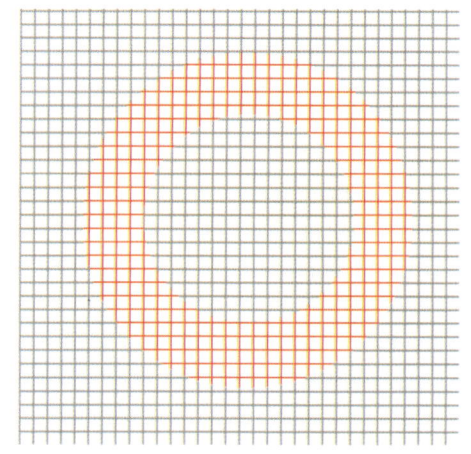

彩图6　颜色扩散示例

冷色系

C95	C75Y65	C95M15	C65Y15	C95M25
C65Y25	C95M35	C65M35	C45M15	C65Y45
C85Y15	C65Y55	C85M25	C55Y15	C85M35
C55Y25	C75M15	C55Y35	C75M25	C55Y45
C65Y15	C45Y15	C95Y15	C45Y25	C95Y25
C45Y35	C95Y35	C35Y15	C95Y45	C35Y25
C95Y55	C25Y15	C95Y65	C100M15Y15	C95Y75
C100M15Y25	C85Y15	C100M15Y35	C85Y25	C100M15Y45
C85Y35	C100M15Y55	C85Y45	C100M15Y65	C85Y55
C100M15Y75	C85Y65	C80Y15K8	C85Y75	C80Y25K8
C75Y15	C80Y45K8	C75Y25	C80Y55K8	C75Y35
C80Y65K8	C75Y45	C70Y25K8	C75Y55	C70Y45K8

彩图7　冷色系列颜色

暖色系

M35Y65	C15M35Y60	C25M35Y85	C15M75	M35Y85
C15M75	M35Y95	C15M95K20	M55Y15	C25M35Y70
M55Y25	M35Y55	M55Y35	C25M75	M55Y45
C25M95	M55Y55	M35Y55	M55Y65	Y65
M55Y75	Y85	M55Y85	C45M95	M55Y95
C15M35Y35	M75Y15	C15M55Y35	M75Y25	C25M35Y3
M75Y35	C25M55Y35	M75Y45	M15Y15	M75Y55
M15Y25	M75Y65K30	M100Y45	M15Y35	M75Y75K40
M15Y45	M75Y85	M15Y55	M75Y95	M15Y65
M75Y15K10	M15Y75	M75Y25K10	M15Y85	M75Y35K10
M15Y95	M75Y45K20	M35Y15	M75Y55K20	M35Y25
M75Y65K10	M35Y35	M75Y75K30	M35Y45	M85Y25K30

彩图8　暖色系列颜色

彩图9
印刷品由网点
形成混合色

彩图10　色光加色混色的规律　　　　　　　　彩图11　色料减色混色的规律

彩图12　彩度与饱和度的示意图

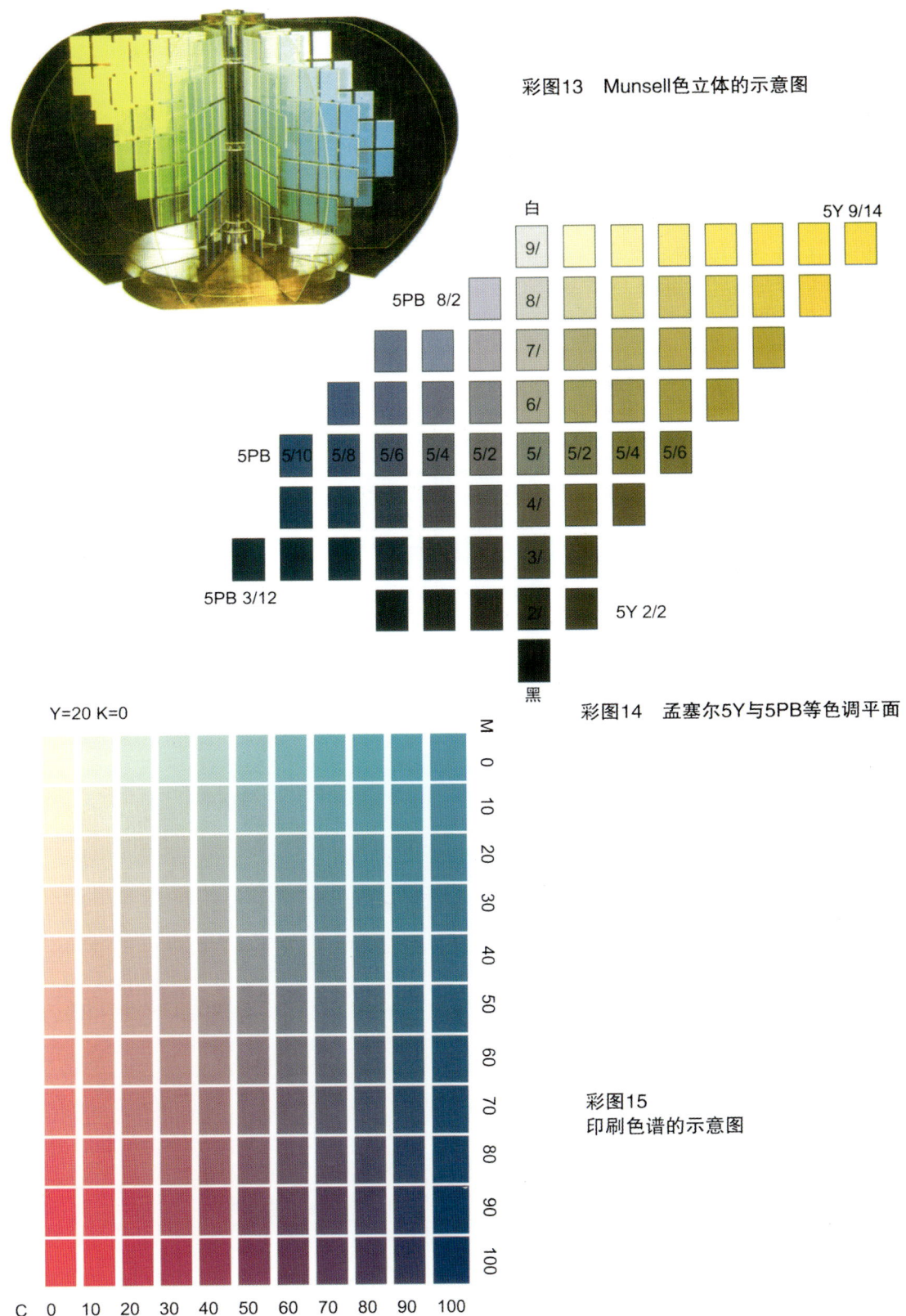

彩图13　Munsell色立体的示意图

彩图14　孟塞尔5Y与5PB等色调平面

彩图15
印刷色谱的示意图

彩图16
Pantone色卡的示意图

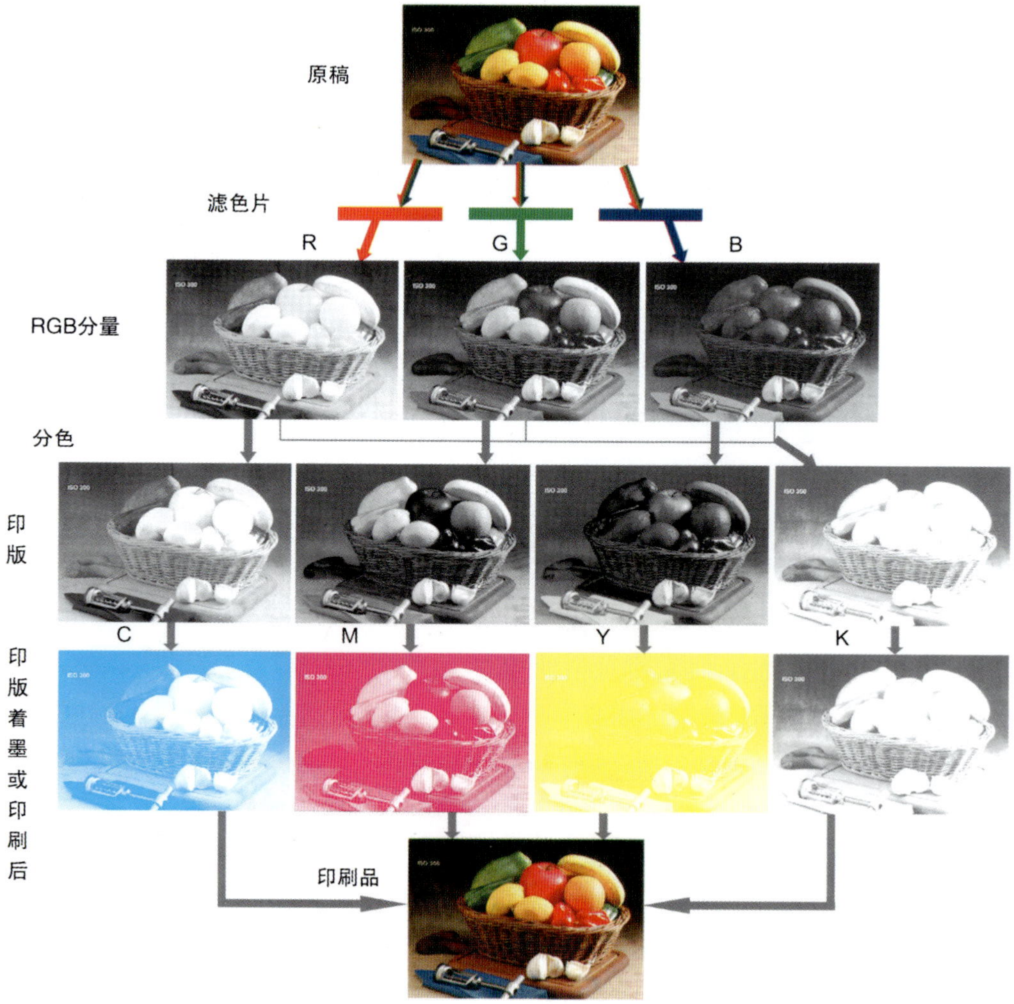

彩图17　彩色印刷颜色信息分解与合成的示意图

彩图18
调幅加网各色网点的排列

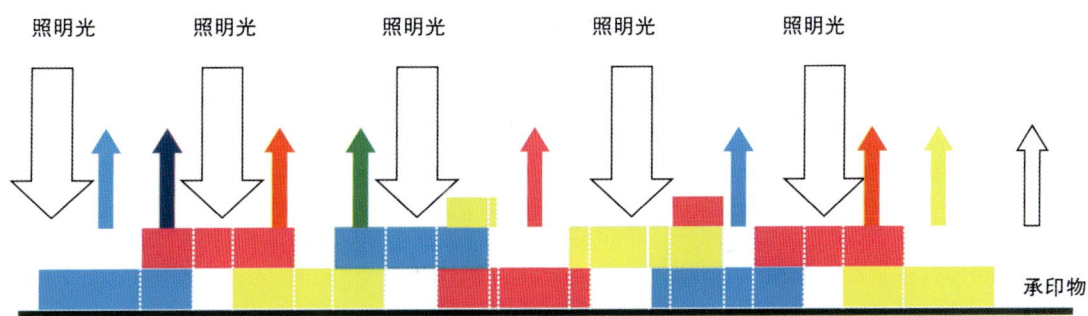

彩图19　网点呈色原理示意图

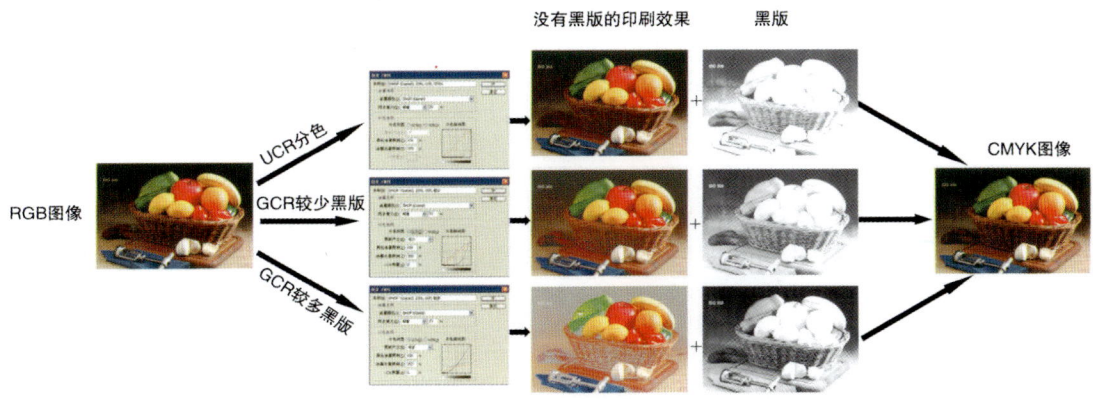

彩图20　不同黑版替代量效果的示意图

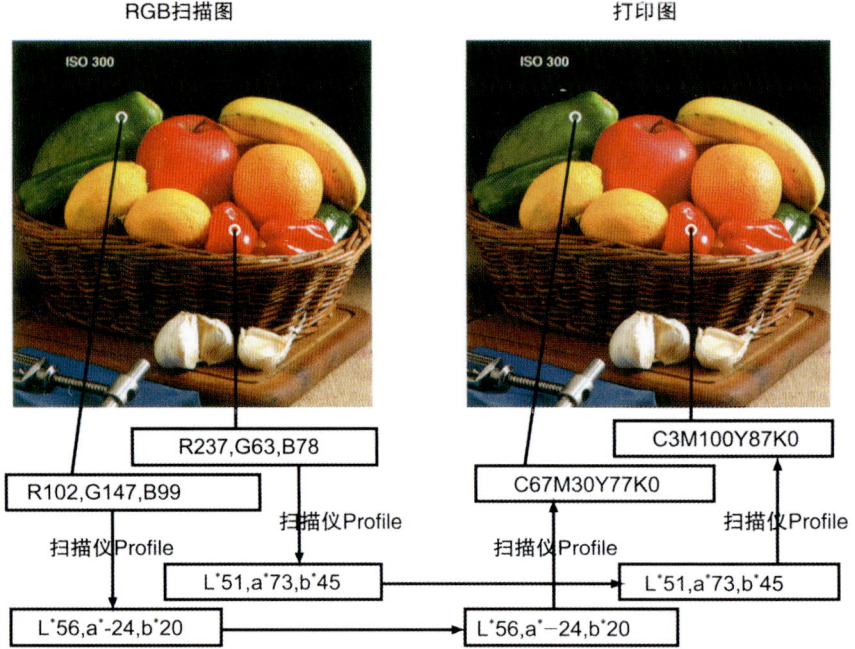

彩图21 色彩管理过程中颜色值的转换示意图

感觉的还原（Perceptual）

饱和度还原（Saturation）

相对色度还原
（Relative Colorimetric）

有黑场补偿的
相对色度还原

绝对色度还原
（Absolute Colorimetric）

彩图22 不同再现意图对同一幅图像转换的效果比较

普通高等教育"十一五"国家级规划教材

印刷色彩学

刘浩学　主编

刘浩学　武　兵　徐艳芳　黄　敏　编著

刘　真　王　强　主审

中国轻工业出版社

图书在版编目(CIP)数据

印刷色彩学／刘浩学主编．—北京：中国轻工业出版社，
2025.2

普通高等教育"十一五"国家级规划教材
ISBN 978-7-5019-6443-7

Ⅰ.印… Ⅱ.刘… Ⅲ.印刷色彩学－高等学校－教材
Ⅳ.TS801.3

中国版本图书馆 CIP 数据核字（2008）第 075859 号

责任编辑：杜宇芳

策划编辑：林 媛　　责任终审：劳国强　　封面设计：锋尚设计
版式设计：王培燕　　责任校对：李 靖　　责任监印：张 可

出版发行：中国轻工业出版社（北京鲁谷东街5号，邮编：100040）

印　　刷：三河市万龙印装有限公司

经　　销：各地新华书店

版　　次：2025年2月第1版第12次印刷

开　　本：787×1092　1/16　印张：18.25

字　　数：456千字　插页：4

书　　号：ISBN 978-7-5019-6443-7　定价：40.00元

邮购电话：010-85119873

发行电话：010-85119832　010-85119912

网　　址：http://www.chlip.com.cn

Email：club@chlip.com.cn

版权所有　侵权必究

如发现图书残缺请与我社邮购联系调换

250226J1C112ZBW

前　　言

本书经教育部专家组评审，入选普通高等教育"十一五"国家级规划教材。

印刷和包装产业是我国国民经济的重要组成部分。所有发达国家的人均出版物占有量和纸制品消耗量都很大，因而印刷包装工业的产值又直接反映了一个国家的经济发展和人民生活的水平。近年来，我国印刷包装产业有了非常快的发展，无论从产值和技术进步各方面都有了很大的飞跃，早已不是传统意义上的手工工艺，不再是记忆中满手墨黑的作坊式生产，已经发展成为了大规模和现代化的产业。印刷技术已经告别了"铅与火"的时代，跨越了"光与电"，进入了"数字化"的新时期。这一切的发展都得益于科学技术的进步，得益于基本理论的应用。

尽管印刷工艺技术发生了很大改变，使用的机器设备与以前有了很大的差别，甚至是使用了完全不同的设备，但印刷复制的基本原理、颜色混合的基本理论没有发生变化，所有的印刷品也还必须由人的视觉系统来观察，印刷品质量的检测和控制也还要通过颜色测量的方法来达到，只不过是实现彩色复制的手段有所改变、设备更加先进而已。因此，学习印刷工程专业的关键是掌握印刷复制的基本原理和理论。

印刷色彩学是学习印刷工程、包装工程等与图像复制有关专业的基础课程之一，是印刷复制依据的最基本理论，是研究彩色复制过程中颜色信息传递和改变规律的科学，又是探讨人类颜色视觉与颜色心理感受的科学，因而是一门交叉学科。通过本门课程的学习，可以了解彩色复制，包括彩色印刷复制、影视、照相等复制方法的最基本理论和方法，掌握颜色计算、测量、评价的基本方法，熟练运用各种颜色测量的仪器设备，为进一步学习图像处理、印刷原理等专业课程打下理论基础。

本书是在长期教学积累的基础上编写完成的，是北京印刷学院视觉与色彩教研室全体老师辛勤劳动的结晶。全书既要体现颜色理论的科学性、完整性和系统性，又兼顾了本科教学的实际情况，深入浅出，力争用最通俗的语言、事例和最短的课时阐述颜色科学的基本规律。

全书共分为8章，可划分为4大部分。第一章和第二章讲解颜色的光学特性和视觉特性、颜色视觉规律和影响颜色感觉的因素，是构成颜色理论的最基本概念；第三章至第六章介绍计算颜色、表示颜色和测量颜色的基本理论和方法，是本课程的核心内容；第七章介绍彩色印刷中的色彩学原理，用前几章的颜色理论阐述彩色复制的颜色传递过程、计算印刷品颜色的方法；第八章是配合本课程的实验部分，通过各种目视观察实验和颜色测量实验，可以更好地理解颜色的特性和规律，促进对基本理论的掌握。在每章的后面，我们设计了习题或思考题，以检验学生对本章内容的理解。这些习题都是本课程的重点内容，或者是以往教学过程中学生不易掌握的内容。

为了体现颜色科学理论的最新发展和应用，在保证色彩学最基本理论体系和基本教学内容的前提下，加入了CIEDE2000色差公式、CMC色差公式、CIECAM02色貌模型、色彩管理技术等最新的内容，书中打"*"号的部分是选讲的内容，可根据实际教学情况灵活掌握。

为了帮助理解，本书还加入了很多彩图，力图以直观的方式说明颜色的规律。书后的附录可供实际应用时参考。

本书适合印刷工程、包装工程以及与图像处理相关专业本科教学使用，也可作为研究生课程的教材。本书力求颜色理论与彩色复制技术的结合，对彩色复制理论做了深入讨论，同时又尽量联系印刷复制的实际，因此也适合从事印刷包装行业工作的技术人员参考使用。

在本书的编写过程中，得到了北京印刷学院各级领导的关心与支持，得到了色彩实验室宋月红、刘瑜老师的大力协助，还得到了金杨教授、梁炯副教授和秦练老师的帮助，在此表示衷心的感谢！刘真教授、王强教授对全书进行了认真审阅，并提出了大量的宝贵意见，特在此表示诚挚的感谢！

颜色科学属于多学科交叉的边缘学科，涉及的学科广、知识面宽，又与实际应用密切相关，因此在编写过程中难免有不当之处，敬请广大读者批评指正。

刘浩学

2008 年 5 月

目 录

绪言 ……………………………………………………………………………………（ 1 ）
第一章 光与色觉 ……………………………………………………………………（ 3 ）
　第一节 光的颜色特性 ……………………………………………………………（ 3 ）
　　一、可见光 ………………………………………………………………………（ 4 ）
　　二、光源的光谱分布 ……………………………………………………………（ 5 ）
　第二节 物体的光谱特性 …………………………………………………………（ 6 ）
　　一、透明物体 ……………………………………………………………………（ 6 ）
　　二、反射物体 ……………………………………………………………………（ 8 ）
　第三节 视觉的生理基础 …………………………………………………………（ 10 ）
　　一、眼睛的生理结构 ……………………………………………………………（ 10 ）
　　二、明视觉和暗视觉 ……………………………………………………………（ 13 ）
　　三、视角、视力与视场 …………………………………………………………（ 14 ）
　*第四节 光度学基础 ………………………………………………………………（ 17 ）
　　一、常用辐射度量 ………………………………………………………………（ 17 ）
　　二、光度量 ………………………………………………………………………（ 18 ）
　　三、光度学中的基本定律 ………………………………………………………（ 21 ）
　本章小结 ……………………………………………………………………………（ 24 ）
　习题 …………………………………………………………………………………（ 24 ）
第二章 颜色视觉 ……………………………………………………………………（ 26 ）
　第一节 颜色视觉理论 ……………………………………………………………（ 26 ）
　　一、三色学说 ……………………………………………………………………（ 26 ）
　　二、四色学说 ……………………………………………………………………（ 27 ）
　　三、现代颜色视觉理论 …………………………………………………………（ 28 ）
　第二节 颜色的分类与视觉属性 …………………………………………………（ 29 ）
　　一、颜色的分类 …………………………………………………………………（ 29 ）
　　二、颜色的视觉属性 ……………………………………………………………（ 30 ）
　第三节 颜色视觉现象 ……………………………………………………………（ 33 ）
　　一、视网膜的颜色区 ……………………………………………………………（ 33 ）
　　二、颜色恒常性（Color Constancy） …………………………………………（ 34 ）
　　三、色适应（Chromatic Adaptation） …………………………………………（ 35 ）
　　四、颜色对比（Color contrast） ………………………………………………（ 36 ）
　　五、负后像（After image） ……………………………………………………（ 38 ）
　　六、颜色的辨别 …………………………………………………………………（ 38 ）

*第四节 颜色的心理感受 （40）
一、颜色的冷暖感 （40）
二、颜色的轻重感 （41）
三、颜色的空间感 （41）
四、颜色的情绪感 （42）
五、颜色的联想与象征 （43）
六、颜色的和谐理论 （46）
第五节 色光混合规律——格拉斯曼定律 （49）
一、颜色混合 （49）
二、格拉斯曼定律 （52）
本章小结 （53）
习题 （54）

第三章 CIE 色度学体系 （55）
第一节 颜色匹配 （55）
一、颜色匹配实验 （55）
二、三刺激值和颜色匹配方程 （56）
第二节 CIE 标准色度系统 （60）
一、CIE 1931-RGB 系统 （60）
二、CIE 1931 标准色度系统 （62）
三、CIE 1964 补充色度系统 （68）
第三节 CIE 色度计算方法 （72）
一、三刺激值与色品坐标的计算 （72）
二、颜色相加的计算 （76）
第四节 主波长与色纯度 （78）
一、主波长 （79）
二、色纯度 （79）
第五节 均匀颜色空间 （80）
一、寻找均匀颜色空间的目的 （80）
二、早期的均匀颜色系统 （82）
三、CIE1976L*a*b*均匀颜色空间及色差公式 （84）
四、CIE1976L*u*v*均匀颜色空间及色差公式 （87）
第六节 色差公式的发展 （88）
一、CMC（l:c）色差公式 （89）
二、CIE94 色差公式 （90）
三、CIE DE2000 色差公式 （91）
*第七节 CIE CAM02 色貌模型 （92）
一、概述 （92）
二、CIECAM02 模型的结构 （93）

三、CIECAM02 正算模型 …………………………………………………………（ 94 ）
　第八节　同色异谱现象和同色异谱颜色 …………………………………………（100）
　本章小结 ……………………………………………………………………………（103）
　习题 …………………………………………………………………………………（104）

第四章　光源的色度学 …………………………………………………………………（106）
　第一节　光源的颜色特性 …………………………………………………………（106）
　　　一、黑体 …………………………………………………………………………（107）
　　　二、色温 …………………………………………………………………………（110）
　　　三、相关色温 ……………………………………………………………………（110）
　　*四、光源相关色温的确定 ………………………………………………………（111）
　第二节　CIE 标准照明体和标准光源 ……………………………………………（112）
　第三节　光源的显色性 ……………………………………………………………（115）
　*第四节　CIE 标准照明体 D 光谱数据的确定 …………………………………（118）
　第五节　印刷行业的标准照明条件 ………………………………………………（120）
　　　一、照明光源 ……………………………………………………………………（120）
　　　二、照明条件 ……………………………………………………………………（121）
　　　三、观察条件 ……………………………………………………………………（122）
　　　四、观察条件的环境色和背景色 ………………………………………………（123）
　本章小结 ……………………………………………………………………………（123）
　习题 …………………………………………………………………………………（124）

第五章　色序系统 ………………………………………………………………………（125）
　第一节　孟塞尔颜色系统 …………………………………………………………（125）
　　　一、孟塞尔色立体 ………………………………………………………………（126）
　　　二、孟塞尔颜色图册 ……………………………………………………………（128）
　第二节　自然色系统（NCS） ……………………………………………………（132）
　　　一、自然色系统的概念和结构 …………………………………………………（133）
　　　二、NCS 标号 ……………………………………………………………………（135）
　　　三、NCS 无条件颜色判断 ………………………………………………………（136）
　第三节　中国颜色系统 ……………………………………………………………（137）
　第四节　印刷使用的颜色系统 ……………………………………………………（138）
　　　一、印刷色谱与 CMYK 颜色空间 ………………………………………………（138）
　　　二、彩通（PANTONE）颜色系统 ………………………………………………（143）
　　　三、RGB 颜色空间 ………………………………………………………………（144）
　本章小结 ……………………………………………………………………………（147）
　习题 …………………………………………………………………………………（147）

第六章　颜色测量 ………………………………………………………………………（149）
　第一节　颜色测量的几何条件 ……………………………………………………（150）
　第二节　分光光度计 ………………………………………………………………（151）

第三节　光电色度计 …………………………………………………… (153)
第四节　彩色密度计与密度 …………………………………………… (154)
　　一、减色法三原色与减色法混色 …………………………………… (154)
　　二、彩色密度计原理与结构 ………………………………………… (155)
　　三、颜色的密度表示法 ……………………………………………… (160)
　　四、密度与网点面积 ………………………………………………… (162)
第五节　常用测量仪器简介 …………………………………………… (164)
　　一、X – Rite Swatchbook 分光光度计 ……………………………… (164)
　　二、X – Rite 500 系列分光光度计 …………………………………… (165)
　　三、色彩管理类分光光度计 ………………………………………… (167)
　　四、X – Rite Eye – One Display 2 光电色度计 ……………………… (169)
本章小结 …………………………………………………………………… (170)
习题 ………………………………………………………………………… (171)

第七章　彩色印刷 ………………………………………………………… (172)
第一节　彩色印刷呈色原理 …………………………………………… (172)
　　一、颜色分解 ………………………………………………………… (172)
　　二、颜色合成 ………………………………………………………… (174)
　　三、彩色印刷品的实现方法 ………………………………………… (174)
　　四、加网技术 ………………………………………………………… (176)
　　五、印刷品呈色原理分析 …………………………………………… (182)
第二节　彩色印刷品的色度计算 ……………………………………… (183)
　　一、单色印刷的颜色计算 …………………………………………… (183)
　　二、纽介堡方程 ……………………………………………………… (184)
　　三、底色去除（UCR）与灰成分替代（GCR）………………………… (187)
　　四、灰平衡 …………………………………………………………… (190)
　*五、蒙版方程 ………………………………………………………… (192)
第三节　色彩管理系统简介 …………………………………………… (194)
　　一、色彩管理问题的提出 …………………………………………… (194)
　　二、色彩管理的基本原理 …………………………………………… (195)
　　三、基本概念 ………………………………………………………… (196)
　*四、色彩管理的实现方法 …………………………………………… (197)
　*五、色彩管理的步骤 ………………………………………………… (201)
　　六、Windows Vista 新颜色系统 WCS ……………………………… (202)
*第四节　设备颜色的计算 ……………………………………………… (203)
　　一、显示颜色的计算 ………………………………………………… (203)
　　二、扫描图像颜色的计算 …………………………………………… (209)
　　三、Neugebauer 方程的修正 ………………………………………… (210)
本章小结 …………………………………………………………………… (212)

习题 ……………………………………………………………………………………… (213)
第八章 色彩学实验 ………………………………………………………………… (214)
第一节 颜色特性认识实验 …………………………………………………………… (214)
实验一 光源光谱分布与光色感觉的对应关系 …………………………………… (214)
实验二 物体光谱反射率与颜色感觉的对应关系 ………………………………… (215)
实验三 色貌观察实验 ……………………………………………………………… (215)
实验四 颜色匹配实验 ……………………………………………………………… (216)
实验五 印刷品颜色的观察 ………………………………………………………… (219)
实验六 对颜色三属性的认知 ……………………………………………………… (220)
实验七 NCS 颜色判断法的练习 …………………………………………………… (221)
第二节 颜色测量与分析 ……………………………………………………………… (221)
实验一 色度测量 …………………………………………………………………… (221)
实验二 色差测量与分析 …………………………………………………………… (229)
实验三 密度测量 …………………………………………………………………… (230)
实验四 油墨特性测试 ……………………………………………………………… (232)
*实验五 印刷网点观察与测量 ……………………………………………………… (234)
第三节 综合性实验 …………………………………………………………………… (235)
实验一 设备可实现颜色范围（色域）的确定 …………………………………… (235)
*实验二 显示器的色彩管理 ………………………………………………………… (238)
*实验三 印刷品颜色的评价 ………………………………………………………… (241)
附录 ……………………………………………………………………………………… (244)
附录1 CIE 标准照明体 A 的加权函数 …………………………………………… (244)
附录2 CIE 标准照明体 D_{65} 的加权函数 ………………………………………… (245)
附录3 CIE 标准照明体 D_{50} 的加权函数 ………………………………………… (246)
附录4 孟塞尔新标系统样品颜色的 CIE1931 色品坐标 ………………………… (247)
附录5 色彩学常用词汇中英文对照表 …………………………………………… (265)
参考文献 ………………………………………………………………………………… (275)

绪　　言

　　人类生活在五彩缤纷的世界中，周围的事物都是五颜六色的。颜色既是信息的载体，又是信息的一种形式，颜色对我们的日常生活有着非常大的影响，因此人类一直在不断地探索颜色的奥秘，想方设法利用颜色的特性。现在我们已经掌握了颜色的基本特性，可以利用颜色的特性把我们的生活装点得更加丰富多彩，例如彩色电视、电影、彩色摄影、彩色印刷、各种鲜艳的服装、五颜六色的各类物品……可以用颜色装点我们的生活，用颜色抒发情感，颜色给我们带来了美的享受。同时，我们也可以用颜色信息作为警示信号，如交通信号、红色预警、橙色预警信号等，颜色信息已经融入我们生活中的方方面面，我们已经离不开颜色了。

　　研究颜色规律的学问称为颜色科学。颜色科学包含的内容非常广泛，涉及与颜色感觉和颜色应用有关的各个方面。对颜色的研究主要有两大方面，一是从美学的角度对颜色进行研究，研究不同颜色对人类感官刺激所产生的心理反应，如美术、设计时的颜色运用与搭配；二是从科学的角度出发，研究颜色视觉的规律，研究计算、表示、复制和测量颜色的方法。尽管这两个研究方面的内容差别很大，所使用的研究方法也非常不同，但二者又是紧密联系，相互影响，相互促进，相互渗透和不可分割的两个应用侧面。印刷色彩学是一门研究彩色印刷过程中颜色信息传递规律的专门学科，是颜色科学的一个重要应用领域，主要的研究内容和方法属于第二个应用侧面。

　　然而，印刷色彩学所研究的对象和研究方法并不局限于彩色印刷，它的基础理论是颜色科学的通用理论和方法，涉及的研究方法对所有与彩色复制有关的领域都适用，如影像领域、彩色电视和彩色电影行业、计算机图像处理与传播等，应用十分广泛。同时，颜色科学又是一门涉及物理学、心理学、生理学、美学等多个学科的交叉学科，有其独特的研究方法，不是纯粹的物理研究方法，也不能以纯粹的物理概念来理解。但是，由于颜色感觉是由光刺激引起的，而光学现象是一种物理现象，所以通过对光的分析可以间接来表示颜色的感觉，即光刺激直接决定了颜色的感觉，因而本学科中使用的很多研究手段借用了物理研究的手段。然而，光能量的大小并不与颜色感觉完全画等号，颜色感觉的研究远比对光的测定复杂得多，不仅取决于光刺激，还取决于视觉系统的生理特点与观察的条件，这正是本学科的重要特点，也是研究的中心内容之一。

　　在颜色科学的研究范畴内，专门研究光与颜色感觉之间的对应关系、用定量的方法表示、比较、计算和测量颜色的学科称为色度学。色度学是印刷色彩学的基础，是定量研究印刷过程中颜色传递规律的工具。

　　彩色复制的本质是颜色信息的传递和复制，而颜色信息的传递遵守颜色科学的规律，因此印刷色彩学是学习印刷复制专业的基础课，理解了颜色的特性和掌握了计算颜色的方法对于理解彩色复制的原理、学习印刷工艺技术至关重要，一定要充分重视。

　　尽管本课程包含的内容十分丰富，但其最主要的内容只有以下几个方面：① 颜色视觉的特性——光学特性和生理心理特性；② 颜色视觉的规律和影响颜色感觉的因素；

③ 颜色感觉的定量描述方法与计算方法；④ 颜色的测量原理、方法与仪器；⑤ 彩色复制过程的颜色信息传递规律和描述方法。

　　形成颜色感觉的光学特性和生理心理特性是学习理解印刷色彩学原理的最基本内容，所有的颜色计算、测量和表示的方法都是根据这些特性得到的，是理解本课程内容的关键。颜色的定量描述、计算方法和测量方法是本课程的重点所在，也是今后实际使用的工具，在后续专业课中有重要的应用。用色彩学原理分析和定量研究彩色复制过程中颜色信息的传递规律和描述方法，用色彩学原理来解释印刷复制过程中的颜色现象，是学习色彩学的最根本目的。本课程几方面的内容互为依托，紧密关联，构成一个知识链，一环扣一环。任一个环节出现了问题，都会造成整个链条的断裂，理解了前面的内容会给后面知识的理解奠定基础，而学习了后面的内容又会加深对前面内容的认识，所以在学习过程中要注意知识点的融会贯通。

　　颜色是我们身边随处存在的现象，是每一个人都有的视觉感觉。因此，学习色彩学要结合实际，要注意观察身边的颜色现象，体会各种颜色信息，要用学到的色彩学知识解释观察到的颜色现象，同时也用看到的颜色现象来促进理解。在学习过程中还会安排一些实验，目的是通过实际的观察，通过对颜色的测量和计算，加深对课堂教学内容的理解，加深对颜色规律的认识，帮助我们更好地使用颜色。只要我们用心观察，认真体会，勤于思考，掌握正确的学习方法，就一定能学好本门课程。

第一章 光与色觉

颜色在我们身边无处不在，颜色给我们带来了无穷的美感和享受。但是，颜色究竟是什么，颜色究竟是怎么产生的呢？这个问题是我们首先要回答的。我们都知道，只能在白天，在明亮的环境下才能看到颜色，同样的景物到了夜晚就看不到颜色了。这说明颜色与光有关，没有光就没有颜色。

具有五颜六色的景物在我们的面前，要是我们闭上眼睛不去看它也不会感知到物体的颜色，因此颜色又是通过我们的眼睛产生的一种感觉。

这就是颜色的特性。人类通过视觉、听觉、嗅觉、味觉和触觉感知外部客观世界，称为五大感官。其中，外部世界信息的80%都是通过视觉提供的。视觉又可分为形象视觉和颜色视觉两部分。形象视觉是指对物体形状、大小、质感等信息的感觉，除去形象感觉以外的视觉感觉就是颜色感觉。人们观察物体时，首先的反应是物体的颜色，如红色、绿色等，然后才注意到形状、质感等具体细节，这就是所谓的"远观颜色、近看花"。

我们首先来简要分析一下颜色视觉产生的过程。如图1-1所示，由光源（包括太阳光与各种人工光源）发出的光照射在物体表面上，经过物体对光的选择性吸收（选择性吸收的概念见本章第二节），反射或透射出来的光刺激人眼，由人眼内的视细胞将光刺激转换为神经冲动信号，再由视神经将信号传入大脑，由大脑判断出该物体的颜色感觉。由此可知，我们之所以产生颜色感觉，是由于光源、物体、眼睛和大脑共同作用的结果，我们称光源、物体、眼睛和大脑为颜色视觉（简称色觉）产生的四大要素。如果将眼睛与大脑统称为人的视觉系统，则颜色感觉就是由光源、物体和视觉系统三大要素产生。

综上所述，我们可以将颜色定义为光作用于物体所产生的除物体形象以外的视觉感觉。在这个定义中明确了产生颜色感觉所需的光源、物体和视觉系统三大要素。下面就针对这三大要素分别进行讨论。

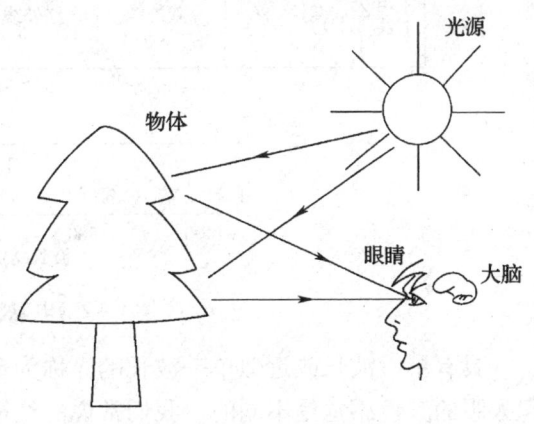

图1-1 产生颜色感觉过程的示意图

第一节 光的颜色特性

在色觉形成的过程中，光源显然是首要因素，一切颜色来源于光，无光就无色。但是，究竟是光的什么性质产生了颜色感觉呢？颜色感觉与光的特性有什么对应关系呢？这里的奥秘是什么？

一、可见光

光是电磁波辐射的一部分，因而光源又称作物理辐射体，即能够发出物理辐射的物体。研究色觉首先就要研究光源的辐射特性。从物理学理论可知，物质是由分子和原子组成的，不同的原子处于不同的能级状态。当由能量较高的激发态降到低能级时，它们就会将多余的能量以量子的形式辐射出电磁波，辐射能量为：

$$E_2 - E_1 = h\nu \tag{1-1}$$

式中 E_2 和 E_1 分别是高低两个能级的能量，ν 为辐射电磁波的频率，$h = 6.626 \times 10^{-34} \mathrm{J \cdot s}$，称为普朗克常数。由此可见，电磁波的频率与辐射能量成正比，频率越高对应的辐射能量越高。由于电磁波的频率与波长成反比，所以电磁波的波长与辐射能量成反比，短波对应着更高的能量。

但是，并不是所有的电磁波辐射都能引起人眼的视觉反映。刺激人眼能引起视觉明亮感觉的电磁辐射称为可见光辐射，简称可见光或光。可见光的波长范围大约在 380～780nm（$1\mathrm{nm} = 10^{-6}\mathrm{mm} = 10^{-9}\mathrm{m}$），在整个电磁波波谱中，可见光只占很小的一部分，如图 1-2 所示。比可见光波长更短一些的不可见电磁辐射称为紫外线，比可见光波长更长的不可见辐射称为红外线。可见光的波长反映了光子跃迁的能量大小，波长越短，能量越强，反之则越弱。

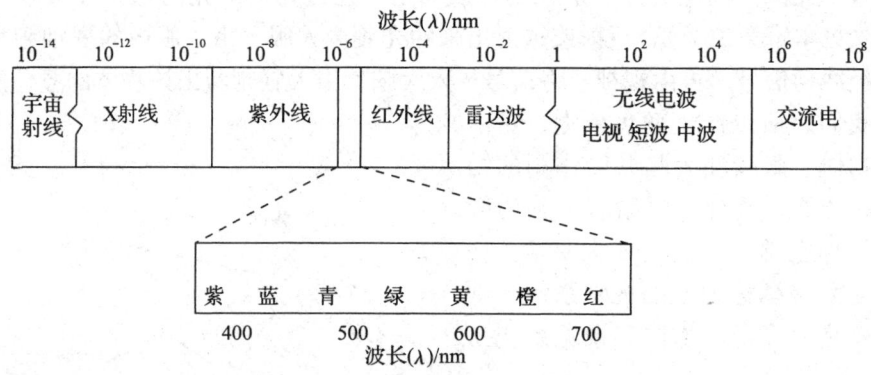

图 1-2　电磁波谱与可见光谱

具有单一波长或近似单一波长的光称为**单色光**。在可见光谱内，不同波长的单色光引起人眼的颜色感觉是不同的。我们常说的红橙黄绿青蓝紫七色光，就反映了光波长从长到短改变引起的颜色感觉。也就是说，可见光中不同波长的单色光是引起各种颜色感觉的根源。可见光谱与颜色感觉的对应关系大致如下：

　　红色 770～620nm　　橙色 620～590nm
　　黄色 590～560nm　　黄绿色 560～530nm
　　绿色 530～500nm　　青色 500～470nm
　　蓝色 470～430nm　　紫色 430～380nm

自然界中的日光、火光及各种人工光源，如白炽灯、荧光灯、钠灯、氙灯等所发出的光都是各种波长可见光混合而成的复色光，而且各波长的混合比例很接近，产生类似无色白光的感觉。不同波长的光波具有不同的折射系数和衍射特性，利用这种原理，通过三棱镜或光栅等色散器件，可以将一束白光（或某种复色光）分解成不同颜色排列而成的光谱，这种现象简称为**色散**，如图1-3所示。

白光色散后按波长顺序排列而成的彩色光带称为**可见光谱**，组成光谱的各种单色光的颜色叫做光谱色。雨后天空中的彩虹，就是大气折射太阳光造成的，是自然光色散的典型例子。由色散

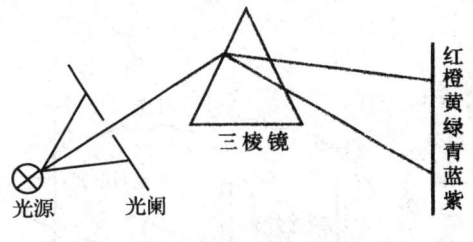

图1-3 棱镜色散

实验可以说明：自然光和大多数光源发出的光是由单色光复合而成的，复合后的混合光具有白光的感觉。反过来，将复色光分解成不同波长的单色光后就可以产生不同的颜色感觉，也就是说，特定波长的单色光产生特定的颜色感觉。由此可以总结出光的一个重要特性，即光的混合和分解特性：不同波长的单色光可以混合到一起形成复色光，不同比例的单色光混合出的复色光产生不同的颜色感觉；而复色光又可以分解为各种波长的单色光，不同波长的单色光具有不同的颜色感觉。这就是有光才有色的奥秘之一。光具有分解与合成的性质是光的最基本特性之一，它反映了不同波长光能量的叠加和分解关系。例如，我们如果在房间中只点亮一支蜡烛会感到比较暗，当点亮两支或多支蜡烛后就会亮很多，因为各支蜡烛的光能量相互叠加了。反之，当我们挡住一支或几支蜡烛的光，就会减少总的照明光能量，相当于分解了其中的一部分光。

另一方面，复色光作用于眼睛所起的作用，相当于各单色光分别作用于眼睛产生的反应之和，不同波长比例的光刺激眼睛后产生的总效果是各种波长分别刺激眼睛产生的分效果之和，即眼睛对色光的感觉也是一种叠加关系，正是由于这种光和感觉的线性叠加特性才形成了各种各样的颜色感觉，才能进行颜色的复制，这是我们计算颜色、测量颜色和复制颜色的最基本依据。

二、光源的光谱分布

一般的光源（自然光源及人工光源）发出的光都是由不同波长的单色光混合而成的复色光，通常组成复色光的各单色光的能量比例是不一样的，即复色光的辐射能量是随波长变化的，这种能量比例关系决定了光源所发光的颜色感觉。所以在研究光源的颜色特性或计算颜色时，多以函数的形式来表示辐射能量随波长变化的关系，**这种函数关系称为光源的光谱功率分布**。光源的光谱功率分布是描述光源发光颜色的**最基本方法**，也是计算颜色的最基本数据。光源的光谱功率分布函数描述了光源的光学性质。

由于光源的颜色感觉取决于光谱分布中各单色光的相对比例，而不是它们的能量绝对值，因此实际应用中，使用更多的是光谱分布的相对值而非绝对值。令光谱分布函数中的最大值为"1"，或规定某个波长的值为"1"，将函数中其他波长的值进行归化，经归化后的光谱分布函数称为光源的**相对光谱功率分布**，记做$S(\lambda)$。已知了光源的光谱分布，就知道了光源的颜色特性。反言之，光源的颜色特性取决于所发出的光线中包含不同波长单色光之间的相对能量比例，而与光谱辐射能量的绝对值无关，因为绝对值的大小只反映了光源发光强度的大小，只决定光源的亮、暗感觉，不会引起光源颜色感觉的变化。

常见光源的光谱分布有以下几种形式：①线状光谱；②带状光谱；③连续光谱；

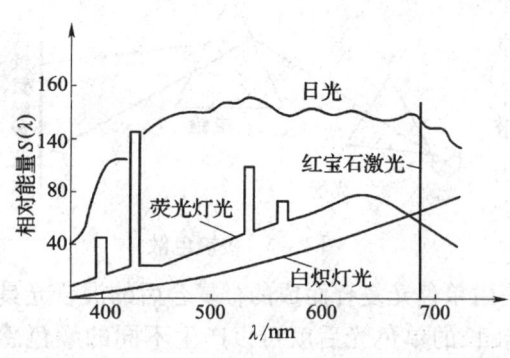

图1-4 常见光源光谱功率分布曲线的比较

④ 混合光谱（前三种的组合）。图1-4画出了几种典型光源的相对光谱分布，图中纵坐标表示各光源的相对能量比例，只有相对值的意义。激光、低压钠灯为线状光谱，可以产生纯度较高的单色光；碳弧灯和高压汞灯属带状光谱，在某些波长区间发光很强；一切热辐射光源如太阳和白炽灯都是连续光谱，光谱分布曲线比较光滑，没有能量的突变，而日常所用的荧光灯则属混合光谱，既有连续光谱又有带状光谱，但主要是带状光谱起作用。

光源的光谱分布既决定它本身所发光的颜色，又对它所照明物体的颜色产生影响，不同光谱分布的光源照明同一个物体时会产生不同颜色感觉的效果。有关光源颜色特性的更详细介绍将在后面第四章光源的色度学中"光源的颜色特性"一节讲到。

第二节 物体的光谱特性

各种物体在光的照射下呈现出不同的颜色，原因就在于物体对落在其表面的复色光有选择地吸收、透射或反射，某些波长的光被物体吸收，其余波长的光被透射或反射，从而使物体表面出射的光是由某些特定波长的单色光混合而成，形成了特定的颜色刺激，当这个特定的颜色刺激进入人眼后就形成了颜色感觉。将物体的这种特性称为物体的光谱特性，也能够用光谱分布函数和分布曲线来表示，以横坐标为波长，纵坐标为物体对该波长能量的透射比或反射比，如图1-5所示。正是由于物体这种对光的选择性吸收、透射或反射的特性，决定了物体呈现出特定的颜色感觉。例如，透明体（如滤色片、胶片或油墨层）的颜色主要由吸收和透过的光谱组成决定；不透明反射物体的颜色主要由吸收和反射的光谱组成决定。

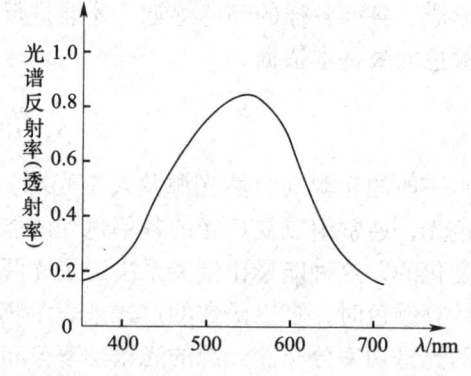

图1-5 光谱反射（透射）率曲线

一、透 明 物 体

当光照射在透明物体上时，一部分光被吸收（某些波长的光被吸收的多，某些波长被吸收的少），另一部分光则会透过物体（忽略物体表面的反射光），使原来照明光的光谱组成比例发生了改变，因而产生了特定的颜色感觉。从光学的角度来说，透明物体对每个不同波长辐射的吸收都不相同，吸收和透射特性是波长的函数，称为**光谱透射率**。

设入射光的辐射通量为$I_0(\lambda)$，经过单位厚度的透明物质后被吸收了一定比例，变

为 $I_1(\lambda)$，如图 1-6 所示，各波长的能量变为原来的 $A(\lambda)$ 分之一，即

$$\frac{I_1(\lambda)}{I_0(\lambda)} = \frac{1}{A(\lambda)}$$

其中，$A(\lambda)$ 是波长的函数，且在各波长上的数值都大于 1，称为吸收系数。对于特定的物质，吸收系数 $A(\lambda)$ 是固定的，代表了该物质特有的光学特性。当透射光再次穿过单位厚度的相同物体后，又一次被吸收，辐射通量变为 $I_2(\lambda)$，则有：

$$\frac{I_2(\lambda)}{I_1(\lambda)} = \frac{1}{A(\lambda)}$$

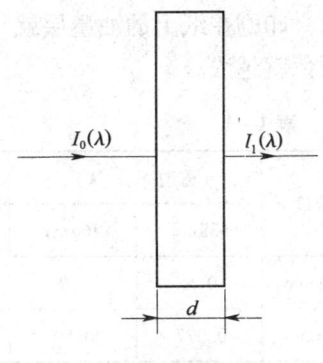

图 1-6 光的透射示意图

将上面两式合并后可得：

$$\frac{I_2(\lambda)}{I_0(\lambda)} = \frac{I_1(\lambda)}{I_0(\lambda)} \times \frac{I_2(\lambda)}{I_1(\lambda)} = \frac{1}{A(\lambda)} \times \frac{1}{A(\lambda)} = \left[\frac{1}{A(\lambda)}\right]^2$$

同理可得，如果入射光穿过 d 层单位厚度的物质（即厚度为 d 的物质）后，辐射通量变为 $I_\tau(\lambda)$ 就会有：

$$\tau(\lambda) = \frac{I_\tau(\lambda)}{I_0(\lambda)} = \left[\frac{1}{A(\lambda)}\right]^d \tag{1-2}$$

式（1-2）称为布格（Bougour）定律，称 $\tau(\lambda)$ 为该物体的光谱透射率（比），通常以横坐标为波长 λ，纵坐标为 $\tau(\lambda)$ 来表示物体对光的透射特性，称为该物体的光谱透射率曲线，如图 1-5 所示。

由式（1-2）可知，特定物体的光谱透射率 $\tau(\lambda)$ 定义为从该物体透射出的波长为 λ 的辐射通量 $I_\tau(\lambda)$ 与入射于物体上相同波长 λ 的辐射通量 $I_0(\lambda)$ 之比。定义物质的单位厚度消光系数 $a(\lambda)$ 为：

$$a(\lambda) = \lg A(\lambda) \tag{1-3}$$

则对应厚度为 d 的物体有：

$$\lg \tau(\lambda) = \lg \frac{I_\tau(\lambda)}{I_0(\lambda)} = -d \lg A(\lambda) = -d a(\lambda)$$

由此可见，透明物体光谱透射率的对数与它的厚度和消光系数成正比，消光系数 $a(\lambda)$ 又称为单位厚度的（光学）密度。密度常用字母 D 表示，代表厚度为 d 的物体对光吸收的特性，密度越大，表示对光的吸收越多，看上去就越暗。式（1-4）表示的是厚度为 d 的物体对各波长光的密度，称为光谱密度：

$$D(\lambda) = -\lg \tau(\lambda) = d \lg A(\lambda) = d a(\lambda) \tag{1-4}$$

由式（1-4）可以看出，光谱密度与厚度成正比，物体越厚，对光吸收就越多，密度就会越大。例如，1mm 厚度的某彩色玻璃对 638nm 和 466nm 光波的透射率分别为 0.6 和 0.9，计算得到 $A(638nm) = 1.67$，$A(466nm) = 1.11$，即这两个波长的入射光经过吸收后分别变为原来的 1/1.67 和 1/1.11 倍，二者差别不大。当该玻璃厚度增加到 5mm 时，计算得到 $A(638nm) = 12.99$，$A(466nm) = 1.69$，这两个波长透射的光强分别是入射光强的 1/12.99 和 1/1.69 倍，差别就拉开了，如表 1-1 的数据所示。由此说明，当玻璃较薄时，眼睛看上去没有什么颜色感觉，但当玻璃加厚以后，就明显看出玻璃是蓝色

的。印刷在纸上的油墨层就与彩色透明玻璃类似,如果墨层较薄,颜色就淡,墨层越厚,颜色就越浓。

表 1-1　　　　　　　　　　　玻璃厚度对密度的影响

厚度 d	透射率 $\tau(\lambda)$		$A(\lambda)$		密度 D		出射光 $I_\tau(\lambda)$	
	638nm	466nm	638nm	466nm	638nm	466nm	638nm	466nm
1mm	0.6	0.9	1.67	1.11	0.22	0.045	0.6	0.9
5mm	0.077	0.59	12.99	1.69	1.11	0.23	0.077	0.59

密度是印刷工业中用来衡量照相软片的透过率和推算油墨膜层厚度的一个常用物理量。由于油墨密度与墨层厚度在一定范围内成正比(图1-7),通过测量不同滤色片下的油墨密度值,可以反映出印刷油墨对不同色光的吸收程度,推算出油墨膜层的厚度,从而得知印刷品的颜色和印刷的条件状况。如果密度值保持稳定,表明印刷到纸张上的墨层厚度稳定,从而印刷品颜色就能够保持稳定。

图1-8是一个理想绿色透明物体的光谱透射率曲线。由图可以看出,这个透射物体主要透射500~600nm的光,而吸收这个波长范围以外的其他光波。从光的波长与颜色感觉对应关系可知,这个透明物体看上去是绿色的感觉。

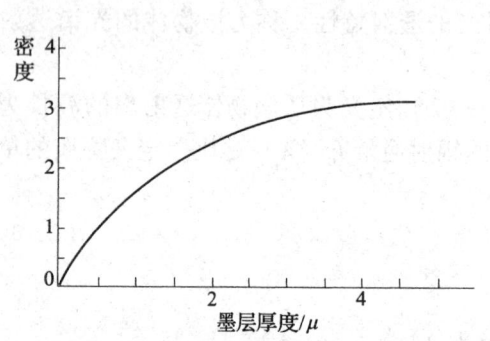

图1-7　墨层厚度与油墨密度关系示意图

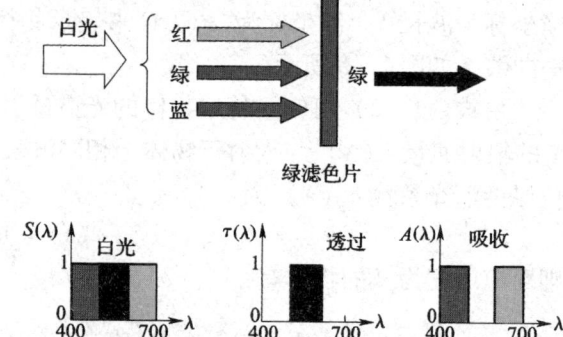

图1-8　绿滤色片对照明光吸收的示意图

透明物体的颜色特性可以从它的光谱透射比计算出来,所以,在色度学中光谱透射比的测定有着重要的意义。测定光谱透射比要使用透射分光光度计。

空气是一种理想透明体,其在整个可见光波段内的光谱透射比均为1,因此,空气被用来作为其他透明物体光谱透射比测量的参照标准。

二、反射物体

光照射在反射物体(非透明体)上时,由于其表面分子结构差异而形成选择性吸收,将可见光谱中某些波长的辐射能量吸收了,而将剩余波长的光反射出来。反射物体的这种选择性吸收特性可以用反射光通量 $\Phi_\rho(\lambda)$ 与入射光通量 $\Phi_0(\lambda)$ 之比来描述,称为反射物体的**光谱反射率**(比),用 $\rho(\lambda)$ 表示,它反映了反射物体对各波长单色光的反射比例,因此是波长的函数。$\rho(\lambda)$ 的定义为:

$$\rho(\lambda) = \frac{\Phi_\rho(\lambda)}{\Phi_0(\lambda)} \qquad (1-5)$$

类似地，可以用

$$D(\lambda) = -\lg\frac{\Phi_\rho(\lambda)}{\Phi_\tau(\lambda)} = -\lg\rho(\lambda) = \lg\frac{1}{\rho(\lambda)} \qquad (1-6)$$

来表示反射物体对光的吸收量，称为该物体的（光谱）反射密度，数值越大，表示该反射物体对入射光的吸收率越高，看上去就越暗。

图 1-9 是一个红色五角星的光谱反射特性的例子，示意出为什么当白光照射在上面就会形成红色的感觉。由图可以看出，红色反射物体主要反射 600nm 以上的长波光，而主要吸收比 600nm 波长更短的光波。从光的波长与颜色感觉对应关系可知，这个反射光谱产生的颜色感觉是红色，因此五角星看上去是红色的感觉。

光谱反射率 $\rho(\lambda)$ 反映了反射物体的光学特性，是色度计算的基本数据。反射物体的光谱反射率 $\rho(\lambda)$ 用反射分光光度计来测量。若一个物体表面对投射到它上面的白光在各波段内做等比例吸收和反射，则会保持照明光的原来颜色，仅改变对照明光的反射强度，只有明亮感觉的变化，没有彩色改变。当反射率从 0 到 1 改变时，物体表面就呈现出黑、灰色（由深入浅）直至白色。因为，该物体表面对白光中光谱各波段的辐射能量做等比吸收，则反射（或透射）光各波长的辐射能量均做等量减少，而光谱组成比例不会改变，这种现象就称为非选择性吸收。通常，光谱反射率在 10% 以下的物体看上去为黑色，反射率从 10%~70% 为不同深浅的灰色，反射率大于 70% 的物体就感觉是白色。氧化镁标准白板对各波长光的反射率大约都在 97% 左右，因此看上去非常白，常作为测量颜色时的工作白标准。图 1-10 绘出了常用作测量标准白板材料的光谱反射率曲线。它们是相对于氧化镁测得的。

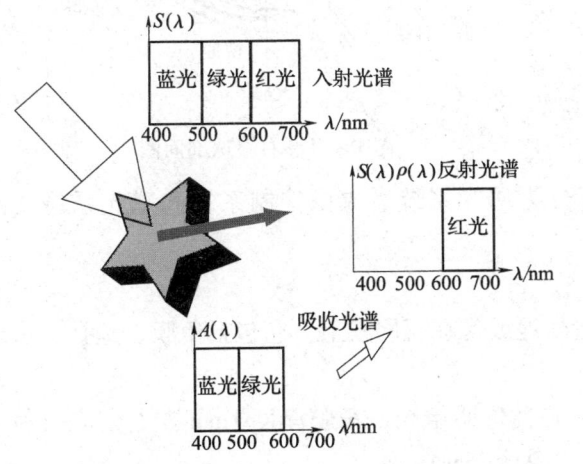 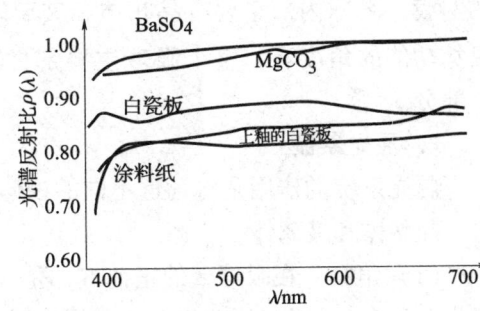

图 1-9　红色五角星的光谱特性示意图　　图 1-10　几种白色材料的光谱反射率曲线

对比图 1-9 和图 1-10 可以看出，物体是通过选择性地吸收光源发出光中的部分光谱成分，反射（透射）其余光谱成分而呈现出不同的色彩感觉。红花之所以是红色，是因为它将白光中的 400~500nm 的蓝光和 500~600nm 的绿光全吸收了，仅仅反射 600~700nm 的长波段光。不同物体会吸收、反射（透）射不同波长的光，形成了不同的颜色感觉。因此，物体本身并没有颜色，但具有特定的光谱特性，只有与外界照明光相互作用后才会形成光刺激,使人眼产生颜色视觉反应。是光赋予了自然界绚丽的色彩,无光则无色。

物体的光谱反射率或光谱透射率是由物体自身材料所决定的,不会随照明和观察条件而改变,是物体自身的光学特性。但是,具有相同光谱反射率或光谱透射率的物体用不同光源照明,因为不同光源所发光的光谱成分不同,就会产生不同的颜色刺激。也就是说同一个物体在不同的观察条件下会产生不同的颜色感觉,所以颜色感觉不是物体的固有特性。

第三节 视觉的生理基础

一、眼睛的生理结构

可见光辐射刺激人眼就会产生颜色视觉。人眼担负着成像和形成感觉信号两大作用,是颜色视觉产生的第三大要素。

人眼呈球形,直径约24mm,通常称它为眼球。眼球内部结构复杂(图1-11),大部分眼球壁由三层膜组成。眼球外层前部透明的部分称为角膜,约占整个眼球表面的1/6,起保护眼球内部和透光的作用。外层后部5/6的眼球表面为一层坚固的白色不透明膜,称为巩膜,厚度0.5~1mm,起巩固和保护眼球的作用。角膜后面由前往后分为三部分:虹膜、睫状体和脉络膜。脉络膜含有大量的呈黑色的色素细胞,其作用是吸收眼球内的杂散光线,减少反射,类似照相机里的暗箱。巩膜的内层为视网膜。眼球内部主要有晶状体和玻璃体。从

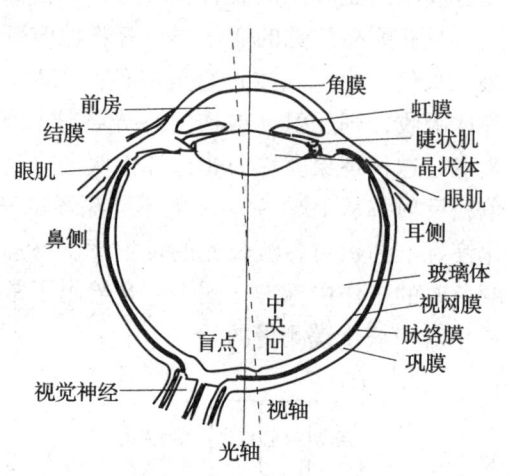

图1-11 右眼球剖面图

视觉功能的角度看,整个眼球主要部件可分为屈光系统、成像控制系统和感光系统三个部分。

1. 屈光系统

屈光系统的作用是将远近不同的物体清晰地成像在视网膜上。它包括角膜、瞳孔、房水、晶状体和玻璃体。

(1) 角膜 在眼球壁的正前方,是一层弹性透明组织,角膜厚度1mm左右,光折射率为1.336,外界光线首先经角膜屈光后进入眼球内成像。

(2) 瞳孔 在角膜的后面,呈环形的虹膜。虹膜本身是不透光的,虹膜中央有一圆孔即为瞳孔,光线从瞳孔中进入眼睛,虹膜内有肌肉能控制瞳孔的大小。

(3) 房水 充满在角膜与虹膜之间及虹膜与晶状体之间的透明液体,由睫状体产生。它的功能是提供角膜和晶状体的血管组织的新陈代谢和维持眼内压力。房水的折射率为1.336,可起屈光作用。

(4) 晶状体 是一透明双凸形弹性固体,位于虹膜与玻璃体之间,由多层极薄的,

密度不同的弹性体组成,折射率从外层到内层约为 1.386~1.437,相当于一个凸透镜,是成像的关键部件。

(5) 玻璃体 是胶状透明体,在晶状体后面,视网膜前,充满眼球的内部,占眼球内容物的五分之四,折射率为 1.336。

2. 成像控制系统

与照相机类似,为了能够在各种条件下都能成清晰的像,必须有成像控制的功能。眼睛有两个最基本的控制功能:曝光量控制和焦距控制。

曝光量控制功能主要由瞳孔实现。瞳孔起到光阑的作用,如同照相机的光圈,可以随光线明暗变化自动调节瞳孔直径,控制进入眼睛的光通量。光照较弱时瞳孔放大,让更多的光进入眼睛,保证有足够的光成像;光照较强时缩小,限制进入眼睛的光量,使人不至于感到刺眼。瞳孔直径可在 2~8mm 之间变化。

成像焦距由晶状体的形状变化来实现。晶状体由睫状肌支撑,通过睫状肌的收缩和松弛可以调节晶状体的曲率半径,从而可以在一定范围内改变屈光度,使远近不同的物体都能在视网膜上得到清晰的成像,作用相当于照相机的变焦镜头。当眼睛观看近物时,睫状肌收缩,使晶状体的曲率半径减小,焦距缩小,而观看远处物体时睫状肌放松,晶状体的曲率半径加大,焦距变长。因此,当长时间看书写字后,睫状肌长期受力收缩,眼睛会感觉到酸痛,需要注视远处一段时间,使睫状肌放松一段时间,得到休息和恢复。

3. 感光系统

人眼的感光系统由视网膜组成,其作用是接收光刺激并转化为神经冲动,相当于相机内的感光片,更像数字相机中的 CCD 光电转换器。视网膜厚度约为 0.1~0.5mm,主要由三层细胞构成,如图 1-12 所示。视网膜最外层是视细胞层,包含锥体细胞和杆体细胞两种视细胞,它们是以形状而命名的,如图 1-12 (a)。锥体细胞长度约为 28~58μm,直径

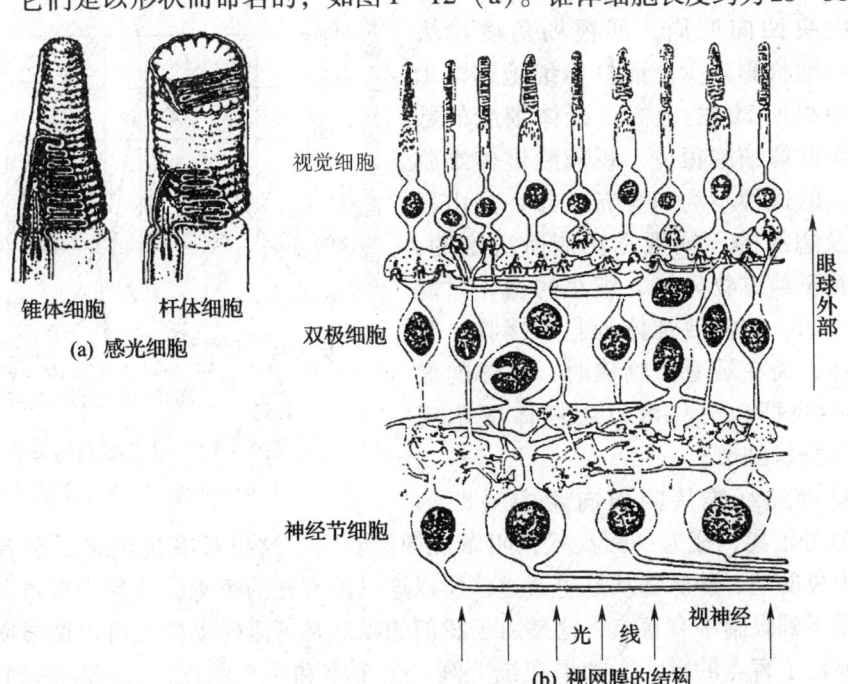

图 1-12 视网膜结构

为 2.5～7.5μm。杆体细胞长度约为 40～60μm，直径为 2μm。锥体细胞感光灵敏度低，只能在明亮条件下发挥作用，具有精细分辨力，能很好地分辨颜色与细节；而杆体细胞感光灵敏度高，能在昏暗条件下发挥作用，但分辨细节的能力低，不能辨别颜色。

第二层为双极细胞层，起联结视细胞与神经节细胞的作用。通常每一个锥体细胞都与一个双极细胞联结，这样在光亮条件下，每个锥体作为一个单元，能够精细地分辨外界对象的细节。而杆体细胞则是几个才联结一个双极细胞，相当于并联在一起，这是为了在黑暗条件下通过几个杆体细胞关联，对外界的微弱光刺激起相加作用，从而得到高的感光灵敏度。

第三层是最内层，主要含有神经节细胞，它与视神经相联结，视神经穿过眼球后壁进入脑内的视觉中枢。

光线由角膜进入眼球至视网膜，先通过视网膜的第三层和第二层，最后才到达视细胞层（锥体细胞和杆体细胞）。

人和其他脊椎动物的眼睛都具有这种感光细胞在最后层的"倒置"视网膜。视细胞与双极细胞和神经节细胞相联结成一个个纵向体系，成为视觉信号的通道。

人眼的视网膜上共有 1.07 亿个视细胞，其中锥体细胞约 700 万个，杆体细胞约 1 亿个。两种视细胞在视网膜上的分布是不均匀的。在视网膜的中央部分有一特别密集的锥体细胞分布区域，其颜色为黄色，称为黄斑，直径约 2～3mm。黄斑中心有一小凹窝，叫中央凹，是视觉最敏锐的地方，这里是锥体细胞密度最大的地方。如图 1-13 所示，横坐标是偏离中央凹的角度，即视角，纵坐标是视细胞的数量，虚线代表锥体细胞的分布情况，实线代表杆体细胞的分布。在视网膜中央的黄斑部位和中央凹附近大约 3°视角范围内主要是锥体细胞分布，几乎没有杆体细胞。

离开中央凹向四周，即视场角度增大后，锥体细胞急剧减少，而杆体细胞逐渐增多，在离中央凹 20°的地方，杆体细胞的数量最多，而锥体细胞很少。视网膜锥体细胞与杆体细胞的这种不均匀分布状态，是由视网膜中央及边缘的不同视觉功能所决定的：当眼睛观看正前方物体时，细小的物体只能成像在中央凹，故需要锥体细胞来接收，分辨细小物体；而在观看大物体时，物体的像就会成在中央凹以外，可以由杆体细胞观察，不需要分辨细节。

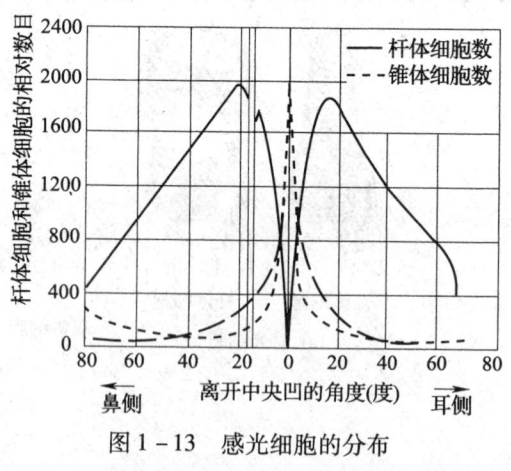

图 1-13　感光细胞的分布
(Osterberg, G. A., 1935)

视网膜神经纤维从四周向距中央凹约 4mm 的鼻侧处汇集，成为一圆盘状，叫做视神经乳头，这里没有视细胞，所有的视神经及视网膜中央的动、静脉都从这里通过，所以这里没有光的感觉，故称为盲点。但是，我们平时感觉不到眼睛中有盲点，这是由于我们的眼球是可以转动的，可以调节所成像的位置，从而补偿了盲点的影响。如果在纸上画一个十字和一个圆点，二者距离约 10cm，如图 1-14 所示，可以用来检验盲点的存在。用手盖住左眼，用右眼注视左边的十字，并慢慢调整眼睛与图的距离。当距离调整得合适时，就会发现圆点从视线中消失，此时圆点的像正好落在了盲点的上面，说明盲点的存在。

图 1-14 检查盲点存在的实验图

当我们注视物体时，物体所反射（透射）的光进入眼睛，在角膜、房水、晶状体、玻璃体的作用下，成像于视网膜上。视细胞接受光刺激将其转化为神经冲动信号，信号经视神经进入大脑内的视觉中枢，经判断后产生物体颜色、明暗、形状、大小等视觉感觉。

二、明视觉和暗视觉

人眼有两种视细胞：**锥体细胞**和**杆体细胞**，这两种细胞有着不同的视觉功能。在光亮条件下，即亮度在几个 cd/m^2 以上时，人眼的锥体细胞起作用，可以很好地分辨物体的颜色与细节，称为锥体细胞视觉或**明视觉**。在暗条件下，即亮度在百分之几 cd/m^2 以下时，人眼的杆体细胞起作用，只有明暗感觉，不能分辨颜色和细节，称为杆体细胞视觉也叫**暗视觉**。在明视觉和暗视觉之间的亮度水平条件下，称为中间视觉，这时锥体细胞和杆体细胞都对光刺激有反应，共同参与视觉作用。

即使是能量相同但波长不同的光刺激，人眼对其的明亮感觉也是不一样的。这说明眼睛对不同波长的光刺激敏感度是不同的，称眼睛的敏感度随波长变化的关系为**光谱光视效率函数**（或称视见函数）。由于人眼有明视觉和暗视觉两种视觉功能，光谱光视效率函数也分明、暗视觉两种。CIE（国际照明委员会）分别于 1924 年和 1951 年根据不同科学家的实验结果规定了明视觉光谱光视效率 $V(\lambda)$ 和暗视觉光谱光视效率 $V'(\lambda)$，其函数曲线如图 1-15 所示，数据见表 1-2。

图 1-15 中，$V(\lambda)$ 和 $V'(\lambda)$ 分别代表锥体和杆体感光细胞对波长为 λ、相同能量的单色光刺激所产生的明亮感觉的程度。图中的数据为相对值，将最敏感波长对应的最大值定为 1，其他波长的值就是相对于最大值的比例。明视觉光谱光视效率曲线 $V(\lambda)$ 的最大值在 555nm，即眼睛对波长为 555nm 的黄绿光最敏感，越趋向光谱两端的光感觉越弱，即对相同能量的短波和长波光感觉越显得发暗。暗视觉曲线 $V'(\lambda)$ 的最大值在 507nm，即 507nm 的光刺激感觉最明亮。整个 $V'(\lambda)$ 曲线相对于 $V(\lambda)$ 曲线向短波方向推移了 48nm，而且长波端的能见范围缩小，短波端的能见范围略有扩大。

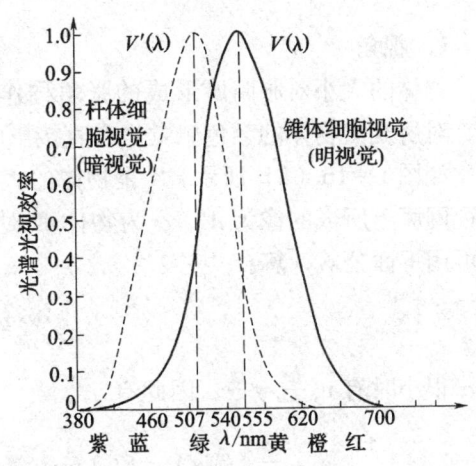

图 1-15 明视觉和暗视觉光谱光视效率曲线

表 1-2　　　　明视觉与暗视觉光谱光效率函数（最大值 =1）

波长/nm	明视觉 $V(\lambda)$	暗视觉 $V'(\lambda)$	波长/nm	明视觉 $V(\lambda)$	暗视觉 $V'(\lambda)$
380	0.000040	0.000589	590	0.7570	0.0655
390	0.000120	0.002209	600	0.6310	0.03315
400	0.00040	0.00929	610	0.5030	0.01593
410	0.00120	0.03484	620	0.3810	0.00737
420	0.00400	0.0966	630	0.2650	0.003335
430	0.01160	0.1998	640	0.1750	0.001497
440	0.0230	0.3281	650	0.1070	0.000677
450	0.0380	0.455	660	0.0610	0.0003129
460	0.0600	0.567	670	0.0320	0.0001480
470	0.0910	0.676	680	0.0170	0.0000715
480	0.1390	0.793	690	0.0082	0.00003533
490	0.2080	0.904	700	0.0041	0.00001780
500	0.3232	0.982	710	0.0021	0.00000914
510	0.5030	0.997	720	0.00105	0.00000478
520	0.7100	0.935	730	0.00052	0.000002546
530	0.8620	0.811	740	0.00025	0.000001370
540	0.9540	0.650	750	0.00012	0.000000760
550	0.9950	0.481	760	0.00006	0.000000425
560	0.9950	0.3288	770	0.00003	0.0000002413
570	0.9520	0.2076	780	0.000015	0.0000001390
580	0.8700	0.1212			

对于中间视觉的光谱光视效率，目前尚无明确的数据，仍待进一步研究。

三、视角、视力与视场

1. 视角

物体的大小对眼睛所形成的张角称作视角，视角大小决定了眼睛是否能看清楚该物体，对所观察物体的颜色感觉也有直接影响。

如图 1-16（a）所示，A 是物体的大小，D 为物体距眼睛节点的距离即视距。物体在视网膜上所成的像为 A'，α 为物体 A 对眼睛所形成的视角。由图中几何关系可知，视角可用下面公式计算：

$$\mathrm{tg}\frac{\alpha}{2} = \frac{A}{2D}$$

当 α 很小时有 $\mathrm{tg}\frac{\alpha}{2} \approx \frac{\alpha}{2}$，因此有

$$\alpha = \frac{A}{D}（弧度）= 57.3\frac{A}{D}（°）\quad 或 \quad \alpha = \frac{A'}{b}（弧度）= 57.3\frac{A'}{b}（°） \qquad (1-7)$$

于是物体 A 在视网膜上的像 A' 的大小即可算出：

$$A' = 17\text{tg}\alpha = 17\frac{A}{D}\ (\text{mm}) \tag{1-8}$$

可见物体 A 的视网膜成像大小,是取决于视角 α 大小的,视角越大,看物体就越清楚。视角的大小与物体的距离成反比。同一物体,距离远了就看不清,因为视角小,视网膜成像小,离近了就看清楚了,是因为视角增大,视网膜上所成的像也随之增大了,所以看起来清晰了[图 1-16 (b)]。

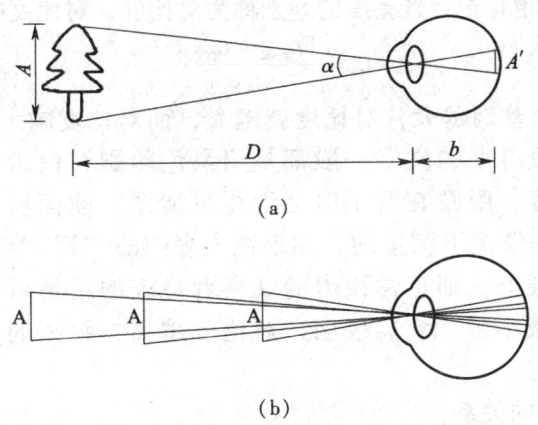

图 1-16 视角与观察距离的关系
(a) 视角的计算　(b) 视角随距离的变化

观察物体时的视角对颜色感觉有很大影响。由前面眼睛的生理结构讨论可知,眼睛视网膜上的锥体细胞和杆体细胞的数量分布是不均匀的,锥体细胞主要集中在视网膜中央凹附近 4°以内视角范围,而以外主要以杆体细胞为主(图 1-11)。这样一来,物体成像在 4°以内和以外,参与感光的锥体细胞数量不同,会造成颜色感觉的不同。因此,在观察颜色时一定要注意观察的视角大小,小视角和大视角会对同一物体产生不同的颜色感觉,所以在计算颜色时也要使用不同的数据。

2. 视力(视觉敏锐度)

表示视觉辨认物体细节的能力,也称视锐度。具有正常视力的人,能够分辨物体空间两点间所形成的最小视角为 $\alpha = 1'$ [视角可用弧度和度(°)分(′)秒(″)来表示,1 弧度 = 57.3°,1° = 60′,1′ = 60″]。临床医学上通常将视锐度叫做视力,视力是以视角进行计算的。视力(视锐度)V 规定为以眼睛所能分辨的以角度分为单位的视角的倒数,即

$$V = \frac{1}{\alpha(')} \tag{1-9}$$

在我国规定,当人的视觉能够分辨 1 分角所对应的物体细节时,他的视力便为 1.0,并以此作为正常视力的标准,低于 1.0 就应该配戴眼镜。视力为 1.5 的眼睛可以分辨 $(10^{0.2})' = 0.63'$ 的视角。目前,我国已经不使用小数表示视力,而采用 5 分法表示视力。5 分表示法的视力表示为:

$$V = 5 - \lg \alpha(') \tag{1-10}$$

所以,视力 1.0 对应 5 分法视力为 5.0,1.5 对应 5.2,依此类推。

3. 视场

视角 α 所对应的圆面积,称为视场。例如:当观察距离 $D = 250\text{mm}$,视角 $\alpha = 10°$时,

所对应的视场半径 r 为：

$$r = \frac{A}{2} = D \cdot \text{tg}\frac{\alpha}{2} = 250 \times \text{tg}(\frac{10°}{2}) = 21.9(\text{mm})$$

同理可得观察视距为 250mm 时，1°、2°、4°视角所形成的视场半径分别为：2.19，4.36 和 8.72mm。

4. 对比辨认

被观察物体的亮度相对于背景亮度的差别称为对比度，对比度的定义为：

$$C = \frac{|L_{物体} - L_{背景}|}{L_{背景}} \tag{1-11}$$

物体与背景亮度的差别越大，对比度就越大，而对比度越大，眼睛对物体的分辨能力就越强。例如，教科书的文字一般都是用黑色印刷在白纸上，目的是为了加大文字和背景色的对比度，眼睛在看书时会看得更清楚。前面所说的视力，都是在对比度很高，接近于1的情况下测量的，如果视力表中的"E"字符号印刷在红色或绿色等明度较低的彩色纸上，则正常视力的观察者检查的结果可能也会不正常，因为字符与背景的对比度减小了。实验表明，对比度越高，眼睛的分辨能力越强，反之则越弱。

5. 照明条件与视力的关系

眼睛对物体的分辨能力（视力）还与照明条件有关，照明条件好，视力也会有所提升。实验表明，视力与物体照度的关系如图 1-17 所示。当照度较低时，照度的提升可以明显提高视力，而随着照度的提高，照度增加对视力的提高作用逐渐减小，提高到一定程度后作用就不大了。在通常的照度条件下，照度越高，视力就越好。因此，当我们在观察很细小的物体时，就必须有足够的照度，在长时间看书写字时，也必须在足够高的照明条件下，否则会造成眼睛的疲劳和视力的下降。

在检查视力时，也必须在足够高的照度下进行，如果照度不够，则会造成视力检查的不准确。由图 1-17 可以看出，当照度在 500lx 以上时，照度增加对视力的影响已经减弱，所以检查视力时规定视力表的照度要在 500~1000lx。

6. 视觉功能曲线

视力、照明条件和物体的对比度三者之间存在着一定的关系，相互有影响。如果物体的对比度减小，要想保持对物体的分辨能力不降低，就需要增加对物体的照度，反之可以适当降低照度。当不需要分辨很细小的物体时，或虽然物体很细小，但对比度很高，减小对物体的照度也仍然可以得到较高的分辨能力。视力、照明条件和物体对比度三者之间的相互关系称为视觉功能曲线，如图 1-18 所示。

图中的横坐标为照度，纵坐标为物体的对比度，每一条曲线代表相同的可分辨视角。由图中曲线可以看出，在保持可分辨视角不变的条件下，物体的对比度越低，就需要越高的照度来维持相同的分辨角度或视力。而在对比度很低的情况下，无论如何提高对物体的照度也不可能将视力提高到很高，也就是说，在物体对比度较低时，眼睛的极限分辨角度也会随着变大。

了解眼睛的这些特性对于我们观察物体和图像时非常有用，在设计工作和生活的环境照明时，必须要根据眼睛的视觉功能来设计。在检查印刷品质量和分辨颜色时，通常都要在较高的照明条件下进行，因为只有在足够高的照度下，才能够发现细微的质量问题。

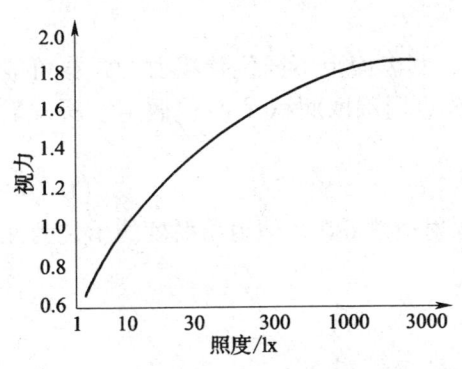

图 1-17 照度与视力的关系

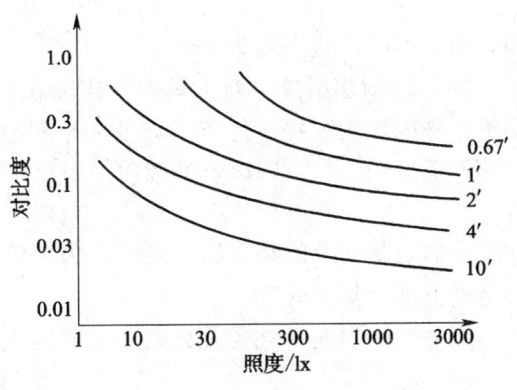

图 1-18 视觉功能曲线

*第四节 光度学基础

一、常用辐射度量

(1) **辐射能量** 以电磁辐射形式发射、传输或接收的能量称为辐射能量,通常用 Q_e 表示。度量辐射能量的单位为焦耳(J)。

(2) **辐射通量(或辐射功率)** 单位时间内发射、传输或接收的辐射能量称为辐射通量。用 Φ_e 表示,即

$$\Phi_e = dQ_e/dt \tag{1-12}$$

单位为瓦特(W)。

(3) **辐射强度** 通常我们所接触的光源,在不同方向上的辐射通量是不一样的。为了描述辐射体在不同方向上的辐射特性而引入辐射强度的概念。定义辐射源在给定方向上的辐射强度为该辐射源在给定方向上单位立体角内传输的辐射通量,在数值上等于给定方向上传输的辐射通量 $d\Phi_e$ 除以辐射立体角元 $d\omega$,即

$$I_e = d\Phi_e/d\omega \tag{1-13}$$

单位为瓦特每球面度($W \cdot sr^{-1}$)。

式(1-13)中元立体角 $d\omega$ 取得越小,越能精确表示辐射强度。对于各向同性光源,随着立体角元 $d\omega$ 的增大,它所对应的受辐射面积也增大,辐射强度在各方向上是不变的。对于尺寸小的辐射源,即相对于它与被照面之间的距离小到可以忽略不计的辐射源,称为点辐射源。它在整个空间各个方向单位立体角内的辐射强度为

$$I_e = \Phi_e/4\pi$$

式中 Φ_e 为通过整个球面的辐射通量。

如果已知辐射体在不同方向上的辐射强度 I_e,就可求得它在 ω 立体角内所发出的总辐射通量 Φ_e。因为 $d\Phi_e = I_e d\omega$,对此式积分得

$$\Phi_e = \int_0^\omega I_e d\omega$$

如果某一辐射体对整个空间均匀辐射,则在整个空间内的总辐射为

$$\Phi_e = I_e \int_0^{4\pi} d\omega = 4\pi I_e$$

即它所发射的总辐射量为 $4\pi I_e$。

(4) 辐射出射度　对于具有一定面积的辐射体，其表面上不同位置辐射的强弱可能是不一样的。为了描述任意一点处的辐射强弱，在该点周围取面积元 dA，假定它所发射的辐射通量为 $d\Phi_e$，则该点的辐射出射度可表示为

$$M_e = d\Phi_e/dA \tag{1-14}$$

即发光面上某一点的辐射出射度定义为单位面积的辐射通量 $d\Phi_e$。辐射出射度的单位为瓦特每平方米（$W \cdot m^{-2}$）。

当整个辐射面 A 均匀发光时，上式可表示为

$$M_e = \Phi_e/A$$

(5) 辐射照度　如果某一表面被辐射体辐射，为表示某点被辐射的强弱，在该点取微小面积元 dA，它所接收的辐射通量为 $d\Phi_e$，则 $d\Phi_e$ 与 dA 之比就称为辐射照度。其表达式为

$$E_e = d\Phi_e/dA \tag{1-15}$$

即表面上某一点的辐射照度是入射在该元面积上的辐射通量 $d\Phi_e$ 除以该元面积 dA 之比。单位为瓦特每平方米（$W \cdot m^{-2}$）。

辐射出射度与辐射照度具有相同的单位和表达式，但表示的含义不同，前者表示物体单位面积对外辐射的通量 $d\Phi_e$，后者表示物体单位面积接受的辐射通量 $d\Phi_e$。

(6) 辐射亮度　辐射出射度仅能表示面辐射体的部分辐射特性，而不能充分表示出具有一定面积的辐射体在特定方向上的辐射特性。因为辐射出射度只表示单位面积发射的辐射通量大小，没有涉及辐射的方向，而很多实际的辐射体在不同方向的辐射能力是不同的。辐射亮度用来表示辐射表面不同位置、不同方向上的辐射特性。图 1-19 为描述辐射亮度的示意图。

图中以 B 点为中心，在其周围取一微面元 dA，在与辐射面法线 N 成 θ 角的方向 BO 上取立体角元 $d\omega$，设在 $d\omega$ 立体角内发射的辐射通量为 $d\Phi_e$，且 dA 在 BO 垂直方向上的投影面积为 $dA\cos\theta$，则辐射亮度表示为

$$L_e = d\Phi_e/(dA\cos\theta d\omega) = I_e/(dA\cos\theta) \tag{1-16}$$

即辐射源表面上的某一点在给定方向的辐射亮度是该点在给定方向的辐射强度与面积元在垂直于该方向的平面上的正交投影面积之比。辐射亮度的单位为瓦特每平方米每球面度（$W \cdot m^{-2} \cdot sr^{-1}$）。辐射亮度的大小与辐射面的特性和辐射方向有关。

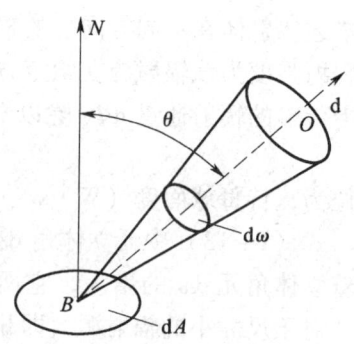

图 1-19　辐射亮度示意图

二、光度量

辐射量代表的是物体辐射或接收的能量大小，反映的是物体的物理特性，所有参数都是物理量。对于可见光辐射来说，相同能量但波长不同的辐射可能引起眼睛的明亮感觉不同，也就是说人眼并不是对所有波长的光都有相同的敏感度。因此有必要考察辐射波长与

人眼明亮感觉之间的关系，这就是光度学研究的内容。对于照明光源来说，并不是辐射的能量越高，眼睛感觉到的亮度就越大，照明的效果与人眼的视觉特性密切相连。用来表示辐射能量引起眼睛明亮感觉的量称为光度量，是考虑到人眼对光反应的视觉特性作用后的心理物理量，而不是纯粹的物理量。

由上一节对眼睛视觉特性的讨论可知，人眼视网膜上有锥体和杆体两种视细胞，这两种视细胞有着不同的视觉功能，对等能光谱中不同波长的可见光辐射也有不同的响应，如图1-14和表1-2中数据所示。所以，照明光源的照明效果如何不能单纯从辐射的能量来考虑，还必须考虑人的感觉特性，由此衍生出了各种光度量，如光通量、光照度、光亮度等，每一个光度量都与辐射度量相对应。以下为最基本光度量的定义、数学表达式及单位，可与辐射度量对照理解。

1. 光度量与辐射量的关系

CIE 明视觉和暗视觉光谱光视效率是光度学计算的重要依据，代表了眼睛对不同波长可见光的明亮感觉。CIE 推荐采用明视觉和暗视觉光谱光视效率函数 $V(\lambda)$ 和 $V'(\lambda)$ 作为标准光度观察者，代表人眼的平均（光）视觉特性。用 CIE 标准光度观察者来评价辐通量 Φ_e 的明亮感觉称为光通量 Φ_v。辐通量与光通量的关系式为：

明视觉： $$\Phi_V = K_m \int_{380}^{780} \Phi_e(\lambda) V(\lambda) d\lambda \qquad (1-17)$$

暗视觉： $$\Phi_{V'} = K_m \int_{380}^{780} \Phi_e(\lambda) V'(\lambda) d\lambda \qquad (1-18)$$

式中 $V(\lambda)$ 为明视觉光谱光视效率；$V'(\lambda)$ 为暗视觉光谱光视效率；Φ_v，$\Phi_{v'}$ 为光通量，是光刺激人眼后所感觉到的明亮程度，是心理物理量，单位为流明（lm）；$\Phi_e(\lambda)$ 是以波长为自变量的辐通量，即在可见光范围内不同波长的辐射能量函数，单位是瓦（W）；常数 $K_m = 683$ 流明/瓦（lm/W）代表在明视觉条件下，1W 的波长为555nm 黄绿光辐通量能够产生的光通量为 683 lm [因为 $V(555) = 1$]；$K_m' = 1755$ 流明/瓦（lm/W），代表在暗视觉条件下，1W 的 507nm 辐射光产生的明亮感觉是 1755 lm。因此，式(1-17)和（1-18）是光刺激能量与明亮感觉的对应关系，该关系表明，明亮感觉是可见光范围内各单色光刺激所引起的明亮感觉之和。

2. 光度量

(1) 光通量 辐射能量中能引起人眼视觉的辐射通量所引起的总明亮感觉，称为光通量。用 Φ_v 表示，单位为流明（lm），其计算公式由式（1-17）和式（1-18）表示。

(2) 发光强度 光源在给定方向上的发光强度是该光源在给定方向的立体角元 $d\omega$ 内传输的光通量 $d\Phi$ 与该立体角元之比，即

$$I_v = d\Phi_v/d\omega \qquad (1-19)$$

发光光强的单位为坎德拉（cd）。

发光强度具有和辐射强度类似的特性，如均匀发射的点光源，其在整个空间中的总光通量为 $4\pi I_v$。

(3) 光出射度 光源单位发光面积上发出的光通量，定义为光源的光出射度，用 M 表示。光出射度表示为

$$M_v = d\Phi_v/dA \qquad (1-20)$$

单位为流明每平方米（$lm \cdot m^{-2}$）。

如果发光面各点均匀发光，式（1-15）可表示为

$$M_v = \Phi_v / A$$

式中 M_v 表示在 A 面上各点光出射度的平均值。

（4）光照度 单位受照面积接收的光通量定义为受照面的光照度，用 E_v 表示。光照度表示为

$$E_v = d\Phi_v / dA \qquad (1-21)$$

光照度的单位为勒克斯（lx），$1 lx = 1 lm \cdot m^{-2}$。

（5）光亮度 为了描述具有一定大小的发光体发出的可见光在空间分布情况，我们导入光亮度光度量。

光源表面上一点处在给定方向的光亮度是该点的面积元在给定方向的发光强度与面积元在垂直于该方向的平面上的正交投影面积之比，用 L_v 表示。其表达式为

$$L_v = I_v / (dA\cos\theta) = d\Phi_v / (dA\cos\theta d\omega) \qquad (1-22)$$

由式（1-20）并参考图 1-19 的几何关系可见，θ 方向的光亮度 L_v 是投影在该方向的单位面积上的发光强度。或者说是投影到 θ 方向的单位投影面积在单位立体角内的光通量。光亮度的单位为坎德拉每平方米（$cd \cdot m^{-2}$）或称尼特。

（6）光源的发光效率 光源的发光效率是一个十分重要的参数。一个照明电光源，除要求具有较好的显色特性和长寿命以外，还要求其光效要高。光源发出的光通量与所消耗电功率之比称为光源的发光效率。用 η 表示，即

$$\eta = \Phi_v / P \qquad (1-23)$$

光效率的单位为流明每瓦特（$lm \cdot W^{-1}$）。

作为照明用光源，如果光源所发射的光辐射都落在可见光波长范围内，特别是落在光谱光效率较大值的波长位置，则它的发光效率一定很高。如果它的辐射波段很大范围在红外区，则它的亮度感觉不强，但感觉很热。

（7）光度学计量单位的确定 光度学的计量单位与其他计量单位一样，分基本单位和导出单位。在光度学中，用发光强度的单位"坎德拉"作为基本单位，其他光度量的单位如流明、勒克斯等作为导出单位。

一个坎德拉单位规定为光源发出频率为 $540 \times 10^{12} Hz$ 的单色辐射，在给定方向上的辐射强度为 1/683W 每球面度时，其发光强度为 1 坎德拉（cd）。$540 \times 10^{12} Hz$ 的频率相当于折射率为 1.00028 的空气中 555nm 的波长。这里之所以用频率是因为频率与介质的折射率无关，而波长却与折射率有关。光强的单位确定后，就可以确定其他光度量的单位。

如果发光强度为 1cd 的点光源，在 1 个球面度单位立体角内所发射的光通量就定为 1lm。若此点光源是各向同性的，则它所发射的总光通量为 $4\pi lm$。

如果 1lm 的光通量均匀分布在 $1m^2$ 的面积上，则光照度为 1lx。如果 $1m^2$ 表面沿法线方向发射 1cd 的光强，则发光面的亮度就定为 $1cd/m^2$ 或 1 尼特。

表 1-3 给出了常见发光体表面的光亮度近似值。表 1-4 为常见受照物体表面的光照度值。

第一章 光与色觉

表 1-3　常见发光体表面光亮度近似值

光源名称	亮度/（cd/m²）
在地球上看到的太阳	15×10^8
普通电弧	15×10^7
太阳照射下漫射的白色表面	3×10^4
钨丝白炽灯灯丝	$(500 \sim 1500) \times 10^4$
在地球上看到的月亮表面	25×10^2
人工照明下书写阅读时的纸面	10
白天的晴朗天空	5×10^3
超高压气体放电灯	25×10^8

表 1-4　常见受照物体表面光照度值

被照表面	照度/lx
无月夜间在地面上产生的照度	3×10^4
满月时对地面产生的照度	0.2
辨认方向所需要的照度	11
办公室工作所需要的照度	$20 \sim 100$
晴朗夏日采光良好时室内照度	$100 \sim 500$
太阳直射的照度	10^5

三、光度学中的基本定律

1. 朗伯余弦定律

对于均匀发光的物体，无论其发光表面的形状如何，在各个方向上的亮度都近似相等。在光度计算中，假定光源向各方向以同样亮度进行辐射，可使计算大为简化。下面我们讨论辐射体在各个方向的亮度相同时，不同方向上光强变化的规律。

设 dA 为一发光面或漫射光表面，由亮度的定义可知，在与法线成 θ 角方向的亮度为

$$L_\theta = I_\theta / (dA\cos\theta)$$

式中 I_θ 为 θ 方向上的发光强度，如图 1-20 所示。

同样，在法线方向上的亮度为

$$L_0 = I_0/dA$$

如果发光面或漫射表面的亮度不随方向改变，则在法线方向和成 θ 角方向的亮度相等。因此有

$$L_\theta = L_0 = I_\theta/(dA\cos\theta) = I_0/dA$$

即

$$I_\theta = I_0 \cos\theta \qquad (1-24)$$

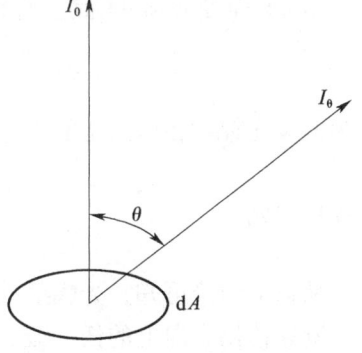

图 1-20　发光强度示意图

式（1-24）为朗伯余弦定律（简称朗伯定律）的数学表达式。遵从朗伯定律的光源称为朗伯光源，它的亮度是不随观察的方向改变而变化的。严格地讲，只有绝对黑体才是朗伯光源。被均匀照明的烟熏氧化镁表面、毛玻璃或乳白玻璃表面，都可以近似地看作遵从朗伯定律的光源。

在日常生活中，我们所看到的大多数物体本身并不发光，而是被光源照射后，光线在物体表面进行漫反射。现根据朗伯定律来讨论本身不发光的物体表面的光亮度问题。

设一遵从朗伯定律的漫射表面元 dA，它的光照度为 E，根据光通量和光照度之间的关系，面积元 dA 所接收到的光通量为 d$\Phi = EdA$

设漫射光表面的漫射系数为 ρ，即相对于朗伯漫射体的反射率，面积元 dA 所反射出来的总光通量为 dΦ'，则

$$d\Phi' = \rho d\Phi = \rho E dA$$

根据朗伯定律的定义，漫射光表面的亮度是不随方向改变的。因此，漫射光表面所发出的

总光通量和亮度之间的关系为（推导略）

$$d\Phi' = \pi L dA$$

将 $d\Phi' = \pi L dA$ 代入前式得

$$\rho E dA = \pi L dA$$

$$L = \frac{1}{\pi} \rho E \qquad (1-25)$$

根据光出射度和光照度之间的关系，$M_v = \rho E$，所以式（1-25）又可写成

$$L = \frac{1}{\pi} M_v, \quad M_v = \pi L$$

即单位面积所发射的光通量为其亮度的 π 倍，并且与物体表面的漫射系数 ρ 无关。

2. 光能传播定律

光辐射传播过程的能量损失对光通量和光亮度有着重要的影响。现设有两个面积元 dA_1 和 dA_2，它们的中心连线 OO' 距离为 l，两面积元的法线与中心连线之间的夹角分别为 θ_1 和 θ_2，设两面积元在沿 OO'（或 $O'O$）方向所传递的光能量均投射在相对应的面积元 dA_2 和 dA_1 上，即光能量无损失，两面积元的光亮度分别为 L_1 和 L_2，如图 1-21 所示，则由 dA_1 面发射到 dA_2 面上的光通量为

$$d\Phi_{12} = L_1 dA_1 \cos\theta_1 d\omega_1 = \frac{L_1}{l^2} \cos\theta_1 \cos\theta_2 dA_1 dA_2$$

相应由 dA_2 面发射到 dA_1 面上的光通量为

$$d\Phi_{21} = L_2 dA_2 \cos\theta_2 d\omega_2 = \frac{L_2}{l^2} \cos\theta_2 \cos\theta_1 dA_1 dA_2$$

因为假设光辐射在所限定的空间内传播时无能量损失，则

$$d\Phi_{12} = d\Phi_{21}$$

相应可得到

$$L_1 = L_2$$

从以上讨论可知，光辐射在同一均匀介质中和所限定的空间内传播时，如果无能量损失，则在传播方向上的任一截面上的光通量和光亮度均保持不变。如果光辐射在传播过程中有能量损失，则 $\Phi_{12} \neq \Phi_{21}$，相应地 $L_1 \neq L_2$。

如果 dA_1 面为发光面，dA_2 面为接收面（如光电接收器表面），则由 dA_1 面发射，dA_2 面接收到的光通量为

$$d\Phi = \frac{L}{l^2} \cos\theta_1 \cos\theta_2 dA_1 dA_2 \qquad (1-26)$$

式（1-26）中 L 为发光面的光亮度，这就是光能传播定律。

从式（1-26）可以看出，只要测得 $d\Phi$，即可计算光亮度。式（1-26）在光度学计算及测量中有很重要的应用。

3. 照度的距离平方反比定律

设点光源在单位立体角内所发射的光线是均匀的，在距点光源为 l 距离处截一面积元 dA，则通过 dA 的光通量也是均匀的，如图 1-22 所示。

根据光强的定义，在给定方向的光强为

$$I = d\Phi/d\omega$$

所以有 $d\Phi = I d\omega$，为通过 dA 面所接收到的光通量。而

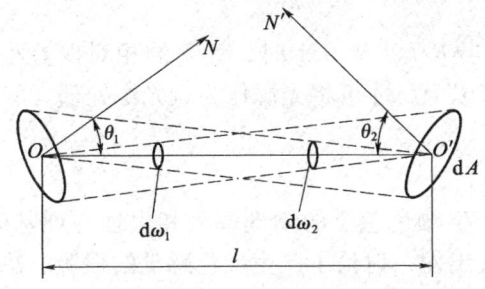

图 1-21 光辐射传播示意图

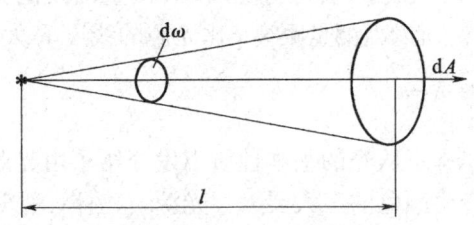

图 1-22 通过 dA 的光通量示意图

$$E = \frac{\mathrm{d}\Phi}{\mathrm{d}A} = \frac{I}{\mathrm{d}A}\mathrm{d}\omega$$

将 $\mathrm{d}\omega = \frac{\mathrm{d}A}{l^2}$ 代入上式就得到

$$E = \frac{I}{l^2} \tag{1-27}$$

式（1-27）说明：垂直于光线传播方向的被照表面的光照度与从光源到接收面的距离平方成反比，与光强成正比。这一原理称为照度的距离平方反比定律。此定律包含了发光强度、照度与距离之间的关系，在光度学和辐射度学中有广泛的应用。

另外，设 S 为点光源，它到面积元 dA 的距离为 l，S 对 dA 所张的立体角为 $\mathrm{d}\omega$，光线的轴线与 dA 的法线之间的夹角为 θ，如图 1-23 所示。从图 1-23 中可知，光源 S 向 dA 所发射的光通量为

$$\mathrm{d}\Phi = I\mathrm{d}\omega = \frac{I}{l^2}\mathrm{d}A\cos\theta$$

很显然，在 dA 面上产生的照度

$$E_\theta = \frac{\mathrm{d}\Phi}{\mathrm{d}A} = \frac{I}{l^2}\cos\theta$$

式中 $\frac{I}{l^2}$ 为点光源垂直于传播方向的被照表面的光照度，用 E_0 表示。令 E_θ 为光线以倾角 θ 斜射到被照表面的光照度，即

$$E_\theta = E_0\cos\theta \tag{1-28}$$

这就是光度学中的照度余弦定则。

由式（1-28）可看出，当 θ 角为零时，照度值最大。随着 θ 角的不断增大，照度值将变小。在照明工程中，在计算各种物体表面的光照度或用照度计直接测量光照度时，必须考虑由 θ 角的变化而带来的影响和对测量与计算带来的误差。

需要指出的是，任何光源都有一定的形状和大小，只有当测试距离比光源本身的线度大得多，即光源的线度可忽略时，才可将光源当作点光源来处理，这时应用式（1-28）计算所

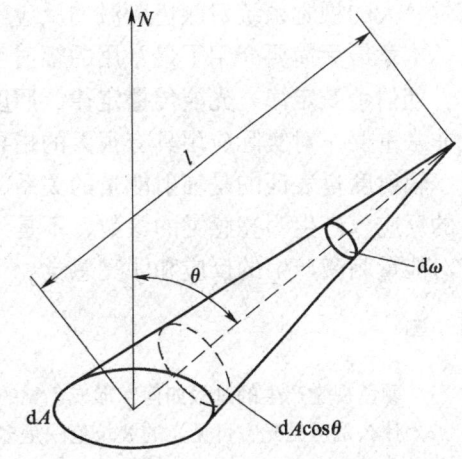

图 1-23 光源 S 向 dA 发射的光通量示意图

带来的误差很小。

设光源的最大线度为 R，测量的距离为 l，当 R/l 小于 0.1 时，计算的相对误差小于 1%。所以当测量距离 l 比光源的线度 R 大 10 倍以上，才可将光源作为点光源处理。

本章小结

本章从光的基本性质出发介绍了由光刺激产生颜色感觉的物理基础和生理心理基础，从产生颜色的三大要素：光源、物体、视觉系统出发，讨论了产生颜色感觉的根源、决定和影响颜色感觉的各方面因素。

产生颜色感觉的物理基础是光的特性和物体的光学性质，用光谱分布函数来描述这种光学特性。光源和物体的光谱分布决定了颜色刺激，而颜色刺激又决定了所形成的颜色感觉。反射物体所形成的光刺激取决于照明光源的光谱分布 $S(\lambda)$ 和物体的光谱反射率

$$\rho(\lambda) = \frac{\Phi_\rho(\lambda)}{\Phi_0(\lambda)}$$

的乘积，透射物体形成的光刺激取决于照明光源的光谱分布和物体的光谱透射率

$$\tau(\lambda) = \frac{I_\tau(\lambda)}{I_0(\lambda)}$$

的乘积。物体的光谱反射率 $\rho(\lambda)$ 或光谱透射率 $\tau(\lambda)$ 是由物体的材料和物理特性决定的，是物体的固有特性，但在不同的照明和观察条件下可能产生不同的颜色刺激，产生不同的颜色感觉，因此颜色感觉不是物体的固有特性。

光具有混合和分解的特性，颜色感觉是组成光刺激的各波长辐射所形成感觉之和。不同波长光及对应的颜色感觉具有混合和分解的特性是产生不同颜色感觉的基础。

产生颜色感觉的生理基础是由眼睛和大脑共同组成的视觉系统。眼睛的结构和特点决定了颜色感觉，产生颜色感觉的原因是锥体细胞的感光特性，在观察颜色时要注意眼睛的颜色视觉特点。

总结本章的内容可以得出颜色的定义：颜色是光作用于物体产生的除物体形象以外的视觉感觉。定义中包含了产生颜色感觉的各个要素，其中光与物体的作用形成了颜色刺激，是产生颜色感觉的物理因素，颜色刺激进入人的视觉系统产生的结果就形成了颜色的感觉，人的视觉系统对颜色刺激的反应就是产生颜色感觉的生理和心理基础。

本章最后简要介绍了最常用的辐射度量和光度量，简要说明了光度学最重要的三个定律：朗伯余弦定律、光能传播定律、照度的距离平方反比定律，这些内容对照明和观察颜色非常重要，对实际应用具有很大的指导意义。

辐射度量表证的是辐射能量的关系，是物理量，光度量则是考虑了眼睛对不同波长能量的反应、产生明亮感觉的参数，不是纯粹的物理量，称为心理物理量，表示的是视觉系统对能量刺激产生的反应和明亮感觉。

习 题

1. 颜色视觉产生的过程如何？形成色觉的四（三）要素是什么？
2. 什么是可见光？可见光的波长范围是多少？
3. 光是如何产生的？描述光特性的物理参数有哪些？
4. 简述下列概念：色散、光谱、单色光、复色光。讨论它们之间的关系。

第一章 光与色觉

5. 什么叫光谱分布？根据相对光谱功率分布曲线可以将光源分为哪几类？
6. 物体呈现不同颜色的主要原因是什么？为什么说有光才有色？
7. 什么是颜色刺激？颜色刺激等同于颜色感觉吗？请说明二者的含义和联系。
8. 何为密度？它为何能反映印刷品的颜色？
9. 分述眼睛屈光系统和感光系统的组成及作用？
10. 试说明明视觉与暗视觉的特点与区别。
11. 什么是光谱光视效率？对视觉有何重要意义？它决定了什么视觉属性？
12. 试从形状、数量、分布状况及功能四方面比较锥体细胞和杆体细胞的不同。说明分布状况对颜色视觉的影响。
13. 何谓视角、视场、视力？视场的大小为何会对颜色视觉产生影响？
14. 一束波长为460nm单色光的光通量为620lm，其光谱光效率函数为0.06，射到一屏幕上，试求该屏幕在1min时间内接收到的能量。
15. 一个50cd点光源射入有效瞳孔直径2mm的眼睛，光源离眼睛500mm，求进入眼睛的光通量为多少流明（lm）？

第二章 颜色视觉

第一节 颜色视觉理论

上一章对产生颜色感觉的各因素进行了讨论,由讨论可知,颜色感觉是由外界的光刺激人眼而产生的一种视觉感觉,这种感觉主要由视网膜上的锥体细胞对光刺激产生反应,然后将信号传入大脑,由大脑最终形成颜色感觉。

但是,人的视觉系统究竟是如何产生颜色感觉,颜色感觉形成的机理究竟是什么呢?只有搞清颜色感觉形成的机理,才有可能模拟颜色的产生,实现颜色的计算和复制。为此,许多科学家进行了大量的研究,根据各自的实验结果提出了各种假设。历史上,对颜色视觉模型的假设有两大典型学派:一个是以英国科学家杨(Thomas. Young,1773—1829)与德国科学家赫姆霍尔兹(Herman von Helmholz,1821—1894)为代表的三色学说,另一个是以德国心理学家赫林(Ewald Hering,1834—1918)为代表的四色对抗学说。这两大学派的假说都有大量的实验结果支撑,都能够解释一些颜色视觉现象,但也都有不足,因此长期争持不下。直到现代颜色视觉理论的诞生后,才将这两派的学说加以统一,形成了现在的颜色视觉理论,称为阶段学说。

一、三色学说

三色学说的假设最早在18世纪至19世纪由杨-赫姆霍尔兹提出,后来又经过很多人的研究,不断完善发展形成了这一理论。

从红、绿、蓝三原色以不同比例混合能够得出各种不同颜色感觉的现象出发,杨-赫姆霍尔兹指出,人眼视网膜上含有三种不同类型的锥体细胞,这三种锥体细胞分别含有三种不同的视色素,分别对可见光的短波、中波和长波敏感,分别称为亲蓝、亲绿、亲红视色素。生理学实验确实验证了视网膜上存在这样三种锥体细胞,它们具有不同的光谱敏感性,并测得这三种视色素的光谱吸收峰值分别在440~450nm、530~540nm和560~570nm处,它们的吸收光谱曲线见图2-1。当外界光刺激进入眼睛后,这三种锥体细胞就分别吸收光刺激中的短、中、长波的光能量,将其转换为对应的蓝、绿、红通道信号,根据蓝、绿、红信号的比例就得到不同的颜色感觉,这与我们用红、绿、蓝三原色混合颜色的效果相同。

外界光辐射进入人眼后被这三种锥体细胞按它们各自的吸收特性所吸收,三种色素

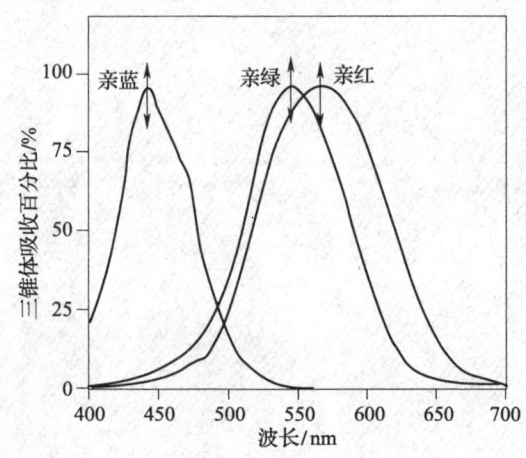

图2-1 视网膜各种锥体细胞的光谱吸收曲线

依吸收光量的多少而产生不同强度的光化学反应，引起神经活动，经双极细胞和神经节细胞传至神经中枢，大脑根据三路信号的强度比例，将这些信息综合后便产生颜色感觉。例如，亲红视素兴奋时产生红色感觉，亲红、亲绿视素同时感受刺激兴奋时，大脑将产生黄色感觉，随着亲红、亲绿视素兴奋比例的不断变化，将产生橙色或黄绿色的感觉等。如果亲红、亲绿、亲蓝三种视素同时受红、绿、蓝三种色光等量刺激产生兴奋时，就得到白色的感觉。这样，不同的颜色刺激入射到眼睛里，就会引起三种视素的不同反映，产生不同比例的红、绿、蓝视觉信号，形成不同的颜色感觉。颜色刺激不要求是连续光谱，如果用红、绿、蓝三束单色光作为三原色，改变红、绿、蓝光比例，就可以混合出各种不同的色光，但混合得到的混合光中仍然只包含这三个波长的单色光，是不连续光谱，但它们却可以混合出各种颜色感觉。人眼的明亮感觉是三种锥体细胞所产生的明亮感觉之和。

杆体细胞只含一种视紫红视素，因此只能产生明暗感觉，不能分辨颜色。

三色学说理论能够很好地解释各种颜色混合现象，即在颜色混合中，混合色是三种感色细胞按特定比例兴奋产生的结果。三色理论是现代色度学的基础，颜色的定量描述与测量都是以三色理论为基础的，见第三章的详细讨论。根据三色学说理论，可以用三种基本颜色来混合产生各种混合色，这种颜色混合理论是现代彩色印刷、彩色摄影以及彩色电视等彩色复制技术的基础，很多彩色复制设备都是根据三色理论设计的，有着广泛的应用。因此，实践证明三色学说是正确的，是符合人类视觉规律的。

但是，三色学说也存在一定的问题。最主要的问题是它对有些颜色现象如色盲不能很好地解释，因为色盲通常是红－绿色盲、黄－蓝色盲或全色盲三类，没有单独的红色盲、绿色盲或蓝色盲，所以与三色学说的三种感光视素不一致，无法用缺少一至三种感色细胞的说法来解释色盲现象。根据三色学说和颜色混合规律，如果缺少了红和绿视素，就不应该再有黄色感觉，因为黄色是由红、绿视素同时兴奋才可产生的感觉。而事实上，红－绿色盲确实具有黄色的感觉。而对于全色盲来说，如果是缺少了红、绿、蓝三种视素的话，那他也不应该再有明亮的感觉，因为根据三色学说，明亮感觉是由红、绿、蓝三种视素共同产生的，是三种视素明亮感觉之和。事实上，全色盲仍然具备明亮感觉。三色学说对颜色对比和颜色适应的现象也不能很好解释。这些现象都说明，尽管三色学说是正确的，但它仍然不完善，还有不全面的地方，因此就出现了四色对抗学说。

二、四色学说

四色学说于1864年由德国生理心理学家赫林提出，又称为对抗颜色理论（Opponent Colors Theory）。赫林观察到颜色感觉总是以红－绿、黄－蓝、黑－白成对的关系出现，因而假设视网膜中有三对视素：白－黑视素、红－绿视素、黄－蓝视素。这三对视素的代谢作用包括建设（同化）和破坏（异化）两种对立的过程。光刺激破坏白－黑视素，引起神经冲动产生白色的感觉，无光刺激时白－黑视素便重新建设起来，所引起的神经冲动产生黑色感觉。对于红－绿视素，红光刺激人眼起破坏作用，产生红色感觉，绿光起建设作用，产生绿色感觉。同理，对黄－蓝视素来说，黄光起破坏作用，蓝光起建设作用。（见表2-1）。因为各种颜色都有一定的明度，即含有白色光的成分，所以每一颜色不仅影响其本身视素的活动,而且也影响白-黑视素的活动。三对视素的代谢作用如图2-2所示。图中横坐标以上代表破坏作用,以下是建设作用,破坏与建立是相互对立的,非此即彼,不会同时出现。曲线 V 是白-黑视素的代谢作用;曲线 Y-B 是黄-蓝视素的代谢作用;曲线 R1-G-R2 是红-绿视素的代谢作用。曲线 V 的形状表明了光谱色的明度成分在黄绿处最高。三对视素的对立过程(破坏与建设)就产生了各种颜色感觉和各种颜色混合现象。从图中的曲线可以看出,对应不同波长的光刺激,不同视素就会发生

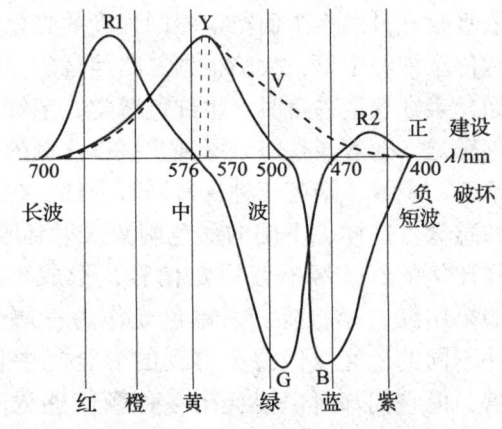

图2-2 四色(赫林)学说的视素代谢作用

相应的代谢过程,形成特定的颜色感觉。但要注意的是,白-黑视素的代谢过程都在横坐标以上,因此白-黑视素不是对抗的,白黑感觉可以同时存在,白黑感觉的混合形成不同明度的灰色。

表2-1　　　　四色(赫林)学说的视网膜视素代谢与对应的感觉

感光化学视素	视网膜过程	感　觉
白-黑	破坏	白
	建设	黑
红-绿	破坏	红
	建设	绿
黄-蓝	破坏	黄
	建设	蓝

赫林学说能够很好地解释色盲现象:色盲是由于缺乏其中一对视素(红-绿或黄-蓝)或两对视素(红-绿、黄-蓝)的结果。这一解释与色盲常是成对出现(即红-绿色盲或黄-蓝色盲)的事实是一致的。缺乏两对视素时便产生全色盲,但全色盲仍有白-黑视素,虽然没有彩色感觉,但还能够有明、暗感觉。

用四色理论也可以非常方便地解释颜色对比、色适应和负后像等视觉现象,因此证明四色学说的基本假设是正确的。

四色学说的最大缺憾是不能说明为什么三原色能混合出一切光谱色这一现象,而这一现象恰恰是近代色度学的基础,说明四色学说也不完善。

三、现代颜色视觉理论

既然三色学说和四色学说都能够说明一些颜色视觉现象,说明这两个学说都有符合实际规律和正确的方面,也说明二者不是对立的。通过现代先进的实验方法、材料的研究,以及对各种颜色视觉现象的深入探讨,综合了三色学说和四色学说的研究成果,证明三色学说、四色学说并不是不可调和的,它们分别是对颜色视觉机制的一个方面取得了正确的认识,只有将二者结合起来,相互补充才能全面理解和认识颜色视觉。

现代研究成果证实，人的颜色视觉机制是分为不同层面的，或者说颜色视觉的产生经历了几个不同的过程，在不同层面和过程中视觉的机理和信号也是不同的。因此一些科学家提出了颜色视觉的"阶段"学说，认为颜色视觉过程可以分为两个阶段：第一阶段为视网膜阶段，认为视网膜内有三种独立的锥体感色物质，它们分别选择性地吸收可见光中的长、中、短波长的辐射，产生红、绿、蓝的视觉信号，同时每一种物质又可以单独产生白和黑（明亮）的反应，在强光作用下产生白的反应，无外界刺激时产生黑的反应。第一阶段的颜色视觉符合三色学说的规律。第二阶段为视神经传输阶段，视网膜阶段由锥体细胞产生的视神经信号在向视觉中枢传导的过程中，这三种反应又重新进行组合，最后形成三对神经反应：白－黑，红－绿，黄－蓝，其中，白－黑神经反应产生明亮的感觉，红－绿和黄－蓝两对神经反应产生彩色的感觉，具有对抗色的性质，即有红色感觉时没有绿色感觉，有黄色感觉时没有蓝色感觉，反之亦然。第二阶段的颜色视觉规律符合四色对抗学说。图2－3是按照"阶段"学说展示整个颜色视觉过程的示意图。"阶段"学说将两个古老的、对立的学说统一了起来，可以更加完美地解释各种颜色视觉现象。

对颜色视觉理论理解的重要意义在于，颜色理论是解释各种颜色视觉现象的基本依据，是理解颜色视觉形成的基础；二是颜色的计算模型都是依据颜色视觉理论建立的，理解了颜色视觉理论就可以更好地理解颜色视觉模型，理解颜色计算公式的意义。在下一章将会看到，所有颜色的计算方法都是依据这个视觉理论建立的，只有颜色计算符合视觉的规律，才能使计算出的数据与颜色感觉相一致，预测颜色复制的结果。

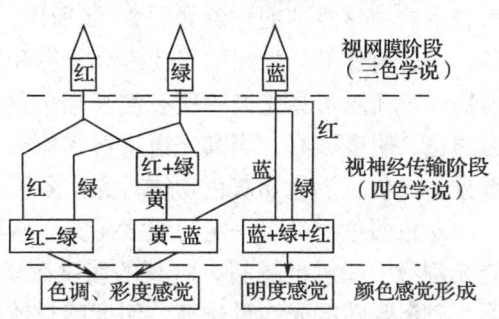

图2－3　颜色视觉模型示意图

第二节　颜色的分类与视觉属性

一、颜色的分类

按照颜色的视觉特征，可以将颜色分为彩色和非彩色两大类，所以通常所说的颜色是彩色和非彩色的总称。

非彩色的视觉特征是没有彩色感觉的一类颜色，有时也称其为中性色，是指白色、黑色和介于二者之间的各种深浅不同的灰色；彩色是指除去非彩色以外的其他各种颜色，彩色具有更丰富的视觉感觉，可以传达比非彩色更丰富的信息。

非彩色的特点是只有一个明亮感觉变化的属性，称为明度，可以用一个变量或数轴来表示明度的变化。

彩色除了明度感觉的变化以外，还有彩色感觉的变化，而彩色感觉又分为色调的感觉和彩度的感觉，因此彩色需要三个变量来描述，这三个变量分别称为颜色的明度、色调和彩度。

颜色的分类归纳如图2－4所示。

颜色 = {
非彩色：由黑、白、灰色组成，只有颜色深浅的变化，用一个变量描述
彩色：除去黑、白、灰色以外的其他所有颜色，不仅有颜色深浅的感觉，还有彩色特征的感觉，因此要用明度、色调和彩度三个变量描述
}

图 2-4　颜色的分类和描述方法

二、颜色的视觉属性

我们在观察颜色时，会对颜色产生明度、色调和彩度三个方面的感觉，凭借这三个方面的颜色感觉，可以判断出颜色的特点和颜色间的差异，我们也是根据这三个方面的感觉来挑选和设计颜色的。在这三个方面的颜色感觉属性中，明度是颜色的非彩色属性，而色调和彩度是颜色的彩色属性。

1. 明度（Lightness）

明度是人眼对颜色明亮程度的感觉。非彩色系列由白色渐渐到浅灰、中灰、再到深灰，直到黑色的变化，是明度由高到低的变化，即明度由最大渐变至最小，可用一个数轴来表示这种感觉的变化，如图 2-5 所示。数轴的上端是纯白，明度值最高，另一端是纯黑，明度值最低，中间的点代表介于白和黑色之间的各种灰色，自下而上灰色逐渐变浅。当物体表面对可见光谱中所有波长辐射的反射率都在 80%~90% 以上时，该物体看上去为白色，明度很高；当其光谱反射率均在 4% 以下时，该物体呈现黑色，只有很低的明度感觉。白色、黑色和灰色物体对光谱各波长的反射没有选择性，因此又称它们为中性色。

彩色颜色也具有一定的明度感觉。一般来说，彩色物体表面的光反射率越高，所形成的光刺激中能量也越高，对其的明度感觉也就越高，或者换句话说就是，相同波长条件下，刺激眼睛的光能量越高，明度感觉就越高。彩色发光物体的亮度越高，明度感觉也越高。不同明度而彩色感觉相同的反射物体，其光谱反射率曲线的特点如图 2-6 所示。由于光谱分布代表的是辐射能量随波长变化的关系，因此曲线下包围的面积就是该刺激的辐射能量总和，面积越大，辐射能量也越大，在相同的波段内产生的明亮感觉也越强。

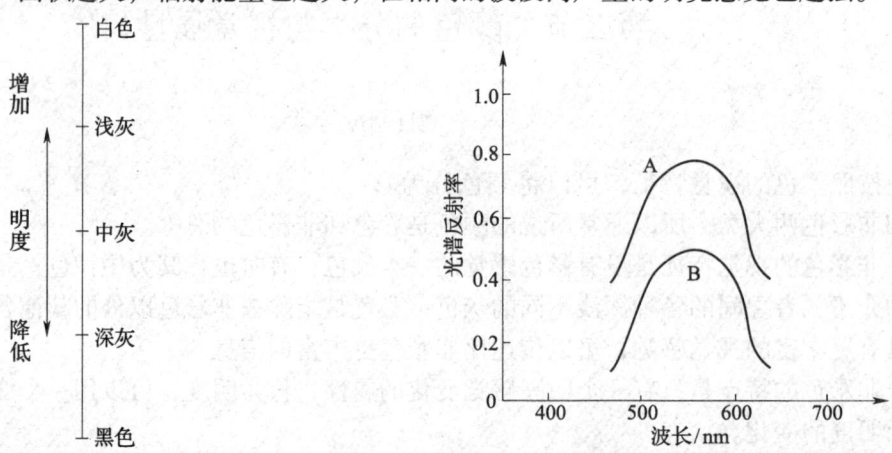

图 2-5　用数轴描述颜色明度变化　　　　图 2-6　光谱分布对明度感觉的影响

2. 色调（Hue）

色调又称为色相，是各种彩色彼此相互区分的基本特性，也是为颜色命名的基本特征，如红色、蓝色等。色调感觉与光刺激中的光谱成分直接相关，不同波长的单色光表现

为各种不同的色调感觉，如红、橙、黄、绿、青、蓝、紫等，所以不同光谱组成的光刺激就会产生不同的色调感觉。对于复色光来说，色调感觉取决于光刺激中主要成分所对应波长的色调感觉。例如，红颜色中长波的光所占比例比较大，蓝颜色中短波光所占比例较大，依此类推。由此可知，发光物体（光源）的色调取决于它的光辐射的光谱组成。非发光物体的色调取决于照明光源的光谱组成和物体自身的光谱反射（透射）特性，即由它所形成的光刺激中光谱分布所决定。

所以，由物体的光谱反射率曲线的形状可以大致判断出它的色调。如图2-7所示，曲线A与B的峰值所对应的波长不同，光谱分布的范围不同，二者最主要的光刺激分别分布于短波和长波区域，因此它们的色调分别为蓝绿色与橙色。由图还可以看出，A与B的光谱分布曲线形状和高度相近，因此两个物体的明度感觉接近，只是色调不同。

3. 彩度（Chroma）

彩度是描述颜色感觉中包含彩色成分多少的属性，也是颜色的纯洁性和鲜艳程度感觉的属性。颜色中彩色感觉越强烈、越鲜艳它的彩度就越高。在可见光范围内，各种单色光是最纯的彩色，因而是彩度感觉最高的颜色。从光谱分布的角度来看，颜色的彩度感觉取决于物体（颜色刺激）的光谱反射（透射）特性，即取决于颜色刺激的辐射波长范围。如图2-8所示，如果组成物体反射（透射）光的光谱带越窄，纯度就越高，因而彩度感觉就越高，反之就会越低。单色光的波长范围最窄，所以彩度最高，而白光包含各种波长的光，且各波长的能量相差不大，因而纯度最低，彩度为0。如果在单色光中加入一定量的白光，混合光的色调仍然保持与单色光相同，但其彩度会降低，因为光的纯度降低了。因此，各种彩色都可以看成是由某个波长的单色光与一定量的白光混合而成。在图2-8中，A光谱分布的彩度大于B，因为A曲线所包含的波长范围窄。但二者的主要波长分布都在570nm附近，因而色调基本一样，并且两条曲线下包围的面积差不多，表明两个颜色刺激所包含的能量大小接近，因而产生的明度感觉也接近。

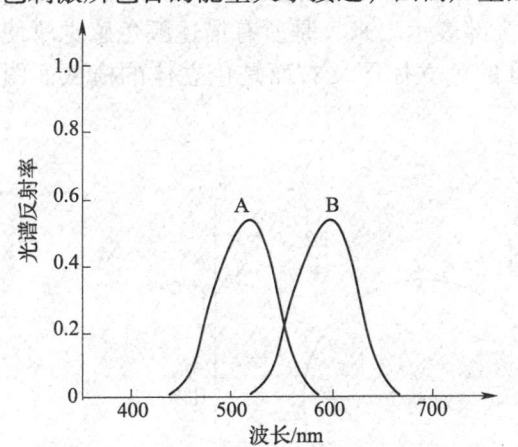
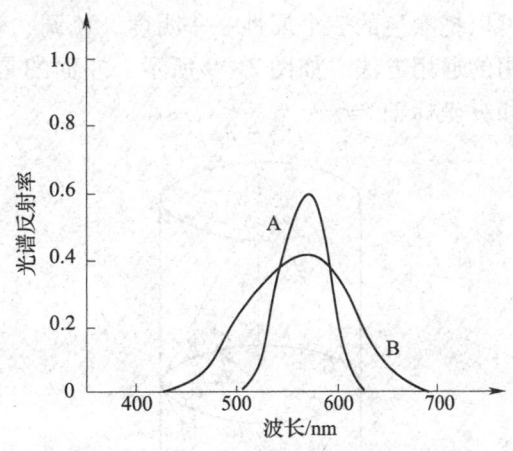

图2-7 光谱分布对色调感觉的影响　　　图2-8 光谱分布对彩度感觉的影响

从上面讨论可以看出，眼睛对颜色的明度、色调和彩度的三个感觉属性都是由颜色刺激的光谱组成决定的。一般来说，相同波长颜色刺激的绝对能量大小决定了颜色的明度感觉，而组成颜色刺激各波长能量的相对比例决定了颜色的彩色感觉。颜色的三个感觉属性是可以独立改变的，正是由于它们的单独变化，才组合形成了各种各样的颜色感觉。在相同明亮感觉和彩度感觉条件下，颜色刺激的主要波长范围不同，就产生了各种不同的色调，如红色、绿色、蓝色等；在同一个色调和彩度条件下，构成颜色刺激的能量大小不同就决定了明度感觉，形成深浅不同的颜色，如深红、浅红、翠绿、墨绿等；同样，在相同色调和明度条件下，也可以有不同彩度的变化，颜色刺激的波长范围宽窄或不同波长能量的相对比例大小决定了鲜艳程度的不同，如大红、淡红等。

由上面的分析也可以看出，我们对颜色的命名通常是根据色调来确定颜色的基本名称，然后再根据明度和彩度用形容词来修饰颜色的名称。由于颜色三个感觉属性之间的独立性，我们可以借助数学的手段来描述它们，将这三个感觉属性作为三维空间的三个坐标轴，三个坐标轴方向相互正交，将感觉的强度作为坐标值，以此来表示颜色感觉，用这种方法描述颜色感觉的坐标系就称为颜色感觉空间（相对于下一章将要介绍的颜色刺激空间而言）。

由于色光具有相加混合的特性，两个不同波长的光可以混合出中间波长对应的颜色，如400nm与500nm的光可以混合出450nm光的颜色，其他波长的光也有类似的性质。可见光波长范围内波长最长和最短的光也可以混合出光谱中没有的紫红色，因而使红色与蓝紫色之间的颜色感觉逐渐过渡。因此，整个光谱色的色调感觉具有连续和循环变化的特点，可以用一个圆环来表示这种循环的色调感觉，不同色调的颜色位于圆环的不同位置。综合颜色的明度、色调和彩度特性，可以将颜色感觉的三属性用一个柱面坐标系来表示，柱坐标系的中心竖直坐标轴z表示颜色的明度变量，围绕z坐标轴的转角方向φ表示颜色的色调变化，从中心轴向四周辐射的半径长度r表示颜色的彩度变化。在这样的柱坐标系下，眼睛可以感觉到的全部颜色构成了一个纺锤形的三维空间，称为颜色立体（Color solid）。之所以构成一个纺锤体形状的色立体，是因为随着明度的增加和降低，能够看到的颜色数量也随之减少，直到白色和黑色的端点，能看到的颜色就只有白和黑色了。柱坐标系很好地代表了眼睛对颜色感觉的特点，纺锤体可以把颜色的三个属性——明度、色调、彩度全部表示出来，是所有描述颜色感觉所使用的通用方法。如图2-9所示，左面的是三维的色立体图，右面是色立体的横截面图和纵坐标轴。

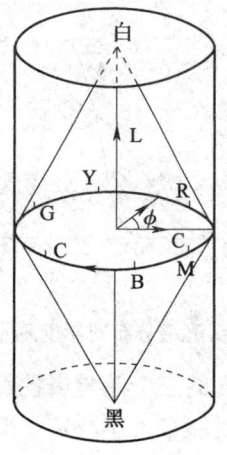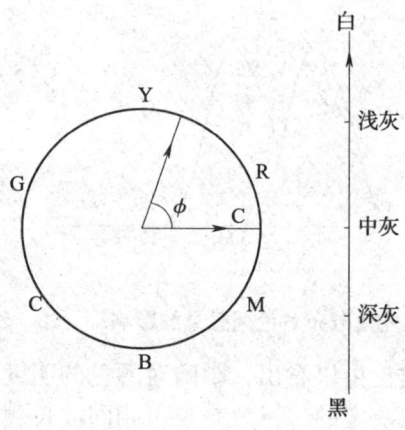

图2-9　色立体

白黑系列（非彩色）颜色只有明度的变化，饱和度为0，即半径 $r=0$，所以它们都位于垂直的 z 轴上，顶端是白色，底端是黑色，中间是深浅不同的灰色过渡，由下向上明度感觉逐渐增加。垂直于 z 轴的横截面是一个圆形，构成一个平面极坐标系。位于圆形平面上的所有颜色都具有相同的明度感觉，但具有不同的色调和饱和度感觉。不同色调的颜色位于水平面上不同转角 φ 的方向上，可以用不同的角度值代表各种不同的色调感觉，由此又称这个圆为**色调环**。圆形的中心是非彩色系列的灰色，灰色的明度与圆平面上所有颜色的明度相同。从圆心到圆周的半径上，所有颜色都具有相同的色调，但饱和度不同，半径 r 越大，饱和度越高，所以圆周上的颜色饱和度最高，圆心点是非彩色，因而不同半径长度表示不同的饱和度感觉。

在实际应用中，彩度和饱和度都用来表示颜色的鲜艳程度，往往不加区分。虽然彩度和饱和度都是用来描述颜色鲜艳程度的感觉量，但严格地说又有差别。彩度是相对于白色而言的，是彩色成分占白色亮度感觉中的比例，彩度＝色刺激的绝对彩度/白色的亮度；而饱和度是相对于同等亮度的灰色而言的，是彩色成分占同等亮度灰色中的比例，饱和度＝色刺激的绝对彩度/色刺激的亮度。因此，同一个颜色刺激当降低或提高其明亮感觉时，对该颜色刺激的彩度感觉会降低或提高，因为彩色成分与白色亮度的比例发生了改变。但是，此时的饱和度不会发生变化，因为色刺激的亮度发生变化的同时，与之相比较的同等亮度的灰色也同样发生了改变，所以色刺激与相同亮度灰色的比值保持不发生改变。在不严格要求的情况下，我们不去仔细区分彩度和饱和度的差别，将这两个概念通用，只有在需要时才严格区分，但我们应该清楚二者的区别。

第三节　颜色视觉现象

由本章第一节对颜色视觉理论的讨论可知，产生颜色视觉的过程是非常复杂的，最终的颜色感觉既有光学的作用，又包含了生理和心理的各种作用在内，因此人类的视觉系统是一台非常精美和复杂的彩色设备，以至于目前我们还没有办法用仪器来模拟。颜色视觉之所以复杂，是因为它不仅仅取决于颜色刺激，还与观察的对象、方法、条件和观察者等多方面心理、生理因素有关，致使颜色感觉并不能完全与颜色的测量结果完全一样（因为目前的颜色测量都是通过物理方法测量，不能测量出心理和生理的结果）。所以，要想得到与测量数据一致的结果，必须使观察颜色的条件与测量条件完全一致。本节将介绍一些典型和常见的颜色视觉现象，通过这些颜色视觉现象，我们不仅能够理解和推测颜色视觉系统的某些机理和功能，完善对颜色感觉的计算模型，还可以了解在观察颜色时应该注意什么问题，应该如何控制观察的条件和方法才能得到可靠的观察结果，这在实际应用中是至关重要的，对理解色彩学的研究思想也非常有帮助。

一、视网膜的颜色区

由对视网膜特点的讨论可知，视网膜上的锥体细胞与杆体细胞的分布是不均匀的，而颜色视觉主要由锥体细胞起作用。锥体细胞主要分布在视网膜中央凹部位，而杆体细胞主要分布在边缘区域（图1-12），所以中央视觉（小视场）主要是锥体细胞起作用，边缘视觉会有杆体细胞参与作用，所以视网膜不同区域对颜色的感受性也有所不同。具有正常颜色视觉的人在视网膜中央能够分辨各种颜色。由中央向边缘过渡，锥体细胞减少而杆体细胞逐渐增多，先是对颜色的感觉有所改变，然后对颜色的分辨能力逐渐下降，直到对颜色的感觉消失。在与中央区相邻的外围区域先丧失红、绿色的感受性，再向外延伸，逐渐对黄、蓝色的感觉也丧失，而成为全色盲区。因此人的正常色视野的大小，还要视所观察颜色的种类而不同。在同一光亮条件下，白色视野的范围最大，其次为黄蓝色、红绿色视野最小。附页彩图1为右眼的视网膜颜色区示意图，图中用各种颜色表示出了各种颜色感受区的范围。

通过一个简单的实验，我们很容易验证视网膜上颜色区的存在和范围。制作一个如图2-10左图所示的测试图，色块与十字距离10cm左右（见附页彩图2）。用手挡住左眼（或右眼），用右（左）眼看右边的黑色十字，此时左边的红绿蓝色块会成像于视网膜的右侧边缘，如右图所示。由远至近缓慢移动眼睛的观察距离，并始终保持观看十字的位置，随着观察距离减小，视场角度也逐渐增加，色块成像的位置也逐渐向视场边缘移动，就会看到上述颜色区的现象出现。最初所有颜色感觉都存在，逐渐红绿色块变为灰色，然后蓝色块也成为灰色，成为全色盲。如果记录下颜色消失时的观察距离，根据几何关系就可以计算出颜色区的范围。

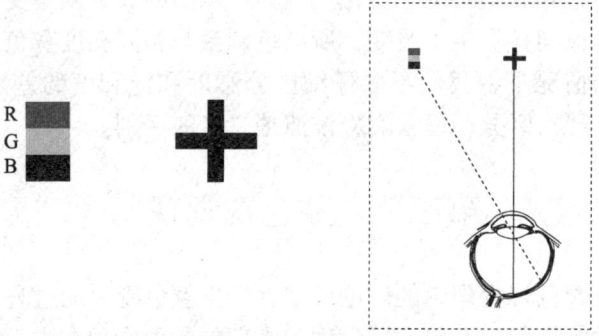

图2-10　检查视网膜的颜色区

视网膜上颜色区的存在，很好地解释了视网膜上锥体和杆体细胞的分布，也提示我们观察颜色时应该注意的问题。由于视网膜颜色区的存在，观察及测量颜色时必须要注意视场角度的问题，它会对观测结果产生影响。通常对于从事颜色及彩色印刷复制工作的人来说，多采用2°视场的中央视觉条件。对于大视场观察场合，如观察建筑物、均匀颜色的色布等，就需要采用10°视场的条件。

二、颜色恒常性（Color Constancy）

当外界条件发生了一定范围的变化后，人们对物体的颜色感觉仍保持相对不变的特性，这就是颜色恒常性。例如，中午和黄昏，外界的照明水平有很大差异，日光和白炽灯、日光灯所发光的光谱分布很不相同，但是红花、绿叶看起来几乎是不变的。

从物理的角度说，物体的颜色刺激是对照射在其表面上光线的光谱成分选择性吸收后，反射（或透射）剩余的色光而产生的。我们的颜色感觉应该是对颜色刺激的直接反应。然而，我们的颜色感觉并不是与颜色刺激一一对应的，颜色视觉系统在很大程度上可以抵消掉环境变化的影响。在一天中，日光和照明条件会有很大的不同，中午与早、晚，晴天与阴天照度会相差几百倍,同时太阳光的光谱分布也会有较大的变化,各种人工光源的光谱分布更是千差万别,但我们的颜色视觉仍然会保持对物体颜色感觉在一定范围内的恒常性。红花永远是红的,绿叶永远是绿的。虽然阳光下煤块表面单位面积反射的光量要比夜晚的白雪高出成百上千倍,但我们永远认为白雪是白的,煤块总是黑的,不会颠倒混淆。

色觉恒常性是人眼视觉的一个重要特性,正是由于这一特性,使人类能够在各种条件下对各种物体的颜色有一种稳定的感受。假若没有这一特性,红花绿叶在白天、夜晚、晴天、阴天等不同照明条件下会有很大的变化,会给我们的视觉带来很多麻烦,这也是人类长期进化的结果。但是,色觉恒常性也是有一定限度的,而且这种恒常性也不是完全的不变、完全的一致。当照明条件变化太大时,被照明物体的颜色就不再保持不变了,或者即使保持了一定的恒常性,但还会有一定的变化。我们都知道,肉店常用含红光多的灯来照明,金银首饰店常用含黄光多的灯照明,其目的都是用特殊的照明效果来招徕顾客。

对于颜色恒常现象有多种解释,有人认为与物体的物理属性有关;有人认为与人的记忆、经验、知识有关,受一定的心理因素支配;更合理的解释是,颜色恒常现象与周围环境的参照对比有关,因为照明光既照射在物体上也照射在背景上,物体与背景的照明条件同时变化,眼睛总是以背景为参照来观察物体,所以物体的颜色在一定程度上可保持相对的恒常性。如果我们将参照条件破坏,恒常性也可能会受到破坏而发生很大颜色感觉的变化。例如:将一张白纸用红光照射,如果让观察者看到光源照明纸的全貌,他很有可能仍将纸看成是白色的,而如果让受试者通过一个小孔去看被红光照射白纸的一部分,而不知道红色是红光照射的结果时,他会将白纸看成是红色的。对于颜色恒常性现象目前还不能完全解释清楚,也还没有数学模型来进行计算。

三、色适应(Chromatic Adaptation)

由于环境光对眼睛的持续作用,或眼睛长时间处于某种环境中,致使眼睛对环境光产生一定的抵消作用,而使颜色视觉发生变化的现象称作颜色适应,简称**色适应**。色适应现象与颜色恒常性类似,都是眼睛随环境光改变而产生的视觉现象,只不过色适应主要考察抵消环境光作用后颜色感觉究竟发生了什么变化,变化了多少;而颜色恒常性强调的是环境光改变多少仍然能够保持颜色感觉不变,二者强调的侧面不同。颜色适应现象包括亮度适应和彩色适应。

1. 亮度适应

人眼具有能在照明条件相差很大的情况下工作的能力,但需要有一个生理调节过程,通过这个调节过程对光的亮度进行适应,以获得相对清晰、真实的影像,这个过程称为亮度适应。这里的生理调节过程包括瞳孔的缩放和视觉二重功能的更替两个方面。亮度适应分为明适应和暗适应两种情况。

(1)明适应 当人由暗环境进入亮环境时,人会感到光线刺眼,睁不开眼睛,无法看清物体,但经过1min左右时间,人眼就适应了,能够获得清晰的视觉,这种适应过程称为明适应。这段时间内包含了两种生理过程:瞳孔缩小,减少进入眼睛的光能量;同时也进行对光感受性的调整。如果原来是非常暗的环境,则还会由杆体细胞起作用迅速转变为锥体细胞起作用,即由明视觉取代了暗视觉,重新能够看清周围物体的颜色与细节了。

（2）暗适应　当人由亮环境进入暗环境时，开始时人眼同样会感觉到不适应，一片漆黑，看不清周围的物体，经过大约几分钟后，人眼重新适应了新的亮度水平，就能够看清周围的物体了，这种适应过程称为暗适应。暗适应的生理过程与明适应相反，一方面瞳孔放大，增加进入眼睛的光能量；另一方面还要进行感光细胞感受性的调整。如果新环境非常暗，则会由锥体细胞起作用转变为杆体细胞起作用，即由暗视觉取代明视觉。视觉感受性在进入黑暗中的 15min 内能提高数万倍，视觉达到完全暗适应最长可达 40min。

2. 彩色适应

在明视觉状态下，视觉系统在不同环境光中所含彩色分量作用下所造成的颜色感受性变化叫做彩色适应。当眼睛适应了某种环境光以后，就会对这种环境光中的彩色产生抵消作用，使眼睛对这种彩色光不敏感，此时再观察颜色样品时，颜色感觉中就会缺少这种彩色的感觉。例如，白炽灯光与荧光灯光相比偏红黄，荧光灯相对白炽灯的光色偏蓝。如果在眼睛分别适应了白炽灯和荧光灯的条件下观察同一幅照片，则在适应了白炽灯的条件下看到的颜色感觉偏蓝，在适应了荧光灯的条件下颜色感觉会偏黄。这种对观察颜色感觉的改变就是对环境光适应所产生的。附页的彩图 3 就是彩色适应的一个例子。在特定适应条件下单独观察彩色照片时会发现左图的颜色偏黄，右图的颜色偏蓝。但如果将眼睛观察图 2-11 的黄和蓝色块一段时间后，左眼就会适应黄色，右眼适应蓝色，此时迅速将目光移到彩图上，就会发现在观察彩图的一瞬间，左图反而偏蓝而右图偏黄，这是因为此时左眼对黄色不敏感，右眼对蓝色不敏感，产生了相反颜色感觉的缘故。但这种感觉只是暂时的，眼睛很快就会恢复原来的适应状态，恢复到正常。如果能够维持这种适应状态，就能持续这种色适应效果。为了便于观察，可以将黄蓝色块剪下来，覆盖在彩图上观察。

由实验结果可以得出，当眼睛适应了某种环境光颜色后，眼睛对该颜色就不再敏感，而对该颜色对应的相反色相对敏感，所以在颜色感觉中就增加了与适应色相反的颜色。三色学说对彩色适应不能很好地解释，但用四色学说却非常容易说明。按照四色对抗学说，颜色视觉系统有红—绿和黄—蓝两对对抗色视素，当眼睛适应了环境光颜色后，相应的视素就发生疲劳，不再敏感，而与其相对抗的视素相对活跃，所以此时就出现了相反色的颜色感觉，如彩图 3 的例子中黄和蓝就是相反色。

颜色适应的现象提示我们，如果先后在两种不同环境下观察颜色，就必须考虑到不同环境光颜色对视觉系统的影响。事实上，眼睛处于任何环境下都会产生相应的色适应，如果在不同色适应状态下观察同一个颜色样品就会产生不同的颜色感觉，所以在观察颜色时注意观察环境，必须在相同的颜色适应条件下观察，不同适应条件下的观察结果不能直接进行比较。印刷过程中观测颜色要在标准的照明和观察条件下进行，要尽量保证观察条件的一致，这是抵消色适应影响的基本方法之一。

四、颜色对比（Color contrast）

在视场中，相邻区域的不同颜色之间相互影响、使颜色感觉发生改变的现象称为**颜色对比**。颜色对比包括明度对比、色调对比和饱和度对比。

明度对比是不同明度样品间的相互影响，或者是不同明度的样品与背景间的相互影响，使明度感觉发生了改变的现象。例如，将一灰色块分别置于白色背景和黑色背景上，结果在白背景上的灰色块看起来比在黑背景上的要暗，这种现象称为明度对比，如图2-11所示。一般来说，明暗不同的物体并置于视场中会感到明暗差异被加强。正是由于这个原因，书刊杂志正文多印刷成"白纸黑字"的形式，使文字清晰醒目，便于阅读，这就是明度对比的实际应用。

同样，将色调相近而饱和度不同的颜色放在一起时，会感到两颜色此时的饱和度与分别观察时的感觉不同。受背景颜色

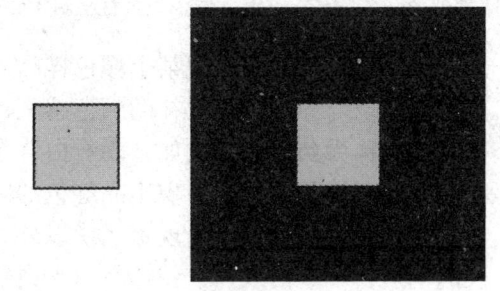

图2-11 明度对比

的影响，样品的颜色感觉要向背景色相反色的方向改变，即样品色的饱和度减小。如附页彩图4所示，4个不同彩度的样品（如最下面的样品所示）分别放置在灰色背景和较鲜艳红色的背景上（上下对应的是相同的颜色样品），则放在灰色背景上的样品显得很红，而放在红色背景上的样品就变成灰色了，饱和度感觉发生了明显改变，而且它们也都与放在最下面白背景上的饱和度感觉不同。饱和度对比与明度对比的结果类似，都是使颜色感觉向对方的相反方向改变，相当于一部分背景颜色的相反色叠加在了样品上，改变了样品饱和度的感觉。

当样品与背景颜色的色调不相同时，样品的色调和饱和度感觉都会有所改变。一般来说，样品的颜色会向背景色的补色方向变化，在样品上会迭加一部分背景色的补色。例如，同一个黄颜色样品分别放在品红和青色的背景上，会发现品红背景上的黄色迭加上微量的绿色，而青背景上的黄色看上去略微偏红，如附页彩图5所示。在蓝色背景上放一小块白纸，用眼睛注视白纸中心几分钟，白纸会现出淡淡的黄色，如果背景是红色，白纸会现出绿色。红和绿是互补色，黄和蓝也是互补色，每一种颜色都会在其周围诱导出其补色。两种不同色调的颜色并置于视场中，每一种颜色的色调都向另一种颜色的补色方向变化，从而增强了两颜色色调的差异，这种现象称为色调对比。如果两颜色是互补色，则色调对比的结果是加强彼此饱和度。如我们常说的"红花还要绿叶衬"讲的就是这个效果。

除了存在颜色对比现象外，还有一种被称为颜色扩散的视觉现象。如附页彩图6所示，白色的背景被不同颜色的线条分割后，线条的颜色会扩散到线条之间的白背景中，使红线条之间形成带有红色感觉的底色，在其他颜色线条之间也会出现其他的颜色感觉。

只要在视场中存在多个颜色，就会出现颜色对比的现象，因此在观察颜色时必须要注意颜色对比的作用。由于颜色对比现象是避免不了的，所以只能规范对比的条件，在相同的条件下观察颜色，使观察颜色时的对比条件相同，抵消掉颜色对比的作用。尽管颜色对比现象对观察颜色有不利的影响，如果合理利用颜色对比就能够产生好的效果，这在颜色设计时非常有用。在进行颜色设计时，经常要利用颜色的对比和和谐理论来合理搭配颜色，颜色搭配的合理与否直接关系到设计的成败。

颜色对比现象也可以用四色理论很好地解释。样品的颜色感觉之所以受背景颜色的影响，是因为背景色使相应的视细胞发生疲劳，致使对相应的颜色不敏感，而与其对抗的视细胞活跃，对互补颜色相对敏感，所以使颜色感觉向背景的补色方向变化，使样品色与背景色的感觉差别发生变化。

五、负后像（After image）

当眼睛较长时间注视某个颜色样品后，在撤去该颜色样品的一瞬间，在原来样品的位置上会出现与样品颜色互补的颜色感觉，再过一段时间后这个互补的颜色感觉逐渐消失，这种现象称为**负后像**。例如，观看白背景上的绿色块一段时间后，一旦撤掉绿色块，就会在原来绿色块的位置上呈现出品红色的感觉，持续几秒钟后品红色的感觉消失。

除了对彩色颜色会出现负后像以外，明度也有负后像。注视灰色背景上的白色纸片较长时间后，拿走白纸片，就会在原来白纸片的地方出现较暗的负后像；如果在灰色背景上放置一个黑色纸片，注视黑纸片一段时间后撤走它，就会在黑纸片的位置上出现较亮的负后像。

负后像现象的解释与色适应类似，也可以用上述的疲劳理论来解释。当眼睛注视某种颜色一段时间后，眼睛与样品颜色相对应的视素会发生疲劳，对该颜色失去了敏感，而与之相对立的视素相对敏感，但受到样品颜色的压制。一旦样品颜色去掉后，眼睛不能立刻恢复，相反的视素又失去了压制，则在原来样品的地方就出现了相反的颜色感觉。但经过短暂的时间后，各种视素又重新建立了平衡，因此负后像也就消失了。

上面描述的是最主要、也是最常见的几种颜色视觉现象，但颜色视觉现象还远不止这几种。这些颜色视觉现象其实都是在我们身边日常发生的，只不过我们对它们不太注意而已。这些颜色视觉现象通常与人们的视觉生理、视觉心理、经历与记忆、人类演变进程等因素密切相关，复杂多变，相互影响制约，使得目视观察评价颜色变得非常复杂，因此必须严格控制观察条件，避免造成对观察结果的影响。到目前为止，我们还不能用颜色测量仪器来测量上述的颜色视觉现象，在上述条件下用仪器测量，测量结果不会随着观察条件和背景颜色而改变。因此，为了准确评价颜色，尤其是在评价彩色图像的颜色时，除了要使用仪器进行颜色的定量测量外，往往还要通过主观目视的方法来评价，因为一方面测量仪器不能测出眼睛的颜色视觉现象，测量值与目视观察的效果总有一定的差别，而且图像中的颜色变化复杂，仪器只能测量均匀的颜色，不能测量出图像中每点的颜色。另一方面颜色归根结底是要被眼睛观看的，只有眼睛对颜色的感觉才是最终评判图像颜色的标准。所以，在观察颜色时必须控制好观察的条件，避免环境的影响，这也是印刷复制领域必须推行数据化、规范化、标准化的原因之一。

六、颜色的辨别

通常情况下，一个特定波长的色光对应一种颜色感觉，但这并不是恒定的。很多颜色的光在不同的光强下会有不同的颜色感觉。这种颜色感觉随光强发生变化的效应被称为冯·贝左尔克－布吕克（Von Bezold－Brücke）效应。实验发现，当颜色刺激的亮度增加时，大部分波长的单色光所对应的颜色感觉都会发生色调的变化，使观察者感到高亮度时波长为 λ 的单色光与低亮度时 $\lambda+\Delta\lambda$ 单色光的色调相同，相当于出现了 $\Delta\lambda$ 波长的移动，如图 2－12 所示。图中的横坐标是波长，纵坐标是视网膜照度（物体亮度与瞳孔面积的乘积），单位为楚兰德（Troland）。随着光的强度增强，各种光的颜色感觉变化趋势是向可见光谱的红色或蓝色端变化。例如，1000 楚兰德时 520nm 单色光的色调与 100 楚兰德时的 540nm 单色光色调相同，1000 楚兰德时的 660nm 单色光与 100 楚兰德时的 635nm 单色光相匹配。但是，在整个光谱范围内有三个特殊的波长：572nm 的黄光，503nm 的绿光，以及 478nm 的蓝光不随光的强度发生色调的偏移。

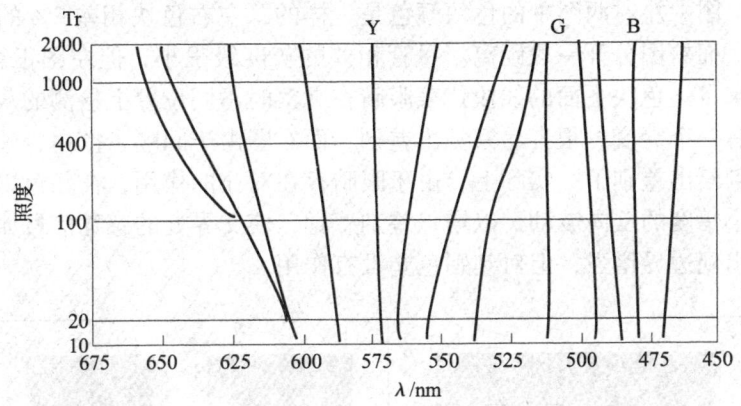

图 2-12　冯·贝左尔克-布吕克（Von Bezold - Brücke）效应

除了色调会随亮度的变化而改变外，彩度感觉也会随着视场亮度的改变而发生变化，这种现象称为亨特效应（Hunt effect）。亨特效应的表现为，一个固定的颜色刺激会随着视场亮度的提高而彩度感觉升高。在颜色匹配实验中，对于一个固定的参考刺激，当视场亮度提高以后，需要选择一个较高纯度的色刺激才能与之匹配，这个变化关系呈现非线性。这种现象的常见例子是，物体的色貌在夏天中午时显得更加鲜艳和明亮，而傍晚时则显得柔和。即彩度感觉随照明亮度的变化而变化，彩度对比随亮度的提高而增大。这种现象在显示器上观察图像时比较明显。

感觉的明度对比度随着适应亮度的增大而增大的现象称为斯蒂文斯效应（Stevens effect）。当适应视场的亮度逐步增大时，暗色看起来更暗，亮色看起来则更亮，即对比度提高。如图2-13所示，用 10 个明度感觉线性变化的颜色样品做目视实验，将它们相对于白色的明度比值（Y/Y_n）由小到大排列成横坐标，将它们在不同亮度适应视场下观察到的明度感觉表示为纵坐标。从实验结果可以看出，随着视场亮度 L 的提高（用不同直线表示），直线的斜率也不断加大，说明明度对比度不断增加（斜率越大，对比度越高）。图中从上面往下的第 1 条斜线所对应的视场亮度是"黑暗（dark）"，这时它们之间的感觉明度变化比较小，因而斜线的斜率也比较小，斜线比较平。随着适应视场亮度水平（用分贝 dB 表示）的逐渐增大，斜线的斜率越来越大，斜线也越来越倾斜，说明它们之间的明度对比程度也越来越高。

在判断两个颜色是否相等时，我们通常要把两个颜色样品并排放在一起进行比较，眼睛此时对颜色的分辨能力较高。但如果待比较的颜色样品之间相隔一段距离（之间由其他颜色相隔）时，哪怕是非常小的距离，眼睛对其的分辨能力也会降低很多。这说明眼睛具有"0"

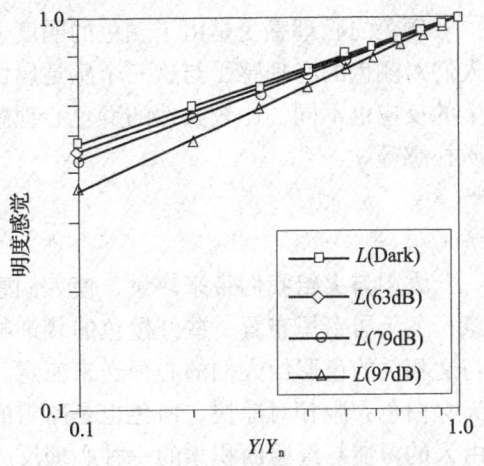

图 2-13　斯蒂文斯效应（Stevens effect）

检测器的作用，对相邻的颜色差别敏感，一旦出现非"0"的信号，立刻可以检测出来。但如果中间相隔了其他的颜色，破坏了信号的连续性，则检测的灵敏度就会大为降低，如图2-14所示。图中左右两图中的色块颜色是一样的，左右色块相差2%的灰度，左图色块并列在一起，而右图分开一段距离。尽管相差的灰度级很小，但左图很容易看出差别，右图就看不出来了。色块下面的线段代表眼睛在观察时不同位置上检测的灰度信号，左图在交界处信号有一个突变，很容易察觉出差别，而右图由于间隔了空白，破坏了信号的连续性，就很难判断出差别了。实际上，由于眼睛存在对比的作用，在颜色出现变化的交界处信号还会有小幅度的反向波动，以增强差别感觉，使交界处的感觉信号如图所示。但右图的情况尽管出现边界增强，但对判别色差没有作用。

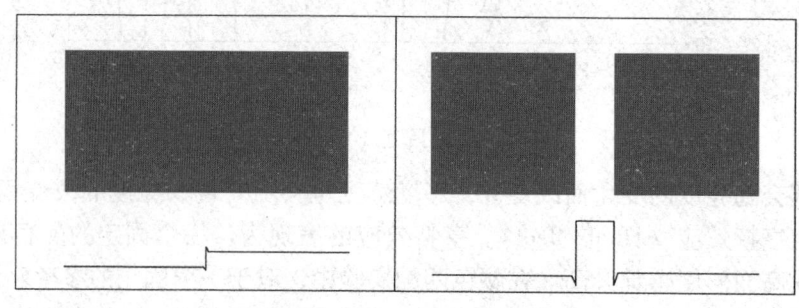

图2-14　色差的辨别

*第四节　颜色的心理感受

颜色本身是一种信息，人眼接收不同的光刺激后会产生不同的心理感觉。人类长期处于五颜六色的环境中，积累了对不同颜色感觉的认识，形成了一定的颜色心理感受规律。例如，人类长期利用火来取暖、照明，因此对红色会产生温暖和热烈的感受。但是，不同地域、不同民族、不同生存环境和民族与宗教信仰、知识与记忆、个人喜好与习惯等因素都对颜色的心理感受有一定影响，只能有一个普遍的规律而不存在绝对的规则。

颜色的心理感受是由于颜色的明度、色调、彩度这三个基本感觉属性所引起的，因此人们对颜色的心理感受与这三个感觉属性有一定的对应关系，这三方面的感觉不同，所产生的反应也不同，比较共性的颜色心理感受有：颜色的冷暖感、轻重感、空间感、华丽与质朴感等。

一、颜色的冷暖感

太阳与火给我们带来热量，使人们感觉温暖，与火光相近的颜色也会使人心里产生暖意；冬天居室里布置一些红橙色的装饰物可以令人倍感温暖舒适。海水、森林凉爽宜人，与之相关的色彩给人们的心里送来凉意。白色反射光能力最强，黑色吸收光能力最强，夏天穿白色衣服相对凉快，白色也是冰雪的颜色，白色相对于黑色为冷色。颜色的冷暖感是由人的习惯与经验而积累的一种心理反应，不代表真实的温度。

可以做这样一个实验，将两只手分别放入一红、一蓝两盆同样是40℃的温水，红色的水比蓝色的水会让你感觉温度高，甚至有点烫；但假如蒙上眼睛去感受的话，结果会是两盆水温度一样。

从色彩心理学角度，红橙色被视为最暖的颜色，蓝绿色被视为最冷的颜色。它们在色立体上的位置被叫做暖极、冷极，离暖极近的为暖色，离冷极近的为冷色，其余为介于冷暖色之间的中间色。颜色的冷暖感觉最主要取决于颜色的色调，其次受彩度和明度的影响。

暖色调包括红、橙、黄以及这些颜色的混合色；

冷色调包括蓝、蓝绿、青、蓝紫色以及这些颜色的混合色；

介于冷暖色调之间的中间色有紫色、紫红、绿、黄绿色等。

冷与暖的感受是相对的，同样是冷色调的紫和蓝色，但紫相对于蓝来说偏暖，但与红色相比则偏冷。绿与黄相比偏冷，但比蓝色要暖。

同一颜色无论冷暖，加白后会显得偏冷，加黑后会偏暖，因为白色会使人联想到白雪，黑色会使人想到煤炭，也就是说同一色调中也有冷暖感觉。彩度对颜色的冷暖感起到强调的作用，当色调与明度相同时，随着彩度的提高，暖色会越暖，而冷色会越冷。彩图7和彩图8分别是一些冷色和暖色的例子，在第五章将会进一步介绍印制冷暖色调和其他类型颜色的油墨组合规律。

二、颜色的轻重感

天空色明，地面色暗，向天者轻，向地者重。棉帛、木料明度高而重量轻，铅、铁、煤明度低而重量大。一般来说，颜色的轻重感主要决定于颜色的明度，明度越高感觉越轻，明度越低感觉越沉重。如果让人搬运一白一黑两个同样重量、大小的箱子，他会觉得搬黑色箱子时要吃力些。

从色调上看，明亮感较高的色调，如黄、橙、黄绿色感觉较轻，而较暗的色调如红、蓝、紫等感觉重。明度相同的颜色，饱和度高的比饱和度低的感觉轻，冷色调的比暖色调的感觉轻。对于彩色图画，颜色对比强的有重感，对比弱的有轻感。另外，重量感还与人对颜色的好恶有关，感觉愉快的颜色看起来也较轻，不喜欢的颜色感觉重。

三、颜色的空间感

总的来看，暖色调、高明度、高饱和度、强对比的颜色有前进感和膨胀感，看着显大；冷色调、低明度、低饱和度、弱对比的颜色有后退感、收缩感，看着显小。

颜色空间感的典型例子是法国国旗。法国国旗由红白蓝三色构成，如果这三色的宽度相等，则看上去这三个彩条宽度不相等，蓝色看上去最窄，红色次之，白色显得最宽。这是由于中间的白色较两旁颜色明亮，使人眼产生一种错觉，看上去总觉得两旁的红色带和蓝色带宽度不相等。后来发现，如果把这三个彩条的宽度比调整为红：白：蓝 = 35：33：37，人眼看上去才能感觉三色的宽度相同。

同样形状的物体，具有黄、橙、绿等较明亮颜色时比具有蓝、紫等较暗颜色时显得比较大。例如，同一品牌、同一型号但颜色不同的汽车，给人的大小感觉会不同，深颜色的车显小，而浅颜色的车显得大一些，因此一般只有车体较大的商务轿车使用黑色等深颜色，而小型家用轿车很少用黑色，因为黑色会使车体显得更小。

图 2-15 中一个是黑背景下的白色圆形，另一个是白色背景下的黑色圆形，两个圆形的实际尺寸是相同的，但这两个圆给人的大小感觉不完全相同，白色的圆形显得大些，而黑色的显得小些。这就是由于颜色深浅带来的面积大小感觉差异。

图 2-15　颜色的大小感觉

从色调属性方面来说，一般表现为暖色调的颜色为膨胀色，表现为冷色调的颜色为收缩色。据实验结果统计，在常用颜色中，按照黄、橙、白、红、绿、紫、黑、蓝的顺序依次感觉显小。另外，一种颜色的体积知觉性质总是跟周围的颜色相比较而发生的。如果周围的颜色比较明亮，则所观察对象的形状就显得小。

不同颜色除了可以产生体积和面积大小的感觉外，颜色还可以产生空间距离不同的感觉。观察距离相同的两个物体，着色不同就会产生远近距离不同的感觉，距离感与物体色彩的明度关系较大。与实际距离相比较，着明亮色则显得近、靠前，着暗色则显得退后，即前者距离显近，后者距离显远。从色相上看，暖色与明色一样，是近前色；冷色与暗色一样，是退后色。穿暖色调衣服的人令人心理上感到温暖而接近，穿冷色衣服的人令人心理上感到冷淡而疏远。一般来说，红、橙、黄有较明显的近前性，紫、蓝、青有较明显的远离性。在非彩色中，黑色具有近前性，白色具有远离性。近前与后退是相对的，也是随颜色三属性的不同而变化的。例如，红色与黄色相比，一般认为红色近前，但是由于黄色明度高，在某种情况下也会感到黄色近前。

四、颜色的情绪感

颜色除了可以给人们带来上述的冷暖、轻重和空间的感觉以外，还可以影响人们的情绪。就是由于这个原因，在不同的场合合理地运用各种不同的颜色可以起到装饰的作用，可以给人们带来意想不到的视觉效果，成为各类设计艺术的重要组成部分，如环境艺术、室内装饰和各种广告宣传品设计等。根据颜色的视觉效果和构成特征，大致可以把颜色按照明度和彩度感的高、中、低来划分，分为以下几类。

（1）淡纯色　由一个或两个彩色原色与大量白色构成的浅颜色，颜色的视觉效果是明度高、彩度小、具有各种色调的颜色，相当于纯色与白光的混合色。这类颜色的特点是给人以淡雅、温馨、不夸张的感觉，适合制作大面积的底色和室内的墙壁色。

（2）浓纯色　由一个原色或两个原色以较大比例混合的颜色，饱和度高，几乎不含非彩色。视觉效果是中等明度、彩度高的各类色调的纯颜色。这类颜色给人的心理感觉是颜色鲜艳、强烈、可以烘托热烈的气氛、有冲击力，有强调和高对比的作用，给人以兴奋、欢快、热烈的感觉，用于需要突出和强调的场合或对象，多用于广告宣传品、包装等产品，用来吸引人的注意力。

（3）明亮色　介于淡纯色和浓纯色之间的颜色，也就是明度中等偏亮、彩度中等的彩色，相当于在浓纯色的基础上添加白色后的颜色。此类颜色既比较明亮又比较鲜艳，不张扬，较柔和，给人以明快、靓丽、活泼和华丽的感觉，装饰性强，适合作为家具和服装的颜色。

（4）暗淡色　是在淡纯色基础上增加相似明度的灰色构成，比淡纯色的明度略低，使颜色看上去明度中等、彩度较低，灰色成分占一半以上的比例。这类颜色总体给人的感觉较灰暗，彩色感不强，主要作为衬托使用。

（5）深浓色　在浓纯色基础上加入少量同等明度灰色所形成的颜色，颜色的明度感觉与浓纯色相当，但彩度减小，因此彩色感不像浓纯色那样强烈和刺眼。这类颜色的感觉庄重、沉稳，色彩浓厚但不张扬，装饰性强，是最常用的颜色类型，适合作为服装等装饰性颜色。

（6）深暗色　是在浓纯色基础上增加少量黑色、降低明度后所形成的颜色。与浓纯色相比明度略低，但饱和度又很高，给人一种虽暗却浓的彩色感觉，这类颜色虽然深暗却不失彩色感、浓重、深沉、稳定，给人以稳重和结实的感觉，适合做小面积的装饰，不建议用于大面积的底色，因为大面积的深暗色会给人以沉静、压抑甚至抑郁的感觉。

值得说明的是，以上各类颜色的心理作用只是一般的规律，具体的效果还要取决于使用的场合和与其他颜色的搭配，不同的搭配会达到很不相同的效果。另外，不同民族的风俗不同，对颜色的理解也不一样，作用和用途也有很多差别。例如中国人认为红色的颜色热烈喜庆，传统的中国式婚礼都要穿戴红色，而西方人的婚礼多穿白色婚纱和黑色礼服，认为黑白色神圣、庄重和纯洁。

五、颜色的联想与象征

当我们看到颜色时，常常会回忆起以往的一些经历和物体，把颜色同这些经历和物体结合起来，这是一种逻辑性与形象性相互作用，具有创造性的思维活动过程。根据颜色的刺激想起与之相关的事物，称为颜色的联想。颜色产生的联想与观察者的经历、生活习性、知识背景和职业有关。同样，观察者的性别、年龄、生活环境、所处时代、民族、宗教信仰的差异也会影响有关颜色的联想。了解颜色的联想对颜色方案的设计有着非常重要的意义。通过恰当的用色，可以将设计者的思想传达给观察者并使其审美活动得以实现；反之，如果用色不当，就会产生不好的联想进而带来相反的效果。

颜色的联想可分为具体联想与抽象联想。

1. 颜色的具体联想

颜色的具体联想是指由颜色刺激而联想到某些具体事物。具体联想与人们孩提时代的见闻以及教育有密切关系，如绿色使人想起森林、树木、草地；白色使人想起白云、医院；红色使人想到太阳、火焰、消防车；蓝色使人想到天空、大海。这类联想是由于颜色特性相同所产生的，是大脑浅层的感性心理共鸣。日本颜色学家冢田敢曾经调查过不同年龄段的男女对8种典型颜色的具体联想，结果见表2-2。

表 2-2　　　　　　　　　　　　　颜色的具体联想调查表

颜色	具体联想			
	小学生		青年	
	男	女	男	女
白	雪、白纸	雪、白兔	雪、白云	雪、砂糖
灰	鼠、灰	鼠、云空	灰、混凝土	云天、冬天
黑	炭、夜	毛发、炭	夜、洋伞	墨、套服
红	苹果、太阳	郁金香、洋服	红旗、血	口红、红鞋
橙	蜜柑、柿子	蜜柑、胡萝卜	香橙、肉汁	蜜柑、砖
褐	土、树干	土、巧克力	皮包、土	栗、鞋
黄	香蕉、向日葵	菜花、蒲公英	月亮、雏鸡	柠檬、月亮
黄绿	草、竹	草、叶	嫩黄、春	嫩叶、衣服里子
绿	树叶、山	草、矮草	树叶、蚊帐	草、毛皮
蓝	天空、海水	天空、水	海洋、秋空	大海、湖水
紫	葡萄、紫菜	葡萄、桔梗	裙子、礼服	茄子、藤

2. 颜色的抽象联想

颜色的抽象联想是指由颜色感觉所引起的情感和意象的联想，如绿色可以使人联想到生命、和平、环保；红色可联想到革命、激情或危险、冲动、卑俗；蓝色可联想到博大、智慧或冷淡、薄情；白色可联想到纯洁、神圣或悲惨、飘逸等，这类抽象联想属于主体感受诱导出的大脑深层理性思维活动的产物，与成人关系密切。表 2-3 是冢田敢所做的颜色抽象联想调查结果。

表 2-3　　　　　　　　　　　　　颜色的抽象联想调查表

颜色	抽象联想			
	青年		老年	
	男	女	男	女
白	清洁、神圣	洁白、纯洁	洁白、纯真	洁白、神秘
灰	忧郁、绝望	忧郁、阴森	荒废、平凡	沉默、死亡
黑	死亡、刚健	悲哀、坚实	生命、严肃	阴沉、冷淡
红	热情、革命	热情、危险	热情、卑俗	热情、幼稚
橙	焦躁、可怜	低级、温情	甘美、明朗	欢喜、华美
褐	涩味、古朴	涩味、沉静	涩味、坚实	古雅、朴素
黄	明快、泼辣	明快、希望	光明、明亮	光明、明朗
黄绿	青春、和平	青春、新鲜	新鲜、跳动	新鲜、希望
绿	永恒、新鲜	和平、理想	深远、和平	希望、公平
蓝	无限、理想	永恒、理智	冷淡、薄情	平静、悠久
紫	高贵、古雅	优雅、高尚	古朴、优美	高贵、消极

3. 颜色的象征

象征的词义是指用具体的事物表现某种特殊意义，例如火炬象征光明，红旗象征胜利，鸽子象征和平。颜色的象征是由颜色的联想发展而来的，因为现实中多数人的颜色联想是有共通性的，且共通性与传统关系密切，既有世界共通的东西也有本民族特有的东西。

红色是火焰的颜色，热烈奔放，在中国是喜庆的颜色，寓意吉祥。红色也是血液的颜色，红色也代表危险，是禁止通行信号与救火车的颜色。在西方世界里，红色的含义就更多了：粉红色表示健康，暗红色被认为是嫉妒、暴虐的象征。红葡萄酒色意味耶稣的血，该色表示圣餐、祭奠。

橙色是暖色系中最温暖的颜色，象征着明媚的阳光，欢快活泼，充满青春朝气。橙色也是秋天收获季节的颜色，象征着富足、幸福。

黄色是最明亮醒目的颜色，在过去的中国，黄色为皇家专用颜色，象征着权利与智慧，平民百姓是不能用的。在古罗马黄色也是作为帝王色被尊重，马来西亚的王室专色也是黄色，普通民众要避免使用这种颜色。然而在西方，由于黄色是出卖耶稣的叛徒犹大衣服的颜色，所以黄色被视为最下等的颜色，下流新闻被称作黄色新闻。黄色在伊斯兰世界象征死亡，在巴西表示绝望，因为他们认为人死好像黄叶落下。从颜色科学角度来看，黄色的光视光效率最高，因此黄色在当今崇尚科学的世界又普遍被视为安全色。

绿色是大自然的草木、湖泊之色。绿色清新、美丽、优雅、从容、宽容、大度，因而有自然、生长的意味。绿色在世界范围内象征和平、安全、环保、青春。在中国表示繁荣与年轻；在伊斯兰世界绿色最为人们所依恋，具有国家色的意义，招牌文字多用绿色；在奥地利，绿色作为高贵的颜色最受欢迎，许多服饰都用绿色；而在西欧，绿色表示恶意，绿色有"妒忌的恶魔"之称，"绿手"则指没有经验、缺乏训练的生手。

蓝色是天空与大海的颜色，象征着宽广与博大，圣母玛丽亚的蓝色衣服是希望的象征。基督教中蓝色是天国之色，蓝色被认为是最高尚的颜色，西方所谓"蓝色血统"代表门第高贵的贵族血统。蓝色被用在多个国家的国旗上，蓝色是泰国的王室色。然而在画家与文人的笔下，蓝色却是表示忧郁甚至绝望的颜色，成为苦难贫穷的象征。

紫色似乎是最难以捉摸的颜色，难以标定纯粹的紫色。在古代的中国和日本，紫色是高贵的颜色，紫色官服标志着最高的官位，"紫气东来"比喻吉祥的征兆。古希腊紫色是国王衣服的颜色，紫色门第指高贵世家。然而在巴西紫色却表示悲伤、哀悼，人们认为紫色是不吉利的颜色，商品装饰及服装应尽量避免使用紫色。

黑色会使人产生夜晚、死亡、恐惧、坚硬、崇高等联想。在许多国家，黑色都有消极的意义，是丧事的颜色。黑色往往象征着正义、公正，法官的衣服多用黑色，中国传说中的黑脸包公就是正义的化身。黑色还象征着坚实、刚健与沉默。

白色在人们的心目中往往与冰山、雪、云朵、光明、纯洁、神圣、清净、朴素、虚无联系在一起。白莲花上的白衣观音形象最深入人心，她代表着光明、希望、善良与神圣，关照着善良的信徒。救死扶伤的医务工作者被人们称作白衣天使。新娘们穿起洁白的婚纱的时刻在人们眼中显得格外纯洁美丽。白色是所有人心目中最干净的颜色，最不容许被玷污。

灰色是介于黑与白之间的中性色，可以由黑、白色混合而成。灰色与暖色相邻会出现冷的意味，与冷色相邻会出现暖的意味，显示出被动的个性，造就了视觉最安稳的休息点。灰色使人联想到阴天、乌云、烟、水泥、平凡、忧郁、失意等,灰色象征着沉默、消极、中庸、寂寞、谦虚。

六、颜色的和谐理论

孤立的颜色并不多见,往往在你的观察范围内呈现出多种物体、多种颜色,有可能一种物体上就包含有许多种颜色,受到视觉生理以及视觉心理的共同影响,如颜色对比、颜色冷暖感、颜色的象征性等。人们对不同的颜色搭配会产生不同的反应,有喜爱的反应,也会有讨厌和抵触的反应,合理的颜色搭配关系就称为颜色的和谐理论。颜色的和谐理论主要体现在颜色的调和(Harmony)与对比(Contrast),所有的颜色设计都是为了达到颜色的和谐,而不同的设计目的与意图要利用不同的方法才能达到最佳的颜色和谐效果。

所谓颜色的调和是指使用明度、色调、彩度比较接近的颜色进行搭配的方法,可以产生协调一致的视觉效果;而颜色对比的手法与此相反,使用明度、色调、彩度具有较大差别的颜色在一起搭配使用,起到各种颜色相互烘托、加强效果的作用。

1. 调和颜色

如果相互搭配的颜色之间明度、色调、彩度三属性之一相同或近似,而另外两个属性不同且有较大的差别,则它们之间达到了单纯的调和;如果相互搭配的颜色之间明度、色调、彩度三属性中有两个相同或相似,另外一个有较大的不同,则它们是双性调和。按这三个颜色属性的相近和不同,可以有6种组合,即:明度调和、色调调和、彩度调和、色调与明度调和、色调与彩度调和、明度与彩度调和。在这里仅对前三种加以说明。

(1)明度调和　明度调和主要指明度相近颜色的调和。一般来说,高明度颜色相互搭配与低明度颜色相互搭配时,明度的差别要小些才能达到明度调和的效果;而中等明度颜色相互搭配可以有略大的明度差别也能达到调和。高明度颜色达到调和时可以产生明朗、欢快、生动的感觉,适于放在明亮背景下使用。中等明度颜色达到明度调和时,给人以朦胧、梦幻、黄昏的感觉。低明度颜色在较暗背景下达到明度调和时,会给人以忧郁、沉闷气氛的感觉。

(2)色调调和　利用色调环可以非常容易地说明色调调和与对比的规律。色调环由基本色调和中间色调组成。基本色调为:红(R)、黄(Y)、绿(G)、青(C)、蓝(B)、品红(M)。在各色调中间再加一个由相邻基本色调颜色混合产生的中间色调,就可以将色调环等分为若干等份,不同色调位于不同的色调角位置。红(R)、绿(G)、蓝色(B)三原色之间相隔120°,在环中构成一个等边三角形。黄(Y)、品红(M)、青(C)处在三原色之间,也形成一个等边三角形。各基本色之间相隔60°。在每个基本色之间还可以产生一个混合色,它们分别是橙(O)、黄绿(YG)、青绿(CG)、蓝青(BC)、紫蓝(PB)和紫红(PR)六混合色。色调环上每个相邻色间隔30°,它们构成了颜色混合的基本规律,如图2-16所示。

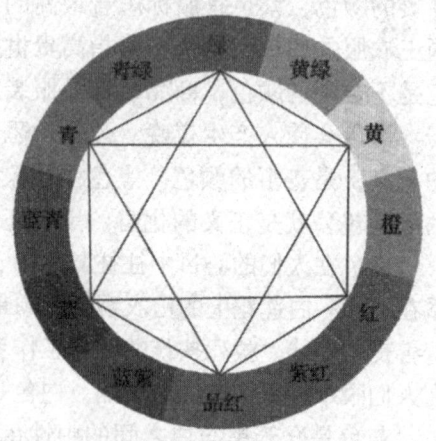

图2-16　和谐颜色之间关系的示意图

当色调相同或相近，而只凭明度差和饱和度变化进行调和时，这种近似色调调和的感觉极其淡雅和素静，虽然有明显的统一性但未免过于单调。在色调环上相差30°以内的各种色调相互搭配在一起时，其感觉与同色调调和效果类似，但色调的变化模糊，不十分清晰。当颜色的色调角度相差30°~60°时，色调的近似或融合就成为基调，但必须用低饱和度的同类颜色调和才能避免对比产生，获得较好的调和效果。如果60°~90°角度差的各色调颜色进行搭配时，此时已经产生了一定的对比性，虽然能够产生波澜和起伏，但是不容易协调。因此，色调的调和可以根据色调环的位置来选择颜色。

（3）彩度调和　若高彩度的两颜色搭配在一起，即使色调角差别不很大，例如鲜红与鲜黄的搭配，就会形成强烈鲜明的刺激。特别是如果两相邻颜色是互补的高饱和色，则会产生很强烈的对比。因此，在高彩度条件下只有色调比较接近的颜色相互搭配（色调角度相差30°以内）才能获得颜色的调和。中等彩度的颜色搭配时，允许色调的差别拉大，且由两色的明度差进行协调，可以实现差别与相似的统一，起到动中有静的效果，有温和感。低彩度颜色相互搭配，可以给人以平淡、朴素、沉稳的感觉。

因为色立体是用来表示明度、色调、彩度三属性关系的色空间，因此颜色的调和规律可以很方便地用色立体来说明，在此仅举典型的几个例子。

① 竖直和谐。色调和彩度保持不变而明度值保持固定间隔的一系列颜色是调和的，这些颜色位于等色调平面或等彩度面上，是色调和彩度的调和。

② 水平和谐。在任一等色调面内，保持色调明度不变，只有彩度按固定间隔变化的色样是调和的，这些颜色位于等色调面或等明度面上，是色调和明度的调和。

③ 圆周和谐。明度和彩度都不变而色调按固定间隔变化的一系列颜色是调和的，这些颜色位于等彩度或等明度面上，是彩度和明度的调和。

以上三种和谐色都是单属性改变的情况。

④ 倾斜和谐。与明度轴相交的任一条倾斜直线所串联的各种色样是和谐的，这些颜色的色调要么是同一种（调和），要么是一对互补色调（对比），而明度和彩度却是同步变化的，这是一种色调调和（对比）的情况。

⑤ 斜边和谐。任一条与明度轴不相交直线上相邻两颜色相互调和，该直线上颜色的明度、色调、彩度等比例变化。

⑥ 椭圆和谐。用任一个与明度轴成一定角度的平面斜切纺锤形色立体，得到一个椭圆形的截面，位于此椭圆线上的颜色具有相同的彩度，但具有不同的色相和明度，位于明度轴同一侧的颜色相互调和，而位于两侧的颜色相互对比。

2. 对比颜色

在介绍颜色视觉现象时已经对颜色对比现象进行了说明，在进行颜色设计时往往利用颜色对比这种现象来增强设计的效果。在设计时选择具有显著视觉属性差异的颜色来搭配，可以提高彩色的强度感，起到突出和衬托的作用。颜色对比可以把所描绘事物的对立性质十分突出地表现出来，以便更鲜明地刻画事物的特点。常说的"红花还要绿叶配"就是典型的颜色对比效果，其中红与绿就是近似于补色对比。两个颜色属性明显对立的颜色放在一起，可以收到相反相衬的审美效果。

颜色对比实际是大差别颜色的和谐问题，与颜色调和共同构成颜色和谐的各种效果。对比颜色包括色调对比、明度对比、彩度对比和面积对比等几种。通过这些对比可以实现补色对比、冷暖对比、轻重感对比等效果。

（1）色调对比 由色调差别而引起的色彩对比现象。为了研究问题的方便，我们仍然使用色调环来进行说明（图2-16）。根据所使用颜色的色调差别大小，色调对比有同类色对比、邻近色对比、对比色对比和补色对比。

色调对比是把在色调环上相隔较远、色调差别比较大的两色配置在一起，使它们的差别更加明显。如果把上述色调环同一直径两端的两色（例如R和C）配置在一起，由于它们是互补色，两种色调是相反的，它们的对比会分外尖锐和强烈，称为补色对比。这时，每种色都会在对方色块内诱导出自己的补色因而互相增加饱和度。这种对比醒目而华丽，但比较难于形成统一。要获得这种对比的统一，可以适当加入一些黑、白、灰中性色进行协调。加黑显得暗淡、加白变得明亮、加灰变得稳健。

对于角度相隔120°的两两颜色，例如三原色（R、G、B）中的任两种搭配在一起，也能够产生印象深刻的对比效果，而且明快又生动活泼。色调间隔离得越远，对立感就越强。色调角度相隔150°的两色，已经是近似补色的搭配，也能形成较强的色调对比。总之，色调角度相差90°以上的任两种色调搭配在一起都有一定的色调对比效果，而对比的强烈程度取决于两色调间隔的大小，最强烈的是间隔相差180°的一对互补色的对比。两色角度间隔越小，差别越不明显，对比越柔和；间隔越大，差别越明显，对比越强烈尖锐。

（2）明度对比 在所有的对比中，明度对比是最重要、最强烈的，因而整个画面颜色对比都要以明度对比为中心，根据主体统一考虑。明度差大的对比可以产生动态、明快的感觉，明度差小的对比可以产生静态、柔和的感觉。高明度与中暗明度之间的对比显得明快、清晰、积极、活泼向上，富有刺激性，显得时髦、清新。中等明度与低明度之间的对比显得在安全、稳重的当中透着生动感觉，富有男性健壮、丰富的特色。中低明度与暗颜色的对比给人以抑郁、苦闷、烦恼的感觉。

明度对比兼有轻重、质地、冷暖、清晰度、形体感等方面的效应，必须统筹考虑。另外，不同色调颜色对产生对比效果所需要的明度差别可能不同，例如用红色和用黄色与其他颜色搭配产生对比效果要求的明度差就不同，黄色比红色要求较小的明度差。

（3）彩度对比 彩度对比是浓色与淡色的对比。一般来说，在同明度、同色调的情况下，不同彩度的搭配是柔和的，对比不太强烈，而且不够清晰明朗。由于彩度对比往往伴随明度或色调的对比，而明度对比要比彩度对比强烈得多，因此很难做到单纯的彩度对比，如果要刻意实现彩度对比效果就应注意避免明度对比的作用。

（4）面积对比 面积对比是两种色块的面积差别之间的对比。同样颜色的色块，面积大对人眼的刺激量大，面积小则对人眼的刺激量小，明度或彩度高刺激强，而明度或彩度低则刺激弱。因此，要获得同等的刺激强度就必须考虑彩度与色块面积大小的配合。另外，色块面积的大小还会产生轻重感的差别，如果左边一个大面积色块，右边一个小面积的相同色色块，在视觉上就会造成整体画面不均衡，不稳定的感觉，但更容易将视线吸引到大色块上，造成了由于色块面积差别引起的视觉对比。

为了求得视觉上的均衡，必须要考虑色块的明度或彩度与面积的比例。明度高的面积小，明度低的面积大就能达到视觉均衡。反之，如果舍弃均衡而要突出两个色块的差异，则明度高、面积大的色块与明度低、面积小的色块之间就会形成较强的对比。适当的差异会使画面富于变化和起伏，表现出朝气和生机，并能够突出重点事物。当面积对比与其他对比同时存在时,则面积对比也将影响其他对比的效果。

以上分别讨论了各种对比,事实上任何一种对比都不是孤立存在的,各种对比一般都是同时出现、共同起作用并且相互影响的。换句话说,对比是颜色各属性之间的全面对比,必须统筹考虑。在一个画面上,影响最大的是明度和面积的对比,当这两个对比相当突出时,其他对比就会相应降低,对比程度小的甚至会消失。

第五节　色光混合规律——格拉斯曼定律

一、颜色混合

颜色是由光形成的,而光的最基本特性之一就是可以进行能量的叠加和分解,叠加和分解的过程就造成了颜色刺激的改变,形成了颜色的混合。颜色的混合可以是颜色光的混合,也可以通过色料(包括油墨)的混合来间接实现混合。颜色光的混合遵守光辐射能量的叠加规则,混合后的光谱分布是每个组成色光谱分布的简单相加,故称为色光相加混合或加色法混色。如图 2 – 17(a)所示,红光与绿光同时照射在相同的位置,红光的能量与绿光的能量叠加,形成了黄色光,其光谱分布的叠加如图 2 – 17(b)所示。

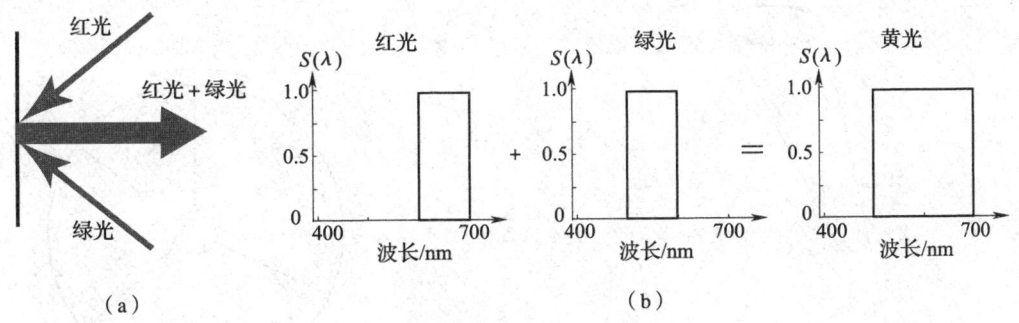

图 2 – 17　颜色相加混合
(a) 红、绿光照射物体　(b) 光谱分布的叠加

色料混合后改变了原来色料对光的选择性吸收特性,混合色料对照明光的吸收近似等于几种色料分别吸收掉的光谱成分总和,未被吸收的剩余能量的光谱分布决定了混合后形成的颜色感觉,故称为颜色的减色混合或色料减色混合,其作用相当于使照明白光先后通过不同的滤色片,被不同的色料吸收。如图 2 – 18(a)所示,照明光中包含红绿蓝等各种波长的能量,经过第一种黄色料后,蓝光被吸收,剩下红光和绿光,剩余光再经过第二种青色料后,其中的红光又被吸收,因此最终只有绿光从色料中射出,形成绿色的刺激。减色过程的光谱分布变化如图 2 – 18(b)所示。有关减色法混色的更多内容,将在后续章节做详尽介绍。

通常可以通过三种不同方式实现色光的混合:

(1) 不同颜色的色光在眼睛以外的空间进行混合,形成的混合光进入眼睛,此时看到的就是混合后颜色刺激形成的颜色感觉。例如,用不同的色光同时投射到屏幕上,色光在屏幕上得到了混合,眼睛在屏幕上看到的就是混合以后的颜色,如图 2 – 19 中所示。

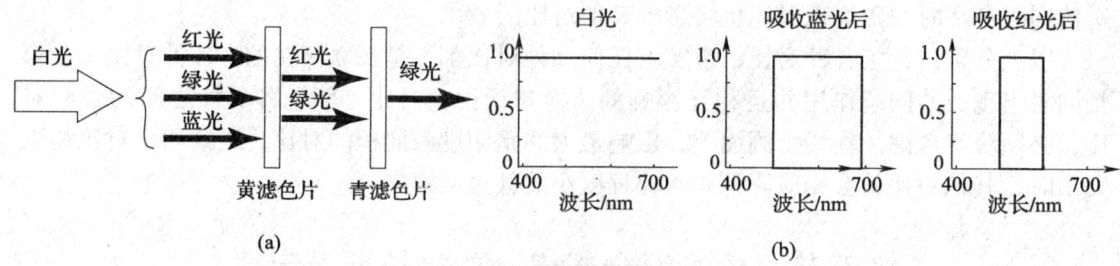

图 2-18 颜色相减混合
(a) 白光经不同颜色色料　(b) 光谱分布变化

（2）不同颜色刺激以较高频率周期性交替变化，由于人眼的视觉暂留作用，颜色感觉的变化落后于颜色刺激的变化，因此看到的颜色就是几种颜色混合后的结果。这种颜色混合的典型例子是颜色的混色盘，见图 2-20。混色盘分成几个扇区，每个扇区为一种原色，调整各扇区的大小可以改变各原色的比例，其中灰色用来改变混合色的明度和彩度。当圆盘高速转动时就会看到由几种颜色混合出来的混合色，混合色取决于各颜色刺激之间的强度比例或面积比例，调整红、绿、蓝三原色扇区的比例大小，就可以改变混合色的结果。图中所示颜色盘混合后的结果基本是灰色。这种颜色混合的现象在很多旋转的轮子上都可以看到，如在自行车轮上的彩色装饰物。

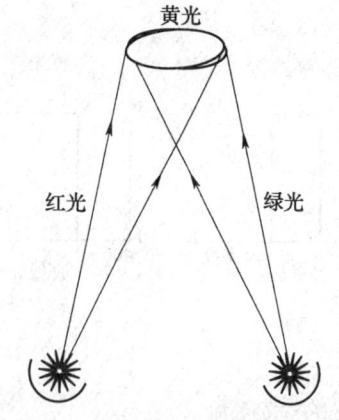

图 2-19　色光相加混合的方式

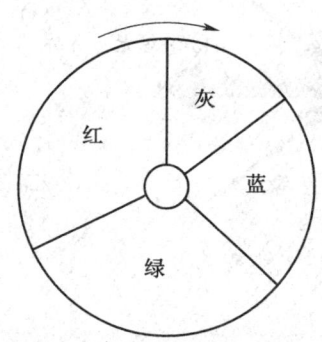

图 2-20　混色盘

（3）如果颜色刺激的光点很小并且距离很近，以致人的眼睛不能看出每一个小光点，看到的是多个光点混合后的结果，相当于颜色刺激在眼睛的视网膜上进行混合。如果各光点的颜色相同，则各光点叠加的结果使颜色刺激加强，形成均匀的颜色；如果各光点的颜色不同，则得到各颜色混合后的叠加色，最终的颜色感觉取决于各色光点的比例大小。彩色电视和彩色印刷都利用了这种混色原理。彩色电视的荧光屏上有发出红、绿、蓝三种光的荧光粉，荧光粉的发光点很小，控制三种荧光粉发光的强弱比例，就产生各种不同的颜色。彩色印刷品上各种各样的颜色实际都是由黄、品红、青和黑四种油墨以非常小的油墨网点产生的，每一种颜色的油墨网点在照明光的作用下形成各自特有颜色的小光点，其作用就类似彩色电视荧光屏上的荧光粉，用各颜色油墨网点的不同比例混合出各种不同的颜色，如附页彩图 9 所示。

色光加色与色料减色的混色原理不同，混色的规律和结果也不相同。对于色光的加色混色，通常使用红、绿、蓝三种色光进行混合，混合色的结果是各色光能量之和，满足线性叠加的关系，混合后的色光能量增加，因此感觉更加明亮。对于相同比例红、绿、蓝色光混合的情况，所形成颜色感觉的基本规律为（见图2-21和附页彩图10）：

红光+绿光=黄光；红光+蓝光=品红光；绿光+蓝光=青光；红光+绿光+蓝光=白光。

如果使用不同比例的红、绿、蓝色光进行双色混合，混合后的结果就会在上面的结果基础上发生变化，使混合色偏向于比例大的颜色，但混合后的颜色仍然为鲜艳的颜色。例如如果红光的比例大于绿光的比例时，混合色偏向于橙色；如果绿光的比例大于红光时，则混合色偏向于黄绿色，但所有的混合色仍然为鲜艳的彩色。

如果使用不同比例的红、绿、蓝色光进行三色混合，则混合色的明亮感觉将会提高，彩度会降低，降低的程度取决于三原色的比例差别，比例差别越小则彩度就越低，因为加入一定比例的第三色就会在混合色中形成一定量的非彩色，使混合色的彩度降低。三原色比例越接近，混合色的彩度就越低，越接近非彩色，反之则混合色的彩度较高，但总是低于双色混合的结果。例如等比例的红光与绿光混合形成黄色，再加入少量的蓝光后，黄色变得更浅、更淡，但仍然比较鲜艳；当加入较多蓝光后，将会变为奶白色，黄色变得很浅，直至变成白色，看不到彩色。

减色混色使用红、绿、蓝色光的补色色料青、品红、黄作为基本颜色，用来吸收入射光中的红、绿、蓝色光，实现减色混色。尽管减色混色使用的原色颜色看上去与红、绿、蓝不一样，但混色的本质都是控制红、绿、蓝色光的比例，只不过实现的方法不同而已。当等比例色料吸收等比例红、绿、蓝色光时，减色混合色的规律为（见图2-22和附页彩图11）：

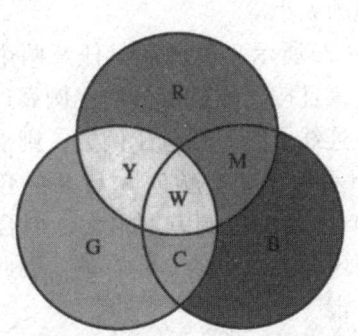 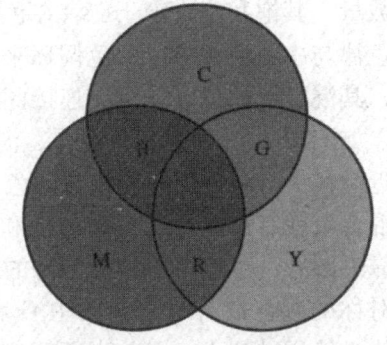

图2-21　三原色光相加　　　　　　　图2-22　三原油墨叠印呈色

黄∩品红=红；黄∩青=绿；品红∩青=蓝紫；黄∩品红∩青=黑。

上式中用相交的数学符号"∩"来表示色料的混合，因为在减色过程中，混合色的光谱是两个原色光谱分布的交集，符合相交运算，同时也以此区别于色光的相加。

减色混色与加色混色的最明显区别在于，减色混色是对照明光吸收的结果，因此色料混合后对照明光的吸收增加，混合后的结果变暗，见附页彩图11的效果。

如果混色时使用不等量的两种色料，则混合后的颜色在上面的双色混合基本规律基础上发生变化，混合色向比例大的色料方向变化，但混合色仍然是比较鲜艳的彩色。例如黄与品红色混合时，黄色比例大时形成橘黄色，品红色比例大时混合出的红色中黄色感觉就会减少，甚至会带有紫色的感觉。

当有三种色料参与颜色混合时，混合出的颜色彩度会降低，这点与色光加色混色的规律相同，但色料减色混合后颜色变深，这是与加色混合最明显的区别。由于等比例三种色料混合后会得到黑色，因此只要有第三种色料存在，第三种色料的作用就是与等比例的其他两种色料形成黑色，使混合色的彩度降低，同时也变得更暗。例如100%黄与品红色混合后形成鲜艳的红色，若再增加一定量的青色后，比如10%的青色，则10%的青色与各10%的黄和品红形成黑色，相当于在100%混合出的红色中近似加入了10%的黑色，使颜色变得不再鲜艳，同时变得较暗。

二、格拉斯曼定律

1854年格拉斯曼（H. Grassmann）在色光加色混合与颜色匹配实验的基础上总结出颜色混合的基本规律，称为格拉斯曼定律。格拉斯曼定律是色彩学中最基本的定律，也是基本规律的总结，色彩学的整个颜色体系和彩色复制的原理都是建立在格拉斯曼定律基础之上的。格拉斯曼定律由以下4条内容组成：

（1）人的视觉只能分辨颜色的三种变化：明度、色调和饱和度。

（2）在由两个成分组成的混合色中，如果一个成分连续地变化，混合色的外貌也随之连续地改变。由这一定律导出两个推论：

① 补色律。每一种颜色都有一个相应的补色。如果某一颜色与其补色以适当比例混合，便产生白色或灰色（即非彩色）；如果二者按其他比例混合，便产生色调与比重大的颜色成分接近的非饱和色。

② 中间色律。任何两个非补色相混合，便产生中间色，中间色的色调决定于两颜色的相对数量，其饱和度决定于二者在色调顺序上差别的大小。

补色律与中间色律可以用色调环来说明，如图2-23所示。色调环上任意两个颜色相混合时，其混合色的位置一定在连接此两色的直线上，且按两颜色成分的比例靠近比重大的颜色。如图中A与B两颜色混合，混合色位于AB连线上，A颜色比例大，则混合色的位置靠近颜色A，混合色的色貌与颜色A接近。可以看出，如果颜色A与B的色调差别越小，混合色就有可能得到较高的饱和度；若颜色A与B的色调差别很大，混合后的结果就越靠近圆心，也就得不到高饱和的颜色了。色调环圆心对应的是非彩色，因此位于圆心两侧对称的颜色混合时，如图中C和D两颜色，混合色连线必然通过圆心，因此当两颜色的混合比例合适时，混合色的结果就会落到圆心上，形成非彩色；而比例不合适时，混合色仍然在CD连线上，偏向C或D但不产生新色调的颜色。所以，位于通过圆心直线两端的颜色都是互补色。如红和绿是互补色，黄和蓝是互补色。由此看出，补色律实际上是中间色律的一个特例，是两个颜色的色调正好相差180°的情况。

（3）颜色外貌相同的光，不管它们的光谱组成是否一样，在颜色混合中具有相同的效果。也就是说凡是在视觉上相同的颜色都是等效的。由这一定律导出颜色

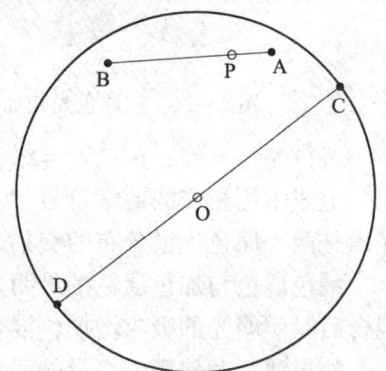

图2-23　颜色混合规律在色调环上的示意

的等效律和代替律。

① 等效律。两个相同的颜色各自与另外两个相同的颜色混合后，混合色外貌仍然相同。这个关系用公式表示为

若　　　$A \equiv B$　　且　　$C \equiv D$

则　　　$A + C \equiv B + D$

式中符号"+"表示颜色混合，"$\equiv$"表示颜色外貌相同，或称为颜色相互匹配。

由等效律又可以得出，如果一个单位量的颜色与另一个单位量的颜色相同，那么这两种颜色数量同时扩大或缩小相同倍数则两颜色仍为相同。用公式表示为

若　　　$A \equiv B$

则　　　$nA \equiv nB$，其中 n 为任意的实数。

② 代替律。凡是视觉上相同的色光（色貌相同），便可以相互替代，代替后所得到的颜色视觉效果仍然是相同的。因此可以利用颜色混合方法来产生或代替所需要的颜色。例如：设 $A+B \equiv C$，如果没有 B 种颜色，但已知 $X+Y \equiv B$，那么 $A+(X+Y) \equiv C$。这个由代替而产生的混合色与原来的混合色具有相同的视觉效果。

代替律是一条非常重要的基本定律，现代色度学和颜色复制理论就是建立在这一规律的基础上，几乎所有的彩色复制结果都是通过颜色的代替实现的。

（4）混合色光的总亮度等于组成混合色的各颜色光的亮度之和，称为亮度相加定律。值得注意的是，亮度相加定律仅适合色光相加的混合，不适用于色料减色混合。不同色料混合后的结果使混合色明度降低，即有更多的照明光被吸收。

格拉斯曼定律奠定了描述颜色的数学基础，其中第（1）条确立了颜色空间是一个三维空间，要用三个变量来表示颜色的视觉特性。第（2）条说明了颜色空间是一个连续的空间，在该颜色空间中，颜色感觉是连续变化的，空间的不同坐标点代表了不同的颜色感觉。第（3）条说明了颜色运算的法则，指出人的颜色视觉系统只能感觉到颜色的明度、色调和饱和度，而不能感觉到颜色刺激的光谱组成。所以在彩色复制中，只要复制色与原来颜色的明度、色调和饱和度感觉相同即可，不必要求光谱分布也相同。第（4）条总结了色光混合后的亮度变化规律，实际上是能量叠加的规律。

格拉斯曼定律的前三条内容适合所有的颜色混合的情况，而最后一条的亮度相加定律仅适合于色光相加的条件，因为只有色光相加时才满足能量的叠加关系。

本章小结

本章主要介绍了颜色视觉理论、颜色视觉现象和格拉斯曼定律三方面的内容。

颜色视觉理论是分析和推断产生颜色感觉机理的假设或学说，可以用来解释颜色视觉现象，分析颜色视觉现象的原因。颜色视觉理论还是计算颜色的依据，下一章将要介绍的颜色计算方法实际都是按照颜色视觉理论进行的，用数学的方法模拟颜色感觉的形成过程。因此学习颜色视觉理论的目的是为了更好地理解颜色现象，用颜色视觉理论来分析产生各种颜色视觉现象的原因，理解计算颜色的方法。

根据颜色的视觉属性可以将颜色分为彩色和非彩色两大类。非彩色只有明度一个变量的变化，而彩色除了明度的变化外，还有色调和彩度的变化，要用三个变量描述。所以，色调和彩度是彩色特有的视觉属性，是颜色的彩色特征。

颜色的感觉属性用色立体来描述。

通过颜色现象的介绍，可以加深对颜色视觉的理解，掌握颜色的特性，理解研究颜色问题的特殊性，理解在观察颜色时应该如何设计和控制观察的条件，如何保证观察颜色结果的可靠性。

格拉斯曼定律是对颜色现象的概括和总结，是颜色科学中最基本的定律，是颜色复制的依据，后面介绍的所有内容都是格拉斯曼定律的具体体现和应用。因此，理解格拉斯曼定律的各项内容，对理解本课程的内容非常重要。同时，通过本课程后续内容的学习又可以加深对格拉斯曼定律的理解。

颜色科学的最终目标是将颜色感觉用定量的方法描述，而定量描述颜色感觉的方法是通过定量描述颜色刺激（光刺激）来推测相应的颜色感觉。因此，颜色科学的基本研究方法是心理物理学的方法，即在特定条件下，特定的颜色刺激会产生特定的颜色感觉，将不能直接测量和不易定量化描述的颜色感觉用可测量可计算的光刺激来表示。所以学习色彩学需要时刻注意将物理刺激与颜色感觉相对应，要注意理解颜色感觉与物理刺激之间的相互关系，理解光刺激的特性与颜色感觉属性之间的联系。这也是本书第一与第二章的关键所在，理解了这个基本原理就很容易理解第三章将要介绍的颜色感觉定量计算的方法。

习 题

1. 说明颜色视觉理论的三色、四色及阶段学说的内容。
2. 颜色如何分类？如何描述不同种类颜色的特性？
3. 在色彩学中，名词"颜色"与"彩色"、"彩色"与"色彩"的含义是否相同，是否可以混用，应该如何正确使用？二者之间有什么关系？
4. 请举出一些描述颜色明度、色调和彩度感觉特点的名词或形容词。
5. 如何用色立体表示颜色的感觉属性？在色立体中如何分别描述具有等明度、等色调和等彩度的颜色集合？
6. 试通过颜色视觉现象分析精确描述颜色的困难所在。颜色视觉现象提示我们观察颜色时应该注意什么问题？
7. 什么是颜色对比现象，负后像现象和颜色适应？如何用颜色视觉理论解释这些现象？
8. 用附页彩图 2 检验眼睛的颜色区，估算出颜色区的视角。
9. 如何理解格拉斯曼定律各条的内容和意义？请举出实例说明定律的正确性。
10. 在进行 RGB 色光颜色匹配时，如果混合色比目标色偏暗且偏红，应该如何调整 RGB 三原色的比例？
11. 在用 CMY 色料进行颜色匹配时，如果混合色比目标色偏暗且偏红，应该如何调整 CMY 三原色的比例？
12. 仔细观察周围的物体颜色，分析颜色形成的过程，理解"最终颜色感觉都是通过色光加色混合形成的"的意义。

第三章　CIE色度学体系

物体的颜色感觉是由于物体产生的光刺激进入人的视觉器官而产生的反应，是人类的视觉感觉。在实际应用中，我们不仅要通过视觉系统来感觉颜色，还要通过仪器和设备进行颜色的度量和复制，要对颜色进行计算，产生我们所需要的颜色，这就需要将颜色感觉定量化和数值化。为此，国际上许多科学家进行了大量的研究和实验，成立了专门研究光与照明问题的国际化组织——国际照明委员会（Commission Internationale de l'Eclairage），简称CIE，其中颜色是主要的研究方向之一，下设多个专题研究组，专门负责与颜色有关问题和应用的研究，建立有关颜色方面的标准。从20世纪30年代开始，国际照明委员会综合了一些颜色科学家的研究和实验成果，建立了一套标准色度系统，称为CIE标准色度系统，奠定了定量描述颜色的基础。这一系统后经过许多的改进和完善，形成了一个较为完整和严谨的颜色体系，成为了近代色度学的基本组成部分，是颜色计算、测量和表示与交流方法的基础，也是彩色复制的理论基础之一，被广泛应用于包括印刷行业在内的各个应用领域，成为了国际上通用的颜色体系。

CIE色度学体系的基础是建立在混色原理上，是以颜色匹配实验为出发点建立起来的。根据颜色视觉理论，所有的颜色感觉都是由视网膜上三种锥体感光细胞的响应实现的，反映了红、绿、蓝三种刺激的组合。因此，可以用组成每种颜色的红、绿、蓝三原色数量来定量描述颜色感觉。从这个意义上说，CIE色度学体系是一种模拟人类颜色视觉的系统，是建立在对颜色视觉研究和理解的基础上，集中体现了对颜色视觉系统研究的成果。

然而，人类对自身颜色视觉系统的认识还远远没有完成，对很多问题和现象还没有找到答案，因此颜色理论也在不断的发展中。CIE色度学体系也从最初对颜色匹配的研究、对色差和均匀颜色空间的研究，发展到目前对色貌模型等前沿问题的研究。随着计算机技术在各行各业中的应用和普及，对颜色定量化计算的需求急剧增加，也必然促进对颜色理论的进一步研究。本章将沿着CIE色度学体系发展的轨迹来逐步了解颜色定量化描述的方法，进一步理解颜色感觉的机理。

第一节　颜色匹配

一、颜色匹配实验

把两种颜色调节到视觉上相同或相等的过程叫做**颜色匹配**（Color Matching）。图3-1所示的颜色匹配实验方法就是利用颜色光相加混合来实现的。颜色匹配实验是在一个封闭的观察箱内进行的，观察箱的底部是一块白色屏幕，用一黑色挡屏隔开分成上下（或左右）两部分作为观察的视场，红、绿、蓝三原色光照射上半视场，待匹配样品色光照射在下半视场，观察者由观察孔观看白色屏幕反射出来的光，形成上下（或左右）两个半圆构成的视场，如图所示。控制观察的距离和视场的大小，就可以实现不同视场角条件下的颜色匹配。调节上方三原色光的强度就可以得到不同红、绿、蓝比例的混合光，实现与待匹配色光的颜色匹配。当视场中两部分视场的光色相同时，视场中的分界线就会消失，两部分合二为一。当视场中看不到分界线时，就认为三原色的混合光色与待匹配光的光色达到颜色匹配。由格拉斯曼定律的代替律可知，尽管两部分视场颜色刺激的光谱组成可能不同，但只要它们的颜色感觉相同，在颜色混合中的作用也相同，就可以互相代替使用。此时就可以用这组红、绿、蓝色光的比例来表示待匹配的颜色，作为该颜色的数值。

在颜色匹配实验中，用于颜色混合以产生任意颜色刺激的三种基本颜色叫做**三原色**。通常加色混色中使用红、绿、蓝三种颜色光为三原色，但实际上三原色可以任意选取，只要满足三原色中任何一种原色光不能由其余两种原色光相加混合得到就可以。从数学上说，也就是所选用的三原色要满足线性无关的要求，这是构成独立变量的基本条件。通常之所以选用红、绿、蓝作为三原色，目的是为了得到最多

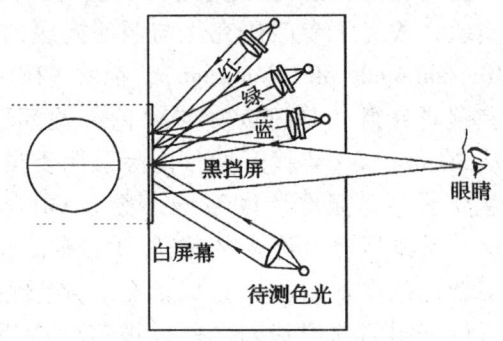

图 3-1　颜色匹配实验的示意图

的混合色。同时，红、绿、蓝三种颜色正好符合三色学说的条件，与我们眼睛中三种感光锥体细胞的颜色特性一致。在后面的讨论和实际应用中，为了达到最终的结果或受到具体条件的限制，经常要选用不同的三原色。同一个颜色刺激用不同三原色匹配的数值结果会不同，但不同匹配结果之间满足线性变换的关系。

如果待匹配的颜色是可见光范围内的一系列单色光，用红、绿、蓝三原色匹配这些单色光的结果就是这些单色光中包含的三原色数量。显然，匹配不同波长单色光所用的三原色数量不同，因此匹配整个光谱范围的单色光就得到一个红、绿、蓝三原色数量随波长变化的函数。由于红、绿、蓝三原色与视网膜上亲红、亲绿和亲蓝三种锥体感光细胞相对应，所以这个匹配单色光三原色比例随波长变化的函数就代表了眼睛在观察这些单色光时的锥体响应，也就是类似图 2-1 所示的锥体细胞的光谱响应曲线。我们的颜色感觉正是由于这样的光谱响应得到的，即对某个特定颜色刺激的最终颜色感觉，等于对组成这个颜色刺激中各个单色光响应的总和。所以，得到了眼睛对各单色光的光谱响应曲线后，就可以模拟出眼睛对颜色的感觉，实现颜色的计算。

二、三刺激值和颜色匹配方程

1. 三刺激值

颜色匹配实验中，与待匹配色实现颜色匹配时所需要的三原色的数量，称为**三刺激值**（Tristimulus），记作 R、G、B，分别表示组成待匹配色的红、绿、蓝光的数量。一种特定的颜色感觉与一组特定的 R、G、B 值相对应，R、G、B 值相同的颜色，在特定的 R、G、B 三原色和相同的观察条件下，颜色感觉（色外貌）必定相同，反之亦然。于是，通过

选定一组三原色进行颜色匹配实验，就可以找出各种颜色达到色匹配时的三原色数量，即三刺激值。也就是说，用达到匹配时的三刺激值来表示各种不同的颜色感觉，这就是 CIE 色度系统的基本出发点，是颜色感觉数字化的方法，是三色学说的具体体现，代表了眼睛在视网膜阶段的颜色感觉。

因为一组特定的 R、G、B 三刺激值在特定的实验和观察条件下代表一个特定的颜色感觉，不同的 R、G、B 三刺激值代表不同的颜色感觉。因此，所有颜色感觉的集合就构成了一个三刺激值空间，又称为混色空间。在这个空间中，每一个颜色感觉用空间中的一个坐标点来表示。由格拉斯曼定律的第二条可知，颜色混合的结果可以连续变化，所以这个颜色集合是一个连续空间。三刺激值空间可以用一个三维直角坐标系来表示，三个坐标轴分别代表三个原色，如图 3-2 所示。任一个颜色 C，其三刺激值为 R、G、B，则在三刺激值空间中，该颜色可以用以坐标原点为起点的矢量来表示，三刺激值 R、G、B 就是该矢量在三个坐标轴上的分量，即 C 点的坐标。

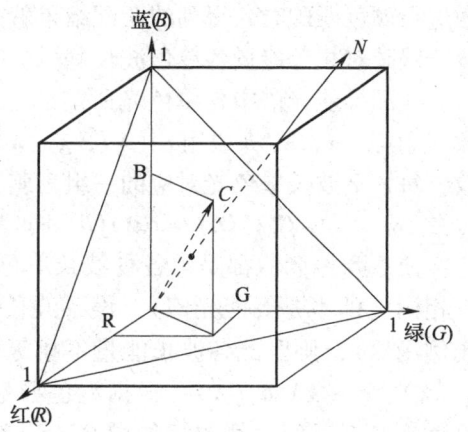

图 3-2 三刺激值空间和颜色的表示

2. 颜色匹配方程

在三刺激值空间中，颜色可以用一个矢量来表示，这个矢量对应的方程就称为**颜色匹配方程**或简称为**颜色方程**，代表匹配颜色感觉所需要的三原色数量之间的关系。因此，在三刺激值空间中的颜色可以用颜色方程表示为：

$$C(C) \equiv R(R) + G(G) + B(B) \tag{3-1}$$

式中"≡"表示颜色相互匹配。其中，$C(C)$ 代表该颜色的矢量，C 代表矢量的长度，(C) 代表矢量的方向；(R)、(G)、(B) 代表三原色，是三个坐标轴方向上的单位矢量，R、G、B 是三刺激值，为代数量，是 (R)、(G)、(B) 三个坐标轴方向的分量。从矢量方程的意义来看，三原色要满足线性无关的要求等价于 (R)、(G)、(B) 三个坐标轴不能在一个平面内。因此，$R(R)$、$G(G)$、$B(B)$ 代表三个坐标轴方向上的矢量，颜色 $C(C)$ 是 $R(R)$、$G(G)$、$B(B)$ 三个矢量的合矢量，三刺激值 R、G、B 就是矢量在三个坐标轴上的投影（参看图 3-2）。

为了确定三刺激值 R、G、B 的相对单位，可以规定相等数量的 R、G、B 值混合产生中性色（非彩色），则中性色矢量就是图 3-2 中的矢量 N，该矢量与三个坐标轴的夹角都是 45°。在三刺激值空间中 $R+G+B=1$ 的单位平面与中性色矢量 N 垂直，在三个坐标轴上的截距都是 1，被三个坐标平面截成一个等边三角形，称为单位三角形，如图 3-2 所示。中性色矢量 N 与单位三角形的重心相交，坐标点是 0.33，0.33，0.33，任一个颜色的矢量或矢量的延长线都可以在单位三角形平面上有一个交点。

颜色方程是表示颜色的最基本方程，是颜色混合遵守的基本运算法则。任何颜色都可以表示为式（3-1）的矢量形式，不同色光的相加混合就是颜色矢量的相加，满足矢量相加的运算法则。

3. 光谱三刺激值

在整个可见光光谱范围内，各个波长的光能量都相等的光谱分布称为**等能光谱**。尽管在实际中能发出等能光谱的光源并不存在，实际的发光体都不能发出等能的光谱，但可以通过对实际光谱分布进行数学处理的方法得到。之所以要使用等能光谱，是因为等能光谱中每一个波长的单色光能量都相同，即单色刺激的能量相同，对相等能量的单色光颜色刺激进行颜色匹配时，得到的匹配结果就是匹配相等能量的单色光所需要的三原色数量，等效于眼睛对相等能量各单色波长刺激的响应。

匹配等能光谱中各单色光所需的三原色数量称为**光谱三刺激值**，又称为颜色匹配函数，用符号 $\bar{r}$，$\bar{g}$，$\bar{b}$ 或用 $\bar{r}(\lambda)$，$\bar{g}(\lambda)$，$\bar{b}(\lambda)$ 来表示。光谱三刺激值是一组波长的函数，每一个波长单色光对应的一组三刺激值构成该波长单色光的颜色方程，即

$$C(\lambda)(C) \equiv \bar{r}(\lambda)(R) + \bar{g}(\lambda)(G) + \bar{b}(\lambda)(B), \lambda \in [380\text{nm}, 780\text{nm}] \quad (3-2)$$

任意颜色刺激都是由各种波长单色光组成的，并且每个波长上的相对能量值一般也不相同（即不是等能光谱），设各波长的相对能量比例关系为 $\varphi(\lambda)$（相对等能光谱的比例函数），则匹配各波长能量不相等单色光的三刺激值应该为 $\varphi(\lambda)\bar{r}(\lambda)$、$\varphi(\lambda)\bar{g}(\lambda)$、$\varphi(\lambda)\bar{b}(\lambda)$。根据混色原理，该颜色刺激的颜色感觉（三刺激值）就是各单色光对应三刺激值的相加混合，也就是每一个单色光颜色方程的合矢量。由矢量运算法则可知，合矢量的三刺激值为各单色光矢量的分量之和，即颜色感觉对应的三刺激值为：

$$\begin{cases} R = k \sum_{\lambda} \varphi(\lambda)\bar{r}(\lambda)\Delta\lambda \\ G = k \sum_{\lambda} \varphi(\lambda)\bar{g}(\lambda)\Delta\lambda \\ B = k \sum_{\lambda} \varphi(\lambda)\bar{b}(\lambda)\Delta\lambda \end{cases} \quad (3-3)$$

式中，R、G、B 就是该颜色的三刺激值，$\varphi(\lambda)$ 是颜色刺激的光谱分布，k 是归化常数，$\Delta\lambda$ 为计算所用的波长间隔。如果求和的波长间隔 $\Delta\lambda$ 无穷小，趋近于 0，则式 (3-3) 的求和就变成了积分的形式：

$$\begin{cases} R = k \int_{\lambda} \varphi(\lambda)\bar{r}(\lambda)\mathrm{d}\lambda \\ G = k \int_{\lambda} \varphi(\lambda)\bar{g}(\lambda)\mathrm{d}\lambda \\ B = k \int_{\lambda} \varphi(\lambda)\bar{b}(\lambda)\mathrm{d}\lambda \end{cases} \quad (3-4)$$

积分区间是整个可见光的范围。式（3-4）是计算颜色的最基本公式，所有的颜色计算都是由这个公式出发的。

4. 色品坐标和色品图

用三刺激值表示颜色构成了一个三维空间，而三维立体空间的表示比较复杂。在色度学的讨论中，很多情况下只关心颜色中的彩色特性，而不关心明度的变化，此时只涉及两个变量的变化，可以不直接用三原色的数量（即 R、G、B 三刺激值）来表示颜色，而是用三原色各自在三刺激值总量中的相对比例来表示颜色。三原色各自在三刺激值总量中的相对比例叫做**色品坐标**，用小写字母来表示，如 r，g，b。色品坐标与三刺激值的关系如下：

$$r = \frac{R}{R+G+B}$$
$$g = \frac{G}{R+G+B} \quad (3-5)$$
$$b = \frac{B}{R+G+B}$$

由于 $r+g+b=1$，三个色品坐标中只有两个是独立的，所以只用 r 和 g 即可表示一个颜色。以色品坐标 r，g 表示的平面图称为色品图。如图3-3所示，三角形的三个顶点分别代表一个单位的红、绿、蓝三原色，用（R），（G），（B）表示，色品坐标 r 和 g 分别为横、纵坐标。这个三角形色品图实际上就是图3-2中单位三角形在 RG 坐标平面上的投影，并由麦克斯韦首先提出，故称为麦克斯韦颜色三角形，为国际标准色品图。

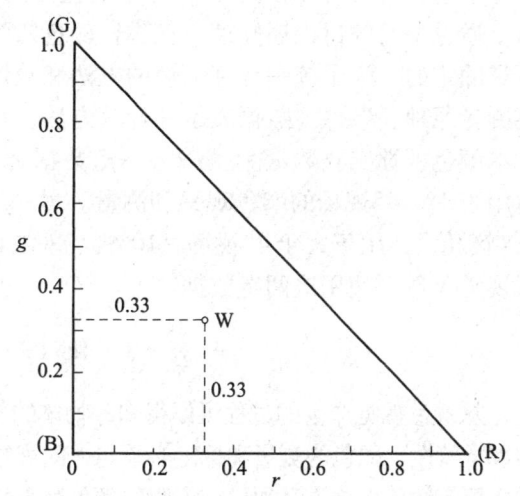

图3-3 麦克斯韦颜色三角形及色品坐标

由于颜色感觉仅取决于颜色刺激中所包含三刺激值的相对比例，因此三刺激值的单位（R）、（G）、（B）可以任意选择，只要保持三原色相对比例即可。通常确定三刺激值单位的方法为：用红、绿、蓝三原色匹配一个特定的中性色，如白光，当以适当比例三原色与标准白光匹配时，我们将此时的三原色数量规定为一个单位的（R）、（G）、（B），即规定匹配标准白光时所用的三原色数量 R、G、B（三刺激值）相等，规定为 $R=G=B=1$。但是，三刺激值是心理物理量，是对颜色的感觉量，规定感觉量相等并不等于说颜色刺激的能量和亮度也相等。例如，规定匹配等能白光时的三刺激值为一个单位，此时一个单位的（R）对应 L_R 流明的光通量，一个单位的（G）对应 L_G 流明的光通量，一个单位的（B）对应 L_B 流明的光通量，所以就规定 $L_R:L_G:L_B$ 为三刺激值的相对亮度单位，即光度学单位。当匹配任一颜色时的三刺激值为 R、G、B 时，意味着组成该颜色三刺激值对应的光通量为：$R \cdot L_R$、$G \cdot L_G$、$B \cdot L_B$ 流明。对于辐射度学单位（能量）的计算与此类似，用单位三刺激值对应的三原色能量比 $E_R:E_G:E_B$ 规定相对能量单位。

由匹配标准白光（W）的三刺激值 $R=G=B=1$ 可知，标准白光（W）的色品坐标值由式（3-5）可得：$r=g=b=0.333$，而 $R=G=B=1$ 代表三刺激值空间中从原点出发，与各坐标轴夹角都是 45°的矢量，如图3-2中矢量 N 所示，矢量 N 上的所有坐标点都满足 $R=G=B$，代表不同深浅的中性色。事实上，图3-3所示的色品坐标图就是图3-2的三刺激值空间中 $R+G+B=1$ 的单位平面，即垂直于矢量 N 的平面，只不过投影在 RG 坐标平面，构成了一个等边直角三角形。同样，也可以将 $R+G+B=1$ 的单位平面投影到 RB 或 GB 坐标平面构成 $r-b$ 和 $g-b$ 坐标系，但最常用的还是 $r-g$ 坐标系。

第二节　CIE 标准色度系统

从上面的讨论可知，眼睛的颜色感觉是对颜色刺激中每一个单色光的感觉之和。为了计算颜色就需要首先知道眼睛对各单色光的响应函数，这可以通过颜色匹配来实现。然而，通过上面的讨论还知道，在进行颜色匹配时，三原色的选择、三刺激值单位的制定都不是固定的。为了统一计算颜色的方法和数值，现代色度学采用了 CIE 所规定的一系列颜色测量原理、条件、数据表示和计算方法，称为 CIE 标准色度系统。这一色度系统以两组基本颜色视觉实验数据为基础，一组数据为"CIE1931 标准色度观察者光谱三刺激值"，适用于 1°~4°视场的颜色观察和测量。另一组数据为"CIE1964 补充标准色度观察者光谱三刺激值"，用于大于 4°视场、10°视场左右的颜色观察和测量。同时，CIE 还规定必须在明视觉条件下使用这两组数据。

一、CIE 1931 – RGB 系统

从颜色视觉产生的过程可以得知，物体的颜色感觉既取决于外界的光辐射，又取决于人眼的视觉特性。颜色的测量和标定必须与人的观察结果相符合才有实际意义。因此，为了用三刺激值标定颜色，首先必须研究人眼的颜色视觉特性，即测得光谱三刺激值。为此很多科学家做了大量的实验和研究。但是，由于不同的实验所用的方法不同，实验的结果也不统一。

莱特（W. D. Wright）用 650nm（红）、530nm（绿）和 460nm（蓝）的单色光作为三原色进行颜色匹配实验，由 10 名观察者在 2°视场条件下匹配等能光谱的各种单色光。三原色单位的确定条件是：当用三原色的红和绿光匹配出 582.5nm 的黄色时，规定红和绿光的量为一个单位；当用一个单位的绿光与一定量的蓝光匹配 490.0nm 的蓝绿色时，规定此时的蓝光用量为一个单位。在这样的实验条件下得到了匹配各单色光的光谱三刺激值曲线，如图 3 – 4 所示。

吉尔德（J. Guild）用滤色片产生相当于波长为 630nm（红）、542nm（绿）和 460nm（蓝）的三原色，由 7 名观察者在 2°视场条件下匹配等能光谱的各单色光。当这样的三原色匹配出 NPL（英国国家物理实验室）白色（色温为 4800K）时，规定所用三原色数量为三原色的一个单位。吉尔德的实验结果如图 3 – 5 所示。

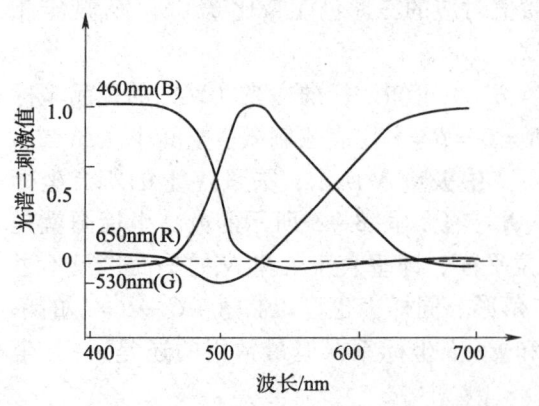
图 3 – 4　莱特匹配等能光谱色的实验结果

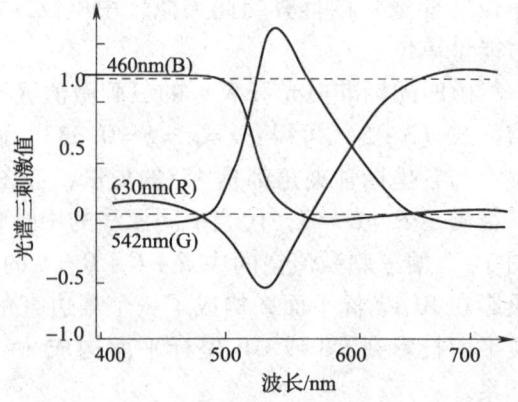
图 3 – 5　吉尔德匹配等能光谱色的实验结果

由莱特和吉尔德的实验结果可以看出，尽管二人使用的实验条件不同，但二者的结果有很多类似之处。CIE 将莱特和吉尔德分别做的实验结果进行了变换处理，将三原色光波长统一为 700nm（R）、546.1nm（G）、435.8nm（B），将确定三原色单位的条件调整为相等数量三原色相加混合可以匹配等能白光（E 光源）的颜色。进行这样的变换以后，发现二人的实验结果非常一致。1931 年，在 CIE 第 8 次会议上正式将这个结果推荐为 CIE 标准色度观察者和色品坐标系统，并规定了三种标准照明体（A、B、C），建立了观察反射样品的标准观测条件。从此，建立了全世界第一个计算颜色的标准系统，从而奠定了现代色度学的基础。

构成 CIE 标准色度系统的基础数据之一是"CIE 1931 - RGB 系统标准色度观察者光谱三刺激值"，简称"CIE 1931 - RGB 系统标准色度观察者"。这组数据代表了人眼在 2°观察视场时的平均颜色视觉特性，适用于 2°观察视场时的颜色计算，其光谱三刺激值曲线如图 3-6 所示。

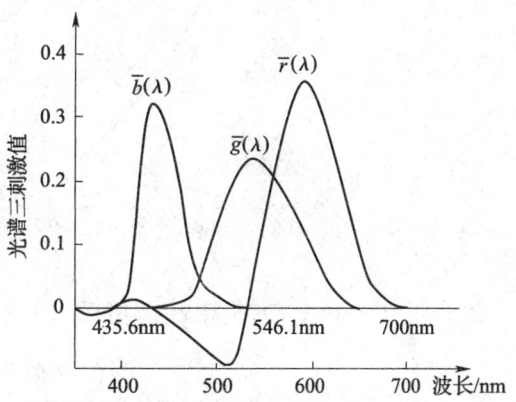

图 3-6　CIE 1931 - RGB 系统标准色度观察者光谱三刺激值曲线

之所以选用 700nm、546.1nm 和 435.8nm 为三原色，是因为 700nm 位于可见光谱的最长端，546.1nm 和 435.8nm 是较为明显的汞元素谱线，三者都能够很精确地产生和标定。规定这组三原色在匹配等能白光时所用的色光比例为一个单位的（R）、（G）、（B）三原色，而此时的三原色色光相对亮度比例为 1.0000:4.5907:0.0601；辐亮度比例为 72.0962:1.3791:1.0000。

由式（3-5）可得光谱三刺激值对应的光谱色色品坐标为

$$r = \frac{\bar{r}(\lambda)}{\bar{r}(\lambda) + \bar{g}(\lambda) + \bar{b}(\lambda)} \quad g = \frac{\bar{g}(\lambda)}{\bar{r}(\lambda) + \bar{g}(\lambda) + \bar{b}(\lambda)} \quad b = \frac{\bar{b}(\lambda)}{\bar{r}(\lambda) + \bar{g}(\lambda) + \bar{b}(\lambda)}, \quad \lambda \in [380\text{nm}, 780\text{nm}]。$$

由此可得光谱色的色品坐标在色品坐标图上的轨迹，是一个偏马蹄形曲线，称为光谱轨迹，如图 3-7 所示。偏马蹄形光谱轨迹曲线上所标的数值表示光谱色的单色光波长值，是该单色光的色品坐标点位置。连接光谱轨迹两端点连线上的坐标代表 380nm 和 780nm 的光以不同比例混合得到的颜色坐标，但该直线上没有单色光与其对应。所以，光谱轨迹以及连接光谱轨迹两端点的连线所包围的区域涵盖了所有可以实现的颜色，即真实的颜色，包括单色和混合色。

从图 3-6 和图 3-7 中可看到，$\bar{r}$，$\bar{g}$，$\bar{b}$ 光谱三刺激值和对应的色品坐标有相当一部分出现负值。产生负值的原因是这样的：在进行光谱色匹配实验时，当投射到待匹配色一侧的光谱色纯度非常高时，另一侧视场的红、绿、蓝三原色无论怎样调节都不能使两半视场颜色达到匹配，因为三原色混合的结果会降低颜色的纯度，无法与高纯度的光谱色相匹配，只有将三原色之一加到光谱色一侧才能使混合色与其他两个原色实现颜色匹配，例如将红原色加到光谱色一侧。此时相当于蓝、绿两个原色与红原色和光谱色的混合色相匹配。根据颜色匹配方程式（3-1）可得此时的颜色匹配方程：

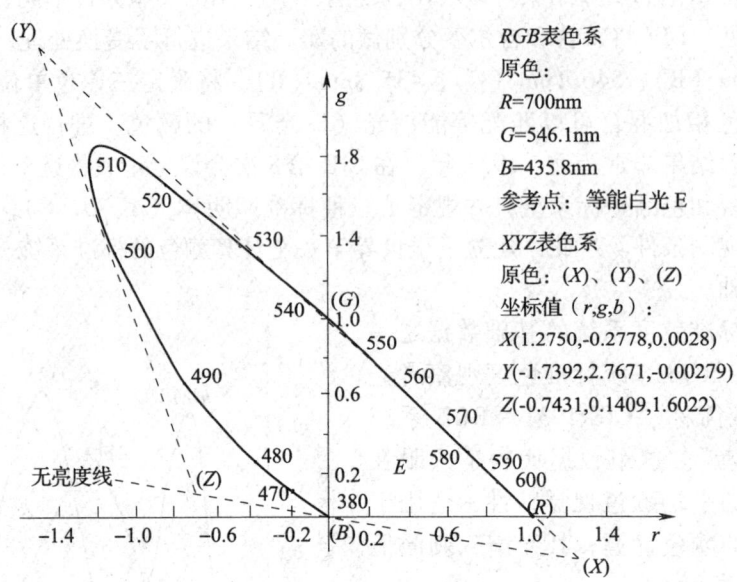

图 3-7 CIE 1931-RGB 系统色品图及 (R)、(G)、(B) 向 (X)、(Y)、(Z) 坐标变换关系示意图

$$C(C) + R(R) \equiv G(G) + B(B)$$

这样一来，加到光谱色半视场的原色就需要用负值来表示，结果就出现了负的三刺激值与色品坐标值。比较图 3-3 和图 3-7 可以看出，图 3-7 中直角三角形的三个顶角表示红 (R)、绿 (G)、蓝 (B) 三原色，负值的色品坐标落在三原色围成的三角形之外，说明这些颜色不能由三原色混合产生，只有在原色直角三角形之内的各颜色坐标是正值，才能由三原色混合产生。

CIE 1931-RGB 系统的光谱三刺激值 $\bar{r}$、$\bar{g}$、$\bar{b}$ 是直接由颜色匹配实验获得的，代表了眼睛的光谱特性，可以用于色度计算。只是由于光谱三刺激值与色品坐标都出现了负值，计算和使用起来不方便，又不易理解，容易造成混乱，因此，1931 年 CIE 还推荐了一个通过数学变换后得到的色度系统——CIE 1931-XYZ 系统，这个色度系统成为目前广为使用的颜色计算系统。

二、CIE 1931 标准色度系统

为了消除 CIE 1931-RGB 系统出现负值的问题，1931 年 CIE 在 RGB 系统的基础上，改用三个假想的三原色 X、Y、Z 建立了一个新的色度系统。将 R、G、B 系统光谱三刺激值进行转换后，变为以 (X)、(Y)、(Z) 为三原色的光谱三刺激值，仍然以匹配等能白确定三刺激值的单位。将这样变换后得到的光谱三刺激值定名为"CIE 1931 标准色度观察者光谱三刺激值"，简称为"CIE 1931 标准色度观察者"，记作 $\bar{x}$、$\bar{y}$、$\bar{z}$，或 $\bar{x}(\lambda)$、$\bar{y}(\lambda)$、$\bar{z}(\lambda)$。这一颜色系统叫做"CIE 1931 标准色度系统"或"CIE 1931-XYZ 系统"。

因为三原色的选择在一定程度上是任意的，同一颜色用不同三原色表示的结果相当于进行了颜色的线性变换。CIE 1931-XYZ 系统三原色的选择主要考虑了如下几个因素，以此作为变换的约束条件：

(1) 要想消除负坐标值，必须使新三原色包围所有的颜色范围。包围真实颜色范围的三条直线的交点即为新三原色的坐标点。新系统的三原色用 (X)、(Y)、(Z) 来表示，三刺激值用 X、Y、Z 表示，色品坐标用小写 x、y 表示，将原来的 $r-g$ 色品坐标图变换为 $x-y$ 色品坐标图。

(2) 规定 (X)、(Z) 两个原色只代表色度，没有亮度，全部亮度都由 Y 刺激值承担。所以，(X)、(Z) 的连线称为无亮度线。由于 (R)、(G)、(B) 三原色相对亮度比例 $L_R : L_G : L_B$ 为 $1.0000 : 4.5907 : 0.0601$，由此可得无亮度线方程为

$$L_C = 1.0000r + 4.5907g + 0.0601b = 0 \text{ 或}$$
$$L_C = 0.9399r + 4.5306g + 0.0601 = 0 \tag{3-6}$$

(3) 光谱轨迹曲线从 540nm 附近到 780nm 在 $r-g$ 色品坐标图上近似是一条 $135°$ 直线，直线上所有的颜色都可以由这两个单色光混合产生。令新坐标系的 (X) (Y) 边与这条直线重合可以简化颜色的计算。由 540nm 和 780nm 两点的色品坐标可以得到直线方程：

$$r + 0.99g - 1 = 0 \tag{3-7}$$

(4) $(Y)(Z)$ 边与光谱轨迹上波长为 503nm 点的切线相重合，这点的切线方程为：

$$1.45r + 0.55g + 1 = 0 \tag{3-8}$$

新的三原色 (X)、(Y)、(Z) 的坐标点是上面三条直线的交点，因此，将式 (3-6)～式 (3-8) 联立并求解就可得到 (X)、(Y)、(Z) 在 RGB 系统中的坐标位置：

$(X): r = 1.2750, g = -0.2778, b = 0.0028$

$(Y): r = -1.7392, g = 2.7671, b = -0.0279$

$(Z): r = -0.7431, g = 0.1409, b = 1.6022$

而 (X)、(Y)、(Z) 三原色在新坐标系下是单位矢量：

$(X) = (1, 0, 0), (Y) = (0, 1, 0), (Z) = (0, 0, 1)$。

(5) 以相等数量的三刺激值匹配等能白光来确定 XYZ 新系统的三刺激值单位。因此，等能白光在新系统下色品坐标仍然满足：

$$x = 0.3333, \quad y = 0.3333,$$

即等能白点作为系统变换的不动点。由此可得 XYZ 系统与 RGB 系统三刺激值之间的变换关系：

$$\begin{aligned} X &= 2.7689R + 1.7571G + 1.1302B \\ Y &= 1.0000R + 4.5907G + 0.0601B \\ Z &= 0.0565G + 5.5943B \end{aligned} \tag{3-9}$$

同样可得两个系统色品坐标之间的变换关系：

$$\begin{aligned} x &= \frac{0.49000r + 0.31000g + 0.20000b}{0.66697r + 1.13240g + 1.20063b} \\ y &= \frac{0.17697r + 0.81240g + 0.0163b}{0.66697r + 1.13240g + 1.20063b} \\ z &= \frac{0.00000r + 0.01000g + 0.99000b}{0.66697r + 1.13240g + 1.20063b} \end{aligned} \tag{3-10}$$

经过这样的变换后，RGB 和 XYZ 系统的三刺激值和色品坐标值之间就建立了转换关系，CIE 1931-XYZ 系统中的三原色 (X)、(Y) 和 (Z) 包围了全部光谱轨迹曲线

以及连接光谱轨迹两端点的直线所构成的马蹄形区域（所有真实颜色的坐标范围），因此包括了一切现实中能实现的颜色。但是，CIE 1931 - XYZ 系统中的三原色（X）、（Y）和（Z）在 RGB 色品图中的位置都处于光谱轨迹之外，在光谱轨迹外面的所有颜色都是现实中不能实现的，因此（X）、（Y）和（Z）仅仅是数学意义上的三原色，是假想的红、绿、蓝三原色，但具有红、绿、蓝三原色的实际意义，如图 3 - 7 所示。由于 XYZ 假想原色的三角形包含了整个光谱轨迹，因此 XYZ 系统的 $\bar{x}(\lambda)$, $\bar{y}(\lambda)$, $\bar{z}(\lambda)$ 全部为正值，三刺激值 X、Y、Z 及色品坐标 x, y 也均为正值，这给色度计算带来了极大方便。

表 3 - 1 中的数据是根据 CIE 1931 - RGB 系统光谱三刺激值数据经过上述变换得来的，是实际计算颜色时所使用的数据，代表用三个假设原色匹配等能光谱色的光谱三刺激值。表中数据的波长间隔为 5nm，其他波长间隔的数据可以查阅其他参考书或 CIE 的官方网站 http://www.cie.co.at/framepublications.html。图 3 - 8 为 CIE 1931 标准色度观察者光谱三刺激值曲线图。

表 3 - 1　　　　　　　　CIE 1931 标准色度观察者光谱三刺激值

波长/nm	$\bar{x}(\lambda)$	$\bar{y}(\lambda)$	$\bar{z}(\lambda)$	波长/nm	$\bar{x}(\lambda)$	$\bar{y}(\lambda)$	$\bar{z}(\lambda)$
380	0.001368	0.000039	0.006450	475	0.142100	0.112600	1.041900
385	0.002236	0.000064	0.010550	480	0.095640	0.139020	0.812950
390	0.004243	0.000120	0.020050	485	0.057950	0.169300	0.616200
395	0.007650	0.000217	0.036210	490	0.032010	0.208020	0.465180
400	0.014310	0.000396	0.067850	495	0.014700	0.258600	0.353300
405	0.023190	0.000640	0.110200	500	0.004900	0.323000	0.272000
410	0.043510	0.001210	0.207400	505	0.002400	0.407300	0.212300
415	0.077630	0.002180	0.371300	510	0.009300	0.503000	0.158200
420	0.134380	0.004000	0.645600	515	0.029100	0.608200	0.111700
425	0.214770	0.007300	1.039050	520	0.063270	0.710000	0.078250
430	0.283900	0.011600	1.385600	525	0.109600	0.793200	0.057250
435	0.328500	0.016840	1.622960	530	0.165500	0.862000	0.042160
440	0.348280	0.023000	1.747060	535	0.225750	0.914850	0.029840
445	0.348060	0.029800	1.782600	540	0.290400	0.954000	0.020300
450	0.336200	0.038000	1.772110	545	0.359700	0.980300	0.013400
455	0.318700	0.048000	1.744100	550	0.433450	0.994950	0.008750
460	0.290800	0.060000	1.669200	555	0.512050	1.000000	0.005750
465	0.251100	0.073900	1.528100	560	0.594500	0.995000	0.003900
470	0.195360	0.090980	1.287640	565	0.678400	0.978600	0.002750

续表

波长/nm	$\bar{x}(\lambda)$	$\bar{y}(\lambda)$	$\bar{z}(\lambda)$	波长/nm	$\bar{x}(\lambda)$	$\bar{y}(\lambda)$	$\bar{z}(\lambda)$
570	0.762100	0.952000	0.002100	680	0.046770	0.017000	0.000000
575	0.842500	0.915400	0.001800	685	0.032900	0.011920	0.000000
580	0.916300	0.870000	0.001650	690	0.022700	0.008210	0.000000
585	0.978600	0.816300	0.001400	695	0.015840	0.005723	0.000000
590	1.026300	0.757000	0.001100	700	0.011359	0.004102	0.000000
595	1.056700	0.694900	0.001000	705	0.008111	0.002929	0.000000
600	1.062200	0.631000	0.000800	710	0.005790	0.002091	0.000000
605	1.045600	0.566800	0.000600	715	0.004109	0.001484	0.000000
610	1.002600	0.503000	0.000340	720	0.002899	0.001047	0.000000
615	0.938400	0.441200	0.000240	725	0.002049	0.000740	0.000000
620	0.854450	0.381000	0.000190	730	0.001440	0.000520	0.000000
625	0.751400	0.321000	0.000100	735	0.001000	0.000361	0.000000
630	0.642400	0.265000	0.000050	740	0.000690	0.000249	0.000000
635	0.541900	0.217000	0.000030	745	0.000476	0.000172	0.000000
640	0.447900	0.175000	0.000020	750	0.000332	0.000120	0.000000
645	0.360800	0.138200	0.000010	755	0.000235	0.000085	0.000000
650	0.283500	0.107000	0.000000	760	0.000166	0.000060	0.000000
655	0.218700	0.081600	0.000000	765	0.000117	0.000042	0.000000
660	0.164900	0.061000	0.000000	770	0.000083	0.000030	0.000000
665	0.121200	0.044580	0.000000	775	0.000059	0.000021	0.000000
670	0.087400	0.032000	0.000000	780	0.000042	0.000015	0.000000
675	0.063600	0.023200	0.000000	Sum.:	21.371524	21.371327	21.371540

由表 3-1 的光谱三刺激值数据和色品坐标计算公式可计算出等能光谱色的色品坐标：

$$x = \frac{\bar{x}(\lambda)}{\bar{x}(\lambda) + \bar{y}(\lambda) + \bar{z}(\lambda)}$$

$$y = \frac{\bar{y}(\lambda)}{\bar{x}(\lambda) + \bar{y}(\lambda) + \bar{z}(\lambda)}, \quad \lambda \in [380\text{nm}, 780\text{nm}]。$$

$$z = \frac{\bar{z}(\lambda)}{\bar{x}(\lambda) + \bar{y}(\lambda) + \bar{z}(\lambda)}$$

将各波长光谱三刺激值对应的色品坐标值绘制在色品坐标图上，就得到了 CIE 1931 色品图及光谱轨迹，如图 3-9 中马蹄形曲线所示，光谱轨迹坐标的数据列于表 3-2 中。由于 (X)、(Y) 和 (Z) 三原色不是现实的颜色，因此都位于光谱轨迹的外面。光谱轨迹上标注的波长值代表了该波长单色光的坐标位置。从 400nm 到 700nm 连线上的颜色不是光谱色，而是 400nm 蓝紫色与 700nm 红色单色光以不同比例混合得到的颜色，因此称这条直线为紫红线。

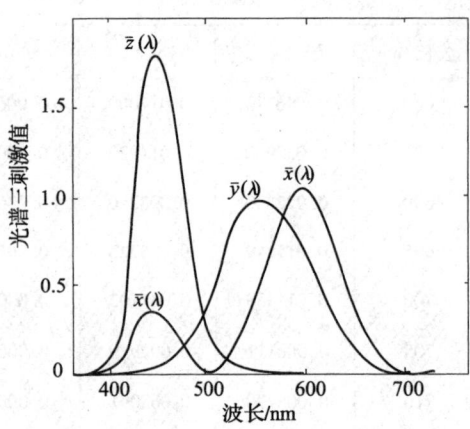

图 3-8 CIE 1931 标准色度观察者光谱三刺激值曲线　　图 3-9 CIE 1931 色品图

表 3-2　　　　　　　　　　　　**CIE 1931 色品图光谱轨迹坐标数据**

波长 λ/nm	$x(\lambda)$	$y(\lambda)$	$z(\lambda)$	波长 λ/nm	$x(\lambda)$	$y(\lambda)$	$z(\lambda)$
380	0.1741	0.0050	0.8209	480	0.0913	0.1327	0.7760
385	0.1740	0.0050	0.8210	485	0.0687	0.2007	0.7306
390	0.1738	0.0049	0.8213	490	0.0454	0.2950	0.6596
395	0.1736	0.0049	0.8215	495	0.0235	0.4127	0.5638
400	0.1733	0.0048	0.8219	500	0.0082	0.5384	0.4534
405	0.1730	0.0048	0.8222	505	0.0039	0.6548	0.3413
410	0.1726	0.0048	0.8226	510	0.0139	0.7502	0.2359
415	0.1721	0.0048	0.8231	515	0.0389	0.8120	0.1491
420	0.1714	0.0051	0.8235	520	0.0743	0.8338	0.0919
425	0.1703	0.0058	0.8239	525	0.1142	0.8262	0.0596
430	0.1689	0.0069	0.8242	530	0.1547	0.8059	0.0394
435	0.1669	0.0086	0.8245	535	0.1929	0.7816	0.0255
440	0.1644	0.0109	0.8247	540	0.2296	0.7543	0.0161
445	0.1611	0.0138	0.8251	545	0.2658	0.7243	0.0099
450	0.1566	0.0177	0.8257	550	0.3016	0.6923	0.0061
455	0.1510	0.0227	0.8263	555	0.3374	0.6588	0.0038
460	0.1440	0.0297	0.8263	560	0.3731	0.6245	0.0024
465	0.1355	0.0399	0.8246	565	0.4087	0.5896	0.0017
470	0.1241	0.0578	0.8181	570	0.4441	0.5547	0.0012
475	0.1096	0.0868	0.8036	575	0.4788	0.5202	0.0010

续表

波长 λ/nm	$x(\lambda)$	$y(\lambda)$	$z(\lambda)$	波长 λ/nm	$x(\lambda)$	$y(\lambda)$	$z(\lambda)$
580	0.5125	0.4866	0.0009	685	0.7340	0.2660	0.0000
585	0.5448	0.4544	0.0008	690	0.7344	0.2656	0.0000
590	0.5752	0.4242	0.0006	695	0.7346	0.2654	0.0000
595	0.6029	0.3965	0.0006	700	0.7347	0.2653	0.0000
600	0.6270	0.3725	0.0005	705	0.7347	0.2653	0.0000
605	0.6482	0.3514	0.0004	710	0.7347	0.2653	0.0000
610	0.6658	0.3340	0.0002	715	0.7347	0.2653	0.0000
615	0.6801	0.3197	0.0002	720	0.7347	0.2653	0.0000
620	0.6915	0.3083	0.0002	725	0.7347	0.2653	0.0000
625	0.7006	0.2993	0.0001	730	0.7347	0.2653	0.0000
630	0.7079	0.2920	0.0001	735	0.7348	0.2652	0.0000
635	0.7140	0.2859	0.0000	740	0.7348	0.2652	0.0000
640	0.7190	0.2809	0.0000	745	0.7346	0.2654	0.0000
645	0.7230	0.2769	0.0000	750	0.7345	0.2655	0.0000
650	0.7260	0.2740	0.0000	755	0.7344	0.2656	0.0000
655	0.7283	0.2717	0.0000	760	0.7345	0.2655	0.0000
660	0.7300	0.2700	0.0000	765	0.7358	0.2642	0.0000
665	0.7311	0.2689	0.0000	770	0.7345	0.2655	0.0000
670	0.7320	0.2680	0.0000	775	0.7375	0.2625	0.0000
675	0.7327	0.2673	0.0000	780	0.7368	0.2632	0.0000
680	0.7334	0.2666	0.0000				

色品图可用来表示所有颜色的色度特性。色品图中心为白点（非彩色点）W，光谱轨迹上的点代表不同波长的光谱色，是饱和度最高的颜色，越接近色品图中心（白点），颜色的饱和度越低。围绕色品图中心旋转不同的角度，对应着不同波长的光谱色，代表不同的色调。

光谱轨迹长波的末端，700～770nm 的光谱色具有相同的色坐标值，都是 $x=0.7347$，$y=0.2653$，$z=0$，所以用一个点来表示，只要将它们的明度值调整为一样，它们的颜色感觉就相同。

光谱轨迹 540～700nm 是一条直线，与 $(X)(Y)$ 两点连线重合，直线方程为 $x+y=1$，这意味着，在这个光谱范围内，任意一个光谱色的颜色感觉都可以由 540nm 与 700nm 的单色光混合得到。

（X）（Z）连线是无亮度线，其直线方程为 $y = 0$，该直线上的颜色无亮度感觉。光谱色的短波端 380~420nm 的单色光的坐标点靠近这条线，说明这些波长的光尽管可以被察觉，但它们所产生的亮度感觉非常弱。

色品图及色品坐标对三刺激值 X、Y、Z 来说是线性的，图中任意两坐标点所对应颜色的混合色都位于两点的连线上，随着两颜色混合比例的不同，混合色坐标在连线上连续改变。

CIE 1931 标准色度系统的三刺激值用 X、Y、Z 来表示，三种原色由于选择时的考虑，只有 Y 值既代表色度又代表亮度，称其为亮度因数，而 X、Z 只代表色度，与亮度无关，所以，$\bar{y}(\lambda)$ 函数曲线与明视觉光谱效率函数 $V(\lambda)$ 一致，即 $\bar{y}(\lambda) = V(\lambda)$。

在使用数字描述颜色时，除了使用 X、Y、Z 三刺激值以外，还常采用 Yxy 表色方法，即采用色品坐标 x、y 表示颜色的色度特征，用亮度因数 Y 表示颜色的亮度特征，这样该颜色的外貌就被完全唯一地确定下来了。因此，在使用 CIE 1931 标准色度系统描述颜色时，通常有两种方法描述，一种是使用 X、Y、Z 三刺激值，另一种方法就是使用 Yxy 表色方法，两种方法都能够完全地描述颜色特性。图 3-10 直观地表示出用第二种方法描述颜色时由这三个参数构成的颜色空间。

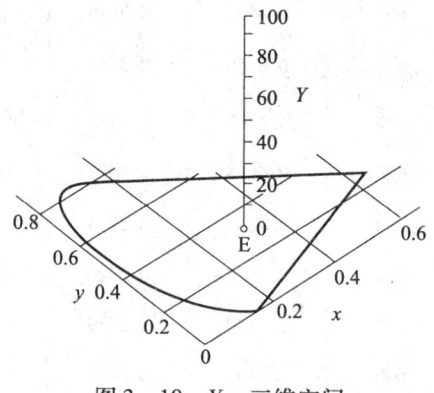

图 3-10 Yxy 三维空间

三、CIE 1964 补充色度系统

CIE 1931 标准色度系统是在 2°视场观察条件下颜色匹配实验数据基础上建立的，因此只适用于 2°视场观察条件下使用。在大视场观察条件下，由于物体成像区域超出了中央凹，杆体感光细胞也会参与作用，使观察到的颜色感觉发生变化，因此需要针对大视场（>4°）观察条件建立一套数据。

CIE1964 补充标准色度观察者光谱三刺激值，简称 CIE1964 补充标准色度观察者，是根据 1959 年的两个实验结果建立的。一个是斯泰尔斯（W. S. Stiles）和伯奇（J. M. Burch）的实验，由 49 名观察者在 10°视场条件下进行的；另一个实验是斯伯林斯卡娅（N. I. Speranskaya）做的，也是在 10°视场条件下由 27 名观察者进行实验。两个实验的三原色最后都被换算为 645.2nm（R），526.3nm（G），444.4nm（B）。后经贾德（Judd）对这两项研究结果按观察者人数进行了加权整理和杆体细胞参与的修正，得出了 1964CIE-RGB 补充标准色度观察者光谱三刺激值函数 $\bar{r}_{10}(\lambda)$，$\bar{g}_{10}(\lambda)$，$\bar{b}_{10}(\lambda)$，其中脚标 "10" 代表 10°观察视场（下同）。

与 CIE1931 标准色度系统建立的过程类似，1964CIE-RGB 补充标准色度观察者光谱三刺激值函数 $\bar{r}_{10}(\lambda)$，$\bar{g}_{10}(\lambda)$，$\bar{b}_{10}(\lambda)$ 和色品坐标中也出现了负值，为了消除负值，也需要对其进行类似的数学变换，将 RGB 系统转换为 XYZ 系统，得到了 1964CIE-XYZ 补充标准色度观察者光谱三刺激值函数 $\bar{x}_{10}(\lambda)$，$\bar{y}_{10}(\lambda)$，$\bar{z}_{10}(\lambda)$。表 3-3 列出了波长间隔 5nm 的 $\bar{x}_{10}(\lambda)$，$\bar{y}_{10}(\lambda)$，$\bar{z}_{10}(\lambda)$ 数据，其对应的光谱三刺激值曲线见图 3-11。

表 3-3　　　　　　CIE 1964 补充标准色度观察者光谱三刺激值

波长 λ/nm	$\bar{x}_{10}(\lambda)$	$\bar{y}_{10}(\lambda)$	$\bar{z}_{10}(\lambda)$	波长 λ/nm	$\bar{x}_{10}(\lambda)$	$\bar{y}_{10}(\lambda)$	$\bar{z}_{10}(\lambda)$
380	0.0002	0.0000	0.0007	585	1.0743	0.8256	0.0000
385	0.0007	0.0001	0.0029	590	1.1185	0.7774	0.0000
390	0.0024	0.0003	0.0105	595	1.1343	0.7204	0.0000
395	0.0072	0.0008	0.0323	600	1.1240	0.6583	0.0000
400	0.0191	0.0020	0.0860	605	1.0891	0.5939	0.0000
405	0.0434	0.0045	0.1971	610	1.0305	0.5280	0.0000
410	0.0847	0.0088	0.3894	615	0.9507	0.4618	0.0000
415	0.1406	0.0145	0.6568	620	0.8563	0.3981	0.0000
420	0.2045	0.0214	0.9725	625	0.7549	0.3396	0.0000
425	0.2647	0.0295	1.2825	630	0.6475	0.2835	0.0000
430	0.3147	0.0387	1.5535	635	0.5351	0.2283	0.0000
435	0.3577	0.0496	1.7985	640	0.4316	0.1798	0.0000
440	0.3837	0.0621	1.9673	645	0.3437	0.1402	0.0000
445	0.3867	0.0747	2.0273	650	0.2683	0.1076	0.0000
450	0.3707	0.0895	1.9948	655	0.2043	0.0812	0.0000
455	0.3430	0.1063	1.9007	660	0.1526	0.0603	0.0000
460	0.3023	0.1282	1.7454	665	0.1122	0.0441	0.0000
465	0.2541	0.1528	1.5549	670	0.0813	0.0318	0.0000
470	0.1956	0.1852	1.3176	675	0.0579	0.0226	0.0000
475	0.1323	0.2199	1.0302	680	0.0409	0.0159	0.0000
480	0.0805	0.2536	0.7721	685	0.0286	0.0111	0.0000
485	0.0411	0.2977	0.5701	690	0.0199	0.0077	0.0000
490	0.0162	0.3391	0.4153	695	0.0138	0.0054	0.0000
495	0.0051	0.3954	0.3024	700	0.0096	0.0037	0.0000
500	0.0038	0.4608	0.2185	705	0.0066	0.0026	0.0000
505	0.0154	0.5314	0.1592	710	0.0046	0.0018	0.0000
510	0.0375	0.6067	0.1120	715	0.0031	0.0012	0.0000
515	0.0714	0.6857	0.0822	720	0.0022	0.0008	0.0000
520	0.1177	0.7618	0.0607	725	0.0015	0.0006	0.0000
525	0.1730	0.8233	0.0431	730	0.0010	0.0004	0.0000
530	0.2365	0.8752	0.0305	735	0.0007	0.0003	0.0000
535	0.3042	0.9238	0.0206	740	0.0005	0.0002	0.0000
540	0.3768	0.9620	0.0137	745	0.0004	0.0001	0.0000
545	0.4516	0.9822	0.0079	750	0.0003	0.0001	0.0000
550	0.5298	0.9918	0.0040	755	0.0002	0.0001	0.0000
555	0.6161	0.9991	0.0011	760	0.0001	0.0001	0.0000
560	0.7052	0.9973	0.0000	765	0.0001	0.0000	0.0000
565	0.7938	0.9824	0.0000	770	0.0001	0.0000	0.0000
570	0.8787	0.9556	0.0000	775	0.0000	0.0000	0.0000
575	0.9512	0.9152	0.0000	780	0.0000	0.0000	0.0000
580	1.0142	0.8689	0.0000				
				Sum:	23.3294	23.3320	23.3342

用与上一节相同的方法，可以建立 CIE 1964 补充标准色度系统的 (x_{10}, y_{10}) 色品坐标图，如图 3-12 所示。根据色品坐标与三刺激值的关系，可以参照式（3-5）计算得到光谱色的色品坐标 $x_{10}(\lambda)$, $y_{10}(\lambda)$，在 CIE 1964 补充标准色度系统色品图上绘出光谱轨迹，光谱轨迹数据见表 3-4。

表 3-4　　　　　　　　CIE 1964 补充标准色度系统色品图光谱轨迹数据

波长 λ/nm	$x_{10}(\lambda)$	$y_{10}(\lambda)$	$z_{10}(\lambda)$	波长 λ/nm	$x_{10}(\lambda)$	$y_{10}(\lambda)$	$z_{10}(\lambda)$
380	0.1814	0.0193	0.7993	585	0.5654	0.4346	0.0000
385	0.1808	0.0197	0.7996	590	0.5900	0.4100	0.0000
390	0.1803	0.0193	0.8003	595	0.6116	0.3884	0.0000
395	0.1795	0.0191	0.8015	600	0.6306	0.3694	0.0000
400	0.1784	0.0187	0.8029	605	0.6471	0.3529	0.0000
405	0.1771	0.0184	0.8045	610	0.6612	0.3388	0.0000
410	0.1755	0.0181	0.8064	615	0.6731	0.3269	0.0000
415	0.1732	0.0178	0.8090	620	0.6827	0.3173	0.0000
420	0.1706	0.0178	0.8115	625	0.6898	0.3102	0.0000
425	0.1679	0.0187	0.8134	630	0.6955	0.3045	0.0000
430	0.1650	0.0203	0.8147	635	0.7010	0.2990	0.0000
435	0.1622	0.0225	0.8153	640	0.7059	0.2941	0.0000
440	0.1590	0.0257	0.8153	645	0.7102	0.2898	0.0000
445	0.1554	0.0300	0.8146	650	0.7137	0.2863	0.0000
450	0.1510	0.0364	0.8126	655	0.7156	0.2844	0.0000
455	0.1459	0.0452	0.8088	660	0.7168	0.2832	0.0000
460	0.1389	0.0589	0.8022	665	0.7179	0.2821	0.0000
465	0.1295	0.0779	0.7926	670	0.7187	0.2813	0.0000
470	0.1152	0.1090	0.7758	675	0.7193	0.2807	0.0000
475	0.0957	0.1591	0.7452	680	0.7198	0.2802	0.0000
480	0.0728	0.2292	0.6980	685	0.7200	0.2800	0.0000
485	0.0452	0.3275	0.6273	690	0.7202	0.2798	0.0000
490	0.0210	0.4401	0.5389	695	0.7203	0.2797	0.0000
495	0.0073	0.5625	0.4302	700	0.7203	0.2797	0.0000
500	0.0056	0.6745	0.3199	705	0.7203	0.2797	0.0000
505	0.0219	0.7526	0.2255	710	0.7203	0.2797	0.0000
510	0.0495	0.8023	0.1482	715	0.7202	0.2798	0.0000
515	0.0850	0.8170	0.0980	720	0.7200	0.2800	0.0000
520	0.1252	0.8102	0.0646	725	0.7199	0.2801	0.0000
525	0.1664	0.7922	0.0414	730	0.7197	0.2803	0.0000
530	0.2071	0.7663	0.0267	735	0.7191	0.2809	0.0000
535	0.2436	0.7399	0.0165	740	0.7185	0.2815	0.0000
540	0.2786	0.7113	0.0101	745	0.7177	0.2823	0.0000
545	0.3132	0.6813	0.0055	750	0.7192	0.2808	0.0000
550	0.3473	0.6501	0.0026	755	0.7177	0.2823	0.0000
555	0.3812	0.6182	0.0007	760	0.7159	0.2841	0.0000
560	0.4142	0.5858	0.0000	765	0.7143	0.2857	0.0000
565	0.4469	0.5531	0.0000	770	0.7222	0.2778	0.0000
570	0.4790	0.5210	0.0000	775	0.7188	0.2813	0.0000
575	0.5096	0.4904	0.0000	780	0.7174	0.2826	0.0000
580	0.5386	0.4614	0.0000				

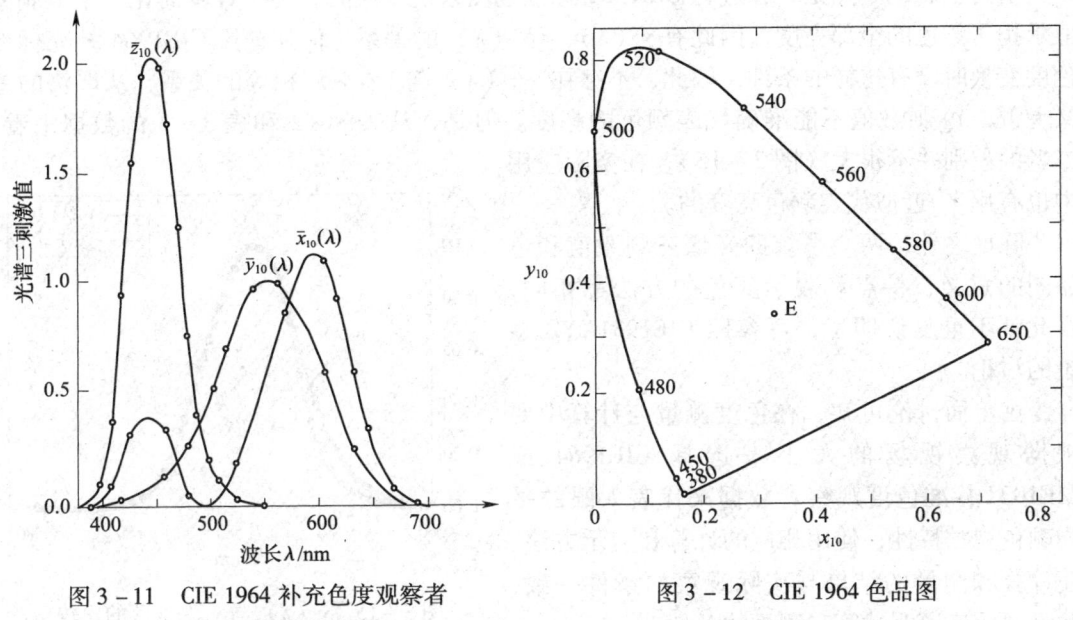

图 3-11　CIE 1964 补充色度观察者
光谱三刺激值曲线

图 3-12　CIE 1964 色品图

单独从光谱三刺激值曲线和色品图的形状上看，CIE 1964 补充标准色度系统与 CIE1931 标准色度系统非常相似，但是将二者进行比较就会发现，CIE 1964 补充标准色度观察者函数在短波方向有更大的响应，$\bar{z}_{10}(\lambda)$ 曲线在 400~500nm 区域高于 2°视场的 $\bar{z}(\lambda)$，曲线略微向短波方向有一个位移，如图 3-13 所示。如图 3-14 所示，在色品坐标图上，相同波长的光谱色在各自的光谱轨迹上的位置有较大的差异，例如在 490~500nm 这一段，两张色品图上近似坐标值对应的光谱色相差达 5nm 以上，说明相同波长的光谱色，小视场和大视场条件下观察，颜色感觉发生了偏移。两系统的色品图上只有等能白点 E 是重合的，这是因为两个系统都是用匹配等能白光来确定三刺激值的单位。

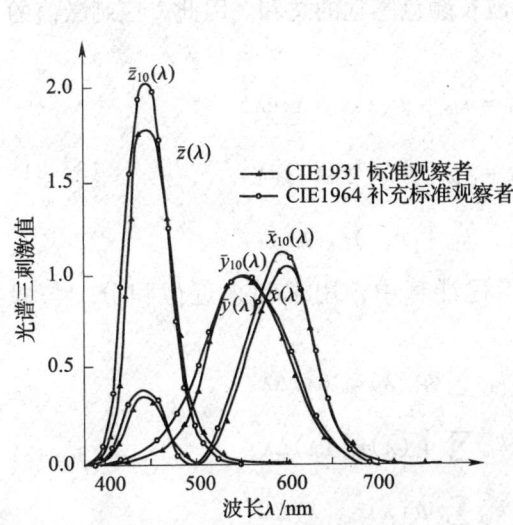

图 3-13　CIE1931 与 CIE1964
光谱三刺激值曲线的比较

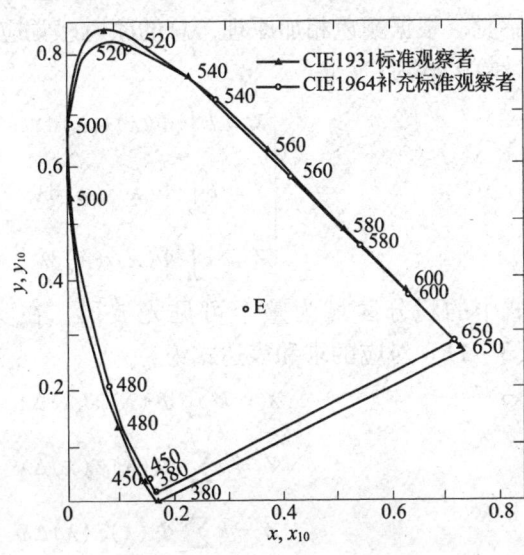

图 3-14　CIE1931 与 CIE1964 色品图的比较

值得注意的一点是，在进行 CIE1931 标准色度系统变换时，为了计算简化，令 Y 刺激值承担了颜色的全部亮度，因此有 $\bar{y}(\lambda) = V(\lambda)$ 的关系。但在进行 CIE1964 补充标准色度变换时没有这样的条件，因此，不存在 $\bar{y}_{10}(\lambda)$ 与 $V(\lambda)$ 相等的关系，从严格的意义上说，Y_{10} 刺激值不能准确代表颜色的亮度。但是，从表 3-2 和表 3-3 的数据来看，二者的差别并不很大（图 3-15），在实际应用中也有用 Y_{10} 近似代表颜色亮度的。

除此之外，两个系统的光谱三刺激值和色品图的意义、特点和表示颜色的方法都相同，在此就不重复说明了，可参照 CIE1931XYZ 系统的讨论。

由上面讨论可知，在色度测量与计算中要根据观察视场的大小来选择 CIE1964 或 CIE1931 标准色度观察者数据来代表人眼的平均颜色视觉特性，使用相应的计算和表示方法，使计算和测量的结果与实际观察的条件一致，并且要明确说明计算和测量的条件。

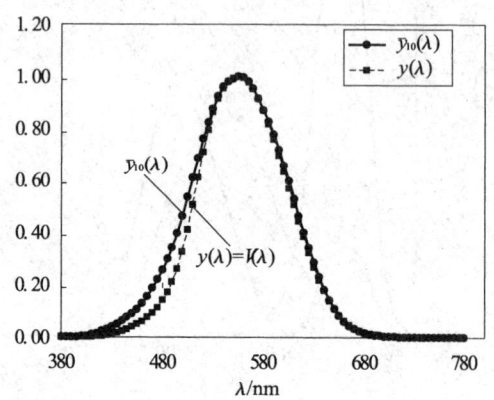

图 3-15 $\bar{y}(\lambda)$ 与 $\bar{y}_{10}(\lambda)$ 的比较

第三节 CIE 色度计算方法

一、三刺激值与色品坐标的计算

光源或物体的颜色感觉来源于进入眼睛的颜色刺激，不同光谱分布的颜色刺激决定了颜色感觉。我们把进入眼睛的光能量随波长的分布关系称为颜色刺激函数 $\Phi(\lambda)$。而人眼对不同波长的颜色刺激感觉强度也不同，由 CIE 光谱三刺激值决定。因此，颜色刺激 $\Phi(\lambda)$ 与对应波长的 CIE 光谱三刺激值的乘积才是由这个波长的颜色刺激所引起的颜色感觉。根据颜色相加原理，总的颜色感觉应是各波长颜色感觉的总和。因此，三刺激值的计算公式为：

$$\begin{cases} X = k \int_\lambda \Phi(\lambda) \bar{x}(\lambda) d\lambda \\ Y = k \int_\lambda \Phi(\lambda) \bar{y}(\lambda) d\lambda \\ Z = k \int_\lambda \Phi(\lambda) \bar{z}(\lambda) d\lambda \end{cases} \quad \begin{cases} X_{10} = k_{10} \int_\lambda \Phi(\lambda) \bar{x}_{10}(\lambda) d\lambda \\ Y_{10} = k_{10} \int_\lambda \Phi(\lambda) \bar{y}_{10}(\lambda) d\lambda \\ Z_{10} = k_{10} \int_\lambda \Phi(\lambda) \bar{z}_{10}(\lambda) d\lambda \end{cases} \quad (3-11)$$

式中的积分区域为整个可见光波段。在实际工程计算中，用求和来近似积分，与式（3-11）对应的求和表达式为：

$$\begin{aligned} X &= k \sum_\lambda \Phi(\lambda) \bar{x}(\lambda) \Delta\lambda & X &= k_{10} \sum_\lambda \Phi(\lambda) \bar{x}_{10}(\lambda) \Delta\lambda \\ Y &= k \sum_\lambda \Phi(\lambda) \bar{y}(\lambda) \Delta\lambda & Y &= k_{10} \sum_\lambda \Phi(\lambda) \bar{y}_{10}(\lambda) \Delta\lambda \\ Z &= k \sum_\lambda \Phi(\lambda) \bar{z}(\lambda) \Delta\lambda & Z &= k_{10} \sum_\lambda \Phi(\lambda) \bar{z}_{10}(\lambda) \Delta\lambda \end{aligned} \quad (3-12)$$

以上两式中的 X、Y、Z 是 CIE1931 标准色度系统的三刺激值；X_{10}，Y_{10}，Z_{10} 是

CIE1964 补充标准色度系统的三刺激值。$\bar{x}(\lambda)$、$\bar{y}(\lambda)$、$\bar{z}(\lambda)$ 是 CIE1931 标准色度观察者光谱三刺激值（见表 3-1），$\bar{x}_{10}(\lambda)$、$\bar{y}_{10}(\lambda)$、$\bar{z}_{10}(\lambda)$ 是 CIE1964 补充标准色度观察者光谱三刺激值（见表 3-3）。波长间隔 $d\lambda$（$\Delta\lambda$）视计算精度要求取 5nm、10nm 或 20nm。在式（3-11）和式（3-12）中的 $\Phi(\lambda)$，根据具体对象的不同，有不同的计算方法。对于自发光物体或光源，$\Phi(\lambda)$ 是它们的相对光谱功率分布函数，即

$$\Phi(\lambda) = S(\lambda) \tag{3-13}$$

对于透明物体或非透明物体的颜色刺激函数 $\Phi(\lambda)$ 分别为光源的相对光谱功率分布与物体的光谱透射率或光谱反射率的乘积：

$$\Phi(\lambda) = S(\lambda)\tau(\lambda)$$
$$\Phi(\lambda) = S(\lambda)\rho(\lambda) \tag{3-14}$$

在实际应用中，观察颜色都要在标准的照明和观察条件下进行，所以在颜色的计算中，$S(\lambda)$ 一般都使用 CIE 规定的标准照明体或标准照明光源的相对光谱功率分布函数（见第四章关于 CIE 标准照明体和标准照明光源的介绍），具体采用哪种照明体由被测物体的具体照明情况而定，例如物体是在日光下观察时一般使用 D_{65} 标准照明体，而在白炽灯光下观察时可用 A 照明体。$\tau(\lambda)$ 为透明物体的光谱透射比，$\rho(\lambda)$ 为非透明物体的光谱反射比。

式（3-11）和式（3-12）中的 k 和 k_{10} 叫做归化系数，为常数，它是将照明体（或光源）的 Y 刺激值调整为 100 时得出的，即将光源的亮度因数规定为 100：

$$k = \frac{100}{\int_\lambda S(\lambda)\bar{y}(\lambda)d\lambda} \quad \text{和} \quad k = \frac{100}{\sum_\lambda S(\lambda)\bar{y}(\lambda)\Delta\lambda}$$
$$k_{10} = \frac{100}{\int_\lambda S(\lambda)\bar{y}_{10}(\lambda)d\lambda} \quad k_{10} = \frac{100}{\sum_\lambda S(\lambda)\bar{y}_{10}(\lambda)\Delta\lambda} \tag{3-15}$$

式（3-11）~式（3-15）的计算过程完全模拟了颜色刺激进入眼睛后引起颜色感觉的过程，代表视网膜阶段的三色视觉阶段，所得到的 X、Y、Z 三刺激值代表了三种锥体细胞的响应。

CIE1931 标准色度观察者光谱三刺激值的 $\bar{y}(\lambda) = V(\lambda)$，所以对于透射物体来说，$\Phi(\lambda) = S(\lambda)\tau(\lambda)$，由此计算出的 Y 为物体的光透过率（%）；对于反射物体 $\Phi(\lambda) = S(\lambda)\rho(\lambda)$，由此计算出的 Y 为物体的光反射率（%），反映了物体的明亮感觉程度。

根据式（3-12）或式（3-11）计算出物体的三刺激值以后，就可以进一步将其转换为物体的色品坐标：

$$x = \frac{X}{X+Y+Z} \quad\quad x_{10} = \frac{X_{10}}{X_{10}+Y_{10}+Z_{10}}$$
$$y = \frac{Y}{X+Y+Z} \quad \text{和} \quad y_{10} = \frac{Y_{10}}{X_{10}+Y_{10}+Z_{10}} \tag{3-16}$$
$$z = \frac{Z}{X+Y+Z} \quad\quad z_{10} = \frac{Z_{10}}{X_{10}+Y_{10}+Z_{10}}$$

下面是一个在 CIE 标准照明体 D_{65} 照明下，2°视场观察条件时三刺激值计算的实例，并用图解的方法来说明计算过程。计算的已知条件是 CIE 标准照明体 D_{65} 的相对光谱功率分布和 CIE1931 标准观察者光谱三刺激值函数。样品的光谱反射率 $\rho(\lambda)$ 通过分光度计

测量得到，如图3-16（a）所示。利用上面的公式就可以计算出此条件下样品的CIE1931三刺激值和色品坐标。根据题意，计算D_{65}光源下样品的三刺激值和色品坐标，因此$S(\lambda)$是CIE标准照明体D_{65}的数据，见第四章第二节中"CIE标准照明体与标准光源"一节的讨论及本节表3-5的第2列数据，其相对光谱功率分布曲线如图3-16（b）所示。

计算过程的数据见表3-5。表的第1列为波长值，第2列为D_{65}的相对光谱功率分布$S(\lambda)$，第3列为样品的光谱反射率$\rho(\lambda)$，第4列为2和3列的乘积，即颜色刺激的各波长分布关系$\Phi(\lambda)$，计算出的颜色刺激光谱分布$\Phi(\lambda)$如图3-16（c）所示。第5~7列为CIE1931标准色度观察者光谱三刺激值（参看图3-8），第8~10列为CIE1931标准色度观察者光谱三刺激值与颜色刺激的乘积，相当于锥体细胞对各波长颜色刺激的响应值，其结果如图3-16（d）所示。第11列是为了计算归化常数k而计算的$S(\lambda)\bar{y}(\lambda)$，其各波长的求和为1053.38，因此归化常数$k=100/1053.38=0.0949$。第8~11列的最下一行是对应列数据的求和，三刺激值即为归化常数与对应求和值的乘积。因此，最终得三刺激值$X=0.0949\times160.84=15.27$，$Y=0.0949\times225.24=21.38$，$Z=0.0949\times662.18=62.86$。

得到三刺激值以后，就可以按式（3-16）计算得到色品坐标：$x=0.1534$，$y=0.2149$。该点的坐标值位于色品图的左下端，靠近光谱轨迹，是一个天蓝色的颜色感觉。

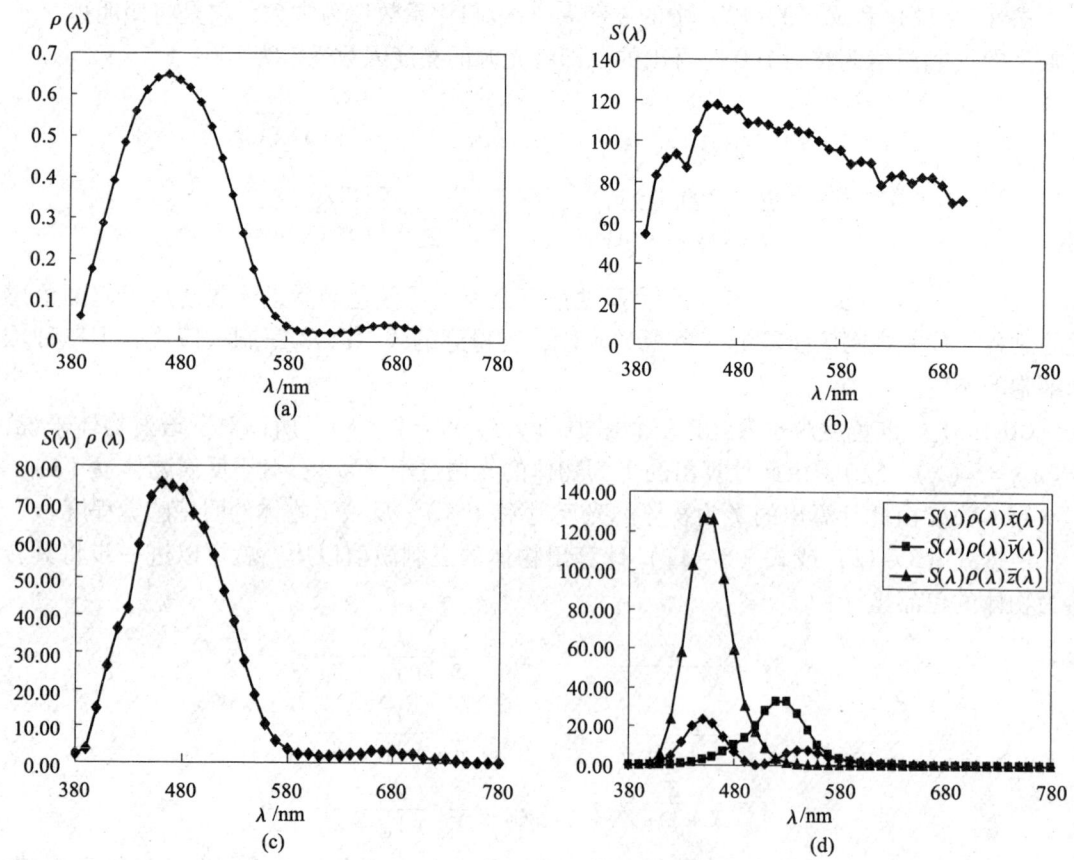

图3-16 三刺激值计算过程的图示
（a）青颜色样品的光谱反射率 （b）D_{65}标准照明体的光谱功率分布曲线
（c）青颜色样品的颜色刺激$\Phi(\lambda)$ （d）三个锥体细胞的光谱响应曲线

表 3-5　　　　　　　　　　　反射样品颜色计算实例

λ	$S(\lambda)$	$\rho(\lambda)$	$S(\lambda) \times \rho(\lambda)$	$\bar{x}(\lambda)$	$\bar{y}(\lambda)$	$\bar{z}(\lambda)$	$S(\lambda)\rho(\lambda)\bar{x}(\lambda)$	$S(\lambda)\rho(\lambda)\bar{y}(\lambda)$	$S(\lambda)\rho(\lambda)\bar{z}(\lambda)$	$S(\lambda)\bar{y}(\lambda)$
380	50	0.05	2.50	0.00	0.00	0.01	0.00	0.00	0.02	0.00
390	54.6	0.06	3.45	0.00	0.00	0.02	0.01	0.00	0.07	0.01
400	82.8	0.18	14.57	0.01	0.00	0.06	0.21	0.01	0.90	0.03
410	91.5	0.29	26.43	0.04	0.00	0.21	1.15	0.03	5.48	0.11
420	93.4	0.39	36.50	0.13	0.00	0.65	4.91	0.15	23.56	0.37
430	86.7	0.48	41.92	0.28	0.01	1.39	11.90	0.49	58.08	1.01
440	104.9	0.56	58.72	0.35	0.02	1.75	20.45	1.34	102.59	2.40
450	117	0.61	71.51	0.34	0.04	1.77	24.04	2.72	126.72	4.45
460	117.8	0.64	75.45	0.29	0.06	1.67	21.94	4.53	125.94	7.07
470	114.9	0.65	74.35	0.20	0.09	1.29	14.53	6.77	95.74	10.46
480	115.6	0.64	73.51	0.10	0.14	0.81	7.03	10.22	59.76	16.07
490	108.8	0.62	66.96	0.03	0.21	0.47	2.14	13.93	31.15	22.63
500	109.4	0.58	63.40	0.00	0.32	0.27	0.31	20.48	17.24	35.34
510	107.8	0.52	56.09	0.01	0.50	0.16	0.52	28.21	8.87	54.22
520	104.8	0.44	46.53	0.06	0.71	0.08	2.95	33.04	3.64	74.41
530	107.7	0.36	38.30	0.17	0.86	0.04	6.34	33.01	1.62	92.84
540	104.4	0.26	27.56	0.29	0.95	0.02	8.00	26.29	0.56	99.60
550	104	0.18	18.41	0.43	1.00	0.01	7.98	18.32	0.16	103.48
560	100	0.10	10.41	0.59	1.00	0.00	6.19	10.36	0.04	99.50
570	96.3	0.06	5.96	0.76	0.95	0.00	4.54	5.67	0.01	91.68
580	95.8	0.04	3.72	0.92	0.87	0.00	3.41	3.23	0.01	83.35
590	88.7	0.03	2.47	1.03	0.76	0.00	2.54	1.87	0.00	67.15
600	90	0.02	2.22	1.06	0.63	0.00	2.36	1.40	0.00	56.79
610	89.6	0.02	1.99	1.00	0.50	0.00	1.99	1.00	0.00	45.07
620	78.7	0.02	1.72	0.85	0.38	0.00	1.47	0.66	0.00	29.98
630	83.3	0.02	1.89	0.64	0.27	0.00	1.21	0.50	0.00	22.07
640	83.7	0.03	2.12	0.45	0.18	0.00	0.95	0.37	0.00	14.65
650	80	0.03	2.53	0.28	0.11	0.00	0.72	0.27	0.00	8.56
660	82.2	0.04	3.10	0.16	0.06	0.00	0.51	0.19	0.00	5.01
670	82.3	0.04	3.32	0.09	0.03	0.00	0.29	0.11	0.00	2.63
680	78.3	0.04	3.12	0.05	0.02	0.00	0.15	0.05	0.00	1.32
690	69.7	0.04	2.49	0.02	0.01	0.00	0.06	0.02	0.00	0.57
700	71.6	0.03	2.07	0.01	0.00	0.00	0.02	0.01	0.00	0.29
710	74.3	0.02	1.49	0.01	0.00	0.00	0.01	0.00	0.00	0.16
720	61.6	0.02	0.92	0.00	0.00	0.00	0.00	0.00	0.00	0.06

续表

λ	$S(\lambda)$	$\rho(\lambda)$	$S(\lambda) \times \rho(\lambda)$	$\bar{x}(\lambda)$	$\bar{y}(\lambda)$	$\bar{z}(\lambda)$	$S(\lambda)\rho(\lambda)\bar{x}(\lambda)$	$S(\lambda)\rho(\lambda)\bar{y}(\lambda)$	$S(\lambda)\rho(\lambda)\bar{z}(\lambda)$	$S(\lambda)\bar{y}(\lambda)$
730	69.9	0.01	0.70	0.00	0.00	0.00	0.00	0.00	0.00	0.03
740	75.1	0.01	0.38	0.00	0.00	0.00	0.00	0.00	0.00	0.02
750	63.6	0.00	0.06	0.00	0.00	0.00	0.00	0.00	0.00	0.01
760	46.4	0.00	0.00	0.00	0.00	0.00	0.00	0.00	0.00	0.00
770	66.8	0.00	0.00	0.00	0.00	0.00	0.00	0.00	0.00	0.00
780	63.4	0.00	0.00	0.00	0.00	0.00	0.00	0.00	0.00	0.00
						$\Sigma =$	160.84	225.24	662.18	1053.38
				三刺激值			X	Y	Z	
			$k = 100/1053.3806 = 0.0949$				15.27	21.38	62.86	
				色品坐标			x	y		
							0.15	0.21		

从上面的计算过程可以看出,在计算三刺激值时总是要选择某一个 CIE 标准照明体作为光源,计算各个波长的光源光谱功率分布、CIE 标准观察者函数与物体光谱反射率(或透射率)的乘积,然后将各波长上的乘积累积起来就是三刺激值。然而在每次计算时,光源的相对光谱功率分布和标准观察者函数都是固定的,只有物体的光谱数据变化。因此为了计算方便,可以将 CIE 标准照明体与 CIE 标准观察者函数的乘积事先计算好,并进行归一化列于表中,称为计算三刺激值的加权函数。附表 1~附表 3 列出了 CIE 标准照明体 A、D_{65} 和 D_{50} 条件下的加权函数,供计算时使用。

二、颜色相加的计算

1. 计算法

因为每一个颜色用颜色匹配方程表示时都可以表示为一个从原点出发的矢量,任意两个色光混合的结果是它们对应矢量的合矢量,符合矢量相加计算的法则。设两色光的三刺激值分别为 $(X_1、Y_1、Z_1)$ 和 $(X_2、Y_2、Z_2)$,由式(3-1)可写出在 CIE1931 标准色度系统下的颜色匹配方程:

$$(C_1): X_1(X) + Y_1(Y) + Z_1(Z)$$
$$(C_2): X_2(X) + Y_2(Y) + Z_2(Z)$$

根据矢量叠加的运算法则,合成后的合矢量(C)的颜色方程为:

$$(C): X(X) + Y(Y) + Z(Z) \equiv X_1(X) + Y_1(Y) + Z_1(Z) + X_2(X) + Y_2(Y) + Z_2(Y)$$
$$= [X_1 + X_2](X) + [Y_1 + Y_2](Y) + [Z_1 + Z_2](Z)$$

上面的推导很容易推广到任意多个色光混合的情况。由此可得,两种或两种以上已知三刺激值的颜色光相加混合时,混合色的三刺激值等于各色光三刺激值之和:

$$X = X_1 + X_2 + \cdots + X_n$$
$$Y = Y_1 + Y_2 + \cdots + Y_n \quad (3-17)$$
$$Z = Z_1 + Z_2 + \cdots + Z_n$$

式（3-17）正是矢量运算的结果，其中，n 为组成混合色的色光数量。同样，混合色的色品坐标可以由混合色的三刺激值按式（3-16）计算求得，这里从略。

如果将产生颜色感觉的颜色刺激中的每一个单色光都看成是一个参加颜色混合的单独颜色刺激，如表3-5中的第8~10列中的每一行，则计算颜色混合的式（3-17）与计算三刺激值的式（3-12）完全等价，都是颜色相加混合的结果。因此，三刺激值计算公式正是色光相加混合的体现。

当已知两种颜色光的色品坐标 x，y 及亮度 Y，需要计算这两个色光的混合色色品坐标时，因为混合色的色品坐标与已知色的色品坐标之间不是直接相加的关系，所以必须先求出各颜色的三刺激值，然后再按式（3-17）计算混合色三刺激值和色品坐标。由于色品坐标与三刺激值的关系如式（3-16），由此可得下面计算三刺激值的公式：

$$X = \frac{x}{y}Y$$
$$Y = Y \quad (3-18)$$
$$Z = \frac{z}{y}Y = \frac{1-x-y}{y}Y$$

据此可以求出各颜色的三刺激值，然后再按先计算混合色的三刺激值再由三刺激值计算色品坐标的顺序依次计算。

2. 作图法

颜色混合还可以在色品图上通过作图的方法求得。虽然用计算法计算混合色很简单快捷，但掌握作图法的原理对于理解色品图的特性和正确应用色品图非常有益，可以直观地理解颜色混合的结果。

作图法求解混合颜色色品坐标的方法基于了 CIE1931 x-y 色品图上颜色叠加的线性关系。可以证明，两种颜色光相加产生的混合颜色坐标总是位于连接两种颜色坐标点的直线上。设两色光 P 和 Q 的三刺激值分别为 $(X_1、Y_1、Z_1)$ 和 $(X_2、Y_2、Z_2)$，对应的色品坐标为 P $(x_1、y_1)$ 和 Q $(x_2、y_2)$。设混合色的三刺激值和色品坐标为 $(X、Y、Z)$ 和 $(x、y)$，如果混合色位于两颜色坐标点的连线上，则 $(x、y)$ 应满足直线方程

$$\frac{y-y_1}{x-x_1} = \frac{y_2-y_1}{x_2-x_1} \quad (3-19)$$

令两颜色的三刺激值之和分别为 $S_1 = X_1 + Y_1 + Z_1$、$S_2 = X_2 + Y_2 + Z_2$，则混合色的刺激值之和 $S = X + Y + Z = X_1 + X_2 + Y_1 + Y_2 + Z_1 + Z_2 = S_1 + S_2$。将这个关系及式（3-16）带入式（3-19）并整理得：

$$\frac{YS_1 - Y_1S}{XS_1 - X_1S} = \frac{Y_2S_1 - Y_1S_2}{X_2S_1 - X_1S_2}$$

注意到刺激和 S 之间的关系，并带入上式，则上式的左侧变为：

$$\frac{(Y_1+Y_2)S_1 - Y_1(S_1+S_2)}{(X_1+X_2)S_1 - X_1(S_1+S_2)} = \frac{Y_2S_1 - Y_1S_2}{X_2S_1 - X_1S_2}$$

与等式右侧相等，式（3-19）得证，因此混合色位于两颜色坐标点的连线上。

混合颜色色品坐标在直线上的位置取决于两种颜色的三刺激值总和 S_1 和 S_2 的比例，即取决于色光的相对强度。按照重心原理，混合色的色品坐标点被拉向比例大的颜色那一侧。如图 3-17 所示，P 为颜色 1、Q 为颜色 2 的坐标点，M 为 $P+Q$ 的混合色。任选一个常数 k，过 P 点做一条垂直于 PQ 的直线，直线长度等于 kS_2，过 Q 点做一条垂直于 PQ 的直线，直线长度等于 kS_1，两条垂线分别位于直线 PQ 的两侧。由图中的几何关系可得：

$$\frac{QM}{MP} = \frac{S_1}{S_2} = \frac{X_1 + Y_1 + Z_1}{X_2 + Y_2 + Z_2}$$

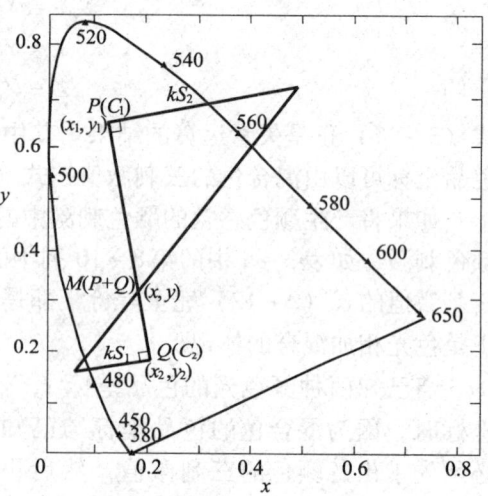

图 3-17　颜色混合的作图法

其中，QM 和 MP 分别为两颜色与混合色坐标的距离，S_1 和 S_2 分别为颜色 1 和颜色 2 的三刺激值之和。

这个关系说明，混合色的坐标位置偏向于刺激值之和较大的颜色，混合色与原色的坐标距离与刺激值之和成反比。本例中，S_2 所占的比例越大（S_1 的比重自然减小），QM 的长度就越短，即 M 被拉向 Q。在 PQ 连线上，各坐标点的颜色表示 P 和 Q 以不同比例按重心定律得出的混合色，混合比例连续改变，则混合色的坐标位置也在 PQ 连线上连续改变。

根据上述原理用作图法确定混合色的色品点的具体方法是，在 $x-y$ 色品图上将 P、Q 两点连成直线，在 P 点画一条与 PQ 垂直的直线，其长度与 S_2 成比例，等于 kS_2；另在对侧由 Q 点画一条垂直于 PQ 的直线，其长度为 kS_1，k 为任意选定值。连接这两条垂线末端的直线与 PQ 线的交叉点就是所求的混合色的色品坐标点 M。

利用计算法或作图法求出的混合色的三刺激值和色品坐标代表了混合色的色度特性。在其他的色度计算中混合色又可以作为一个单独的颜色处理。

第四节　主波长与色纯度

CIE 标准色度系统解决了颜色表示、计算和测量的最基本问题，可以用三刺激值和色品坐标定量描述颜色。但遗憾的是，颜色的感觉属性是明度、色调和彩度，三刺激值只能表示颜色的混色比例，不能直接表达颜色的感觉属性。也就是说，对于给定的三刺激值或色品坐标，很难直观地体会出这些数值所代表的颜色感觉。为了弥补这个缺陷，CIE 推荐使用主波长和色纯度来大致描述颜色的色调和彩度感觉。

但是，主波长和色纯度仅仅作为对色品图的一个补充，对颜色感觉的描述很不精确，与对颜色的真实感觉还有很大的差距。目前使用更多的描述颜色感觉的方法是用均匀颜色空间（见下一节）和色貌模型（见第七节），使用主波长和色纯度越来越少，所以本节仅介绍主波长和色纯度的概念，不详细说明其计算方法。

一、主 波 长

在 CIE 色品图上，色品图中心点附近的颜色为非彩色，彩度为 0；光谱色为最纯的颜色，因而彩度最高。不同波长的光谱色具有不同的色调感觉，不同波长的单色光在色品图的光谱轨迹上具有特定的坐标点，因此在色品图上包含了颜色的色调和彩度信息。由上节的讨论可知，色品图中位于同一条直线上的颜色可以由直线两端点的颜色以一定的比例混合产生，因此过色品图中心的非彩色点 W（白光坐标点）与光谱轨迹上的一点（单色光）作一条直线，位于这条直线上的所有颜色都可以认为是由光谱轨迹点对应的单色光与白光混合形成的，直线上不同位置的颜色，单色光与白光的混合比例不同，单色光比例越大，混合色坐标越靠近光谱轨迹。因此可以认为，这条直线上的所有颜色都具有与单色光相同的色调感觉，称这条直线为等色调线。例如，图 3-18 中 M 点的颜色是由 530nm 的单色光 L 与白光 W 以适当的比例混合形成的，具有与 530nm 单色光相同的色调感觉，只不过彩度要低一些。

为了在色品图上表明某坐标点代表的颜色所具有的大致色调感觉，定义与样品色 M 具有相同色调的光谱色 L 所对应的波长称为样品色的主波长（Dominant wavelength），用符号 λ_d 表示，以此代表色品坐标为 (x, y) 颜色的色调感觉。例如，图 3-18 中 M 点的主波长为 530nm。

确定样品色主波长的方法为，从白点 W (x_0, y_0) 向样品色坐标点 $M (x, y)$ 作直线并延长交于光谱轨迹上一点 $L (x_\lambda, y_\lambda)$，这一点光谱色的波长就是该颜色样品的主波长 λ_d，

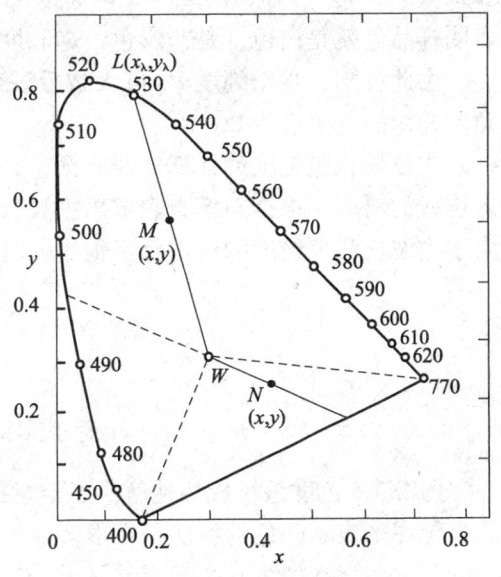

图 3-18 主波长、补色波长和色纯度的表示

表示具有主波长 λ_d 的光谱色与白光按一定比例混合便可以匹配出样品色。

应当注意的是由于连接光谱轨迹两端点的直线（紫红线）为非光谱色轨迹，故白点与光谱轨迹的两个端点（400nm 和 700nm）所构成的三角形区域内的颜色没有主波长（见图 3-18）。所以，在这个三角形区域内的颜色没有主波长与其对应。为了也能表示这个区域颜色的色调，将白点与样品色坐标点的连线从白点一侧反向延长交光谱轨迹于一点，这一点光谱色的波长称为该颜色样品的补色波长，记作 $-\lambda_d$ 或 λ_c，该波长的颜色与样品色近似为互补色。

主波长的概念假设色品图上的等色调线为直线，但实验证明，将等色调感觉的颜色坐标点标记在色品图上时，等色调线不是直线而是曲线。因此，用主波长代表色调感觉的方法只能是一种粗略的表示。

二、色 纯 度

色纯度用来表示样品色与其主波长光谱色的接近程度，以符号 P_e 表示，以此近似表示样品色的彩度大小。从颜色混合的角度看，色纯度表示的是主波长光谱色被白光冲淡的

程度，可以用白点到样品点的距离 WM 与白点到主波长点的距离 WL 之比来表示（见图 3-18），称为兴奋纯度：

$$P_e = \frac{WM}{WL} = \frac{x - x_0}{x_\lambda - x_0} = \frac{y - y_0}{y_\lambda - y_0} \qquad (3-20)$$

式中 x_λ，y_λ 为主波长光谱色的色品坐标，x_0，y_0 为白光的色品坐标，x，y 为样品色的色品坐标。也可以用主波长光谱色的三刺激值在样品色三刺激值中所占的比重来表示，即

$$P_e = \frac{X_\lambda + Y_\lambda + Z_\lambda}{X + Y + Z} \qquad (3-21)$$

式中 X_λ，Y_λ，Z_λ 为主波长光谱色的三刺激值；X，Y，Z 为样品色的三刺激值。由图3-18和式（3-20）可知，当 $P_e = 1$ 时，表明样品色就是光谱色，饱和度最高；当 $P_e = 0$ 时，表明样品色就是白色，是非彩色，饱和度为0。

由此可知，兴奋纯度 P_e 可大致反映颜色的饱和度感觉，色纯度越大，颜色越鲜艳，照明光源的色纯度为0。

主波长和色纯度的计算比较麻烦，必须首先在色品图上计算样品色坐标点与光源坐标点连线的斜率，根据斜率查表求出主波长，然后根据主波长的色品坐标点计算兴奋纯度。由于主波长和色纯度的应用已经很少，具体的计算方法在此从略。

第五节 均匀颜色空间

一、寻找均匀颜色空间的目的

CIEXYZ 色度系统成功地解决了定量描述与计算颜色的问题，可以使用三刺激值和色品坐标图来表示颜色的特征，在很多应用领域发挥了很大的作用。但是，它也存在一些明显的问题。存在的第一个问题是，无论三刺激值还是色品坐标都不能很好地与颜色感觉直接对应，也就是说，不能根据三刺激值的大小或色品坐标值直观地得到颜色的明度、色调和彩度的感觉特征，因此引入了主波长和色纯度的概念来弥补。但主波长和色纯度也都不直观，不是直接的感觉量，而且也不准确，还要经过复杂的计算。存在的第二个问题是没有解决计算颜色差别感觉的问题。在实际应用中，经常要对颜色进行控制，要检查所得到的颜色与目标颜色是否一样，如果不一样，存在多大的差别，多大的差别是允许的，要用数值表示这种颜色的差别。由于三刺激值和色品坐标与颜色感觉没有直接的对应关系，数值与颜色感觉不是线性关系，因此不能用来计算色差。

颜色感觉的定量描述是在颜色空间中进行的，即颜色空间的每一个点代表一个颜色感觉，不同的颜色感觉用不同的坐标点来表示。从数学的角度和颜色计算的角度来看，表示两个颜色之间差别的最直接方法就是用两个颜色坐标点的距离来表示，也就是说，在数学上可以用空间中两点之间的距离来表示这两个颜色感觉之间的差别，这就要求数学上的两点间距离与颜色差别的感觉成比例，相同的坐标距离代表相同的颜色感觉差别。

但在 CIE1931 色度学系统中，色度空间在视觉上是不均匀的，色度空间中相同的距离在不同的颜色区域所对应的视觉颜色差异是不同的。美国科学家麦克亚当（D. L. MacAdam）曾做过视觉颜色宽容量的研究，用分布在各颜色区域的 25 个颜色坐标为中心进行实验，找出人眼感觉不到颜色差异所对应的颜色坐标变化的标准方差，称为颜

色的宽容量。麦克亚当将这些颜色宽容量的坐标范围表示在 CIEx‑y 色品图上，在不同位置上形成了大小和长轴方向不同的椭圆，如图3‑19（a）所示。为了看得更清楚，图中的椭圆是放大了 10 倍的效果。在色品图中不同位置上的 25 个椭圆的大小及长短轴方向都不相同，但具有一定的系统性规律。在同一个椭圆内各坐标所对应的颜色，在统计意义上视觉辨别不出它们之间的差异，所以图中椭圆大小和方向改变的规律表明，在 CIE 色品图中，不同位置、不同方向上颜色的宽容量是不同的。例如在蓝色区域和绿色区域，人眼刚能看出差别的蓝色坐标距离与刚可分辨出差别的绿色坐标距离之比在 10 倍以上。而颜色从蓝色到绿色、从绿色到红色，椭圆的大小和方向具有系统的变化，说明在这样的颜色系统中，眼睛对颜色差别的分辨能力不仅与颜色有关，而且还与颜色改变的方向有关。图 3‑19（b）是莱特（W. D. Wright）做的类似实验结果，图中的直线段表示实验中在不同颜色区域对颜色差别的宽容度，直线是放大 3 倍的结果。两个实验结果都说明，在色度空间中颜色坐标的变化与颜色视觉不是一一对应的关系，而是呈现出复杂的关系。

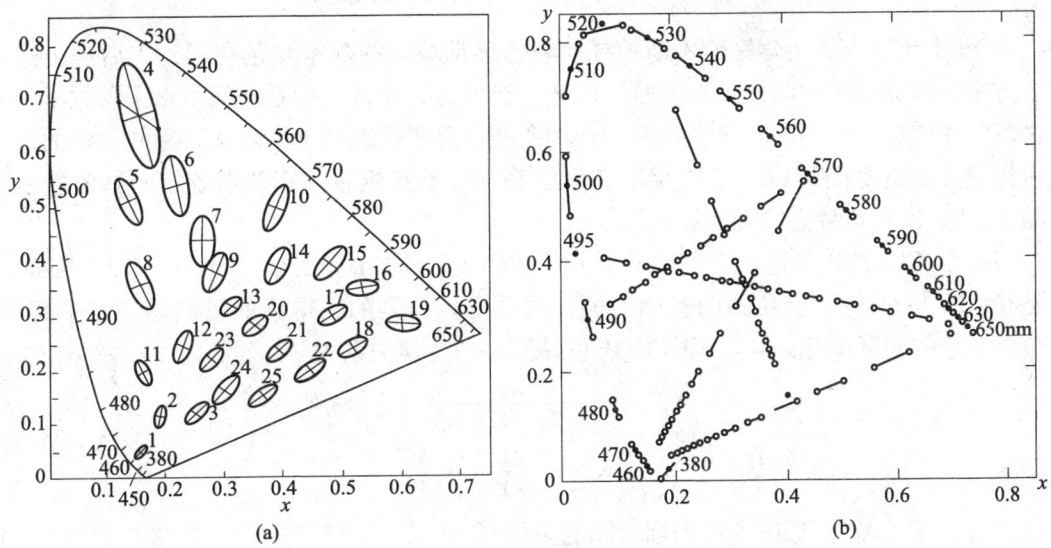

图 3‑19　颜色宽容度示意图
（a）麦克亚当的颜色宽容度示意图　（b）莱特的颜色宽容度示意图

另一方面，三刺激值的 Y 值代表颜色的明亮感觉。以 Y 为横坐标，以具有亮度因数 Y 的颜色的明度感觉 V 为纵坐标作图，实验结果表明，亮度因子 Y 与颜色明度感觉 V 之间呈非线性关系，如图 3‑20 所示。非线性关系说明，当颜色明度较低时，Y 值的改变量 ΔY 会引起较大的明度变化感觉 ΔV，而对较亮的颜色，相同的 ΔY 值所引起的明度感觉变化 ΔV 就要小很多，说明了 CIEXYz 系统中明度感觉与坐标的变化也是不均匀的，相对于 Y 值的变化，眼睛对较暗颜色的 ΔY 敏感，对较亮颜色的 ΔY 感觉不敏感。

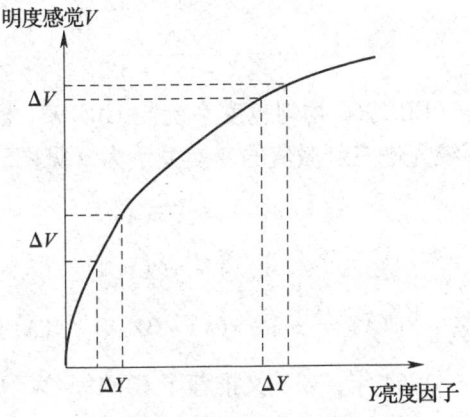

图 3‑20　明度感觉 V 与亮度因数 Y 之间的关系图

在诸如彩色印刷等需要处理物体表面色的行业中，经常要鉴别复制颜色与目标颜色的差别，要用数量来描述所对应颜色感觉的差别，这种颜色感觉简称为色差（Color difference）。用数学方法描述色差的最直接方法是用颜色空间中坐标点间的距离来表示，因此，需要寻找一个描述颜色感觉的坐标空间，使得该空间中的每一个点代表一种颜色感觉，空间中两点间的距离大小与它们所代表颜色在视觉上色彩感觉差别成正比，相同的距离代表相同的色差，这样的坐标空间就称为（与颜色感觉相对应的）均匀颜色空间。

因此，均匀颜色空间应该具有以下两方面的特性：① 空间中坐标点所代表的颜色与感觉一致，可以从颜色坐标值直观地判断出颜色感觉；② 在空间中任意位置，只要两个坐标点间的距离相等，这两点所代表颜色间的差别感觉也应该相同，能够用两坐标点间的距离表示色差感觉大小。

二、早期的均匀颜色系统

自1931年至今，科学家们不断地寻找颜色感觉均匀的数字颜色空间，先后提出过几十个方案。因为颜色空间的坐标系是可以任意选择的，在各坐标系之间可以采用数学的方法进行相互变换，不同的颜色坐标系不会改变其本身所代表颜色的意义。因此，新的均匀颜色空间并不是要推翻 CIE 1931 标准色度学系统，重新建立一套新系统，而是要通过原来的 X、Y、Z 三刺激值进行坐标变换得出。

1960年 CIE 首先向世界各国推荐了 CIE 1960 UCS 均匀标尺图（Uniform Color Scale），它是在 CIE 1931x-y 色品图的基础上进行线性变换得到的，得到的仍然是二维平面图，不包含颜色的明度坐标。它与 CIE 1931 色品坐标的变换关系为：

$$u = \frac{4x}{-2x + 12y + 3}$$
$$v = \frac{6y}{-2x + 12y + 3}$$
[3-22(a)]

式中，u，v 为 CIE 1960 UCS 均匀标尺图的坐标。或用 CIE 1931 三刺激值表示为：

$$u = \frac{4X}{X + 15Y + 3Z}$$
$$v = \frac{6Y}{X + 15Y + 3Z}$$
[3-22(b)]

CIE1960 均匀色度系统与 CIE1931 标准色度系统光谱三刺激值的变换关系为（见图3-21）：

$$\bar{u}(\lambda) = \frac{2}{3}\bar{x}(\lambda)$$
$$\bar{v}(\lambda) = \bar{y}(\lambda) \qquad (3-23)$$
$$\bar{w}(\lambda) = \frac{1}{2}[-\bar{x}(\lambda) + 3\bar{y}(\lambda) + \bar{z}(\lambda)]$$

1964年，CIE 又推荐了 CIE1964 $W^* U^* V^*$ 均匀色空间，是在 CIE 1960 UCS 均匀标尺图的基础上增加了明度坐标轴构成的，成为了真正意义

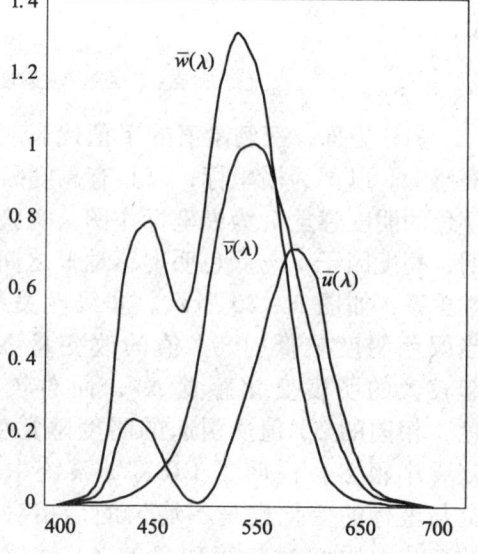

图3-21　CIE 1960 光谱三刺激值

上的均匀颜色空间（三维空间），并给出了相应的色差公式，用空间中两点的距离代表色差感觉。计算公式如下：

$$W^* = 25Y^{\frac{1}{3}} - 17$$
$$U^* = 13W^*(u - u_0) \qquad\qquad (3-24)$$
$$V^* = 13W^*(v - v_0)$$

式中 u，v，u_0，v_0 分别是样品和照明光源的 CIE 1960 UCS 均匀标尺图色品坐标，计算公式为：

$$u = \frac{4X}{X + 15Y + 3Z} \qquad\text{和}\qquad u_0 = \frac{4X_0}{X_0 + 15Y_0 + 3Z_0}$$

$$v = \frac{6Y}{X + 15Y + 3Z} \qquad\qquad v_0 = \frac{6Y_0}{X_0 + 15Y_0 + 3Z_0}$$

式中，X，Y，Z 和 X_0，Y_0，Z_0 分别是颜色样品和照明光源的三刺激值。由式（3-24）看到，明度指数 W^* 仅与三刺激值 Y 有关，是 Y 的立方根函数，由此得到的 $Y-W^*$ 关系与图 3-20 所示的 $Y-V$ 关系很接近，说明 W^* 近似模拟了人眼睛的明度感觉 V。

色品指数 U^* 和 V^* 是 CIE1960 色品坐标 u 和 v 的函数，同时考虑了明度指数 W^* 的影响，随着明度指数 W^* 的增加和减小，色品指数 U^* 和 V^* 也随着增加和减小。

当已知两个颜色样品的颜色 W_1^*，U_1^*，V_1^* 和 W_2^*，U_2^*，V_2^* 以后，这两个颜色的色差可用它们坐标之间的距离表示

$$\Delta E = \sqrt{(W_1^* - W_2^*)^2 + (U_1^* - U_2^*)^2 + (V_1^* - V_2^*)^2} = \sqrt{(\Delta W^*)^2 + (\Delta U^*)^2 + (\Delta V^*)^2}$$
$$(3-25)$$

经过这样的变换后，颜色空间的均匀性有了很大的改善。将图 3-19（a）所示的色差容量椭圆变换到 CIE 1960 均匀标尺图上检验其均匀性，如图 3-22 所示。从图中的椭圆可以明显看出，绿色区的椭圆明显减小，而蓝色区域的椭圆增大了，椭圆大小的差距明显缩小了。

尽管 CIE1964 $W^*U^*V^*$ 均匀色空间在视觉均匀性上有了很大改善，但仍然存在很大的不均匀性。1976 年 CIE 推荐了另外两个均匀性更好的色空间及对应的色差公式。这两个色空间

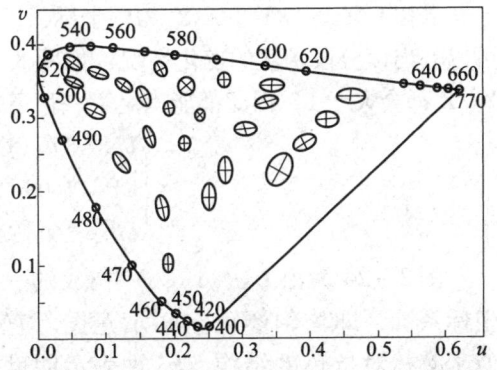

图 3-22 CIE1960 均匀标尺图上的色差椭圆

分别称为 CIE1976L*u*v* 均匀颜色空间及 CIE 1976L*a*b* 均匀颜色空间。这两个系统描述颜色感觉的方式相同，在视觉均匀性上也很接近，实用中可以选取 CIE L*a*b* 或 CIE L*u*v* 来表示颜色或计算色差。我国已经正式采纳 CIE 推荐的这两个均匀颜色空间为计算颜色和色差的国家标准。不同的学科及用色部门往往是根据自己的特点、经验、习惯选择其中的一个颜色系统。CIE1976 L*u*v* 系统多为光源、彩色电视等工业部门所选用，而各国的染料、颜料及油墨等颜色工业部门则大多选用了 CIE1976 L*a*b* 系统。国际上印刷和图像处理领域也采用 CIE1976L*a*b* 均匀颜色空间系统作为计算印刷色差和评价图像质量的方法，使其成为当前最重要、最常用的颜色系统。下面重点介绍这个系统。

三、CIE1976$L^*a^*b^*$均匀颜色空间及色差公式

CIE1976 $L^*a^*b^*$均匀颜色空间（有时也简写为 CIE1976LAB）是由 CIEXYZ 色度系统经过非线性转换得到的，它用明度指数 L^*，色品指数 a^* 和 b^* 构成的三维坐标系统来表示颜色感觉，其转换公式如下：

$$\begin{cases} L^* = 116 F(Y/Y_n) - 16 \\ a^* = 500[F(X/X_n) - F(Y/Y_n)] \\ b^* = 200[F(Y/Y_n) - F(Z/Z_n)] \end{cases} \quad (3-26)$$

其中 $F(X/X_n)$、$F(Y/Y_n)$、$F(Z/Z_n)$ 为分段函数，且具有相同的表达形式：

$$\begin{cases} F(X/X_n) = \begin{cases} (X/X_n)^{1/3}, & (X/X_n) > 0.008856 \\ 7.787(X/X_n) + 0.1379, & (X/X_n) \le 0.008856 \end{cases} \\ F(Y/Y_n) = \begin{cases} (Y/Y_n)^{1/3}, & (Y/Y_n) > 0.008856 \\ 7.787(Y/Y_n) + 0.1379, & (Y/Y_n) \le 0.008856 \end{cases} \\ F(Z/Z_n) = \begin{cases} (Z/Z_n)^{1/3}, & (Z/Z_n) > 0.008856 \\ 7.787(Z/Z_n) + 0.1379, & (Z/Z_n) \le 0.008856 \end{cases} \end{cases} \quad [3-26(a)]$$

式中 X、Y、Z 为颜色样品的三刺激值；X_n，Y_n，Z_n 为 CIE 标准照明体照射到完全漫反射体表面的三刺激值，代表照明光源的颜色。在公式中引入的 X_n，Y_n，Z_n 目的是模拟色适应的效果，即无论照明光源的颜色如何，当它照射在完全漫反射体上，且眼睛适应了该光源后，所产生的颜色感觉都应该是白色，色品指数 a^* 和 b^* 都应该为 0，即抵消了光源本身的颜色。

若以 X/X_n、Y/Y_n、Z/Z_n 为横坐标，以 $F(X/X_n)$、$F(Y/Y_n)$、$F(Z/Z_n)$ 为纵坐标画图，可以看出该分段函数的变化情况，如图 3-23 所示。在一般的情况下，大部分三刺激值 X、Y、Z 都会大于 1，因此都能满足第一种条件，此时式（3-26）就化为一般常见的形式：

$$\begin{cases} L^* = 116(Y/Y_n)^{1/3} - 16 \\ a^* = 500[(X/X_n)^{1/3} - (Y/Y_n)^{1/3}] \\ b^* = 200[(Y/Y_n)^{1/3} - (Z/Z_n)^{1/3}] \end{cases} \quad [3-26(b)]$$

图 3-24 为由 L^*、a^*、b^* 构成的三维坐标系统，即均匀颜色空间示意图。它类似于赫林对抗色的结构，L^* 轴表示明度大小，为白-黑轴，轴上的所有颜色都是非彩色，下面为黑，上面为白，中间是深浅逐渐变化的灰色。a^* 轴为红-绿轴，$+a^*$ 表示（品）红色，$-a^*$ 表示绿色。b^* 轴表示黄—蓝轴，$+b^*$ 表示黄色，$-b^*$ 表示蓝色。任意一个颜色，其色调由 a^* 与 b^* 的比例决定，不同色调的颜色位于不同的转角方向。距离白-黑轴的距离表示颜色的彩度大小，距离白-黑轴越远，彩度越大，

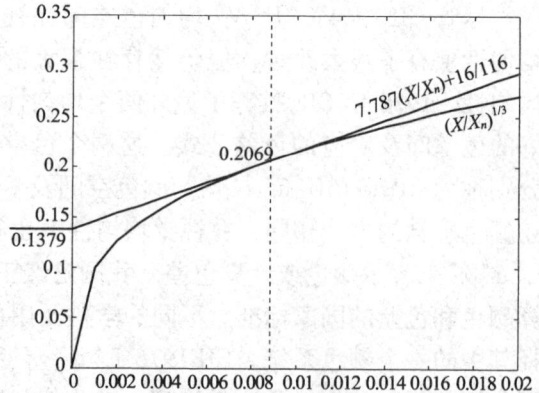

图 3-23 $F(X/X_n)$ 在临界点的情况
($F(Y/Y_n)$、$F(Z/Z_n)$ 的情况相同)

颜色感觉越鲜艳。

对比图 3-24 的均匀颜色空间和图 2-9 表示的颜色立体可以看出，二者结构相同，表示颜色的方法非常类似，因此可以用图 3-24 来表示颜色感觉。在图 3-24 中，由几何关系可以看出，任一个坐标位置为 p 的颜色样品，其明度、色调和彩度三个感觉特征量可用下列公式计算表示：

$$\text{明度 } L^* = 116(Y/Y_n)^{1/3} - 16$$

$$\text{色调角 } h_{ab}^* = \frac{180}{\pi} \text{tg}^{-1} \frac{b^*}{a^*} \tag{3-27}$$

$$\text{彩度 } C_{ab}^* = \sqrt{(a^*)^2 + (b^*)^2}$$

其中，明度 L^* 的取值范围为 $0 \sim 100$，0 对应着黑色，100 对应着白色。色调角 h_{ab}^* 的范围为 $0° \sim 360°$，以正 a^* 轴作为 $0°$ 方向，按逆时针旋转为正。彩度 C_{ab}^* 为 a^*-b^* 平面上样品的坐标点距离原点的距离或半径。式（3-27）对式（3-26）和图 3-24 所示的直角坐标系进行了变换，从直角坐标系变换到柱面坐标系，用明度 L^*、色调角 h_{ab}^* 和彩度 C_{ab}^* 表示颜色感觉，从而与图 2-9 所示的色立体完全一致，实现了从刺激值空间向颜色感觉空间的变换。

若两个颜色样品 F_1 和 F_2 都以 L^*，a^*，b^* 值来标定（见图 3-25），其颜色值分别为 (L_1^*, a_1^*, b_1^*) 和 (L_2^*, a_2^*, b_2^*)，则两者之间的色差 ΔE_{ab}^* 用两颜色在色空间中位置的距离来计算：

$$\Delta E_{ab}^* = \sqrt{(L_1^* - L_2^*)^2 + (a_1^* - a_2^*)^2 + (b_1^* - b_2^*)^2} = \sqrt{(\Delta L^*)^2 + (\Delta a^*)^2 + (\Delta b^*)^2}$$

(3-28)

或 $$\Delta E_{ab}^* = \sqrt{(\Delta L^*)^2 + (\Delta H_{ab}^*)^2 + (\Delta C_{ab}^*)^2} \qquad [3-28(a)]$$

其中，ΔH_{ab}^* 为两颜色样品间的色调差（注意不是色调角度差 Δh_{ab}^*），ΔC_{ab}^* 为彩度差：

$$\Delta H_{ab}^* = \sqrt{(\Delta E_{ab}^*)^2 - (\Delta L^*)^2 - (\Delta C_{ab}^*)^2}$$

$$\Delta C_{ab}^* = \sqrt{(a_1^*)^2 + (b_1^*)^2} - \sqrt{(a_2^*)^2 + (b_2^*)^2} \qquad [3-28(b)]$$

如果假定 F_1 为样品色，F_2 为标准色，则有：

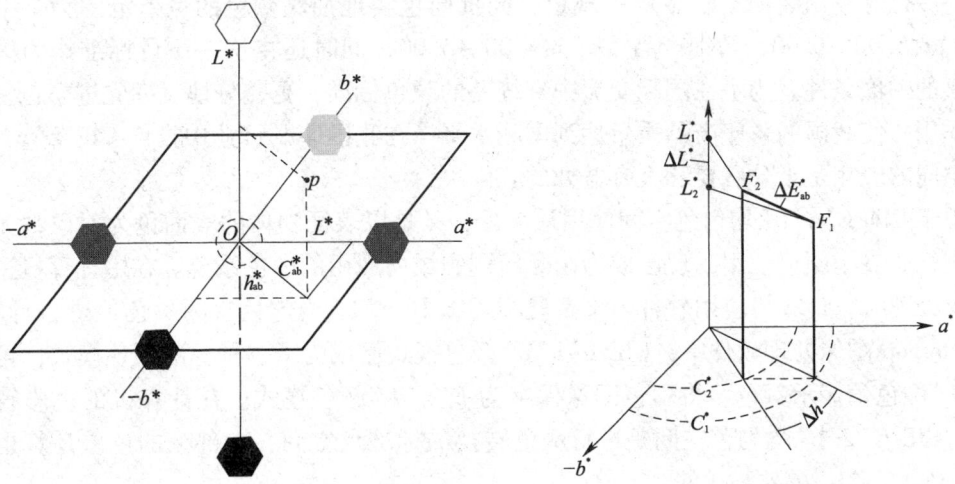

图 3-24　CIE 1976 $L^*a^*b^*$ 均匀颜色空间示意图　　图 3-25　CIE $L^*a^*b^*$ 均匀色空间两颜色之差

① 明度差 $\Delta L^* = L_1^* - L_2^*$，正值时表示样品色比标准色色浅，负值时则表示样品色深，明度低。

② 色品差 $\Delta a^* = a_1^* - a_2^*$，正值表示样品色比标准色偏红，负值表示样品色比标准色的红少。

③ 色品差 $\Delta b^* = b_1^* - b_2^*$，正值表示样品色比标准色偏黄，负值表示样品色比标准色的黄少。

④ 彩度差 $\Delta C_{ab}^* = C_{ab1}^* - C_{ab2}^*$，正值表示样品色比标准色饱和度高，含非彩色成分少，负值则表示样品色饱和度低，含非彩色成分多。

⑤ 色调角差 $\Delta h_{ab}^* = h_{ab1}^* - h_{ab2}^*$，正值表示样品色位于标准色的逆时针方向上，负值表示样品色位于标准色的顺时针方向上，具体偏向什么色调取决于标准色所在的色调。例如，标准色的色调是红色时，则 $\Delta h_{ab}^* > 0$ 时偏黄色，$\Delta h_{ab}^* < 0$ 时偏蓝色。

式（3-28）中色差 $\Delta E_{ab}^* = 1$ 时称为 1 个 NBS（美国国家标准局的缩写）色差单位。一个 NBS 单位大约相当于视觉色差识别阈值的 5 倍。色差值与色差感觉的大致对应关系见表 3-6。在 CIEx-y 色品图的中心，一个 NBS 色差单位相当于 $0.0015 \sim 0.0025x$ 或 y 的色品坐标变化。

表 3-6　　CIE1976 L*a*b* 色差与颜色差别感觉的大致对应关系

NBS 单位色差值	感觉色差程度
0.0 ~ 0.5	痕迹
0.5 ~ 1.5	轻微
1.5 ~ 3	可觉察
3.0 ~ 6.0	可识别
6.0 ~ 12.0	大
12.0 以上	非常大

我国国家标准局在彩色印刷品的质量要求上也使用了 CIE L*a*b* 色差，如 GB/T 7705—1987《平版装潢印刷品》中规定，同批同色实地油墨颜色的色差范围为：一般产品 $\Delta E_{ab}^* \leq 5.00 \sim 6.00$，精细产品 $\Delta E_{ab}^* \leq 4.00 \sim 5.00$，同时还将这一质量标准作为国有企业晋级的一项条件。为了在国际交流中有统一的颜色标准，更充分地发挥先进彩色复制设备的作用，使我国的彩印产品质量达到国际水平，在我国印刷行业中推广 CIE L*a*b* 均匀色空间的应用是十分必要和大有益处的。

由于 CIE L*a*b* 均匀色空间使用最广泛，又是以表征物体的表面色为对象，尤其适合印刷行业表示颜色使用，现已成为国际印刷领域内通用的表色系统。在用计算机进行彩色图像处理时，计算机应用软件内部都是以 CIE L*a*b* 均匀色空间颜色值进行计算的，在 Photoshop 图像处理软件中，CIE L*a*b* 颜色模式已成为了一种标准颜色模式，可以用 L*a*b* 颜色值表示颜色，将彩色图像保存为 L*a*b* 颜色模式。在计算机的色彩管理系统中，CIE L*a*b* 均匀色空间是进行颜色转换的标准色空间，大部分的色差计算也都是基于 CIE L*a*b* 色差公式的。

值得注意的是，由于 CIE L*a*b* 均匀色空间是由 CIE1931XYZ 系统经非线性变换得到的，因而 CIE L*a*b* 系统中不再有色品坐标图。但由于系统中的 $a^* - b^*$ 平面代表了颜色感觉的色度特征，因此在仅关心颜色的彩色特性时，经常使用 $a^* - b^*$ 平面图来进行讨论。但是，因为 $a^* - b^*$ 与 $x - y$ 之间是非线性关系，所以在 $x - y$ 平面上的直线转换到 $a^* - b^*$ 平面上可能就是曲线，所以也不存在如图 3-17 所示的加色混色的线性特性。也就是说，在 $a^* - b^*$ 平面图上，两个颜色的混合色不一定位于两个颜色坐标点的连线上。

回忆前面介绍的颜色视觉理论，可以更好地理解均匀颜色空间与 CIE XYZ 系统之间的关系。由颜色视觉的阶段学说可知，颜色视觉分为视网膜阶段和视神经传输阶段，在第二章中我们曾经用图 2-3 来表示各视觉阶段的关系。在视网膜阶段的颜色感觉符合三色学说，由感红、感绿和感蓝锥体感光细胞形成红、绿、蓝信号，此时满足色光相加的规律。CIE XYZ 色度学系统对应此阶段的颜色感觉响应，X、Y、Z 三刺激值分别对应红、绿、蓝信号，三刺激值的计算关系模拟了光刺激形成的过程和锥体感光的过程 [式 (3-11)]。在视神经传输阶段，红、绿、蓝感光信号重新进行了组合，形成白-黑，红-绿，黄-蓝三对视觉信号，在这个阶段符合四色对抗色视觉规律。CIE 均匀颜色空间对应着这个阶段的颜色感觉，L^*，a^*，b^* 分别对应白-黑，红-绿，黄-蓝三对视觉信号，具有对抗色的模式 [式 (3-26)]，并由此形成明度、色调和彩度的颜色感觉 [式 (3-27)]。L^*，a^*，b^* 值是由 X、Y、Z 三刺激值计算得到的，这个转换过程就代表了从视网膜阶段向视神经传输阶段的信号转换。由此可以看出，颜色计算的过程实际上就是模拟颜色视觉规律的过程，是颜色视觉理论的数学表达形式。图 3-26 将各颜色视觉阶段与对应的颜色计算的关系做了进一步的归纳总结。

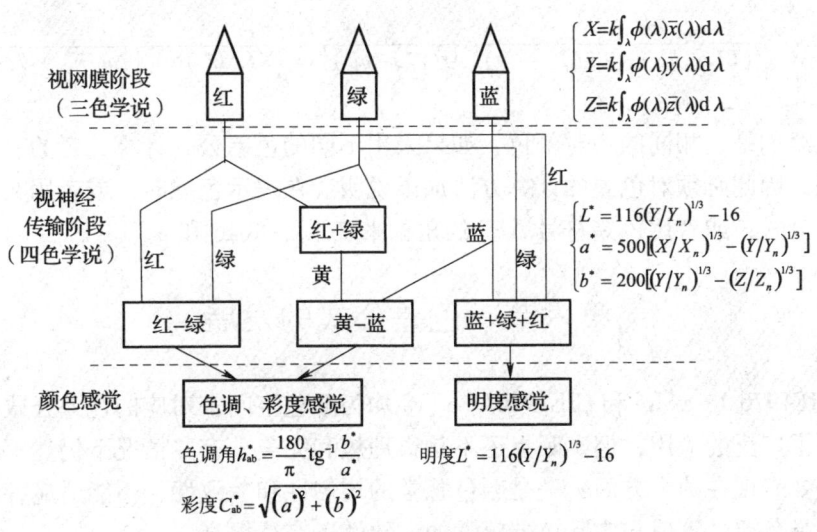

图 3-26 各颜色视觉阶段与颜色计算

四、CIE1976L*u*v* 均匀颜色空间及色差公式

与 CIE1976 L*a*b* 均匀颜色空间类似，CIE1976L*u*v* 均匀颜色空间用明度指数 L^*、色品指数 u^*、v^* 三维坐标系统来表示颜色。但与 CIE1976 L*a*b* 均匀颜色空间不同的是，CIE1976 L*u*v* 均匀颜色空间的色度是由 CIEXYZ 色度系统线性变换得到的，明度指数 L^* 的计算与 CIE1976 L*a*b* 均匀颜色空间相同。具体计算公式如下：

$$\begin{cases} L^* = 116(Y/Y_0)^{1/3} - 16 \\ u^* = 13L^*(u' - u_0') \\ v^* = 13L^*(v' - v_0') \end{cases} \quad (3-29)$$

其中，u'，v'；x，y 分别为颜色样品在 CIE1976$L^*u^*v^*$ 和 CIE1931XYZ 系统中的色品坐标；u_0'，v_0'；x_0，y_0 为测色时所用光源分别在两个系统中的色品坐标；X、Y、Z 和 X_0、Y_0、Z_0 分别为样品与光源的三刺激值。u'，v'、u_0'，v_0' 色品坐标的计算公式如下：

$$u' = \frac{4x}{-2x + 12y + 3} = \frac{4X}{X + 15Y + 3Z} \quad u_0' = \frac{4x_0}{-2x_0 + 12y_0 + 3} = \frac{4X_0}{X_0 + 15Y_0 + 3Z_0}$$
$$v' = \frac{9y}{-2x + 12y + 3} = \frac{9Y}{X + 15Y + 3Z} \quad , \quad v_0' = \frac{9y_0}{-2x_0 + 12y_0 + 3} = \frac{9Y_0}{X_0 + 15Y_0 + 3Z_0}$$
$$(3-30)$$

CIE1976$L^*u^*v^*$ 均匀颜色空间具有与 CIE1976 $L^*a^*b^*$ 均匀颜色空间类似的结构，如图 3-24，只不过将图中的 a^* 与 b^* 换成了 u^* 和 v^*。色度指数 u^*，v^* 也具有对抗色的性质，$+u^*$ 坐标代表红色感觉，$-u^*$ 代表绿色，$+v^*$ 坐标代表黄色，$-v^*$ 代表蓝色，也同样可以计算出色调角和彩度。

对比 CIE1976$L^*u^*v^*$ 和 CIE1964$W^*U^*V^*$ 均匀颜色空间，二者的差别仅在于明度指数 L^* 和色品坐标 v' 上。由于色品坐标 u'，v' 是 CIE1931XYZ 色品坐标的线性变换，因此 CIE1976$L^*u^*v^*$ 均匀颜色系统仍然保留了色品坐标图，其坐标图与 CIE1964$W^*U^*V^*$ 色品坐标图类似，只不过 v' 坐标相差了 2/3 倍，这是该系统比 CIE1976 $L^*a^*b^*$ 最优越之处。

在 CIE1976$L^*u^*v^*$ 均匀颜色空间中，同样用两点间的距离计算两个颜色样品之间的色差，即：

$$\Delta E_{uv}^* = \sqrt{(L_1^* - L_2^*)^2 + (u_1^* - u_2^*)^2 + (v_1^* - v_2^*)^2} = \sqrt{(\Delta L^*)^2 + (\Delta u^*)^2 + (\Delta v^*)^2}$$
$$(3-31)$$

需要注意的是，相同的一对颜色，如果采用不同的色差公式计算二者的色差，所得结果会有差别，因此必须对色差的计算方法加以说明。在表示色差时，或者用文字说明计算使用的色差公式，或者用色差符号 ΔE^* 的角标来表示，如 ab 和 uv。

第六节 色差公式的发展

尽管 CIE1976 $L^*a^*b^*$ 和 CIE1976$L^*u^*v^*$ 均匀颜色空间及对应的色差公式取得了很大成功，得到了广泛的应用，但实际上还不是很理想和完美，有些情况下仍然不能满足使用的要求。主要表现在两个方面：一是颜色感觉的均匀性和一致性，不能适应各种不同的观察条件；二是色差计算值与实际色差感觉的一致性还有待提高。

尽管 CIE1976 $L^*a^*b^*$ 和 CIE1976$L^*u^*v^*$ 均匀颜色空间都考虑到了色适应的修正，在计算公式中进行了光源颜色的修正，保证照明光源的颜色都是非彩色，但这仅仅是非常简化的模型，实际情况远比此复杂。在均匀颜色空间中表示的颜色值与实际颜色感觉也还有一定的差距，也就是说，还不是完全的均匀颜色空间。在现有的均匀颜色空间中相同的空间距离在不同的颜色区域所代表的色差感觉还不一样大，尤其是在蓝色区域和接近非彩色区域的计算结果与实际感觉的差距较大。为此，很多研究者又做了大量的研究工作，根据不同的应用领域和处理对象的不同，提出了几十种色差公式或修改的方案。目前，在印刷领域中除了普遍使用 CIE1976 L*a*b* (CIEDE76) 色差公式外,还经常使用 CIE94、CIEDE2000 和 CMC 色差公式。

在 CIE1976 L*a*b* 均匀颜色空间中,色差用空间中坐标点间的距离来表示,只要距离相同,无论在哪个颜色区域,也无论颜色的变化方向如何,色差都应该一样大。也就是说,如果以标准样品颜色的坐标点为球心,只要是复制样品颜色的坐标落在相同半径的圆球内,色差感觉都应该一样。但实际情况是,由于 CIE1976 L*a*b* 均匀颜色空间仍然存在不均匀性,不同颜色区和不同的颜色变化方向色差还不完全一样,这就使得相同色差感觉的实际区域不再是一个球形,而是一个椭球形。因此,目前所有的改进型色差公式都是在 CIE1976 L*a*b* 色差公式的基础上,以目标色样为中心的椭球表示相同的色差感觉,这已经成为今后新色差公式的标准形式。

一、CMC ($l:c$) 色差公式

CMC 是英国颜色测量委员会名称的缩写。CMC 色差公式虽未被 CIE 正式推荐为标准,但却是目前工业上(尤其是纺织行业)广泛采用的计算色差方法,1988 年被英国制定为标准(BS 6823),CIE DE2000 色差公式实际上也是在此基础上改进得到的。通过修正 CIE 1976 L*a*b* 色差公式,CMC 色差公式使各色调方向的色差椭圆大小和形状根据视觉的关系进行调整,比如在红色区域的椭圆比较瘦长,在绿色区域则比较圆;同时还改进了彩度差随明度的变化关系,给予彩度不同的颜色以不同的色差容限,在靠近非彩色区域的椭圆小,彩度高的椭圆较大,色差容限随彩度的增加而变大,反之则减小,修正后的结果如图 3-27 所示。CMC 色差公式为如下形式:

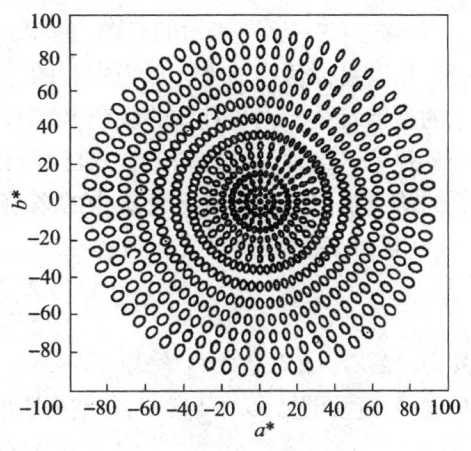

图 3-27 CMC 色差椭圆

$$\Delta E_{cmc}(l:c) = \sqrt{(\Delta L*/lS_L)^2 + (\Delta C_{ab}^*/cS_C)2 + (\Delta H_{ab}^*/S_H)^2} \quad (3-32)$$

其中,ΔL^*、ΔC_{ab}^*、ΔH_{ab}^* 为式(3-28)~式(3-28b)确定的 CIE 1976 L*a*b* 明度差、彩度差和色调差,S_L、S_C、S_H 分别为明度差、彩度差和色调差的权重函数,由式(3-33)~式(3-37)计算:

$$\begin{cases} S_L = 0.040975L^*/(1+0.01765L^*) & \text{当} L^* \geq 16 \\ S_L = 0.511; & \text{当} L^* < 16 \end{cases} \quad (3-33)$$

$$S_C = 0.0638C_{ab}^*/(1+0.0131C_{ab}^*) + 0.638 \quad (3-34)$$

$$S_H = S_C(FT+1-F) \quad (3-35)$$

式(3-35)中:

$$F = \sqrt{(C_{ab}^*)^4/[(C_{ab}^*)^4 + 1900]} \quad (3-36)$$

$$\begin{cases} T = 0.36 + |0.4\cos(h_{ab}^* + 35)| & \text{当} 164° \leq h_{ab}^* \leq 345° \\ T = 0.56 + |0.2\cos(h_{ab}^* + 168)| & \text{其他} \end{cases} \quad (3-37)$$

式中 h_{ab}^* 为式（3-27）计算出的色调角。

式（3-32）中的 l 和 c 值是与具体应用条件有关的参数。目前对于大多数的应用而言，$c=1$。对于纺织行业，在 $l=2$ 时计算得到的纺织品色差与视觉感觉非常接近。对于涂料、塑料和油墨等应用，取 $l=1.4$。目前印刷业使用的测量仪器都具有测量 CMC 色差的功能，并且可以根据需要设置 l 和 c 值。

值得说明的是，在用 CMC 色差公式表示色差时，应该指出计算所用的 l 和 c 值，因此该色差公式通常写为 ΔE_{cmc}（$l:c$）或 CMC（$l:c$）形式。例如，使用 $l=2$ 和 $c=1$ 计算得到的色差值应该表示为 ΔE_{cmc}（2:1）或 CMC（2:1）。

使用不同的 l 和 c 值，计算得到的色差值也不同。一些实验和计算结果表明，对于印刷品的色差测量，ΔE_{cmc}（2:1）给出的色差值比用 ΔE_{cmc}（1:1）和 CIEDE76 色差公式计算的结果更接近实际的色差感觉，因而给出更好的结果。

二、CIE94 色差公式

由式（3-32）表示的 CMC 色差公式实际上是一个三维空间中的椭球公式，也就是说，用以目标色样的坐标点为中心的一个椭球来表示色差，椭球的大小与样品颜色与目标色的差别有关，也与具体的颜色区域有关，在不同的颜色区域用不同大小和取向的椭球来表示色差。这种计算色差的方式已经被 CIE 确定为今后发展色差公式的一种标准形式，主要的研究重点是如何确定公式中的系数。CIE94 色差公式就是这类公式的代表。

CIE94 色差的计算公式为：

$$\Delta E_{94}^* = \left[\left(\frac{\Delta L^*}{k_L S_L}\right)^2 + \left(\frac{\Delta C_{ab}^*}{k_C S_C}\right)^2 + \left(\frac{\Delta H_{ab}^*}{k_H S_H}\right)^2\right]^{0.5} \quad (3-38)$$

其中，ΔL^*、ΔC_{ab}^*、ΔH_{ab}^* 为式（3-28）～式（3-28b）确定的 CIE 1976 $L^*a^*b^*$ 明度差、彩度差和色调差，S_L、S_C、S_H 分别为明度差、彩度差和色调差的权重函数，计算方法如下：

$$\begin{cases} S_L = 1 \\ S_C = 1 + 0.045\,\overline{C_{ab}^*} \\ S_H = 1 + 0.015\,\overline{C_{ab}^*} \end{cases} \quad (3-39)$$

式中 $\overline{C_{ab}^*}$ 为目标色的彩度或者是待比较两个颜色的彩度几何平均值，即

$$\overline{C_{ab}^*} = \sqrt{C_{ab1}^* \cdot C_{ab2}^*}$$

式（3-38）中参数因子 k_L、k_C、k_H 是与使用条件相关的校正系数，它们是影响色差感觉的因素。CIE 给定了一组标准观测条件，如表 3-7。在此标准条件下，$k_L = k_C = k_H = 1$。对于一般的应用可采用这组校正系数，如果采用的系数不同，则应该以 ΔE_{ab}^*（$k_L:k_C:k_H$）的形式表示，如 ΔE_{ab}^*（2:1:1）是纺织行业经常使用的计算公式。

表 3-7　　　　　　　　CIE 推荐的计算色差的标准观测条件

照明光源	模拟 CIE 标准照明体 D_{65} 相对光谱功率分布的光源
照度	1000 lx
观察者	正常色觉观察者
背景	具有中等明度（$L^* = 50$）的均匀灰色

续表

样品模式	物体色
色样大小	大于4°视场
色样间隔	两个样品边缘直接接触，色样间距尽量小
色差幅度	0~5个CIELAB色差单位
色样表面结构	颜色均匀，无可见花纹或不均匀性

CIE94 色差公式是对 CIE 1976 $L^*a^*b^*$ 色差公式的早期改进版本，计算比较简单，已经在很多场合得到了应用，也是目前印刷行业测量仪器和应用软件所支持的色差公式之一。但是实践表明，这个公式的改善效果并不太好，因此建议用 CIEDE2000 公式代替。

三、CIE DE2000 色差公式

由于 CIE 1976 $L^*a^*b^*$ 均匀颜色空间和色差公式仍然存在缺陷，国际照明委员会一直在寻找更理想的公式。为此成立了 TC1-28、TC1-29、TC1-47 专业技术委员会，负责收集、整理色差评估数据，建立了包含 3657 对色差样本的 CIE TC1-47 综合数据库，系统地研究了色差对明度、色调与彩度的依赖性，在 CIE1976 $L^*a^*b^*$ 和 CIE94 等色差公式的基础上，通过大量视觉实验和色差评估实验，于 2001 年正式推荐一个最新的色差公式，并命名为 CIE 2000（$\Delta L'$，$\Delta C'$，$\Delta H'$）色差公式，简称 CIE DE2000。在国际照明委员会的出版物 CIE 142-2001《工业色差评估的改进》中，向全世界公布了这个新的色差公式，并计划最终成为 CIE 和 ISO 国际标准。

CIE DE2000 色差公式的完整表述形式如下：

$$\Delta V = k_E^{-1} \Delta E_{00}^*, \qquad [3-40(a)]$$

$$\Delta E_{00}^* = \left[\left(\frac{\Delta L'}{k_L S_L}\right)^2 + \left(\frac{\Delta C'}{k_C S_C}\right)^2 + \left(\frac{\Delta H'}{k_H S_H}\right)^2 + R_T \left(\frac{\Delta C'}{k_C S_C}\right)\left(\frac{\Delta H'}{k_H S_H}\right) \right]^{0.5} \quad [3-40(b)]$$

式 [3-40(a)] 中，ΔV 为被感知的色差，ΔE_{00}^* 为用 CIE DE2000 计算的总色差，称 k_E^{-1} 为总色差的视觉敏感度。对于一般工业应用，可以不考虑总色差的视觉敏感度，直接使用总色差 ΔE_{00}^* 来表示色差感觉。式 [3-40(b)] 中的 $\Delta L'$、$\Delta C'$、$\Delta H'$ 分别表示明度差、彩度差和色调差，并按下列各式计算：

$$\begin{cases} \Delta L' = L'_b - L'_s \\ \Delta C' = C'_b - C'_s \\ \Delta H' = 2(C'_b C'_s)^{0.5} \sin(\Delta h'/2) \end{cases} \qquad (3-41)$$

式（3-41）中的脚标 b 和 s 分别表示颜色样品和标准色样。$\Delta h' = h'_b - h'_s$，是两颜色的色调角之差；$L' = L^*$（CIE1976 明度）；$a' = a^*(1+G)$，$b' = b^*$（CIE1976 色度）；$C' = \sqrt{a'^2 + b'^2}$，$h' = \frac{180}{\pi} \arctan(b'/a')$，$G$ 为红绿轴的调整因子，是彩度的函数：

$$G = 0.5 \left[1 - \sqrt{\frac{\overline{C_{ab}^*}^7}{\overline{C_{ab}^*}^7 + 25^7}} \right] \qquad (3-42)$$

式（3-42）中 $\overline{C_{ab}^*}$ 是根据颜色样品和标准色样计算出的 CIE 1976 $L^*a^*b^*$ 彩度算术平均

值。权重函数 S_L、S_C、S_H 用来校正颜色空间的均匀性，可分别用下式计算：

$$\begin{cases} S_L = 1 + \dfrac{0.015(\overline{L'} - 50)^2}{\sqrt{20 + (\overline{L'} - 50)^2}} \\ S_C = 1 + 0.045\,\overline{C'} \\ S_H = 1 + 0.015\,\overline{C'}T \end{cases} \quad (3-43)$$

其中，$\overline{L'}$、$\overline{C'}$、$\overline{h'}$ 分别表示用 CIE 1976 $L^*a^*b^*$ 及前面各公式计算的颜色样品和标准色样的明度 L'、彩度 C' 和色调角和的算术平均值。式中的 T 由下式确定：

$$T = 1 - 0.17\cos(\overline{h'} - 30) + 0.24\cos(2\overline{h'}) + 0.32\cos(3\overline{h'} + 6) - 0.20\cos(4\overline{h'} - 63) \quad (3-44)$$

式 [3-40（b）] 中的 R_T 称为旋转函数，用来校正蓝色区域色分辨椭圆主轴方向的偏转：

$$R_T = -\sin(2\Delta\theta)R_C \quad (3-45)$$

式中，$\Delta\theta$ 是由色调决定的旋转角度，R_C 是根据彩度变化的旋转幅度，分别由下式计算：

$$\Delta\theta = 30\exp\left[-\left(\dfrac{\overline{h'} - 275}{25}\right)^2\right] \quad (3-46)$$

$$R_C = 2\sqrt{\dfrac{\overline{C'}^7}{\overline{C'}^7 + 25^7}} \quad (3-47)$$

式 [3-40（b）] 中的参数因子 k_L、k_C、k_H 是与使用条件相关的校正系数，它们是影响色差感觉的因素。CIE 给定了一组标准观测条件，与前面表 3-7 所列条件相同。在此标准条件下，$k_L = k_C = k_H = 1$。若不符合此条件时，则要根据工业色差评估条件来确定这些系数的值。例如，纺织业通常取 $k_L = 2$，$k_C = k_H = 1$。但对于印刷业来说，多用 2°视场为观察颜色条件，与 CIE 的标准条件有一定差别，目前还未做过相应的印刷品色差评估实验，是印刷业应进一步研究的课题。

CIE DE2000 色差公式的标准计算和观察条件同 CIE94 色差公式规定的条件，在使用时应参考表 3-7 的条件。

*第七节　CIE CAM02 色貌模型

一、概　　述

现代色度学是建立在 CIE 系统上的，而 CIE 系统定义了颜色感觉的三种基本要素：照明体、物体和观察者。当这三者都确定以后，颜色的表示就是确定的。这么做的优点是使得颜色的表示严格而确定，并且便于和颜色的仪器测量相联系。但是，这样做也带来了一些问题，最主要的问题就是将人的颜色视觉机械化，没有考虑到人的视觉系统受观察条件的影响，不能模拟颜色视觉受环境光、色对比、色适应等因素的作用，在应用中受到了限制，尤其不能适应现代工业中广泛应用的跨媒体颜色再现的需要。

目前对颜色和色差的测量、表示都是被限制在固定条件下，必须在确定的光源（照明体）、确定的媒体（发光体、反射体、透射体）、确定的照明与观察条件（视场亮度、环境色、背景色）、确定的观察者（2°或 10°）条件下进行。也就是说，要在相同的条件下进行颜色的比较。在近代颜色再现的过程中，如在图像工业、计算机辅助设计、视频编辑、桌面出版系统等方面，经常要在不同的照明与观察条件下对颜色进行观察，并且要使被再现的色刺激跨越一系列性质完全不同的媒体，在不同的介质上进行色貌的比较。举例来说，在印前制作工作中，人们可能要在计算机屏幕上进行设计（光源色），对照透明底片（透射色）的原稿，最后要在纸面上印刷成成品图（反射色）。其中的每一步，在照明、观察条件、背景色、环境色、视场亮度水平、色刺激的性质等各个方面都可能是不同的，只要求最后印出的成品与最初的屏幕设计在色貌上完全一致。严格地说，就目前的色彩学理论和方法还不能解决这样的问题，因为目前的色度计算方法要求必须在相同照明和观察的条件进行，不同照明和观察条件下计算的结果不能直接进行颜色的比较。因此，应用上需要建立一种能够满足跨媒体颜色再现需要的颜色模型。在这种颜色模型中，人们可以预测不同照明、观察、环境、背景、媒体条件改变时的颜色外貌变化。用这个模型描述颜色感觉。在这样的颜色模型中，只要两种颜色的色貌参数相同，不管其所处条件如何，它们看起来就是完全相同的，也就是说，模型中的参数要考虑到环境和观察条件的影响。能够实现这样要求的颜色模型被称为色貌模型（Color Appearance Model，简称 CAM）。

自 20 世纪 80 年代开始，各国颜色科学工作者先后推出了各种色貌模型版本。1996 年维也纳 CIE 图像技术颜色标准会议上，工业界强烈要求 CIE 为工业界推荐一种色貌模型。当时有四种色貌模型被认为是最有前途的：Hunt94、Nayatani95、RLAB 和 LLAB。会议达成一个协议，要求研究者调查现有色貌模型，尽量将这些模型的优点组合在一起，形成一种通用的更高性能的色貌模型，然后对它进行测试。会议还达成协议，该模型不仅要有复杂版本，而且还应该有在限制条件下使用的相对较简单的版本。1997 年 Kyoto 会议上，CIE TC 1-38 "色貌模型测试技术委员会"同意采纳一个简单版本，命名为 CIE 1997 临时色貌模型简版，简称为 CIECAM97s，s 代表简单版本（simple）。会议建议在跨媒体的图像复制中使用该色貌模型。

自 1997 年 CIECAM97s 被采纳之后，1998 年 CIE TC 8-01 又成立了一个"用于色彩管理系统的色貌模型研究技术委员会"，其任务是测试 CIECAM97s 的色貌预测性能，以及是否符合开放式色彩管理系统工程和执行方面的要求。经过各方面测试，对发现的问题提出了一些改进建议。2002 年 9 月 CIE 推荐了一个新的色貌模型——CIECAM02 来代替 CIECAM97s。CIECAM02 不仅对 CIECAM97s 存在的许多问题进行了修正，而且性能也得到了很大提高，对于大多数感知属性的预测能力提高了，对饱和度的预测尤其好。

二、CIECAM02 模型的结构

任何颜色模型都是建立在视觉理论基础上的，是模拟人的视觉系统的结果。在第二章我们曾经介绍了各种颜色视觉现象，这些颜色视觉现象说明了在不同照明、观察、背景的条件下，物体产生的颜色感觉会不相同。CIECAM02 就是考虑了这些影响因素后得到的色貌模型，在色貌的计算中要计算色适应、背景色对比、环境光等因素的影响。

简单地说，眼睛在观察某个颜色刺激 X、Y、Z 时，所产生的颜色感觉除了与颜色刺激有关以外，还受眼睛所处的适应条件、样品的背景色、环境光的亮暗程度有关，是这些条件的综合效应，因此 CIECAM02 色貌的计算要针对这些因素的影响进行计算，将所有的影响因素都作为输入参数，其示意如图 3-28 所示。考虑这些因素后，在计算色貌参数时这些因素就会在视觉的不同阶段对颜色感觉产生影响。色貌模型参数的计算实际上就是对视觉过程参数的计算，模拟眼睛视觉系统的工作过程，其计算过程如图 3-29 所示。

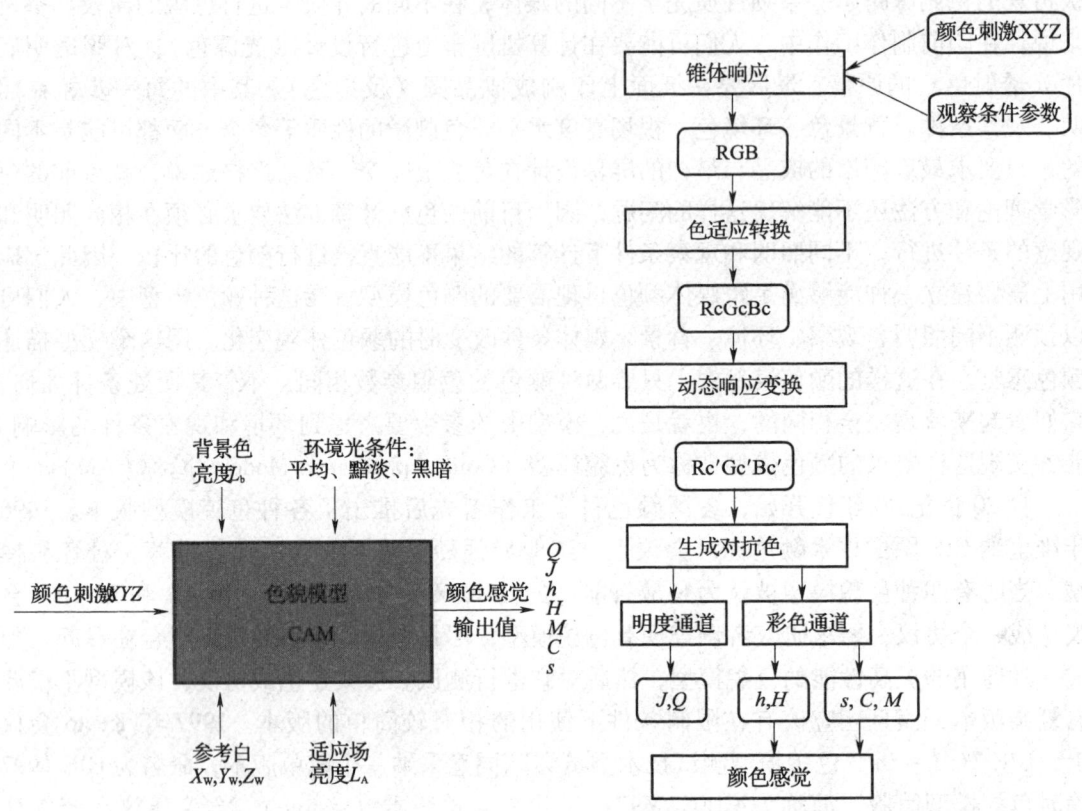

图 3-28 CIECAM02 结构示意图　　图 3-29 CIECAM02 计算过程示意图

由颜色刺激和观察条件参数计算（或预测）最终颜色感觉（色貌参数）的过程称为色貌模型的正算模型（Forward Model）；从特定观察条件下的颜色感觉（色貌参数）推算或预测所需要的颜色刺激的计算过程称为色貌模型的反算模型（Reverse Model），本章仅讨论正算模型，更详细的内容请参考相关的参考文献。

三、CIECAM02 正算模型

（1）输入数据

X、Y、Z——样品色刺激的三刺激值；

X_w、Y_w、Z_w——参考白色的三刺激值，即所使用标准照明体的三刺激值；

L_A——以 cd/m^2 为单位的适应场亮度；

Y_b——灰色背景的相对亮度，通常取白色亮度的 20%；

环境条件与环境参数 F、N_c、c，其中 F 为适应度系数，N_c 为色感应系数，c 为环境光影响系数。在 CIECAM02 色貌模型中将环境条件分为"平均（Average）"、"昏暗（Dim）"和"黑暗（Dark）"三种情况，三种情况大致对应的观察条件为：

一般日常观察条件：　　　平均（Average）

观看电视条件：　　　　　昏暗（Dim）

观看电影条件：　　　　　黑暗（Dark）

在这三种环境条件下的环境参数取值如表 3-8 所示，颜色刺激（stimulus）、背景（background）和观察环境（surround）三者的关系如图 3-30 所示。

表 3-8　　　　　　　　　不同环境条件下的环境参数

环境条件	适应度 F	环境光系数 c	色感应系数 N_c
平均（Average）	1.0	0.69	1.0
昏暗（Dim）	0.9	0.59	0.9
黑暗（Dark）	0.8	0.525	0.8

（2）输出参数 J，C，H，h，M，s，Q 表示颜色感觉的色貌参数仍然为三个，可以根据具体应用的需要从上述参数中选择一组，各参数的定义如下：

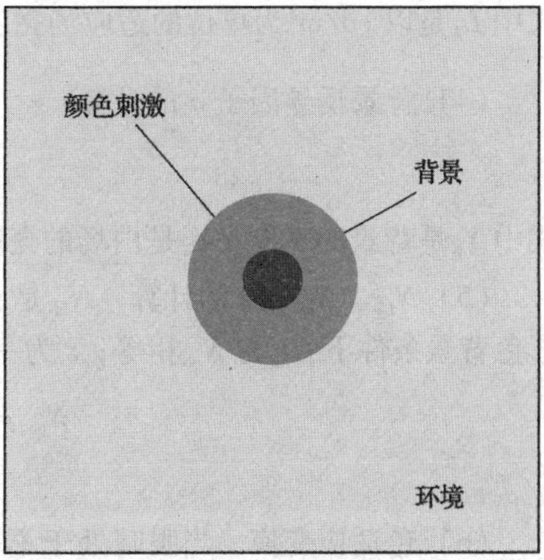

① 亮度 Q（brightness）一个颜色样品所呈现出的亮暗感觉，是不参考任何标准的亮暗心理感受，因此又称为绝对明度。

② 明度 J（lightness）一个颜色样品相对于参考白亮度 Q 所判断出的明暗等级。

③ 绝对彩度 M（colorfulness）又称为艳度，一个颜色样品所呈现出的彩色感觉，是不参考任何标准的彩色强度心理感受。

图 3-30　颜色刺激、背景与观察环境的示意图

④ 彩度 C（chroma）一个颜色样品相对于同样照明条件下参考白亮度 Q 所判断出的绝对彩度 M 等级，因此又称为相对彩度。

⑤ 饱和度 s（saturation）一个颜色样品相对于自身亮度判断出的绝对彩度 M 等级。

⑥ 色调 H（hue）是指颜色的基本相貌，是颜色之间彼此区分的最主要因素，色调感觉大致随颜色刺激主波长的变化而改变。

⑦ 色调角 h（hue angle）用两个相邻基本彩色原色（黄、红、蓝、绿）的比例来确定，用 0°~360°的角度表示。

由以上定义可以看到亮度与明度、绝对彩度与彩度、彩度与饱和度之间的差别。当没有参考的情况下感觉到的明暗或彩色感觉是亮度或绝对彩度，如夜晚星空看到的星星的亮暗感觉是亮度，而对白纸上印刷的色块明暗感觉总是相对于白纸感觉到的，是明度感觉。当照明强度增加时，白纸和印刷色的亮度都会增加，但相对于纸白的明度感觉基本不会改变，即明度∝色样亮度/白纸亮度。对于绝对彩度与彩度之间也有类似关系。

彩度和饱和度都是表示样品颜色鲜艳程度的量，但一个是相对于白点亮度的，另一个是相对于样品自身亮度的。对于白纸上的彩色色块，当照明强度增加或降低时，白纸和印刷色的亮度都会增加或降低，绝对彩度会发生变化，此时的彩度也会随着改变，因为彩度∝色样绝对彩度/白纸亮度，但饱和度基本不发生变化，因为饱和度∝色样绝对彩度/色样亮度。典型的例子是夏日阳光下的绿茵，如彩图 12 所示。尽管阳光直射和树阴下的草地都相同，但由于光照条件不同，绝对彩度感觉不同，直射与树阴下的亮度相差很大，两种条件下的彩度感觉就不一样。而树阴下草地绝对彩度感觉降低的同时，草地本身的亮度也

降低，因此保持饱和度基本不变。所以在一般观察印刷品的条件下都是用彩度来描述颜色的彩色感觉。尽管彩度和饱和度的严格含义不同，但在一般的使用条件下往往不把二者加以严格的区分，都用来描述颜色样品的鲜艳程度。

以上这些颜色感觉属性是相互关联的，因此又称为感觉属性关联组（Perceptual Attribute Correlates，简称PAC），可以用其中的三个为一组（绝对的或相对的）属性来表示颜色。

（3）亮度水平适应因子 F_L 的计算

$$F_L = 0.2k^4(5L_A) + 0.1(1-k^4)^2(5L_A)^{1/3} \qquad (3-48)$$

式中 L_A 是以 cd/m^2 为单位的适应场亮度，是输入的参数，$k = \dfrac{1}{5L_A + 1}$

（4）背景诱导因子 n 的计算

$$n = \frac{Y_b}{Y_w} \qquad (3-49)$$

式中 Y_b 是背景的亮度，Y_w 是白场的亮度，都是输入的参数。

（5）N_{bb}、N_{cb} 和 z 的计算　　N_{bb} 是背景亮度因子；N_{cb} 为背景彩度因子，目前只考虑非彩色背景条件下 N_{bb} 与 N_{cb} 相等；z 为一个非线性因子，它们的计算公式如下：

$$N_{bb} = N_{cb} = 0.725\left(\frac{1}{n}\right)^{0.2} \qquad (3-50)$$

$$z = 1.48 + \sqrt{n} \qquad (3-51)$$

（6）色适应变换　　当眼睛处于不同的照明和观察环境中，眼睛会发生色适应，抵消环境光的一些颜色特性，使得颜色感觉发生相应的改变（见上一章的有关介绍）。色适应变换的目的就是要模拟眼睛的这种色适应效果，计算由此带来的颜色感觉变化。

目前对色适应比较公认的解释是：人眼视网膜上有 R、G、B 三种感光锥体，它们分别对可见光中的长波（L）、中波（M）、短波（S）最为敏感，但是都能对任何一个波长产生响应。因此，这三种锥体各自有对可见光的响应曲线。归一化到等能光谱，三种锥体的响应灵敏度曲线就如图 3-31 所示。三种锥体都有一种响应灵敏度自动平衡稳定功能，用图中的三个箭头来表示，并且这三种锥体的响应调整是彼此互相独立的。当适应环境光发生了变化，偏离了等能光谱的平衡条件，三种锥体就会根据环境刺激自动调整响应，以抵消环境的改变。在特定环境下，对于某种颜色刺激的总体响应取决于三种锥体各自对刺激的响应，因而也受眼睛的适应状态影响。例如，如果环境光中长波成分比较多，则 R 锥体细胞的灵敏度会相对降低，而 G 和 B 的响应相对提高，此时眼睛就对红颜色不太敏感了，这就是色适应带来的结果。

色适应的变换就是基于以上的原理。关键问题是，这种受环境光影响的结果是什么样的关系。目前最常用的色适应变换是 Johannes von Kries 最早提出色适应线性变换

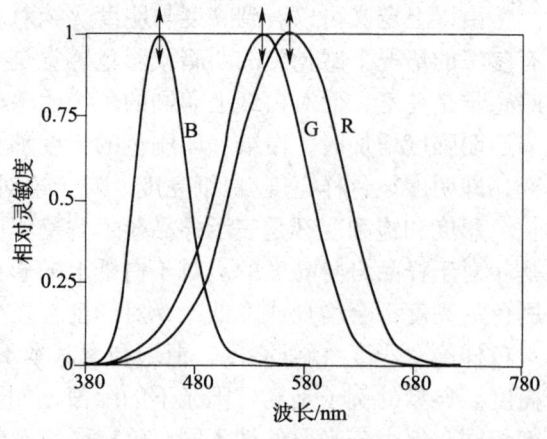

图 3-31　等能白光条件下的三种锥体响应

理论。

设在某环境光条件下的颜色刺激是 X、Y、Z，色适应变换的目的是要找出这个颜色刺激在另一个不同环境光下是一个什么样的对应颜色 X'、Y'、Z'。为此，根据色适应理论，要先将颜色刺激变换到锥体细胞的响应 R、G、B，然后根据环境光的颜色对锥体响应进行线性变换，得到对应的锥体响应 R'、G'、B'，最后得到对应色 X'、Y'、Z'。

对于某个颜色刺激 X、Y、Z，变换到锥体细胞响应 R、G、B 的公式为：

$$\begin{pmatrix} R \\ G \\ B \end{pmatrix} = M_{\text{CAT02}} \begin{pmatrix} X \\ Y \\ Z \end{pmatrix} \tag{3-52}$$

式中 M_{CAT02} 为 CIECAM02 色适应变换矩阵，由下式决定：

$$M_{\text{CAT02}} = \begin{pmatrix} 0.7328 & 0.4296 & -0.1624 \\ -0.7036 & 1.6975 & 0.0061 \\ 0.0030 & 0.0136 & 0.9834 \end{pmatrix} \tag{3-53}$$

在另一个不同的环境光条件下这组锥体响应变为对应的 R_c、G_c、B_c：

$$R_c = \left[\frac{Y_w D}{R_w} + (1-D)\right] R$$

$$G_c = \left[\frac{Y_w D}{G_w} + (1-D)\right] G \tag{3-54}$$

$$B_c = \left[\frac{Y_w D}{B_w} + (1-D)\right] B$$

式中，Y_w 是白场的亮度，R_w、G_w、B_w 是用 X_w、Y_w、Z_w 由式（3-52）~式（3-53）计算出的白场锥体响应，D 为适应度的因子，是三个环境光条件之一的适应度系数 F（表 3-8）与 L_A 的函数，由下式决定：

$$D = F\left[1 - \left(\frac{1}{3.6}\right) e^{\left(\frac{-L_A - 42}{92}\right)}\right] \tag{3-55}$$

当对环境光完全没有适应时取 $D=0$，完全适应时取 $D=1$。介于两者之间的情况，就要用式（3-55）来计算。理论上 $0 \leqslant D \leqslant 1$，但实际上，对于一种黑暗的环境，即 Dark 条件下，D 的最小值将不会小于 0.65（图 3-32），随着 L_A 值的逐步增大，对于平均的环境光条件，D 的取值将指数地收敛于 1。在平均、昏暗和黑暗三类环境光条件下，D 随 L_A 而变化的曲线如图 3-32 所示。

最后，通过计算得到的锥体响应和反色适应变化得到新环境光条件下的色适应对应色 X'、Y'、Z'，由此完成色适应变换：

$$\begin{pmatrix} X' \\ Y' \\ Z' \end{pmatrix} = M_{\text{CAT02}}^{-1} \begin{pmatrix} R_c \\ G_c \\ B_c \end{pmatrix} \tag{3-56}$$

式中 M_{CAT02}^{-1} 为 CIECAM02 色适应反变换矩阵，由下式决定：

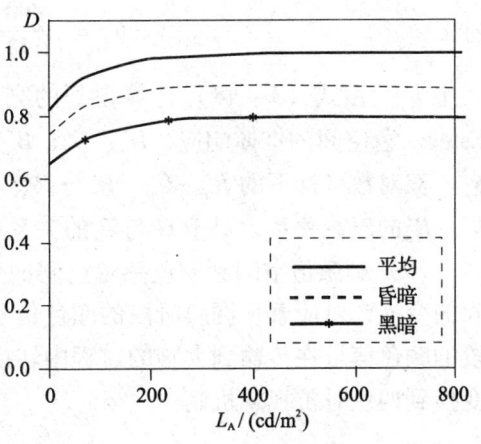

图 3-32　三种环境光条件下 D 因子与 L_A 的关系

$$M_{\text{CAT02}}^{-1} = \begin{pmatrix} 1.096214 & -0.278869 & 0.182745 \\ 0.454369 & 0.473533 & 0.072098 \\ -0.009628 & -0.005698 & 1.015326 \end{pmatrix} \quad (3-57)$$

（7）向 Hunt – Pointer – Estevez 色空间的变换　CIECAM02 色貌模型的所有颜色感觉都是在 Hunt – Pointer – Estevez 色空间计算的，所有进行了色适应变换后的颜色还要转换到 Hunt – Pointer – Estevez 色空间中。转换关系为：

$$\begin{pmatrix} R' \\ G' \\ B' \end{pmatrix} = M_H \begin{pmatrix} X' \\ Y' \\ Z' \end{pmatrix} = M_H M_{\text{CAT02}}^{-1} \begin{pmatrix} R_c \\ G_c \\ B_c \end{pmatrix} \quad (3-58)$$

式中 R'、G'、B' 为 Hunt – Pointer – Estevez 色空间中的锥体响应，M_H 为 Hunt – Pointer – Estevez 色空间变换矩阵，由下式决定：

$$M_H = \begin{pmatrix} 0.38971 & 0.68898 & -0.07868 \\ -0.22981 & 1.18340 & 0.04641 \\ 0.00000 & 0.00000 & 1.00000 \end{pmatrix} \quad (3-59)$$

Hunt – Pointer – Estevez 色空间变换前后的锥体光谱响应曲线如图 3 – 33 所示，实线为 CIECAM02 色适应变换后的锥体响应，虚线为 Hunt – Pointer – Estevez 变换后的曲线。经过 CIECAM02 色适应变换后的锥体光谱响应曲线存在负值，经过 Hunt – Pointer – Estevez 色空间变换后全部成为正值。

（8）非线性压缩　非线性压缩用来模拟视觉系统对刺激的响应，人类感觉系统对外界刺激响应一般都是非线性的关系，CIE 1976 $L^*a^*b^*$ 均匀颜色空间就是一个熟知的非线性关系。在 CIECAM02 色貌模型中，对 Hunt – Pointer – Estevez 色空间中的锥体响应进行的是双指数曲线的非线性压缩变换，其关系如下：

$$\begin{aligned} R'_a &= \frac{400 (F_L R'/100)^{0.42}}{27.13 + (F_L R'/100)^{0.42}} + 0.1 \\ G'_a &= \frac{400 (F_L G'/100)^{0.42}}{27.13 + (F_L G'/100)^{0.42}} + 0.1 \\ B'_a &= \frac{400 (F_L B'/100)^{0.42}}{27.13 + (F_L B'/100)^{0.42}} + 0.1 \end{aligned} \quad (3-60)$$

式中 F_L 为由式（3 – 48）计算得到的亮度水平适应因子，R'、G'、B' 为 Hunt – Pointer – Estevez 色空间的锥体响应，R'_a、G'_a、B'_a 为 Hunt – Pointer – Estevez 色空间的压缩后锥体响应。双对数坐标下的 R'_a、G'_a、B'_a 与 R'、G'、B' 关系如图 3 – 34 中曲线所示，图中画出的 $R' - R'_a$ 的对数关系，对于 G 与 B 的关系相同。

（9）刺激值空间到颜色感觉空间的变换　前面计算都是锥体细胞响应的三刺激值之间的变换，对应着视网膜阶段的颜色信号计算。根据颜色视觉理论的阶段学说，视网膜阶段的颜色信号在传输到大脑的过程中转换为符合四色对抗学说的信号，即从三色视觉机制变换到四色对抗视觉机制：

$$\begin{cases} a = R'_a - \dfrac{12 G'_a}{11} + \dfrac{B'_a}{11} \\ b = \dfrac{R'_a + G'_a - 2 B'_a}{9} \end{cases} \quad (3-61)$$

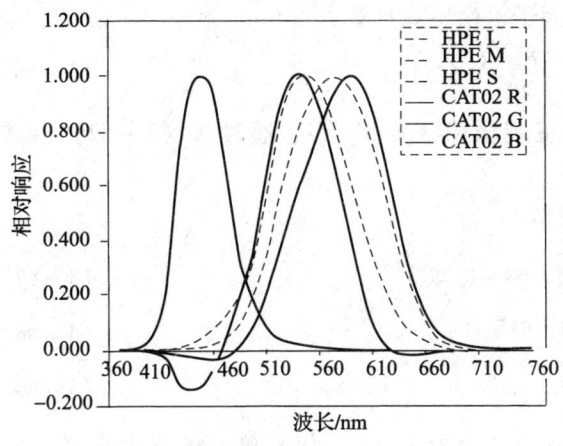

图 3-33 变换前后的锥体响应曲线

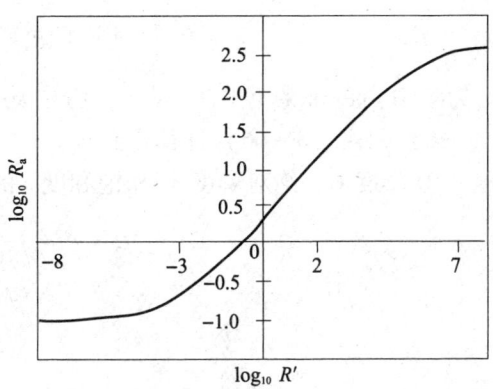

图 3-34 R'_a、G'_a、B'_a 与 R'、G'、B' 的对数关系

式中，a 为红绿度，b 为黄蓝度，类似 CIE 1976 $L^*a^*b^*$ 均匀颜色空间中的对抗色，构成了一个 $a-b$ 平面，起到从刺激值空间向感觉空间的转换作用，最终的颜色感觉参数都是从感觉空间计算得到的。

(10) 颜色感觉的计算 这一步是最终输出结果的计算。

① 色调角 h 和色调 H 的计算

$$h = \arctan\left(\frac{b}{a}\right) \tag{3-62}$$

$$H = H_i + \frac{100(h-h_i)/e_i}{(h-h_i)/e_i + (h_{i+1}-h)/e_{i+1}} \tag{3-63}$$

式 (3-63) 中用到了四色学说的各基本彩色原色色调，其参数如表 3-9 所示。式中的 i ($i=1,2,\cdots\cdots,5$) 要根据所计算 h 的所在象限位置来确定，取小于且最接近于所计算 h 的值。例如，h 落在第二象限，最接近的原色是黄，则 $H_i=100$，$h_i=90.00$，$h_{i+1}=164.25$，$e_i=0.7$，$e_{i+1}=1.0$。

表 3-9 四色对抗学说的四种基本色色调的取值

颜　色	红	黄	绿	蓝	红
i	1	2	3	4	5
h_i	20.14	90	164.25	237.53	380.14
e_i	0.8	0.7	1	1.2	0.8
H_i	400	100	200	300	400

② 明度 J 和亮度 Q 的计算

$$J = 100\left(\frac{A}{A_w}\right)^{cz} \tag{3-64}$$

$$Q = \left(\frac{4}{c}\right)\sqrt{\frac{J}{100}}(A_w+4)F_L^{0.25} \tag{3-65}$$

其中，c 为输入的环境光系数（表 3-8），z 为式（3-51）确定的参数，F_L 为式（3-48）

确定的亮度水平适应因子，A 为非彩色响应因子，由下式计算：

$$A = \left[2R'_a + G'_a + \frac{B'_a}{20} - 0.305\right]N_{bb} \quad (3-66)$$

A_w 为参考白的非彩色响应因子，由白场的三刺激值 X_w、Y_w、Z_w 通过式（3-52）～式（3-60）和式（3-66）计算得到。

③ 彩度 C、绝对彩度 M 和饱和度 s 的计算

$$C = t^{0.9}\sqrt{\frac{J}{100}}(1.64 - 0.29^n)^{0.73} \quad (3-67)$$

$$M = CF_L^{0.25} \quad (3-68)$$

$$s = 100\sqrt{\frac{M}{Q}} \quad (3-69)$$

上式中，n 为式（3-49）确定的背景诱导因子，F_L 为式（3-48）确定的亮度水平适应因子，系数 t 由下式确定：

$$t = \frac{(50000/13)N_c N_{cb} e_t \sqrt{a^2 + b^2}}{R'_a + G'_a + (21/20)B'_a} \quad (3-70)$$

其中

$$e_t = \left(\frac{1}{4}\right)\left[\cos\left(h\frac{\pi}{180} + 2\right) + 3.8\right] \quad (3-71)$$

h 是由式（3-62）确定的色调角，但需要注意的是，如果 $h < 20.14$，应该加上 360，即用 $h + 360$ 代入式（3-71）中。

在实际应用中，可以根据需要选择上述感觉属性中的明度 J、彩度 C 或饱和度 s 和色调 H 或色调角 h 三个参数来描述颜色感觉，也可以用亮度 Q、绝对彩度 M 和色调 H 或色调角 h 三个参数来描述颜色感觉。仿照在 CIE 1976 L*a*b* 均匀颜色空间中的分析方法，这些颜色感觉参数可以在 CIECAM02 色空间中用（J，a，b）表示，或用（Q，a，b）表示，此时有：

$$\begin{cases} a_c = C \cdot \cos(h) \\ b_c = C \cdot \sin(h) \end{cases} \quad (3-72)$$

或

$$\begin{cases} a_s = s \cdot \cos(h) \\ b_s = s \cdot \sin(h) \end{cases} \quad (3-73)$$

或

$$\begin{cases} a_M = M \cdot \cos(h) \\ b_M = M \cdot \sin(h) \end{cases} \quad (3-74)$$

第八节　同色异谱现象和同色异谱颜色

根据格拉斯曼定律，人的颜色视觉系统只能分辨颜色的明度、色调和彩度三个颜色属性，只要在视觉上对这三个颜色属性的感觉相同，就认为是相同的颜色，便可以相互替代，不必考虑它们的光谱组成究竟是否相同。也就是说，我们的眼睛只能根据颜色刺激中的红、绿、蓝原色的数量感知颜色的明度、色调和彩度三个颜色属性，不能感知组成颜色刺激的光谱成分。正是由于这个特性，给彩色复制提供了方便，我们才可以利用颜色混合的方法来产生所需要的颜色，进行彩色复制。通过这种方法得到的颜色可以具有相同的颜

色感觉，但不一定具有相同的光谱分布。

所谓同色异谱颜色（Metameric color）就是颜色外貌相同，但光谱组成不同的两个颜色。因此，同色异谱颜色总是成对出现的。为什么光谱分布不同的颜色可以产生相同的颜色感觉呢？由于相同的三刺激值会产生相同的颜色，因此我们可以三刺激值的计算公式来分析。设两个颜色样品的光谱反射（或透射）率为$\rho_1(\lambda)$和$\rho_2(\lambda)$，且$\rho_1(\lambda) \neq \rho_2(\lambda)$，但在相同的照明体与色度观察者条件下观察。由三刺激值的性质可知，满足同色异谱条件就是它们的三刺激值相同，即满足：

$$X = \int_\lambda S(\lambda)\rho_1(\lambda)\bar{x}(\lambda)d\lambda = \int_\lambda S(\lambda)\rho_2(\lambda)\bar{x}(\lambda)d\lambda$$

$$Y = \int_\lambda S(\lambda)\rho_1(\lambda)\bar{y}(\lambda)d\lambda = \int_\lambda S(\lambda)\rho_2(\lambda)\bar{y}(\lambda)d\lambda$$

$$Z = \int_\lambda S(\lambda)\rho_1(\lambda)\bar{z}(\lambda)d\lambda = \int_\lambda S(\lambda)\rho_2(\lambda)\bar{z}(\lambda)d\lambda \tag{3-75}$$

尽管两个颜色样品的光谱分布不同，因而颜色刺激的光谱分布不同，被积函数就不同，但等号两边的积分可能相同。只要它们的积分值相同，即三个被积函数曲线下包围的面积同时相等时，它们的颜色感觉就相同。这就是同色异谱颜色产生的条件和原因。同色异谱现象（Metamerism）是自然界中很普遍存在的一种颜色现象。在颜色匹配实验中，待测色与三原色的混合色在达到色匹配时就是同色异谱对。如图3-35所示为三个同色异谱颜色样品的光谱反射率曲线$\rho_1(\lambda)$、$\rho_2(\lambda)$和$\rho_3(\lambda)$。在标准光源D_{65}和2°视场标准色度观察者条件下，满足同色异谱颜色的条件，这三个样品的三刺激值相等：$X_1 = X_2 = X_3 = 42.73$；$Y_1 = Y_2 = Y_3 = 33.19$；$Z_1 = Z_2 = Z_3 = 15.18$，它们之间没有色差。

但是，同色异谱颜色的另一个重要特性是，满足同色异谱对是有条件的，所有的同色异谱颜色都是指在特定的照明条件下和特定的标准色度观察者光谱三刺激值条件下的同色，只有满足这个特定的条件它们才有可能具有相同的三刺激值，一旦其中某个条件发生改变就有可能破坏了同色异谱条件，原来相互匹配的颜色就有可能不再匹配。因此，同色异谱颜色又称为颜色的条件匹配。当式（3-75）中的照明体$S(\lambda)$改变，或光谱三刺激值改变（如由2°视场变为10°视场）时，重新计算出的两个颜色样品的三刺激值就有可能不相等，即$X_1 \neq X_2$，$Y_1 \neq Y_2$，$Z_1 \neq Z_2$，或其中的某一个刺激值不相等，此时两个颜色就不再是同色了。例如上面提到的三个同色异谱颜色样品，当照明光源改为A光源时，三个颜色的三刺激值都发生改变：$X_1 = 59.23$，$Y_1 = 40.25$，$Z_1 = 4.95$；$X_2 = 60.01$，$Y_2 = 40.23$，$Z_2 = 5.35$；$X_3 = 57.27$，$Y_3 = 40.36$，$Z_3 = 4.78$。

若以样品1为标准样品（原稿），样品2和样品3都是复制品，根据CIE1976 $L^*a^*b^*$均匀颜色空间颜色值及色差计算公式，可计算出样品2和样品3与标准样品的色差如下表：

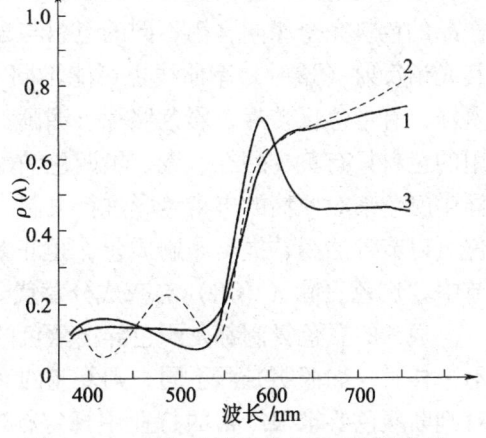

图3-35 同色异谱颜色光谱反射率曲线

表 3-10　　　　　　　　　改变光源后同色异谱颜色产生的色差

光源	颜色样品	L^*	a^*	b^*	ΔE_{ab}^*	同色异谱指数
D_{65}	1	64.31	37.17	34.26	标准	
	2	64.31	37.17	34.26	0	
	3	64.31	37.17	34.26	0	
A	1	69.65	37.79	44.04	标准	标准
	2	69.63	39.63	41.29	3.31	M_t
	3	69.73	32.91	45.37	5.06	M_t

注：D_{65}光源：$X_n=95.05$，$Y_n=100$，$Z_n=108.9$；A 光源：$X_n=109.85$，$Y_n=100$，$Z_n=35.58$

1971 年 CIE 公布了用同色异谱指数评价同色异谱程度的方法，即条件改变后计算样品颜色失匹配程度大小的方法：选择 D_{65} 为标准照明体，A 为测试照明体，用改变照明体以后造成的色差 ΔE^* 的大小去衡量两样品的同色异谱程度，称为同色异谱指数 M_t，改变条件后产生的失匹配色差越大，同色异谱指数越大，说明它们的同色异谱特性越差。上例中样品 3 的同色异谱指数大于样品 2 的同色异谱指数，表明改变照明体后样品 3 与标准样品的失匹配程度比样品 2 大，说明样品 3 的复制效果不如样品 2 好。

要使两个光谱分布不一样的颜色在多个不同照明条件下都达到同色，则它们的光谱反射率曲线 $\rho_1(\lambda)$ 和 $\rho_2(\lambda)$ 在可见光波段内，至少要在三个波长上有交叉点，即在三个不同波长上具有相同的数值，如图 3-36。两个样品的光谱反射率曲线交叉点越多，实现同色异谱的范围越广，同色异谱指数越低，能承受条件匹配的能力越强。如果交叉点无穷多，两者的光谱反射率曲线重合，则两者为同色同谱色，那么无论在何种照明体下、无论是什么样的观察者观察时都是同色的。

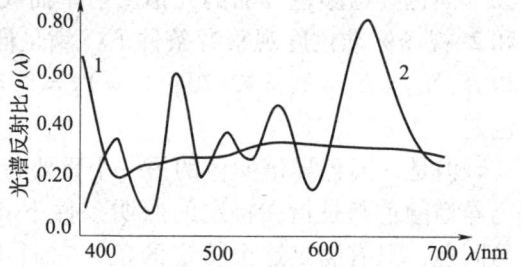

图 3-36　对不同光源和观察者都是同色异谱颜色的光谱反射率曲线

同色异谱现象广泛存在于彩色印刷、摄影、绘画、印染等用色领域。因为在实际生产中，常常遇到配色的问题，即要求配出与样品相同的颜色，但复制品所用的色料不可能与样品的色料完全相同，用不同的色料与配方复制同样的颜色，即使达到颜色的条件匹配，其光谱反射（透射）率曲线也可能不同 [$\rho_1(\lambda) \neq \rho_2(\lambda)$]。例如，彩色印刷原稿种类多样，有彩色反转片，彩色照片、油画、水彩画等，各种原稿色料不同，而印刷复制时所用的色料只有黄、品红、青、黑四色油墨及纸张的白色，所以说彩色印刷完全是利用同色异谱颜色来对原稿的丰富色彩进行复制。在印刷中用黑墨替代三原色彩墨叠印产生的非彩色可以节省油墨、提高印刷质量，也正是利用了同色异谱色特性的结果 [见第七章第二节中"底色去除（UCR）与灰成分替代（GCR）"的讨论]。

通常的彩色复制都是同色异谱颜色的复制，因此当观察彩色复制品的条件与复制条件不一样时，如照明光源不同，则复制的颜色就有可能发生偏差。这就是为什么要在印刷等对判断颜色要求很严格的行业中规定标准照明和观察条件的原因之一。对于印刷行业来说，通常用户要提供给印刷厂一个经过确认过的标准样张，印刷厂要根据这个标准样张进行印刷，使印刷品与样张的颜色一致。但如果观察样张的条件与印刷时使用的条件不同时，即使在印刷时印刷品与标准样张达到了匹配，客户在观察印刷品时也有可能感觉与标准样张不匹配，就会造成纠纷。

在有些对彩色复制有特殊要求的情况下，也会要求必须达到同色同谱的复制效果，要求在各种观察条件下都能达到颜色匹配。例如在有些有价证券的印刷时，为了达到防伪的效果，对油墨的配色就要求达到油墨的光谱曲线一样，消除同色异谱现象。对有些古艺术品的复制也需要达到近似同色同谱的效果，使复制更加逼真，同时也起到防伪的作用，印刷时如何使用最少的原色达到光谱复制的目的，就成为当前印刷复制领域一个研究的热点。

本章小结

CIE 标准色度学体系包括 CIE 标准色度系统和 CIE 均匀颜色空间两大组成部分。本章按照色度学发展的顺序介绍了 CIE1931 标准色度系统、CIE1964 补充标准色度系统和 CIE 均匀颜色空间，其中主要介绍了印刷行业应用最广泛的 CIE1976LAB 均匀颜色空间。

CIE1931 标准色度系统和 CIE1964 补充标准色度系统都是建立在颜色匹配数据基础上，通过标准观察者光谱三刺激值模拟眼睛对光谱色的响应，从而按照颜色视觉的形成机制计算出颜色的三刺激值，以此表示特定条件下的颜色感觉。

CIE1931 标准色度系统和 CIE1964 补充标准色度系统都使用三刺激值和色品坐标表示颜色。CIE1931 标准色度系统的三刺激值用 X、Y、Z 表示，色品坐标为 x，y，适用于 2°左右、小于 4°视场的观察条件；CIE1964 补充标准色度系统的三刺激值用 X_{10}、Y_{10}、Z_{10} 表示，色品坐标为 x_{10}，y_{10}，代表 10°视场的观察条件。在特定的条件下，相同的三刺激值表示相同的颜色感觉，不同的颜色感觉用不同的三刺激值来表示。

CIE1976LAB 均匀颜色空间是 CIEXYZ 标准色度系统的非线性变换。CIE1976LAB 均匀颜色空间用明度指数 L^* 和色度指数 a^*，b^* 表示颜色，经过计算可以得到与颜色感觉相一致的明度 L^*、色调角度 h_{ab}^* 和彩度 C_{ab}^*，构成与视觉感觉相一致的颜色空间。在均匀颜色空间中，颜色样品间的色差可以用样品颜色坐标的空间距离来表示。

对比 CIE 标准色度系统与 CIE 均匀颜色空间对颜色的表示方法可知，CIE 标准色度系统用三刺激值表示颜色的方法对应着颜色视觉的视网膜阶段，而在 CIE 均匀颜色空间中将颜色的三色表示转换为四色对抗表示，对应着视神经传输阶段。

本章的内容是颜色表示、计算和测量的基础，掌握颜色计算的基本原理和方法对于学习其他内容、掌握印刷过程中的色彩学原理、理解相关课程的内容都十分重要。

本章最后还介绍了现代颜色科学的新发展，介绍了 CMC（$l:c$）、CIE94 和 CIEDE2000 色差公式，介绍了 CIECAM02 色貌模型。

从本章对 CIE 标准色度学体系内容的介绍可以归纳出，现代色度学的发展大致经历了颜色匹配、色差研究和色貌研究三个阶段。

① 色匹配阶段。这一阶段是色度学的奠基阶段，建立了 CIE 标准观察者光谱三刺激值，建立了颜色的基本表示和测量方法，如 CIEXYZ 色空间。

② 色差阶段。为了对颜色进行定量的比较、计算颜色的差别、达到控制颜色的目的，需要建立一个与颜色视觉相一致的颜色空间，空间中的坐标值与颜色感觉呈线性关系，可

以用坐标点间的距离代表颜色感觉的差别。在这一阶段，色度学提出了 CIELAB、CIELUV 色空间的色差公式，后来又提出了 CMC ($l:c$)、CIE94、BFD ($l:c$) 和 CIEDE2000 等色差公式。

③ 色貌阶段。在以上两个阶段中，颜色和色差的测量、表示都是被限制在固定条件下，必须在确定的光源（照明体）、确定的媒体（发光体、反射体、透射体）、确定的照明与观察条件（视场亮度、环境色、背景色）、确定的观察者（2°或10°）条件下使用。在近代颜色再现过程中，如在图像工业、计算机辅助设计、制图工艺、桌面出版系统等方面的研究与生产中，经常要在不同的照明与观察条件下进行颜色观察，并且要使被再现的色刺激跨越一系列性质完全不同的媒体，要在不同的媒介间进行色貌的比较。因此，迫切需要研究能够适应各种照明与观察条件、满足跨媒体颜色再现需要的颜色模型。在这种颜色模型中，人们能够预测在各种照明、观察、环境、背景、媒体条件下颜色外貌的变化，真正模拟眼睛在不同环境条件下的颜色感受。只要两种颜色的色貌参数相同，不管条件如何，它们看起来就是完全相同的。继1997年CIECAM97s被采纳之后，2002年CIE又推荐了CIECAM02色貌模型，对CIECAM97s进行了修正。

以上各阶段的研究都是针对均匀颜色的，而现在应用更多的是彩色图像。彩色图像中的颜色是不均匀的，属于复杂的颜色对象，严格地说，目前所有的颜色理论和方法都不能完全适用于图像的处理。因此，有理由预测，颜色科学的下一个研究阶段将是对彩色图像色貌的研究，研究跨媒体图像颜色再现的问题。

习 题

1. 如何理解一个单位三刺激值的相对亮度比例和辐亮度比例？
2. 如何理解"要想消除负坐标值，必须使新三原色包围所有的颜色范围"这句话的含义？
3. 在 CIE1931 - RGB 系统中光谱三刺激值出现负值的原因和含义是什么？
4. Y 刺激值相同而 X 和 Z 不同的颜色具有什么共性？色品坐标 x，y 相同的颜色是否具有相同的颜色感觉？颜色感觉相同色品坐标是否也相同？请说明理由。
5. 讨论非彩色的三刺激值和色品坐标有何特点？
6. 如表 3 - 11 中的色品坐标所示，请根据色品坐标值判断各颜色的大致颜色感觉（色调和彩度），并说明根据。

表 3 - 11   样品的色品坐标

序 号	x	y	颜色感觉
1	0.65	0.32	
2	0.19	0.81	
3	0.21	0.21	
4	0.3127	0.329	

7. 三个不同波长的单色光混光，若把各单色光光强同时增大或减小一倍，则三刺激值有无变化？色品坐标有无变化？为什么？
8. 某个颜色样品的 XYZ 三刺激值与特定的照明光源有关系吗？用这组 XYZ 三刺激值计算 CIELAB 值时如何选择光源的 $X_n Y_n Z_n$ 三刺激值？
9. 已知两种颜色的色品坐标 x，y 和亮度因数 Y 分别为：P (0.2, 0.6, 50)，Q (0.3, 0.1, 20)，

试计算混合色的三刺激值、色品坐标和亮度因数，并将色品坐标表示在色品图上，验证计算结果符合作图法的规则。

10. 为什么不能直接用 CIEXYZ 三刺激值计算色差？

11. 在 CIELAB 均匀颜色空间中，如何计算颜色的彩度 C^* 和色调角 h^*？等彩度和等色调角颜色分别构成什么样的曲面？

12. 若已知两个颜色在 D65 光源和 2°视场条件下的三刺激值为 $X_1 = 59.23$，$Y_1 = 40.25$，$Z_1 = 4.95$；$X_2 = 60.01$，$Y_2 = 40.23$，$Z_2 = 5.35$，请计算二颜色的色差、明度、色调角和彩度的差别，并描述二颜色的色貌感觉差异（D65 的三刺激值 $X_n = 95.04$，$Y_n = 100.00$，$Z_n = 108.88$）。

13. 何为同色异谱颜色？同色异谱颜色有何应用，请分析使用同色异谱颜色的利弊。

14. 如果眼睛看上去颜色完全相同的不同物体，在用照相机拍摄得到照片上它们的颜色也肯定相同吗？为什么？

15. 什么是颜色刺激？颜色刺激是如何计算的？

16. 如何理解 87 页图 3 – 26 代表的意义？图中是如何定量描述颜色视觉各个阶段的过程？

第四章 光源的色度学

第一节 光源的颜色特性

产生颜色感觉的要素之一是有光的存在，照明光源的颜色特性对观察颜色的效果有直接的影响，同一个颜色样品在不同光源下观察，会产生不同的颜色感觉。从上一章的讨论和颜色计算公式(3-11)~式(3-15)可知，光源对颜色感觉影响的直接原因在于光源的相对光谱功率分布特性，不同的相对光谱功率分布产生的颜色感觉不同，照射到物体上所形成的颜色刺激也会不同。图4-1(a)为CIE标准照明体A和D_{65}的相对光谱功率分布曲线，可以看出，二者的差别是很大的。图4-1(b)是一个反射物体的光谱反射率曲线，该物体主要反射可见光的短波光。图4-1(c)是这两种光照射到该反射物体上所形成的颜色刺激。由于照射的光源不同，所形成的颜色刺激也很不同。D_{65}照射在这个物体上形成的颜色刺激在短波区有较强的光谱分布，而A照明体形成的颜色刺激在短波端相对很小，在长波端略微大一些。由颜色刺激的光谱分布可以看出，二者所形成的颜色感觉也会不同，D_{65}照射时颜色要偏蓝一些，A照明时相对偏红。

由此可以看出，光源的颜色特性可以用它的相对光谱功率分布来表示。但是在实际应用中，用光源的光谱功率分布来说明光源特性往往不直观，只有在非常专业的情况下才这样表示，而更多情况下是用光源的颜色和光源的显色性两个指标来表示。光源的颜色是指人眼直接观察光源时所看到的颜色感觉，可用三刺激值和色温（或相关色温）来描述；光源的显色性通常用一般显色指数R_a来表示，代表在该光源照明下所呈现颜色的真实性指标。

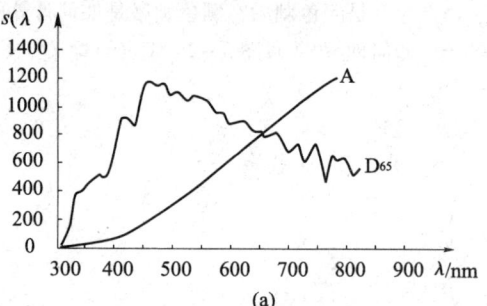

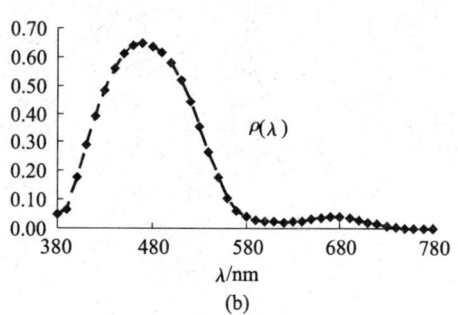

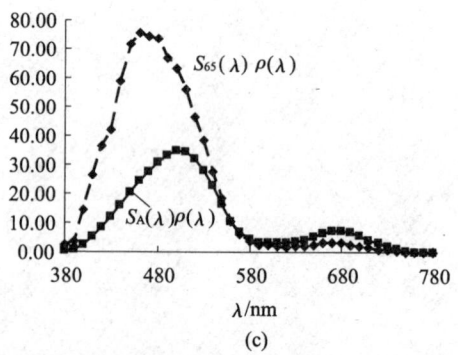

图4-1 不同光源产生的颜色刺激示意图
(a) CIE标准照明体A和D_{65}的光谱功率分布曲线
(b) 反射样品的光谱反射率曲线
(c) 两种光源照射到样品上形成的颜色刺激光谱分布

一、黑 体

所谓黑体即完全辐射体，又称普朗克辐射体，是一种能够把落在它表面上的任何波长的辐射全部吸收的物体，也就是说它是光谱吸收比恒等于 1 的物体。黑体的一个重要特性是，在达到热平衡时，辐射的光谱能量分布 $E(\lambda, T)$ 是固定的，是温度 T 的单调函数，这个函数关系遵守普朗克公式（Planck's radiation law）：

$$E(\lambda, T) d\lambda = \frac{C_1 d\lambda}{\lambda^5 [\exp(C_2/\lambda T) - 1]} \quad (4-1)$$

式中，C_1 和 C_2 为常数，$C_1 = 3.74150 \times 10^{-16}$ W·m²，$C_2 = 1.4388 \times 10^{-2}$ m·K。λ 为波长，T 为以绝对温度为单位的温度，单位为开尔文（Kelvin），简称"K"。图 4-2 是由式（4-1）计算出不同温度时黑体辐射的能量分布曲线，图中每一条曲线是由特定温度黑体辐射的光谱分布，其对应的绝对温度值标在曲线的旁边。由图中曲线可以看出，当温度一定时，辐射的光谱分布是波长的单调函数。

在自然界中绝对黑体是不存在的，太阳和炙热的炉火近似是黑体。可以用耐高温的金属材料制作性质极为接近黑体的物体，如图 4-3 所示为一模拟黑体的装置。这种黑体是一个封闭空腔上的一个小孔，空腔内壁全部涂黑，四周绝热。当光线由小孔穿入，将在腔壁内发生多次反射和吸

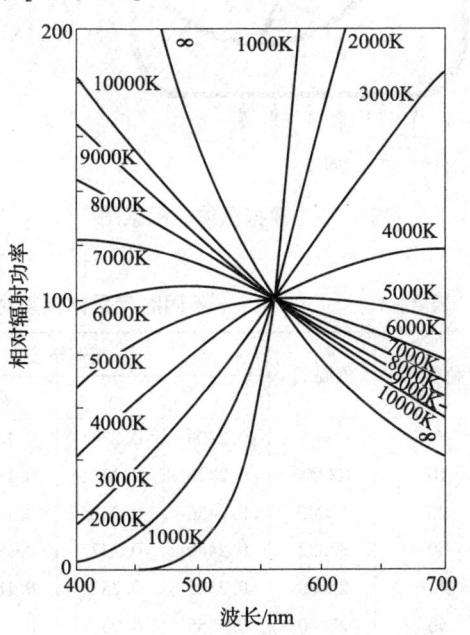

图 4-2 不同温度黑体辐射的光谱功率分布曲线

收。因小孔的面积比腔体内表面总面积小很多，折射次数也很多，最后由小孔穿出腔体的能量就非常非常小，所以，这个小孔就近似于一个绝对黑体。当物体加热到高温时便产生辐射，颜色会随温度发生变化。上述黑体被加热时，随着温度的升高，黑体吸收的能量将以光的形式由小孔向外辐射，其辐射的光谱分布完全取决于它的温度。

从图 4-2 还可以看出一个规律，随着黑体温度增加，其辐射能量的相对光谱功率分布的峰值逐渐向短波方向变化，所发光的颜色变化顺序依次是红→黄→白→蓝。温度连续改变，所发光的颜色也随之连续变化。用不同温度下黑体发光的光谱分布计算其三刺激值并转换成色品坐标，绘于 CIE1931 色品图上便描出一条弧形轨迹，称为黑体轨迹或普朗克轨迹（Planckian locus），如图 4-4 所示，其数据列于表 4-1。表中第二列为色温值，"黑体轨迹上"一栏下面的 x, y 对应的数据就是 CIE 1931 色品坐标，u, v 对应的数据是 CIE 1960 均匀标尺图的色品坐标。

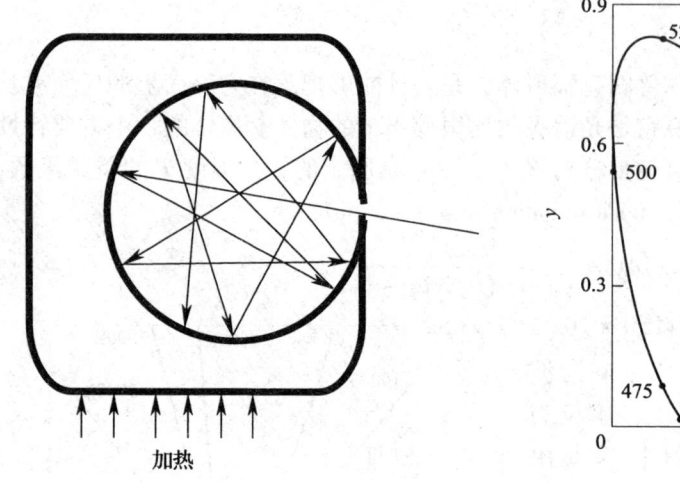

图 4-3 模拟黑体的示意图

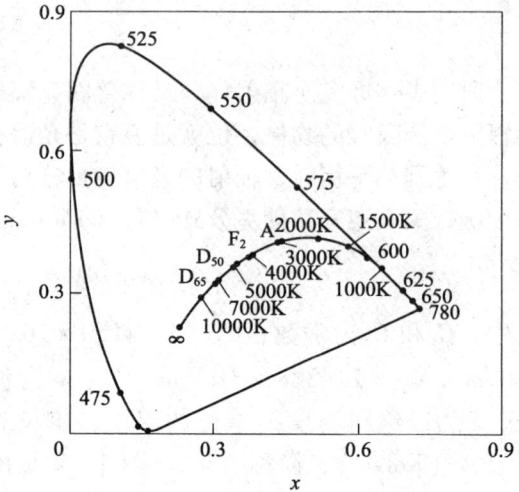

图 4-4 不同温度黑体颜色的色品坐标

表 4-1　　　　　　不同温度黑体辐射对应的色品坐标及等色温坐标

麦勒德 μrd	色温 T_c	黑体轨迹上				黑体轨迹外			
		x	y	u	v	x	y	u	v
0	∞	0.2399	0.2341	0.1801	0.2636	0.2687	0.2146	0.2133	0.2556
10	100000	0.2426	0.2381	0.1806	0.2659	0.2691	0.2186	0.2117	0.2579
20	50000	0.2456	0.2425	0.1813	0.2685	0.2707	0.2228	0.2110	0.2605
30	33333	0.2489	0.2472	0.1821	0.2712	0.2723	0.2275	0.2101	0.2632
40	25000	0.2525	0.2523	0.1829	0.2741	0.2741	0.2325	0.2092	0.2661
50	20000	0.2565	0.2577	0.1839	0.2771	0.2761	0.2378	0.2083	0.2691
60	16667	0.2607	0.2634	0.1849	0.2802	0.2785	0.2433	0.2077	0.2722
70	14286	0.2653	0.2693	0.1861	0.2834	0.2812	0.2492	0.2072	0.2755
80	12500	0.2701	0.2755	0.1874	0.2867	0.2842	0.2552	0.2069	0.2787
90	11111	0.2752	0.2818	0.1888	0.2900	0.2876	0.2614	0.2068	0.2820
100	10000	0.2806	0.2883	0.1903	0.2933	0.2912	0.2677	0.2069	0.2853
110	9091	0.2863	0.2949	0.1919	0.2966	0.2954	0.2740	0.2074	0.2886
120	8333	0.2921	0.3015	0.1936	0.2998	0.2998	0.2804	0.2080	0.2918
130	7692	0.2982	0.3081	0.1955	0.3030	0.3044	0.2868	0.2088	0.2950
140	7143	0.3045	0.3146	0.1975	0.3061	0.3093	0.2931	0.2097	0.2981
150	6667	0.3110	0.3211	0.1996	0.3092	0.3145	0.2994	0.2109	0.3012
160	6250	0.3176	0.3275	0.2018	0.3122	0.3199	0.3055	0.2123	0.3042
170	5882	0.3243	0.3338	0.2041	0.3151	0.3254	0.3115	0.2138	0.3070
180	5556	0.3311	0.3399	0.2064	0.3178	0.3311	0.3174	0.2155	0.3098
190	5263	0.3380	0.3459	0.2088	0.3205	0.3370	0.3231	0.2173	0.3125
200	5000	0.3450	0.3516	0.2114	0.3231	0.3430	0.3286	0.2193	0.3151
210	4762	0.3521	0.3571	0.2140	0.3256	0.3491	0.3339	0.2213	0.3176

续表

麦勒德 μrd	色温 T_c	黑体轨迹上				黑体轨迹外			
		x	y	u	v	x	y	u	v
220	4545	0.3591	0.3624	0.2166	0.3279	0.3552	0.3390	0.2235	0.3199
230	4348	0.3662	0.3674	0.2194	0.3302	0.3614	0.3438	0.2258	0.3222
240	4167	0.3733	0.3722	0.2222	0.3323	0.3676	0.3484	0.2281	0.3243
250	4000	0.3804	0.3767	0.2251	0.3344	0.3739	0.3528	0.2306	0.3264
260	3846	0.3874	0.3810	0.2280	0.3363	0.3801	0.3569	0.2331	0.3283
270	3704	0.3944	0.3850	0.2309	0.3382	0.3864	0.3607	0.2358	0.3301
280	3571	0.4013	0.3887	0.2339	0.3399	0.3926	0.3643	0.2384	0.3319
290	3448	0.4081	0.3921	0.2370	0.3415	0.3987	0.3677	0.2411	0.3335
300	3333	0.4149	0.3953	0.2400	0.3431	0.4049	0.3708	0.2439	0.3351
310	3226	0.4216	0.3982	0.2432	0.3445	0.4109	0.3736	0.2467	0.3365
320	3125	0.4282	0.4009	0.2463	0.3459	0.4169	0.3762	0.2496	0.3379
330	3030	0.4347	0.4033	0.2495	0.3472	0.4229	0.3786	0.2526	0.3392
340	2941	0.4411	0.4055	0.2526	0.3484	0.4287	0.3807	0.2555	0.3404
350	2857	0.4473	0.4074	0.2558	0.3495	0.4345	0.3826	0.2585	0.3415
360	2778	0.4535	0.4091	0.2591	0.3505	0.4401	0.3843	0.2615	0.3425
370	2703	0.4595	0.4105	0.2623	0.3515	0.4457	0.3857	0.2646	0.3435
380	2632	0.4654	0.4118	0.2655	0.3524	0.4512	0.3870	0.2677	0.3444
390	2564	0.4712	0.4128	0.2688	0.3533	0.4566	0.3881	0.2708	0.3453
400	2500	0.4769	0.4137	0.2721	0.3541	0.4618	0.3890	0.2739	0.3461
410	2439	0.4824	0.4143	0.2754	0.3548	0.4670	0.3897	0.2771	0.3468
420	2381	0.4878	0.4148	0.2787	0.3554	0.4720	0.3902	0.2802	0.3474
430	2326	0.4931	0.4151	0.2820	0.3561	0.4770	0.3906	0.2834	0.3481
440	2273	0.4982	0.4153	0.2852	0.3566	0.4818	0.3908	0.2865	0.3486
450	2222	0.5033	0.4153	0.2885	0.3571	0.4866	0.3909	0.2897	0.3491
460	2174	0.5082	0.4151	0.2919	0.3576	0.4912	0.3908	0.2929	0.3496
470	2128	0.5129	0.4149	0.2951	0.3580	0.4957	0.3907	0.2961	0.3500
480	2083	0.5176	0.4145	0.2984	0.3584	0.5001	0.3904	0.2993	0.3504
490	2041	0.5221	0.4140	0.3016	0.3588	0.5044	0.3900	0.3024	0.3508
500	2000	0.5266	0.4133	0.3050	0.3591	0.5086	0.3895	0.3056	0.3511
510	1961	0.5309	0.4126	0.3082	0.3593	0.5127	0.3889	0.3088	0.3513
520	1923	0.5351	0.4118	0.3115	0.3596	0.5167	0.3882	0.3120	0.3516
530	1887	0.5391	0.4109	0.3147	0.3598	0.5207	0.3874	0.3152	0.3518
540	1852	0.5431	0.4099	0.3179	0.3600	0.5245	0.3866	0.3184	0.3520
550	1818	0.5470	0.4089	0.3212	0.3601	0.5282	0.3856	0.3215	0.3521
560	1786	0.5508	0.4078	0.3244	0.3602	0.5318	0.3847	0.3246	0.3522

续表

麦勒德 μrd	色温 T_c	黑体轨迹上				黑体轨迹外			
		x	y	u	v	x	y	u	v
570	1754	0.5545	0.4066	0.3276	0.3603	0.5354	0.3836	0.3278	0.3523
580	1724	0.5581	0.4054	0.3308	0.3604	0.5389	0.3825	0.3310	0.3524
590	1695	0.5616	0.4051	0.3334	0.3607	0.5422	0.3814	0.3341	0.3525
600	1667	0.5650	0.4028	0.3371	0.3605	0.5455	0.3802	0.3372	0.3525
610	1639	0.5683	0.4014	0.3403	0.3605	0.5488	0.3790	0.3403	0.3525
620	1613	0.5715	0.4000	0.3434	0.3605	0.5519	0.3778	0.3433	0.3525
630	1587	0.5747	0.3986	0.3465	0.3605	0.5550	0.3765	0.3464	0.3525
640	1563	0.5778	0.3972	0.3496	0.3605	0.5580	0.3752	0.3495	0.3525
650	1538	0.5808	0.3957	0.3527	0.3604	0.5609	0.3738	0.3526	0.3524
660	1515	0.5837	0.3942	0.3558	0.3604	0.5638	0.3725	0.3556	0.3524

二、色 温

不同光源所发光的相对光谱功率分布有很大差异，直观的反映就是光源的光色各不相同。那么，用什么方法可以方便地描述光源所发光的颜色呢？

我们知道，黑体的温度与所辐射能量的光谱分布是固定的关系，也就是黑体温度与颜色感觉具有固定的关系（如图4-4和表4-1"黑体轨迹上"一栏对应的数据），于是人们就用黑体的温度来表示光源的颜色。当某种光源的颜色（色品坐标）与某一温度下的黑体颜色（色品坐标）相同时，就称此时黑体的温度为该光源的颜色温度，简称**色温**（Color Temperature），用符号 T_c 表示，单位为开尔文，用"K"表示。例如，某光源的光色与黑体加热到绝对温度2400K时所发出的光色相同，则光源的色温就是2400K，它在CIE1931色品图上的坐标为 $x=0.4862$，$y=0.4147$。

像白炽灯等通过热辐射发光的光源，其发光的光谱分布与黑体很相似，光色的色品坐标基本上在坐标图的黑体轨迹上，因此，色温的概念能恰当地描述白炽灯的光色。

三、相关色温

黑体辐射的光谱分布是连续的，而各种不同的光源依据其发光原理的不同，所发光的光谱功率分布形式差别也很大，有连续光谱，如白炽灯；有带状光谱，如荧光灯；甚至还有线状光谱，如高压汞灯等。图4-5列出了几种典型光源的光谱分布图，分别对应了不同类型的光谱形式。从图中光谱分布曲线的形式可以看出，除了白炽灯、金属卤素灯这类以加热发光的光源以外，其他常用

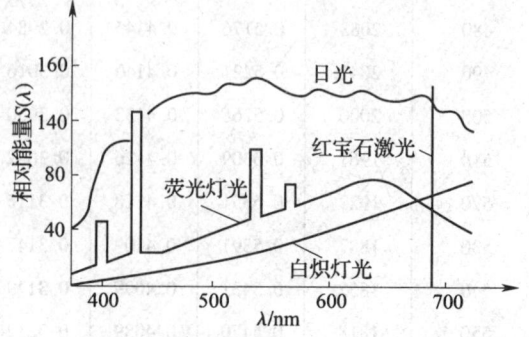

图4-5 典型光源的光谱分布图

光源的光谱功率分布往往与黑体的分布相差甚远，它们的光色在色品图上不一定能准确地落在黑体轨迹上，常常落在该轨迹附近。由于光源的色品坐标并不恰好落在黑体轨迹上，所以不能用色温来表示，只能用该光源颜色感觉与黑体轨迹上最接近颜色点对应的黑体温度来确定该光源的色温，这样确定的色温叫做**相关色温**（Relative Color Temperature）。例如图4-4中，与光源 D_{65} 的色品点颜色最接近的黑体色品点对应的色温为6504K，所以光源 D_{65} 的相关色温就定为6504K。

光源的色温或相关色温可以通过测量光源的相对光谱功率分布得到，也可以通过直接测量其色品坐标再经过计算求得。

用色温和相关色温来描述光源颜色的方法简便、直观且便于交流，是很多光源产品说明书中的参数之一。但是，色温只是一种描述光源颜色的量值，色温相同的光源只能说明它们看上去的颜色感觉相同或相近，而它们的光谱组成可能会有很大的不同，因而颜色的特性还会有很大差别。因此，色温只从光源的光色角度说明了光源的颜色特性，还不全面，要全面描述光源特性还要使用光源的显色指数。

特别值得注意的是，色温与相关色温是用对应的黑体温度描述光源发光颜色的一种方法，并不代表光源本身的温度，色温与温度是两个不同的概念。

*四、光源相关色温的确定

根据相关色温的定义，光源的相关色温是与其颜色坐标点距离最近的黑体温度，而黑体轨迹上与光源坐标点最近的点应该位于光源点到黑体轨迹的垂线上。但由于CIE 1931色品图的坐标点在视觉感觉上不是均匀的，因此在 CIE 1931 色品图上，不能按上述方法根据坐标点来确定与黑体轨迹上颜色感觉最接近的颜色坐标，所以不好计算光源的相关色温。凯莱（K. L. Kelly）将黑体轨迹数据转换到 CIE1960UCS 均匀标尺图上，用均匀标尺图上距离黑体轨迹的最近距离来表示相同相关色温的坐标点，得到了一系列等相关色温直线，是一组垂直于黑体轨迹的直线，直线上所有的点都具有相同的相关色温值，如图4-6所示。根据相关色温的定义，如果光源的色品坐标位于某条直线上，则该直线与黑体轨迹交点所对应的色温值，就是该光源的相关色温。

在黑体轨迹上，相同色温间隔的坐标不是等间隔的，因此凯莱引入了一个新变量，叫做麦勒德 mired，记做 μrd。麦勒德与色温互为倒数的关系，即：

$$\text{mired}(\mu\text{rd}) = \frac{10^6}{T_c(\text{K})} \tag{4-2}$$

麦勒德与色温数值的对应关系可以从表4-1中的第一列和第二列数据查出。

从图4-6上可以直接判读出光源的相关色温，也可以从表4-1中近似查出。如果需要精确确定光源的色温值，则需要用插值的方法计算。如图4-7所示，M_1 和 M_2 分别对应 CIE1960UCS 均匀标尺图上两个相邻的等色温线，单位为 μrd，并且 $M_1 < M_2$（M_1 对应 T_2，相应地 $T_1 < T_2$），(u, v) 坐标点为待计算光源的色品坐标值，位于等色温线 M_1 和 M_2 之间。设 d_1 为光源坐标点到 M_1 的距离，d_2 为光源坐标点到的 M_2 距离，则光源的相关色温可近似计算为：

$$T_{c48} = \frac{10^6}{M_1 + \frac{(M_1 - M_2) \cdot d_1}{d_1 + d_2}} \tag{4-3}$$

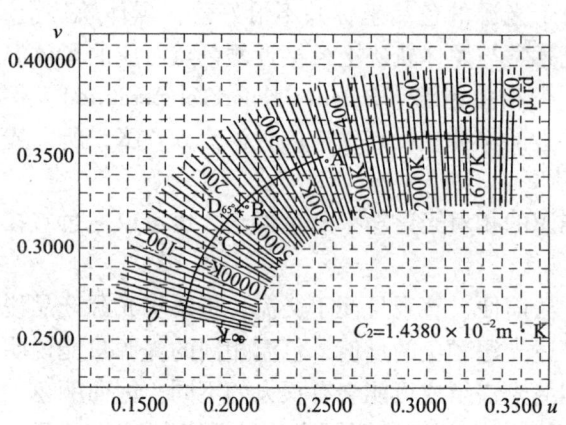

图4-6 CIE1960UCS图上的黑体轨迹和等色温线

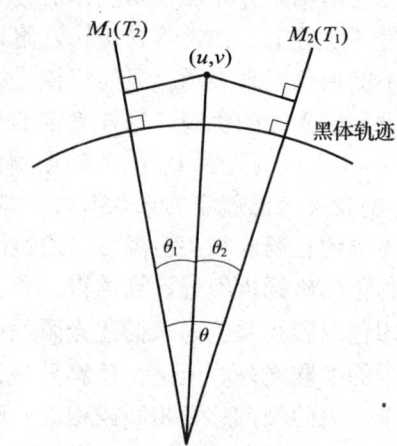

图4-7 相关色温的插值计算方法示意图

式中，M_1和M_2为两条等色温线对应的麦勒德值，T_{c48}为计算出的相关色温值。但由于当年凯莱所绘制的黑体等温线是根据1948年国际实用温标绘制的，普朗克公式中的常数$C_2 = 1.4380 \times 10^{-2} \text{m} \cdot \text{K}$，而1968年新国际实用温标规定$C_2 = 1.4388 \times 10^{-2} \text{m} \cdot \text{K}$，因此还要将计算结果进行换算：

$$T_c = \frac{1.4388}{1.4380} \times T_{c48} \tag{4-4}$$

第二节 CIE标准照明体和标准光源

人类长期生活在日光照明的条件下，眼睛对日光的照明最熟悉。但在实际工作和生产中还使用各种各样的人工光源，各种不同光源的光谱分布都不同。即使是日光，在不同时间、地点或天气条件下，日光的相对光谱功率分布也是不同的，而人工光源的光谱功率分布则更是五花八门。因此，在这些不同光源的照明下，物体表面呈现出的颜色也不尽相同。为了达到颜色度量与评价的一致性，需要在人们共同约定的几种具有代表性的光源下标定物体的颜色。为此，CIE推荐了标准照明体和标准光源。

标准照明体和标准光源是两个不同的概念。**标准照明体**是指特定的光谱功率分布，这种标准的光谱功率分布仅是一种规定，不一定要由一个光源直接提供，也不一定能真正地实现。标准照明体用$S(\lambda)$表示，是计算颜色的基本数据之一。**标准光源**是特指符合标准照明体光谱功率分布规定的物理发光体，是模拟标准照明体的光源。CIE用相对光谱功率分布定义了标准照明体，规范了计算颜色使用的光谱功率分布函数$S(\lambda)$，同时还规定了实现标准光源方法，以实现标准照明体的相对光谱功率分布。

CIE标准照明体光谱功率分布的定义体现了对黑体辐射和不同时相日光光谱分布的模拟。

CIE标准照明体：

① 标准照明体A。代表绝对温度2856K的完全辐射体（黑体）的辐射。它的色品坐

标点落在 CIE1931 色品图的黑体轨迹上。

② 标准照明体 B。代表相关色温大约为 4874K 的直射日光，它的光色相当于中午的日光，其色品点紧靠黑体轨迹下方。

③ 标准照明体 C。代表相关色温大约为 6774K 的平均日光。它的光色近似阴天天空的日光，其色品点位于黑体轨迹的下方。

④ 标准照明体 D_{65}。代表相关色温约为 6504K 的日光，其色品点在黑体轨迹的上方。

⑤ 标准照明体 D。代表除了 D_{65} 以外、其他各种时相日光的相对光谱功率分布，又名典型日光或重组日光。

表 4-2 列出了 CIE 标准照明体 A、D_{65}、D_{50} 的相对光谱功率分布（$\Delta\lambda = 5nm$）和色品坐标，图 4-8 为 CIE 标准照明体 A、B、C、D_{65} 的相对光谱功率分布曲线。

表 4-2　　CIE 标准照明体 A、D_{65}、D_{50} 相对光谱功率分布和色品坐标

波长/nm	$S_A(\lambda)$	$S_{D_{65}}(\lambda)$	$S_{D_{50}}(\lambda)$	波长/nm	$S_A(\lambda)$	$S_{D_{65}}(\lambda)$	$S_{D_{50}}(\lambda)$
300	0.93	0.03	0.02	305	1.13	1.66	1.04
310	1.36	3.29	2.05	315	1.62	11.77	4.92
320	1.93	20.24	7.79	325	2.27	28.64	11.27
330	2.66	37.05	14.76	335	3.10	38.50	16.36
340	3.59	39.95	17.96	345	4.14	42.43	19.49
350	4.74	44.91	21.02	355	5.41	45.78	22.49
360	6.14	46.64	23.96	365	6.95	49.36	25.47
370	7.82	52.09	26.98	375	8.77	51.03	25.74
380	9.80	49.98	24.50	385	10.90	52.31	27.19
390	12.09	54.65	29.89	395	13.35	68.70	39.61
400	14.71	82.75	49.33	405	16.15	87.12	52.93
410	17.68	91.49	56.53	415	19.29	92.46	58.29
420	21.00	93.43	60.05	425	22.79	90.06	58.94
430	24.67	86.68	57.83	435	26.64	95.77	66.34
440	28.70	104.87	74.84	445	30.85	110.94	81.05
450	33.09	117.01	87.26	455	35.41	117.41	88.95
460	37.81	117.81	90.63	465	40.30	116.34	91.01
470	42.87	114.86	91.38	475	45.52	115.39	93.25
480	48.24	115.92	95.12	485	51.04	112.37	93.55
490	53.91	108.81	91.97	495	56.85	109.08	93.85
500	59.86	109.35	95.73	505	62.93	108.58	96.18
510	66.06	107.80	96.62	515	69.25	106.30	96.88
520	72.50	104.79	97.13	525	75.79	106.24	99.62
530	79.13	107.69	102.10	535	82.52	106.05	101.43
540	85.95	104.41	100.76	545	89.41	104.23	101.54
550	92.91	104.05	102.32	555	96.44	102.02	101.16
560	100.00	100.00	100.00	565	103.58	98.17	98.87

续表

波长/nm	$S_A(\lambda)$	$S_{D_{65}}(\lambda)$	$S_{D_{50}}(\lambda)$	波长/nm	$S_A(\lambda)$	$S_{D_{65}}(\lambda)$	$S_{D_{50}}(\lambda)$
570	107.18	96.33	97.73	575	110.80	96.06	98.33
580	114.44	95.79	98.92	585	118.08	92.24	96.21
590	121.73	88.69	93.50	595	125.39	89.35	95.59
600	129.04	90.01	97.68	605	132.70	89.80	98.47
610	136.35	89.60	99.26	615	139.99	88.65	99.15
620	143.62	87.70	99.03	625	147.24	85.49	97.37
630	150.84	83.29	95.71	635	154.42	83.49	97.28
640	157.98	83.70	98.85	645	161.52	81.86	97.25
650	165.03	80.03	95.66	655	168.51	80.12	96.92
660	171.96	80.21	98.18	665	175.38	81.25	100.58
670	178.77	82.28	102.99	675	182.12	80.28	101.06
680	185.43	78.28	99.12	685	188.70	74.00	93.25
690	191.93	69.72	87.37	695	195.12	70.67	89.48
700	198.26	71.61	91.59	705	201.36	72.98	92.23
710	204.41	74.35	92.88	715	207.41	67.98	84.86
720	210.37	61.60	76.85	725	213.27	65.74	81.67
730	216.12	69.89	86.50	735	218.92	72.49	89.54
740	221.67	75.09	92.57	745	224.36	69.34	85.40
750	227.00	63.59	78.22	755	229.59	55.01	67.95
760	232.12	46.42	57.68	765	234.59	56.61	70.30
770	237.01	66.81	82.91	775	239.37	65.09	80.59
780	241.68	63.38	78.26	785		63.84	78.91
790		64.30	79.55	795		61.88	76.47
800		59.45	73.39	805		55.71	68.65
810		51.96	63.91	815		54.70	67.34
820		57.44	70.77	825		58.88	72.60
830		60.31	74.43				
色品坐标:	$x =$	0.4476	0.3127	0.3457
	$y =$	0.4074	0.3290	0.3586
	$u =$	0.2560	0.1978	0.2091
	$v =$	0.3495	0.3122	0.3254
	$x_{10} =$	0.4512	0.3138	
	$y_{10} =$	0.4059	0.3310	
	$u_{10} =$	0.2590	0.1979	
	$v_{10} =$	0.3495	0.3130	

D_{65}以外的其他时相日光的相对光谱功率分布可根据色温按 CIE 推荐的 D 照明体（典型日光或重组日光）的光谱功率分布统计公式计算得到。CIE 优先推荐 D_{55}，D_{65}，D_{75} 的相对光谱功率分布作为代表日光的标准照明体，相当于相关色温为 5505K，6504K，7504K 的 D 照明体。由于标准照明体 D 的光谱分布与日光更接近，因此逐步用 D 照明体代替了标准照明体 B 和 C。CIE 建议，尽量用 D_{65} 来代表日光，在不能应用 D_{65} 时则尽量使用 D_{55} 和 D_{75}。在印刷应用中，常使用 D_{50}（相关色温为 5003K）作为标准照明条件，因为它在可见光范围内各波长的辐射能量比较平衡（接近等能光谱，参见图 4-2 中 5000K 的曲线），其相对光谱功率分布见表 4-2，具体计算方法见本章第四节的介绍。

太阳光辐射近似为黑体辐射，D_{65} 是模拟太阳光的光谱分布，但对比图 4-2 和图 4-8 中曲线可以发现，D_{65} 的光谱分布与黑体辐射又有一定的差别，主要表现在 D_{65} 的光谱分布出现了很多锯齿状的起伏，而不再是光滑连续的曲线。造成这种结果的原因是因为太阳光在到达地球表面前经过了大气层，被大气吸收了一些波长的辐射，锯齿反映了不同气体的吸收光谱。

标准光源是指用来实现标准照明体光谱功率分布的物理辐射体，即光源。CIE 在标准光源的定义中推荐了对应每一种标准照明体的实现方法，但同时也指出，因考虑到随着科学技术的不断发展，对灯和滤色器的改进能促使标准光源更准确地代表标准照明体，所以 CIE 认为对于标准光源的规定不如标准照明体重要，随着技术的发展，新型光源和新材料不断出现，可以使用更先进的方法实现标准光源。

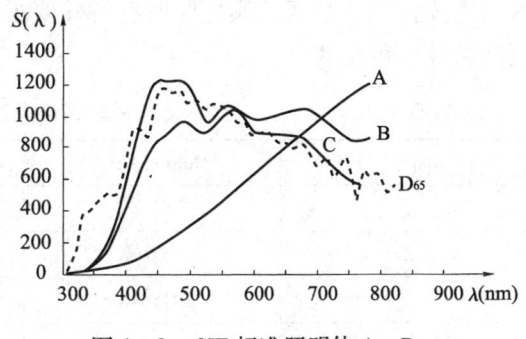

图 4-8　CIE 标准照明体 A、B、C、D_{65} 相对光谱功率分布曲线

第三节　光源的显色性

光源的显色性是描述光源颜色特性的另一个方面，即物体在光源照明下所呈现颜色的真实性。人类在长期的生产、生活实践中，已习惯于白天在日光下、夜间在火光下进行辨色活动，从而认为在日光和火光（黑体辐射）照明下看到的物体颜色是真实的。日光和火光都是连续光谱，尽管其光谱功率分布和色温存在很大差异，但在这种自然光条件下，人眼的辨色能力依然是准确的。因此，光源的显色性又可表述为：在某光源照明下所呈现颜色的效果与在日光或黑体辐射照明下的一致性。根据光源显色性的定义，只要待测光源具有与黑体辐射或日光相似的光谱分布，就具有较好的显色性。因此，白炽灯的光谱分布与火光和黑体辐射类似，显色性很好。

光源的显色性由光源的光谱分布决定。日光、黑体辐射都是连续光谱，所以一般情况下具有连续光谱的光源显色性较好。此外，具有几个特定波长的混合光也能有较好的显色性。例如波长 450nm（蓝光）、540nm（绿光）和 610nm（橘红光）波段的辐射对提高光源的显色性具有特殊的效果，用这三个波段的光按一定比例混合而成的白光具有与连续光谱的日光类似的显色性。正因为这个原因，很多荧光灯和节能灯都利用这个特性来设计辐射的光谱，主要辐射这三个波段的光波，因此称这类光源为三基色荧光灯。相反，波长为500nm 和 580nm 的光谱成分对光源的显色性不利，故称为干扰波长。

光源显色性的评价方法是将标准样品分别放在待测光源和参照标准光源下观察，比较两个条件下的颜色，颜色偏差越小，则表明待测光源的显色性越好。用于评价光源显色性的标准样品是 14 个特定的孟塞尔颜色，其颜色特点见表 4 – 3，有关孟塞尔颜色见下一章的介绍。这 14 个孟塞尔颜色的前 8 个颜色样品是明度基本相同、色调不同的颜色，用于计算一般显色指数 R_a，（即这 8 个颜色的平均色差），而用这 14 个颜色样品单独计算的色差称为特殊显色指数 R_i。计算一般显色指数 R_a 和特殊显色指数 R_i 的公式见式（4 – 5）。

$$\begin{cases} R_i = 100 - 4.6\Delta E^* \\ R_a = \dfrac{1}{8}\sum_{i=1}^{8} R_i \end{cases} \quad (4-5)$$

一般显色指数 R_a 反映了光源的平均照明效果，但不能反映对个别颜色的效果，因此有时需要针对某个区域颜色照明有特殊要求时，除了要考虑一般显色指数外，还要考察相应的特殊显色指数。

表 4 – 3　　　　　　　　　用来评价光源显色性的样品

样品编号	Munsell 标号	日光下的颜色	反射率
1	7.5R6/4	淡灰红色	30.05
2	5Y6/4	暗灰黄色	30.05
3	5GY6/8	饱和黄绿色	30.05
4	2.5G6/6	中等黄绿色	30.05
5	10BG6/4	淡蓝绿色	30.05
6	5PB6/8	淡蓝色	30.05
7	2.5P6/8	淡蓝紫色	30.05
8	10P6/8	淡紫红色	30.05
9	4.5R4/13	饱和红色	12.00
10	5Y8/10	饱和黄色	59.10
11	4.5G5/8	饱和绿色	19.77
12	3PB3/11	饱和蓝色	6.56
13	5YR8/4	淡黄粉（人肤）色	57.26
14	5GY4/4	中等（树叶）绿色	12.00

CIE 还规定：待测光源色温不高于 5000K 时，用完全辐射体（黑体）作为参照标准光源；待测光源色温高于 5000K 时，用标准照明体 D 作为参照标准光源。参照光源的显色指数 $R_a = 100$，当在待测光源下与参照标准光源下的标准样品颜色相同时，则此光源的显色指数为 100，显色性最好。反之，颜色差异越大，显色指数越低。在计算显色指数时还要考虑不同光源照明引起的色适应，因此需要进行色适应修正，计算公式较复杂，在此

不做介绍,可参考相应的资料及标准。通常,R_a 值在 75~100 之间,属于显色性优良的光源,R_a 值在 50~75 之间,显色性一般;$R_a<50$ 时,显色性较差。

表 4-4 列出了几种常见光源的颜色和一般显色指数,由此可以了解各种光源的颜色特性。表中第二列为光源的 CIE1931 色品坐标 x,y 和 CIE1960UCS 色品坐标 u,v,第三列为光源的色温或相关色温。色品坐标和相关色温都可表示光源的颜色,用色品坐标表示颜色更加严格,而且由色品坐标可以计算出光源的相关色温(见本章第一节的讨论),只是用相关色温表示更加直观,可以直接感知光源的大致颜色。

表 4-4　　　　几种常用人工光源的颜色和一般显色指数

光源名称	CIE 色品坐标	相关色温(K)	一般显色指数 R_a
白炽灯(500 瓦)	x 0.447　u 0.255 y 0.408　v 0.350	2900	95~100
碘钨灯(500 瓦)	x 0.458　u 0.261 y 0.411　v 0.351	2700	95~100
溴钨灯(500 瓦)	x 0.409　u 0.237 y 0.391　v 0.342	3400	95~100
荧光灯(日光色 40 瓦)	x 0.310　u 0.192 y 0.339　v 0.315	6600	70~80
外镇高压汞灯(400 瓦)	x 0.334　u 0.184 y 0.412　v 0.340	5500	30~40
内镇高压汞灯(450 瓦)	x 0.378　u 0.203 y 0.434　v 0.349	4400	30~40
镝灯(1000 瓦)	x 0.369　u 0.222 y 0.367　v 0.330	4300	85~95
高压钠灯(400 瓦)	x 0.516　u 0.311 y 0.389　v 0.352	1900	20~25

从表 4-4 中的数据可以看出,目前使用非常广泛的日光色荧光灯的相关色温很接近日光,但显色性并不很理想,适合作为一般照明和观色,但在印刷等对观察颜色要求很高的行业中使用这种灯照明和观察颜色,会造成与日光下观察的颜色感觉有较大偏差。光源的显色性会影响人眼对于颜色的观察,对于那些要求识别和处理颜色的工业部门或场所如纺织、印染、印刷、博物馆、照相馆、拍摄彩色电视和电影,要求使用显色性好的光源,如白炽灯、金属卤化物灯、镝灯、氙灯等。高压汞灯和钠灯等光源,发光效率很高,但是显色性差,只能用于道路照明等对辨色要求不高的场合,不能用于辨色场合。近年来,使用较多的辨色光源还有高显色性荧光灯,这种灯的外形和电气参数与普通荧光灯相同,但所使用的发光荧光粉与普通荧光灯不同,通过调整荧光粉的配方,可以得到各种相关色温的色光,而且具有较高的显色性,一般显色指数可达 90 以上,价格适中,非常适合印刷等行业使用。

*第四节 CIE 标准照明体 D 光谱数据的确定

CIE 规定的标准照明体 D 又叫做典型日光或重组日光，它的颜色由位于 CIE1931 色品图上的典型日光轨迹来代表，典型日光轨迹位于黑体轨迹的上侧。典型日光轨迹是根据 1963 年在美国、英国和加拿大对于不同时相的阳光和天空测量的 622 组数据以及在加拿大和英国对北方天空目视观察的两类实验结果形成的，这两类数据具有很好的一致性，将它们都画在 CIE1931 色品图上如图 4-9 所示。

综合这些实验数据，CIE 规定，在 CIE1931 色品图上标准照明体 D 的色品坐标应满足如下关系，即落在如下的二次曲线上：

$$y_D = -3.000x_D^2 + 2.870x_D - 0.275 \tag{4-6}$$

式中，x_D 的取值范围为 0.250~0.380。

对于给定的相关色温 T_c，可通过下面的公式计算出对应的标准照明体 D 的色品坐标 x_D：

$$\begin{cases} x_D = -4.6070\dfrac{10^9}{T_c^3} + 2.9678\dfrac{10^6}{T_c^2} + 0.09911\dfrac{10^3}{T_c} + 0.244063 \\ \quad 当 4000K \leq T_c < 7000K 时 \\ x_D = -2.0064\dfrac{10^9}{T_c^3} + 1.9018\dfrac{10^6}{T_c^2} + 0.24748\dfrac{10^3}{T_c} + 0.23704 \\ \quad 当 7000K \leq T_c < 25000K 时 \end{cases} \tag{4-7}$$

由（4-6）式和（4-7）式就可以确定相关色温为 4000~25000K 范围内任意色光的色品坐标。

对 622 组测量数据进行统计学的特征矢量分析，得出了一组公式和一系列特征矢量 S_i，用于计算特定相关色温 T_c 时标准照明体 D 的光谱分布。特征矢量 S_0 代表 622 组测量光谱分布数据的平均曲线，其他的特征矢量 S_i 用于修正平均曲线 S_0 的误差，修正特征矢量的级数越高，计算结果就越准确。实际计算结果显示，使用日光的平均曲线 S_0 和 S_1 和 S_2 两级特征矢量修正的计算精度已经达到一般应用的要求。图 4-10 为 S_0，S_1 和 S_2 三个特

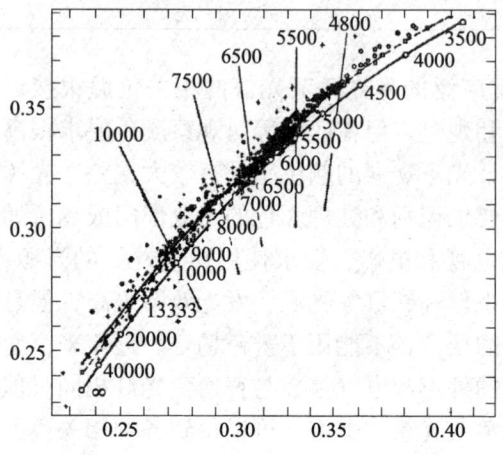

图 4-9 CIE 典型日光坐标轨迹与黑体轨迹

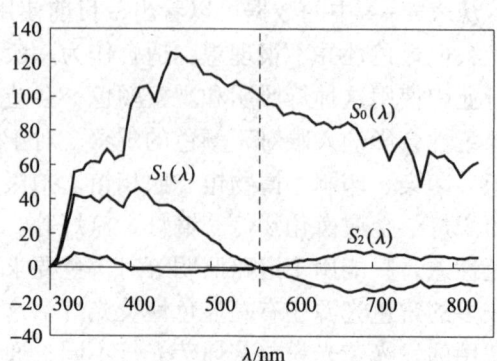

图 4-10 日光平均曲线 S_0 和 S_1 和 S_2 特征矢量

征矢量的光谱分布曲线，其数据列于表 4-5 中。其中，将 S_0 在波长为 560nm 的值规划为 100，在 560nm 处的值调整为 0。应用 S_0，S_1 和 S_2 三个特征矢量的光谱分布数据，任意相关色温 T_c 的标准照明体 D 的光谱分布由这三个特征矢量光谱分布的线性组合决定，如式 (4-8) 所示，这也是为什么称 CIE 标准照明体 D 为重组日光的原因。

$$S(\lambda) = S_0(\lambda) + M_1 S_1(\lambda) + M_2 S_2(\lambda) \tag{4-8}$$

式中 M_1 和 M_2 分别为第二和第三特征矢量的系数，由下式确定：

$$\begin{cases} M_1 = \dfrac{-1.3515 - 1.7703 x_D + 5.9144 y_D}{0.0241 + 0.2562 x_D - 0.7341 y_D} \\ M_2 = \dfrac{0.0300 - 31.4424 x_D + 30.0717 y_D}{0.0241 + 0.2562 x_D - 0.7341 y_D} \end{cases} \tag{4-9}$$

表 4-5　　　　　　　日光光谱分布平均曲线 S_0 和 S_1 和 S_2 特征矢量

波长/nm	$S_0(\lambda)$	$S_1(\lambda)$	$S_2(\lambda)$	波长/nm	$S_0(\lambda)$	$S_1(\lambda)$	$S_2(\lambda)$
300	0.04	0.02	0.00	305	3.02	2.26	1.00
310	6.00	4.50	2.00	315	17.80	13.45	3.00
320	29.60	22.40	4.00	325	42.45	32.20	6.25
330	55.30	42.00	8.50	335	56.30	41.30	8.15
340	57.30	40.60	7.80	345	59.55	41.10	7.25
350	61.80	41.60	6.70	355	61.65	39.80	6.00
360	61.50	38.00	5.30	365	65.15	40.20	5.70
370	68.80	42.00	6.10	375	66.10	40.45	4.55
380	63.40	38.50	3.00	385	64.60	36.75	2.10
390	65.80	35.00	1.20	395	80.30	39.20	0.05
400	94.80	43.40	-1.10	405	99.80	44.85	-0.80
410	104.80	46.30	-0.50	415	105.35	45.10	-0.60
420	105.90	43.90	-0.70	425	101.35	40.50	-0.95
430	96.80	37.10	-1.20	435	105.35	36.90	-1.90
440	113.90	36.70	-2.60	445	119.75	36.30	-2.75
450	125.60	35.90	-2.80	455	125.55	34.25	-2.85
460	125.50	32.60	-2.80	465	123.40	30.25	-2.70
470	121.30	27.90	-2.60	475	121.30	26.10	-2.60
480	121.30	24.30	-2.60	485	117.40	22.20	-2.20
490	113.50	20.10	-1.80	495	113.30	18.15	-1.65
500	113.10	16.20	-1.50	505	111.95	14.70	-1.40
510	110.80	13.20	-1.30	515	108.65	10.90	-1.25
520	106.50	8.60	-1.20	525	107.65	7.35	-1.10
530	108.80	6.10	-1.00	535	107.05	5.15	-0.75
540	105.30	4.20	-0.50	545	104.85	3.05	-0.40
550	104.40	1.90	-0.30	555	102.20	0.95	-0.15
560	100.00	0.00	0.00	565	98.00	-0.80	0.10
570	96.00	-1.60	0.20	575	95.55	-2.55	0.35
580	95.10	-3.50	0.50	585	92.10	-3.50	1.30
590	89.10	-3.50	2.10	595	89.80	-4.65	2.65

续表

波长/nm	$S_0(\lambda)$	$S_1(\lambda)$	$S_2(\lambda)$	波长/nm	$S_0(\lambda)$	$S_1(\lambda)$	$S_2(\lambda)$
600	90.50	-5.80	3.20	605	90.40	-6.50	3.65
610	90.30	-7.20	4.10	615	89.35	-7.90	4.40
620	88.40	-8.60	4.70	625	86.20	-9.05	4.90
630	84.00	-9.50	5.10	635	84.55	-10.20	5.90
640	85.10	-10.90	6.70	645	83.50	-10.80	7.00
650	81.90	-10.70	7.30	655	82.25	-11.35	7.95
660	82.60	-12.00	8.60	665	83.75	-13.00	9.20
670	84.90	-14.00	9.80	675	83.10	-13.80	10.00
680	81.30	-13.60	10.20	685	76.60	-12.80	9.25
690	71.90	-12.00	8.30	695	73.10	-12.65	8.95
700	74.30	-13.30	9.60	705	75.35	-13.10	9.05
710	76.40	-12.90	8.50	715	69.85	-11.75	7.75
720	63.30	-10.60	7.00	725	67.50	-11.10	7.30
730	71.70	-11.60	7.60	735	74.35	-11.90	7.80
740	77.00	-12.20	8.00	745	71.10	-11.20	7.35
750	65.20	-10.20	6.70	755	56.45	-9.00	5.95
760	47.70	-7.80	5.20	765	58.15	-9.50	6.30
770	68.60	-11.20	7.40	775	66.80	-10.80	7.10
780	65.00	-10.40	6.80	785	65.50	-10.50	6.90
790	66.00	-10.60	7.00	795	63.50	-10.15	6.70
800	61.00	-9.70	6.40	805	57.15	-9.00	5.95
810	53.30	-8.30	5.50	815	56.10	-8.80	5.80
820	58.90	-9.30	6.10	825	60.40	-9.55	6.30
830	61.90	-9.80	6.50				

第五节　印刷行业的标准照明条件

  印刷行业是对照明条件要求很高的行业。印刷行业实质上是从事彩色复制的工作，从彩色原稿的扫描、分色制版、打样到印刷，涉及显示器、打样机、印刷机等设备，还要使用各种承印材料，每道工序都要时刻注意观察、分析、比较原稿与印刷品的颜色效果，保证忠实地再现客观的颜色，避免色彩失真，影响产品的质量。因此，光源的选择尤为重要。为规范印刷行业的照明条件，我国制定了印刷行业标准 CY/T3 1999《色评价照明和观察条件》，标准中对印刷行业观察颜色时使用的光源条件、照明条件、环境条件等都做了详细规定。

  照明与色评价条件标准是印刷行业的基础标准，所有的颜色测量和印刷品质量检验都必须在规定的标准条件下进行。随着印刷工艺的数字化和规范化程度的提高，执行印刷业的各项标准就变得格外重要。

一、照　明　光　源

  在实际印刷生产过程中，通常要使用人工光源照明。印刷行业观察彩色样品所使用的光源可分为两种，一种为观察反射样品的光源，如印刷机前观察印刷品颜色的看样台和印前车间观察反射原稿的灯箱;另一种为观察透射样品的光源,如观察彩色透射原稿的灯箱。

印刷行业的色评价照明标准规定,观察反射样品时应使用符合 CIE 标准照明体 D_{65} 的光源,模拟日光下观测颜色的照明条件;观察透射样品应使用符合 CIE 标准照明体 D_{50} 的光源,因为透射样品主要是通过照相获得的照相底片和反转片,照相的照明条件一般是色温 5000K 左右,其原因是 5000K 的日光在可见光范围内各波段的辐射能量比较相近,容易实现白平衡。所以,在观察这类原稿时也应在此色温条件下进行颜色的还原。

事实上,任何人工光源都不能准确符合 CIE 标准照明体规定的光谱分布,使观察颜色的效果与日光照明不完全相同。因此标准中规定,用于反射和透射样品照明的光源,其一般显色指数都应该达到 $R_a > 90$,这样才能够保证观色效果的可靠性与一致性。

目前市场上出售的专门为观察颜色设计的高显色性荧光灯基本可以满足标准中的规定,新购置的印刷机所配备的看样台也都安装这种高显色性荧光灯。

二、照 明 条 件

1. 反射样品照明条件

对观察反射样品的照明条件有照明均匀度和照度两方面的要求。光源发出的光在观察表面应形成均匀的漫射光,照度均匀度应大于 80%,即光线在观察面上不能有照射点和阴影,各点照度的差别小于 20%。照明均匀度可使用照度计在观察表面的不同点进行测量得到,并计算各点照度与观察面中心点的相对照度偏差。

观察反射样品时,光源在观察面上形成的照度应在 500~1500lx 范围,视所观察样品的明暗程度和精细程度决定。如果样品以亮调为主,可降低一些照度;相反,如果样品以暗调为主,就应适当加大照度。提高对样品的照度水平,对分辨图像的暗调层次有利。如果不要求观察样品的细节,照度可低些,反之则要求高些。

另外,如果需要将反射样品与显示图像进行对比,则应该尽量将显示器的色温和亮度与照明光源的色温和样品的照明亮度调整到一致,保证显示图像亮度与印刷品图像被照明的亮度接近,对判断图像的颜色差别非常重要。

符合这样要求的照明灯具可以使用 2~4 根高显色性荧光灯灯管,灯管上加装反射灯罩和漫散射隔板或毛玻璃,但一定要注意散射隔板和毛玻璃的颜色,不能因其改变灯管的光谱分布。当灯具悬挂在观察面上方 1~1.5m 高时,两根灯管可以形成不低于 500lx 的照度,四根灯管可形成大约 1500lx 的照度,因此只要使用一个控制开关选择不同数量的灯管,就可实现不同的照度。使用荧光灯时应注意两点:一是荧光灯在使用一段时间后色温会发生变化,要注意色温变化是否超出了规定的范围。一般灯管使用 5000h 后就应该更换,不能等到完全不亮时才更换;二是观色前最好预热 15min 后再使用,避免刚启动时光色不稳定而带来的辨色误差。

一般情况下,可以利用采光充分的北窗下日光作为照明光源。之所以要用北窗下日光,是因为在北半球北面是阴面,日光是经过散射形成的,日光均匀、柔和稳定,没有直射的日光,色温基本接近 5000~6500K 左右,显色性非常好。

2. 透射样品的照明条件

透射样品应放在均匀发光的表面上观察，均匀的照明光从样品的背后照明。产生均匀发光表面所使用的光源不应直射在观察表面上，而应通过散射装置使观察表面形成均匀的明亮表面，观察表面中心与边缘的亮度均匀度应大于80%。光源在观察面上形成的亮度应为 $1000cd/m^2 \pm 250cd/m^2$。图4-11是形成观察透射样品均匀发光表面的示意图。

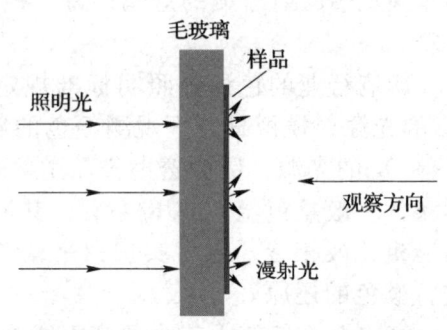

图4-11 观察透射样品的照明条件

符合这样照明条件的照明装置可以用2~3根高显色性荧光灯管构造的灯箱实现。在灯箱内使用挡光板或毛玻璃漫射光源发出的光线，使毛玻璃表面形成符合亮度要求的均匀明亮表面。要注意散射隔板和毛玻璃的颜色，不能因其改变灯管的光谱分布。在被照明的毛玻璃表面上不应该看到灯管的轮廓。

三、观 察 条 件

1. 观察反射样品

观察反射样品时，光源应垂直位于观察面的上方，观察者位于观察面的侧面，以45°角的方向观察，与CIE推荐的0/45照明观察条件相对应，如图4-12（a）所示。这种方法可以避免灯光的镜面反射光进入观察者的眼睛，引起耀眼的不良效果。当印刷品表面光泽度较高，镜面反射强，产生耀眼的光斑时，可以适当调整观察的角度，避开耀眼的光。

在不能使用上述照明观察条件时，也可采用光源45°角照明样品，观察者以垂直样品方向观察的方法，与CIE推荐的45/0照明观察条件相对应，如图4-12（b）所示。但这种方法不如上一种方法，因为此时光源到观察面的距离不相等，有可能产生照明不均匀的情况，当均匀度不能满足照明条件的规定时，建议不要采用，因此应尽量采用第一种照明观察方法。

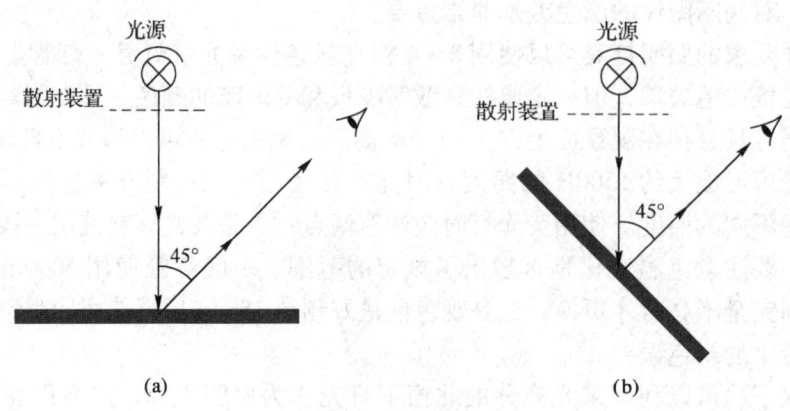

图4-12 观察反射样品的照明条件
（a）观察反射样品的首选照明条件 （b）观察反射样品的替代照明条件

2. 观察透射样品

观察透射样品时，透射样品要由来自背后的均匀漫射光照明，垂直样品表面观察。观察时样品应尽量置于照明面的中部，使其至少在三个边以外有 50mm 宽的被照明边。当透射样品面积很小时，样品四周要用灰色的挡光材料遮盖，使其四周的亮边面积总和不要超过样品面积的四倍，如图 4-13 所示。这样规定的原因是要保证形成合适的样品边界和背景色，避免照明光对眼睛的影响。因为通常透射原稿的面积都比较小，放在灯箱上观察时会有很大的空白照明面，在其周围形成很亮的背景。周围过多的亮边会对观察者的眼睛产生很大的影响，造成观察误差。当把四周照明面用密度 1.0D 左右的胶片遮挡后，就形成了灰色的背景，可以有效改进观察的条件。

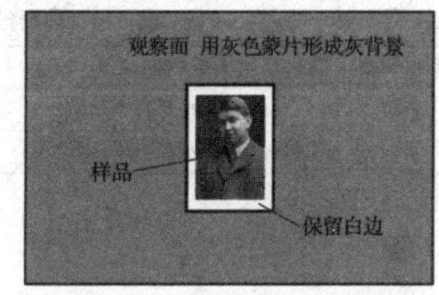

图 4-13 观察透射样品时背景光的处理

四、观察条件的环境色和背景色

第二章中我们分析过颜色对比和颜色适应现象对于颜色视觉的影响。为了避免这两种现象给观察带来误差，在准备观察颜色时必须对环境光和背景光做严格的限制，保证观察颜色都在统一的环境和背景下进行观察。

印刷业色评价标准中规定，观察环境四周的颜色应该是浅灰色或白色，不应带有彩色。如果使用观察灯箱，则灯箱的四壁应该是浅灰色；如果看样台四周没有挡板，则必须注意不要在四周有彩色物体，避免由于周围的彩色物体产生的反射光影响照明光源的颜色。因此不应把看样台周围的墙壁涂成彩色，也不要把彩色印刷品悬挂在看样台的周围。当带有彩色的环境光不可避免时，应设法将看样台用浅灰色的挡板隔离开或将环境光限制到很弱。

观察样品的背景颜色应该是灰色或浅灰色，避免彩色对样品颜色的干扰。

本章小结

光源是直接影响颜色感觉的因素之一，因此在观察颜色和计算颜色时必须首先定义光源。为了统一计算颜色的标准，CIE 定义了一系列标准的相对光谱功率分布函数，称为 CIE 标准照明体，以此来代表各种时相的日光，规范计算颜色时的光源数据 $S(\lambda)$。因此，在实际计算颜色和测量颜色时，都必须根据需要使用其中一种 CIE 标准照明体数据。

光源的颜色特性有两个方面，一是光源发光的颜色，用色温或相关色温来表示，也可以用光源的颜色坐标来表示；另一个是光源的显色性，通常用计算光源的一般显色指数 R_a 和特殊显色指数 R_i 来表示。光源的这两个颜色特性实际上是从两个不同的侧面反映了光源的相对光谱功率分布情况。因此，决定光源颜色特性的最根本因素是光源的相对光谱功率分布曲线。

印刷行业是需要严格判别颜色的行业，因此要得到准确可靠的颜色，必须对照明条件和观察颜色的条件加以严格的限制，以统一观察和计算颜色的条件，便于颜色信息的传递，使颜色信息具有可比性。为此制定了印刷行业标准 CY/T3 1999《色评价照明和观察条件》。《色评价照明和观察条件》中规定，观察反射样品使用的照明光源必须达到一般显色指数 $R_a>90$，观察面的照度要达到规定的照度和亮度，照明面的均匀度也要达到要求。照明条件的主要参数归纳在表 4-6 中。

表 4-6　　　　　　　　　　印刷行业对照明条件的规定

样品类型	光源条件	相关色温/K	一般显色指数 R_a	观察面照度/亮度
反射	符合 CIE 标准照明体 D_{65}	6504	>90	500~1500lx
透射	符合 CIE 标准照明体 D_{50}	5003	>90	1000cd/m² ±250cd/m²

习　题

1. 黑体有何特性？为什么用黑体的温度来说明光源的颜色？
2. 为什么不同的光源会具有不同的颜色特性？光源的颜色特性通常用什么参数来表示？
3. 什么是光源的显色性，在哪些场合要注意光源的显色性？光源显色性是用什么方法来检验的？
4. 什么是 CIE 标准照明体？什么是标准光源？二者的区别是什么？
5. 为什么要定义标准照明体，目的和作用是什么？
6. 为什么要在印刷行业推广应用标准照明和观察条件？
7. 请简述印刷行业的照明条件。
8. 结合第二章介绍的颜色视觉现象，说明印刷行业中规定标准观察条件的目的和意义。

第五章 色序系统

人们在生活及生产实践中常常需要交流、传递有关颜色的信息，如何准确有效地表述颜色信息，是人类长期探索的课题。最初是用语言来描述，这种方法简单直观，但不准确且描述语言有限，只能是粗略地说明，更不能定量化。CIE色度系统的出现解决了颜色的定量描述问题，可以用来测量、计算和表示颜色，是一种精确表示颜色的方法。但用三刺激值和色品坐标表达颜色信息的最大不足在于三刺激值不是颜色感觉属性，不能用其与人的视觉所能感知的颜色三属性——明度、色调和饱和度直接关联，给使用带来不便。尽管CIELAB均匀颜色空间可以计算出颜色的明度、色调和饱和度感觉，但毕竟不直接，不能直接地得到颜色的感觉。

早在CIE色度系统建立之前，许多与颜色密切相关的行业都采用制作一些色样来统一颜色的标准，如纺织印染行业的染料色样、印刷行业的色谱、建筑行业的涂料色样、农业用的土壤色样等，可以直接与样品进行对比。这种做法一直延续至今。将一些色样按一定的规则排列起来，并给每个色样进行命名或编号，这样就构成了一种特定的**色序系统**（Color order system）。一个严格和完整的色序系统通常应具备以下三个条件：① 按一定的规则和顺序排列颜色；② 每一种颜色应有特定和唯一的标号加以识别；③ 具有与CIE色度系统对应的关系，以便于计算与测量。

根据色序系统的定义，色序系统可以分为两大类：抽象系统和具体系统。抽象系统是一种表示颜色的体系，不一定要有实际的颜色样品存在，CIE色度体系就属于这一类。具体系统是用实物色样表示和标定颜色的体系，本章主要介绍这类系统。

目前国际上流行的具体色序系统有多种，它们各有特点和应用领域。从颜色排列规则的角度，可把色序系统划分为两大类：差别系统和类似度系统。差别系统是按颜色感觉变化量在视觉上均匀等间隔改变的原则来排列，即所有相邻颜色间的差别在视觉上都是相等的。这类色序系统以美国的孟塞尔颜色系统最为著名，应用也最广泛。类似度系统则是按颜色感觉在明度、色调、彩度三方面与标准颜色（基本色）的类似程度编排的。这类颜色系统以瑞典自然色系统（NCS）为典型代表。本章重点介绍这两种色序系统。

第一节 孟塞尔颜色系统

美国画家孟塞尔（A. H. Munsell 1858—1918）为了画画时调色的方便，于1900年左右创立了孟塞尔颜色系统。这个颜色系统是将各种颜色样品根据颜色感觉的三种基本特征：明度、色调、彩度排列在一起，构成了一个类似第二章介绍的颜色立体的三维颜色空间。在一个类似纺锤体的立体模型中每一部位各代表一个特定的颜色，并给予一定的标号，各标号对应的颜色都用纸片制成颜色样品卡片，按标号次序排列起来，汇编成颜色图册。自1915年美国最早出版《孟塞尔颜色图谱》以来，孟塞尔表色系统不断在修改和完善。1943年，美国光学学会组织了几百万人次的重新观察和测量，制定出了更加符合视觉上等距原则的《孟塞尔新标系统》，而且对每一张色卡都给出了相应的CIE1931标准色度系统的色品坐标，使两系统可以互相转换，颜色系统更趋科学实用。由于孟塞尔系统表色完全，编排合理，孟塞尔图册制作精良，便于携带、保存与查阅，同时具有和CIE标准色度系统的换算关系，因而受到了许多用色部门的关注，是目前最常用的表色系统之一，成为许多国家对颜料、油墨、印刷品等用色领域作为分类和标定物体表面色的参照。美国国家标准学会和美国材料测试协会已将其作为颜色标准，英国标准学会也用孟塞尔标号来标定颜料，中国颜色体系及日本颜色标准均是以孟塞尔色系作为参照标准的。

一、孟塞尔色立体

孟塞尔色立体外形见图 5-1 及附页彩图 13。它是一个三维的类似纺锤体的形状，将各种能由稳定的颜料配制出来的颜色按明度、色调和彩度的感觉来排列，分别称为孟塞尔明度、孟塞尔色调和孟塞尔彩度。按这样的方式来排列，就可以将所有可以用实际颜料表现出来的颜色样品按视觉属性排列了起来，并给每一部位的特定颜色一个固定的标号，既用来区分不同的颜色，又能够从标号中体现出颜色的视觉特征。由此方法构成的孟塞尔颜色立体代表了颜色感觉的空间，因此具有与色立体相同的结构。色立体上每一个特定位置，都对应着一种能实现的颜色。下面对孟塞尔颜色系统进行具体的说明。

1. 孟塞尔明度（Value，记为 $V/$）

孟塞尔颜色立体的垂直中心轴代表颜色的明度变化，由底部的黑色到顶部的白色构成非彩色系列的颜色，称为孟塞尔明度，以符号"$V/$"表示。理想黑色定为 $V/=0$，理想白色（氧化镁的白）定为 $V/=10$。孟塞尔明度值由 0 至 10 共分为 11 个在视觉上等距（等明度差）的等级。实际应用中由于理想的白、黑色并不存在，所以只用到 1~9 级。彩色的明度值在颜色立体中以离开基底平面的高度代表，即同一水平面上的所有颜色都具有相同的孟塞尔明度值，且明度值等于该水平面中央轴上非彩色（灰色）的明度值，如图 5-2 左侧的垂直轴所示。

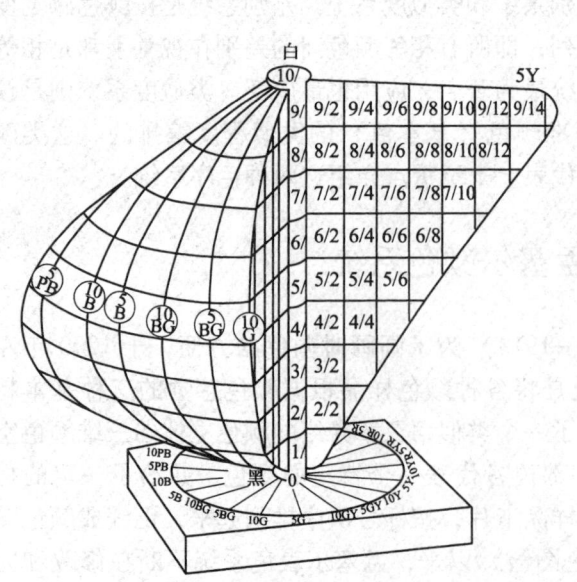

图 5-1 孟塞尔颜色立体示意图

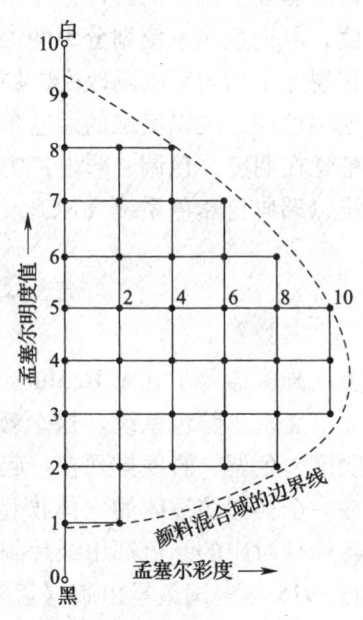

图 5-2 孟塞尔色立体明度与彩度标尺

在印刷和摄影领域，通常将画面上明度值在 7~9 级的层次称为亮调（高调），4~6 级称为中间调，1~3 级称为暗调（低调）。

2. 孟塞尔彩度（Chroma，记为 /C）

在孟塞尔色立体中，颜色的彩度感觉以离开中央轴的距离来表示，称为孟塞尔彩度，表示这一颜色与相同明度值的非彩色之间的差别程度，以符号 "/C" 来表示。如图 5-2 所示，彩度被分为许多视觉上相等的等级，中央轴（明度轴）上的非彩色彩度为 0，离开中央轴越远，彩度越大。在《孟塞尔图册》中以每两个彩度等级为间隔制出颜色样卡。由于受实际颜料的限制，不同色调颜色的最大彩度值并不相同，使得孟塞尔颜色立体并不是规则的纺锤形，有的最大彩度值只有 /6，有的可达到 /10，个别最饱和颜色的彩度可达到 /20，见图 5-2 和图 5-3。如果今后有了更鲜艳的颜料，就可以获得彩度更大的颜色，可以很容易地将这一新颜色样品加入到色立体和图册中的相应位置。图 5-2 是孟塞尔色立体垂直截面的右半边，图 5-3 是孟塞尔色立体水平方向的截面。

3. 孟塞尔色调（Hue，记为 H）

孟塞尔色调是以围绕色立体中央轴的转角方向来代表的，以符号 "H" 表示。孟塞尔色立体水平剖面（图 5-3）上以中央轴为中心，将圆周等分为 10 个部分，排列着 10 种基本色调组成色调环。色调环上的 10 种基本色调中，有五个主要色调：红（R）、黄（Y）、绿（G）、蓝（B）、紫（P）和五个中间色调：黄红（YR）、绿黄（GY）、蓝绿（BG）、紫蓝（PB）、红紫（RP），其位置如图 5-4 所示。每一种色调再细分成 10 等级，从 1 到 10，并规定每种主要色调和中间色调的标号均为 5，孟塞尔色调环共有 100 个刻度。

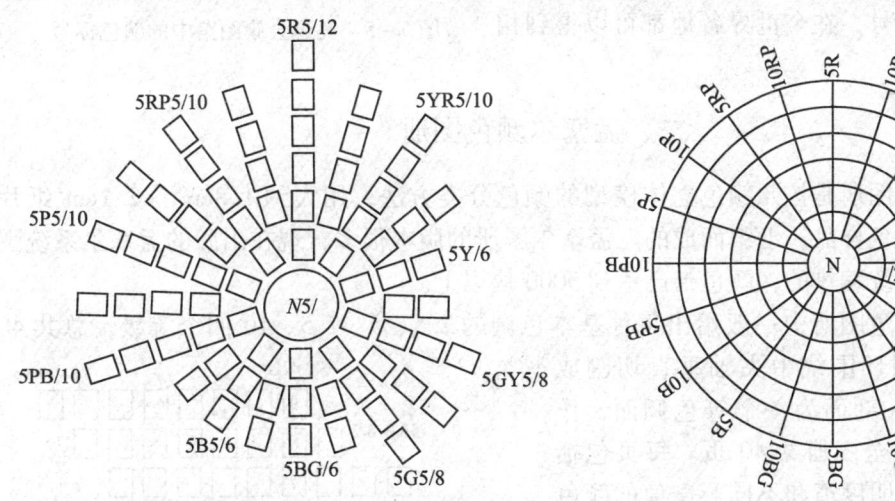

图 5-3　明度值为 5 时孟塞尔色立体水平截面　　　图 5-4　孟塞尔色调环

4. 孟塞尔颜色标号

根据孟塞尔颜色系统的规则，任何可以实现的颜色都可以用孟塞尔色立体上的色调、明度、彩度这三个参数进行标定，并给予一定的标号。针对不同类型的颜色，孟塞尔颜色标号的形式也不同。对于一般的彩色颜色，孟塞尔颜色标号的形式为：

HV/C = 色调　明度值/彩度。

例如一个孟塞尔标号为 5R8/6 的颜色，色调 5R 说明它是红色，明度值 8/ 说明它比较明亮，彩度 /6 说明它的饱和度中等。这样，就可以将颜色标号与颜色感觉建立起直接的联系。

对于非彩色的白黑系列中性色用 N 来表示,因为非彩色只有一个明度变量,没有彩度和色调,因此只需表示出明度值,标号的形式是:

$NV/$ = 中性色　明度值/。

N 的后面只给出明度值,斜线后面不写彩度值。例如明度值为 6 的中性灰色写作 $N6/$。

对于孟塞尔彩度值低于/0.3 的近似中性色的颜色,只有略微的彩色感觉,当精度要求不高时可以直接表示为中性色。如果需要精确标定时,可采用精确表示法:

$NV/(H, C)$ = 中性色　明度值/(色调,彩度)。

由于彩度低于/0.3,此时不能准确感觉色调,所以在这种情况下只用五种主要色调和五种中间色调中的一种来表示色调,而不再细分色调等级。例如对一个略带绿色的浅灰色标号可写作 $N8/(G, 0.2)$。

孟塞尔系统表色法又称为 HVC 表色法,是国际上较为通用的标记色彩的方法。由于孟塞尔标号直接与样品的颜色感觉相关,而且特定的标号对应特定的颜色样品,因此在设计颜色时可以不必实际画出颜色样品,只要标明颜色标号就可以明确颜色的感觉,使设计变得更容易。例如,奥运会会旗五环标志的颜色标号如图 5-5 所示,只要标明颜色标号,在全世界各地都可以得到相同的颜色。

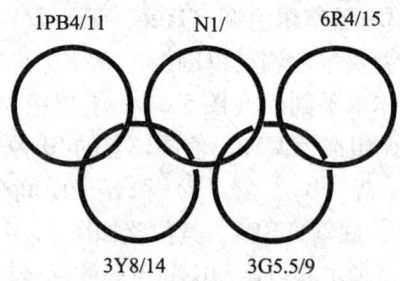

图 5-5　奥运会旗图案中的颜色标号

二、孟塞尔颜色图册

孟塞尔颜色图册是按照颜色立体模型的颜色分类方法,用大约 $1.8cm^2 \times 2.1cm^2$ 纸片制成许多标准颜色样品,汇编而成的。孟塞尔图册的版本很多,现在出版的孟塞尔系统图册都是按新标系统编排的,颜色卡已达到 5000 块以上。

在孟塞尔颜色图册中一般给出每种基本色调的 2.5、5、7.5、10 四个等级,总共 40 个色调。将色调环围绕中央轴垂直切割成 40 个剖面,每一剖面为一个等色调面,作为图册的一页,全图册共 40 页。每页包括同一色调的不同明度值和不同彩度值的颜色卡片。如图 5-6 及附页彩图 14 所示。图 5-6 是色立体 5Y 和 5PB 两种色调的垂直剖面。中央轴表示 9 级明度,左侧的色调是紫蓝色(5PB),当明度值为 3/时,紫蓝色的彩度值达到最大,该色的标号为 5PB3/12,其他明度值的紫蓝色都达不到这一彩度,说明紫蓝色本身的明度感觉低,高明度紫蓝色的感觉不鲜艳。中央轴右侧的色调是黄

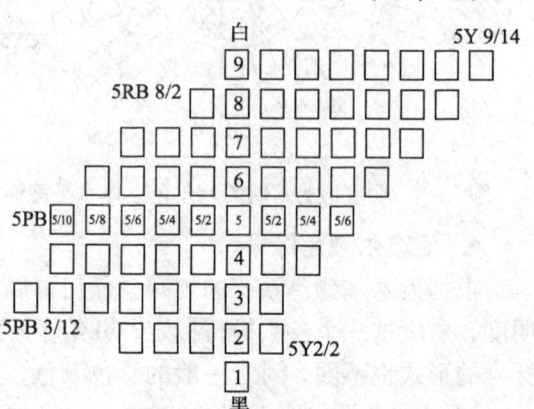

图 5-6　孟塞尔颜色立体的 5Y-5PB 垂直剖面(孟塞尔颜色图册 5PB、5Y 页)

(5Y)，当明度值为 9/ 时，黄色彩度达到最大值/14，该色的标号为 5Y9/14，其他明度值的黄色都达不到这一彩度，说明黄色的颜色感觉较亮，明度低时颜色的感觉暗淡不鲜艳。如果颜色样品介于孟塞尔颜色图册中的两种色样之间时，也可采用中间数值标注。

新标孟塞尔颜色系统的 CIE 色品坐标值是在 CIE 标准照明体 C 下标定的，也就是说，孟塞尔颜色样品要在 CIE 标准照明体 C 下观察。通过测量每一孟塞尔色卡的光谱反射率曲线，进一步计算出它们在 C 光源照明下 CIE 标准色度系统的 Y，x，y 值。将这些数值标注在 CIE 色品图上，就得到每一个色卡在 CIE1931 色品图上的特定坐标位置。将孟塞尔颜色系统中的所有颜色样品按明度值来划分，同一明度值下各色卡颜色坐标可在同一张色品图上表示出来，从明度值为 1/ 至 9/ 可绘制出九张色品图。在一张色品图上，相同彩度的各颜色样品色品坐标可以连接成一系列等彩度轨迹圈，称为恒定彩度圈；相同孟塞尔色调颜色样品在色品图上的位置连成一系列放射形轨迹，称为恒定色调轨迹，这些轨迹都是曲线，不是直线。恒定彩度圈也不是同心圆，这些都说明 CIE 色品图不是视觉上等距的颜色系统，前面介绍的主波长和兴奋纯度概念也都是近似的，与实际等色调和等彩度感觉有很大差别。图 5-7 为孟塞尔 $V=1$/ 时的色品坐标图，等色调和等彩度线的交叉点就是样品的坐标点。图 5-8 ~ 图 5-16 是将明度值为 $V=1$/ 至 $V=9$/ 的色品坐标转换到 CIELAB 均匀颜色空间中的 a^*-b^* 图上的结果，图中画出了各恒定色调和恒定彩度的轨迹，可以看出颜色空间的视觉均匀性得到了很大改善。附录 4 为孟塞尔标号与 CIE1931 标准色度系统的色品坐标及 Y 值的对应关系，表中的 x，y，Y 值是对应在 CIE 的 C 光源照明、2°视场观察条件下的孟塞尔色卡颜色值。

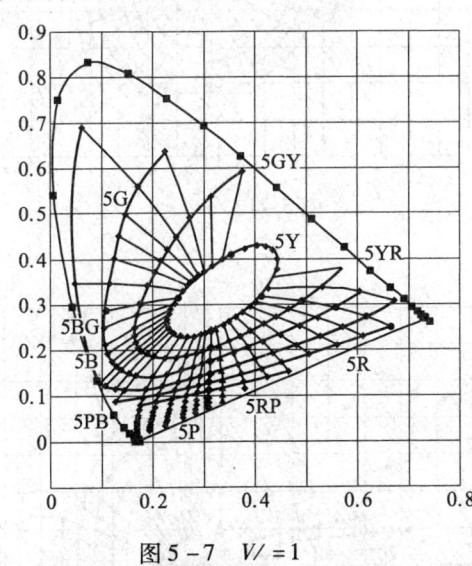

图 5-7 $V/=1$

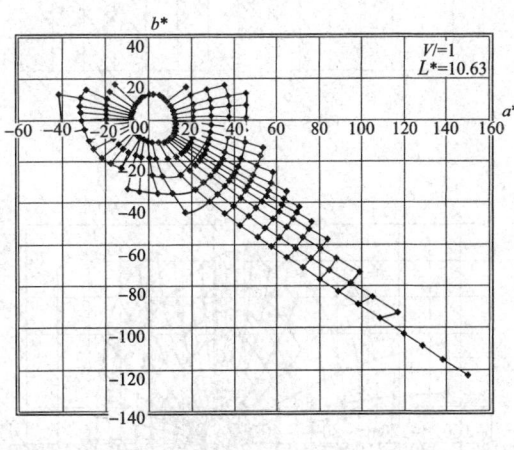

图 5-8 $V/=1$

分析对比 9 张不同明度值的等色调和等彩度线可以看出，在明度值为 4/，5/，6/ 时，彩度轨迹圈数量最多，而且比明度值为 9/ 时所占色域面积大。这说明在中等明度（$V/=4/ \sim 6/$，$Y=12\% \sim 30\%$）时，有产生最大饱和度表面色的可能性，可观察到的颜色数量也最多。而在明度值为 9/（$Y=79\%$）时，只有在黄绿区域有较饱和的颜色，在色品图的蓝、紫、红区域颜色的饱和度很低。而在低明度区，颜色的数量也很少，只有蓝紫色区域有高饱和度的颜色产生。

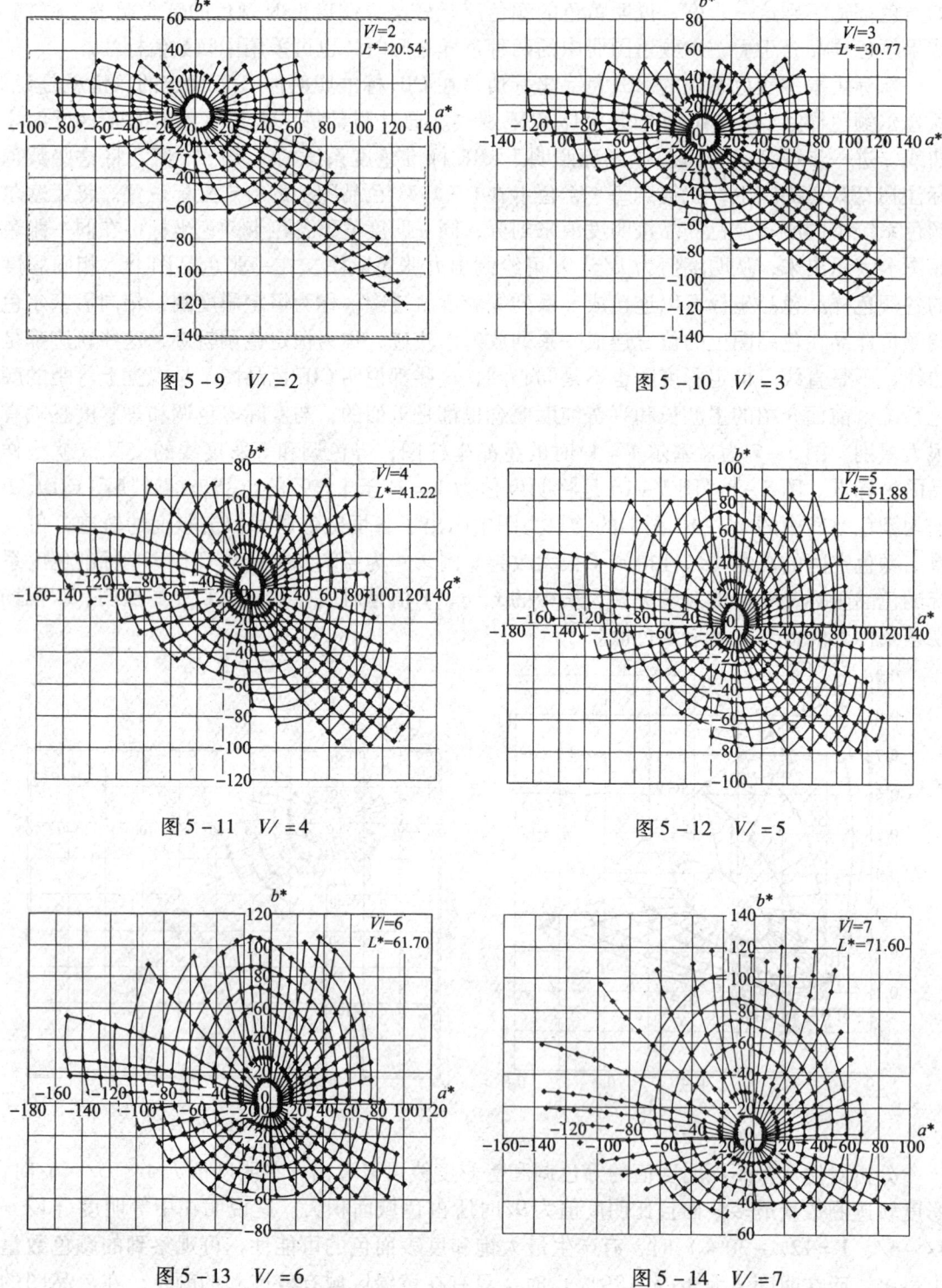

图 5-9　V/=2　　　　　　　图 5-10　V/=3

图 5-11　V/=4　　　　　　　图 5-12　V/=5

图 5-13　V/=6　　　　　　　图 5-14　V/=7

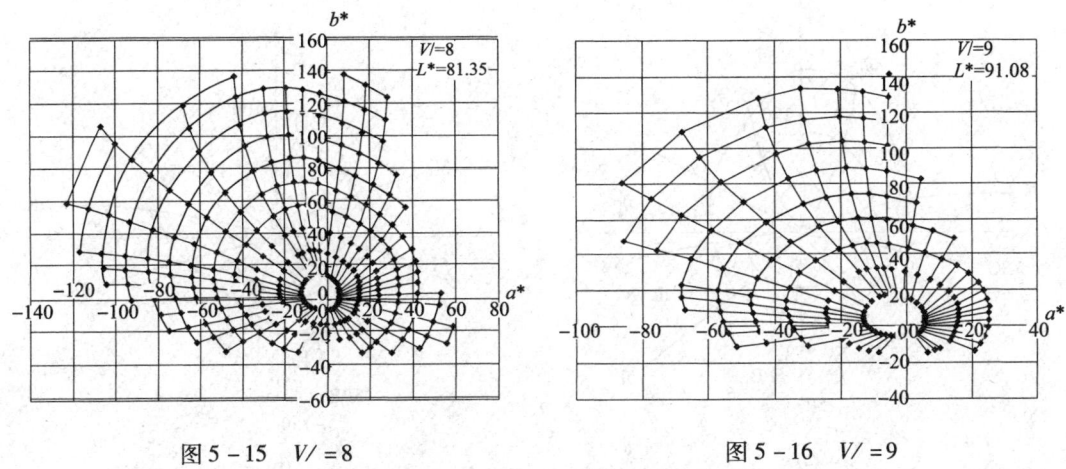

图 5-15　$V/=8$　　　　　　　图 5-16　$V/=9$

　　孟塞尔颜色图册便于保管、携带与查阅，因而具有广泛的用途。经过一段时间的练习，利用孟塞尔图册可以目视确定任何表面色的孟塞尔颜色标号，通过孟塞尔标号与 CIE 颜色值之间的对应关系，就可以得到颜色感觉对应的 CIE 颜色值，这成为一种常用的判断颜色的方法。在实际应用中，只需将孟塞尔色卡与样品色在标准观察条件下进行目视匹配，找出与样品色相同的孟塞尔色卡，从而给出样品色的孟塞尔颜色标号。应用孟塞尔图册还可以大大地方便人们进行颜色交流。例如在设计制作美术图案、商标等图案的颜色时，只要大家都使用孟塞尔颜色，就可用孟塞尔颜色标号标定颜色，然后只需告诉印刷厂或美工人员所用的颜色标号，而不必提供实物的颜色样品。由于每一个孟塞尔颜色都有对应的 CIEXYZ 值，因此孟塞尔颜色图册的数据可用于 CIE 标准色度系统与孟塞尔系统的相互转换。孟塞尔颜色图册中每一张色卡既有孟塞尔标号，又有 x, y 和 Y 的对应数值，附录 4 列出它们之间的对照表，将它们表示在 CIE1931 色品坐标图或 CIELAB 均匀颜色空间中的 a^*-b^* 图上，就得到如图 5-8～图 5-16 所示的等色调和等彩度曲线，通过这个对应关系就可以进行孟塞尔与色度值的相互转换（插值计算），这对于工业用色中推行数据化和标准化十分有利，是一种科学的表色方法，也是一种世界通用的色彩语言。

　　孟塞尔颜色系统在理论研究中也有重要应用。由于孟塞尔颜色系统的颜色样品是按照视觉等差的规律排列的，因此常被用来检验与某一色差公式有关的颜色空间的均匀性。例如，可以将孟塞尔等色调和等彩度颜色在 CIE $L^*a^*b^*$ 和 CIE $L^*u^*v^*$ 均匀颜色空间中标出，检查相邻颜色的坐标距离是否相同，从而考察颜色空间的均匀性。图 5-17（a）所示为 CIE $L^*a^*b^*$ 均匀颜色空间 a^*-b^* 平面上（$V/=5$）的等孟塞尔色调和等孟塞尔彩度轨迹，图 5-17（b）所示为 CIE $L^*u^*v^*$ 均匀颜色空间 u^*-v^* 平面上的等孟塞尔色调和等孟塞尔彩度轨迹。可以看出，等彩度线并不是完全的同心圆，不同彩度间的距离也不相等，尤其是黄蓝方向差别较大。等色调轨迹不是等角度间隔的直线，黄绿区的弯曲最为厉害。经检验，CIE $L^*a^*b^*$ 和 CIE $L^*u^*v^*$ 均匀颜色空间的均匀性并非完全理想，但 CIE $L^*a^*b^*$ 色空间的均匀性略优于 CIE $L^*u^*v^*$ 色空间。

　　孟塞尔新标系统的明度值 $V/$ 与 CIE 系统的亮度因子 Y 之间的对应关系如表 5-1 所

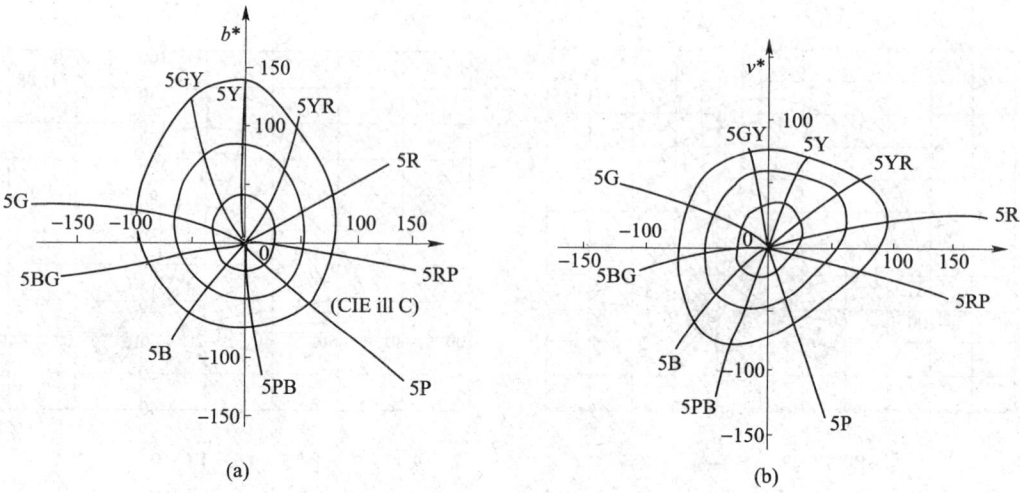

图 5-17 CIE1976 均匀颜色空间均匀性的对比
(a) CIE L*a*b* 均匀颜色空间 a*-b* 平面上 Munsell 恒定色调和恒定彩度（4、8、12）的轨迹
(b) （u*，v*）色品图上 Munsell 恒定色调和恒定彩度（4、8、12）的轨迹

示，所有的颜色，无论是何种色调和彩度，只要明度相同，就具有相同的亮度因子 Y，因而可以拟合出 $V \sim Y$ 的近似关系：

$$\frac{100Y}{Y_{MgO}} = 1.2219V - 0.23111V^2 + 0.23951V^3 - 0.021009V^4 + 0.0008404V^5 \quad (5-1)$$

式中的 Y_{MgO} 是氧化镁表面的 Y 刺激值。式(5-1) 的 $V \sim Y$ 关系与 CIE 1976 均匀颜色空间的明度因子 L^* 与 Y 的关系非常相近，如图 5-18 所示，因此说明 L^* 与实际明度感觉非常接近。

综上所述，孟塞尔颜色系统具有很严密

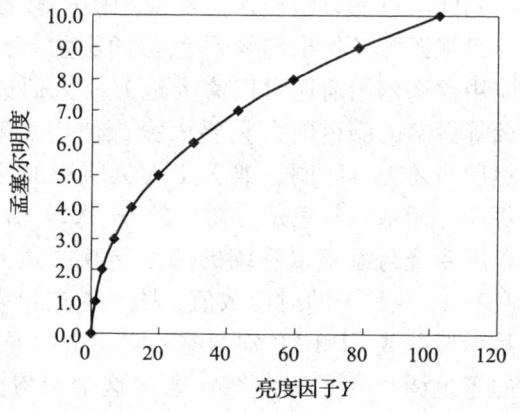

图 5-18 亮度因数 Y 与孟塞尔 $V/$ 的关系

的结构，具有视觉上等差别的特性，而且在数值上具有与 CIE 系统的对应关系。因此，无论在理论研究上，还是在实际应用中，孟塞尔颜色系统都得到了很多应用。

表 5-1 孟塞尔新标系统的明度值 $V/$ 与亮度因子 Y 之间的对应关系

孟塞尔明度 $V/$	0.00	1.00	2.00	3.00	4.00	5.00	6.00	7.00	8.00	9.00	10.00
亮度因子 Y	0.00	1.21	3.13	6.54	12.00	19.77	30.05	43.06	59.10	78.66	102.57

第二节 自然色系统（NCS）

自然色系统（Natural Color System，简称 NCS）是由瑞典科学家于 1964 年提出的，既作为一种表示颜色感觉的概念和规则，又作为一种目视判断颜色的方法，称为颜色的无条件判断法或绝对判断法。用这种颜色判断法对 60000 多个颜色的判断数据表明，颜色的无条件判断法可以得到非常准确的颜色感觉特征。按照这种排列颜色的规则，1979 年出版了 NCS 颜色图谱，作为 NCS 颜色系统的一种直观表现形式。图谱是在严格的条件下制作和测量的，并建立了 16000 个 NCS 颜色与 CIEXYZ 数据的对应关系。现在使用的是再版的 NCS 颜色图谱，对 1979 年版做了适当的修改。目前，该系统已成为瑞典及北欧一些国家的颜色标准。

一、自然色系统的概念和结构

NCS 起源于赫林的四色理论，确定颜色的方法基于人的颜色视觉，系统中颜色样品的排列是按照颜色外貌与 6 种心理原色相类似的程度来分类和排列的，或者说是用颜色感觉中所含这 6 种原色的比例来排列的。自然色系统是类似度颜色系统的典型代表，它不但是一种颜色排列的方式，而且还为每一个具有正常色觉的人提供了一种直接判定颜色的方法，不需借用仪器与色样。

根据四色视觉理论，人类在大脑中具有 6 个固有的心理感觉原色：纯白（W）、纯黑（S）、纯红（R）、纯绿（G）、纯黄（Y）、纯蓝（B），其中 4 个彩色原色中纯红与纯绿、纯黄与纯蓝是两对对抗色。这 6 种心理感觉原色是人类头脑中固有的颜色感觉，且相互之间没有类似度，它们是进行颜色判断时的心理标准。这 6 个心理上的基本色定义为：

① 纯白色。既没有彩度也没有黑度的颜色感觉。
② 纯黑色。既没有彩度也没有白度的颜色感觉。
③ 纯红色。既没有黄度和蓝度，也没有黑度和白度的纯红色感觉。
④ 纯绿色。既没有黄度和蓝度，也没有黑度和白度的纯绿色感觉。
⑤ 纯黄色。既没有红度和绿度，也没有黑度和白度的纯黄色感觉。
⑥ 纯蓝色。既没有红度和绿度，也没有黑度和白度的纯蓝色感觉。

在这里，"度"的含义是感觉的强度或类似度。因此，在这个颜色系统中用"类似"而不是用"混合"来说明颜色，任何一个颜色都可以按与这 6 个基本色的类似程度来区分。

根据颜色视觉的特点，具有与红相类似的颜色绝不可能同时与绿色相类似；与黄相类似的颜色决不可能同时与蓝相类似，反之亦然，故称红与绿，黄与蓝分别为对抗色。但是，黑与白不是对抗色，灰色可以同时具有与黑和白的类似度。根据上述的定义，6 种心理原色之间无任何类似性，其他所有的颜色都与白、黑、红、绿、黄、蓝这 6 种原色有不同程度的类似性。如果以小写字母 w, s, r, g, y, b 分别代表与这 6 种纯色的类似度，并且规定总类似度之和为 100%，则任意颜色的类似度都可以表示为：

$$w + s + r + g + y + b = 100 \qquad (5-2)$$

其中，由于红与绿、黄与蓝是对抗色，在一个颜色的感觉中不可能同时出现，因此 4 个彩色原色的类似度至少有 2 个或 3 个为 0。当 3 个类似度为 0 时，颜色就具有纯色的色调，当 2 个类似度为 0 时，就是由相邻纯色组成的二元色调颜色。如果用 c 表示 NCS 彩度，即颜色中包含的彩色成分比例，则式（5-2）又可表示为：

$$w + s + c = 100 \quad (5-3)$$

其中，$c = r + g + y + b$。

NCS 所采用的颜色感觉空间的几何模型如图 5-19 所示。可以看出，这个几何模型与第二章介绍的描述颜色感觉的色立体结构很相似，只不过不是用明度、色调和彩度来描述颜色感觉，而是将 6 个基本色安排在色立体的固定位置，用与它们的类似度（距离）比例来描述颜色的明度、色调和彩度感觉。

色立体的纵轴表示非彩色系统，顶端是白色，底端是黑色，相当于明度轴，但刻度以黑色的类似度来划分而不是明度刻度。色立体的水平横截面由黄、红、蓝、绿 4 种彩色原色构成一个色调环，将色调环均匀分割为 4 等份。在这个立体系统中，每一种颜色都占有一个特定的位置，并且和其他颜色有着准确的相互关系。为了更加直观和便于理解，用 NCS 色立体水平剖面构成的色调环和过中心轴垂直剖面的一半构成的颜色三角形来说明，如图 5-20 和图 5-21 所示。

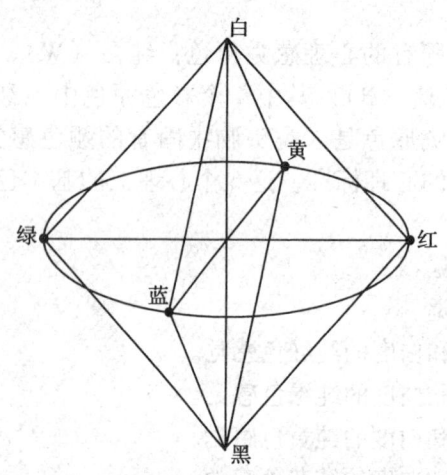
图 5-19 NCS 色立体

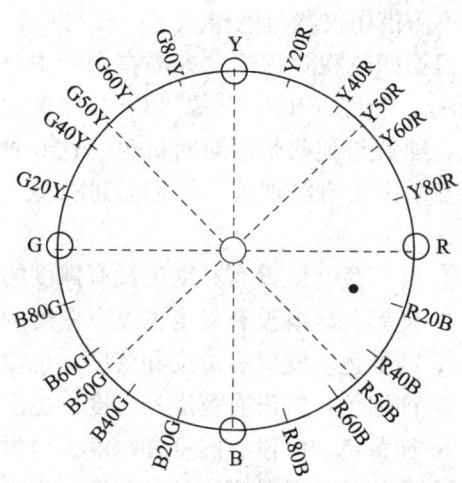
图 5-20 NCS 色调环

在 NCS 色调环上，由 4 个彩色基本色将色调环分成 4 个象限，每个象限中的颜色都与相邻一个或两个基本色有类似度关系，与其他象限的基本色无类似关系。每个象限的 1/4 圆周被分割成 100 等分，代表与两个基本色的类似度百分比，其中一个基本色数量增加时，另一个基本色的数量就等比例减少，永远保持二者之和为 100，这种表示方法称为双极坐标。如图 5-20，NCS 色调的表示总是按顺时针方向的顺序，第一个纯色的字母在前，后面的数字是第二个色调的类似度，数字后面是代表第二个色调的字母。这种表示方法可以这样来理解：从第一个纯色出发，顺时针偏向第二个纯色的比例。如果色调为纯色，则只需写出该色调的字母，没有数字。例如图 5-20 中黑点所代表的色调为 R20B，表示纯红色偏向蓝色 20%，色调由 80% R 和 20% B 组成。由此，任何一个颜色的色调 φ 由相邻原色的比例决定，而二者之和永远保持为 100，代表每个象限分为 100 份，即：

$$R + G + Y + B = 100 \quad (5-4)$$

由于任一个颜色只能由一个或两个基本原色组成，因此式（5-4）中至少有两个原色为 0，即每个颜色的色调最多只能由两个相邻原色构成。在每一个象限中，色调用百分比来表示，即：

$$\varphi_r = \frac{r}{y+r} \times 100 = \frac{r}{c} \times 100$$

$$\varphi_b = \frac{b}{r+b} \times 100 = \frac{b}{c} \times 100$$

$$\varphi_g = \frac{g}{b+g} \times 100 = \frac{g}{c} \times 100$$

$$\varphi_y = \frac{y}{g+y} \times 100 = \frac{y}{c} \times 100$$

(5-5)

注意式（5-5）中各个象限的色调角与各个纯色度之间的搭配关系，不能互换。由此可以得出各个纯色的度与类似度之间的关系：

$$r = c \cdot R/100, g = c \cdot G/100, y = c \cdot Y/100, b = c \cdot B/100 \qquad [5-5(a)]$$

因此，如果图5-20中黑点代表颜色的彩度$c=60$，则红度$g=60\times80/100=48$，蓝度$b=60\times20/100=12$。

在如图5-21所示的NCS颜色三角形中有两种标尺：彩度标尺和黑度标尺。彩度标尺表明一个颜色与纯彩色的类似程度；黑度标尺表明一个颜色与黑色的类似程度。这两种标尺均被分成100等份。三角形的三个顶点分别代表纯黑、纯白和纯彩色。垂直的边代表色立体中的非彩色轴，轴上的颜色彩度$c=0$，由上顶点到下顶点表示黑度$s=0\sim s=100$（或相应地表示白度$w=100\sim w=0$）的变化。右顶点代表该色调时的纯彩色，彩度$c=100$，即没有黑和白的类似度。平行垂直边的直线为等彩度线，上面的颜色具有相同的彩度，但黑度不同。三角形上斜边上的颜色是黑度$s=0$的颜色，从左到右颜色的彩度增加，直至纯色。平行上斜边的直线为等黑度线，上面的颜色具有相同黑度，但具有不同彩度。从上到下各等黑度线的黑度值依次增加。因此，在NCS颜色三角形中，通过等黑度线和等彩度线可以确定颜色的标记位置。例如，图5-21中黑点代表颜色的黑度和彩度分别为$s=20$，$c=60$。由式（5-3）可知，该颜色中还有20的白度。

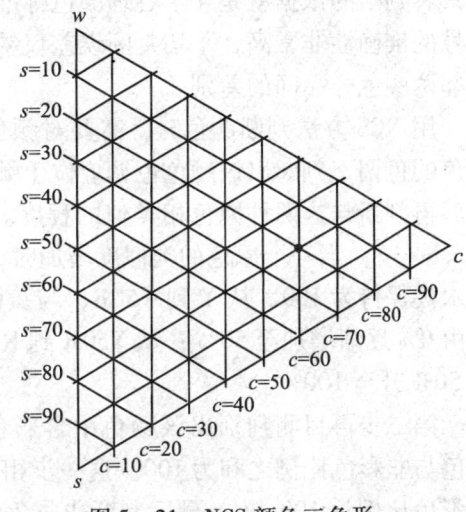

图5-21 NCS颜色三角形

由图5-21还可以看出，随着黑度的增加，等黑度线上的颜色数量减少，最大彩度也随之减小，黑度与最大彩度之和（或彩度与最大黑度之和）保持为100。这种约束关系反映了颜色视觉的规律。

二、NCS标号

新版NCS颜色标号以字母S开头，表示第二版。颜色的标号以黑度s、彩度c和色调φ来表示，黑度s和彩度c用两位数字表示，色调φ由字母与数字组成。新版NCS标号的一般形式为：

$Ssc-\varphi=$第二版 黑度彩度-色调

例如 S 2030 - Y90R，S 是代表再版的标准色样，20 表示黑度，30 代表彩度，即纯黑占 20%，纯彩色占 30%，隐含纯白占 50%。-Y90R 则表示色调，表示 90% 红色和 10% 黄色（从黄色转向红色 90 个刻度）。由标号可以看出，该颜色是一个比较淡的红灰色。由式 [5-5（a）] 还可以进一步计算出各纯色的类似度 y 和 r。

非彩色没有色调，彩度为 0，因此标号中不用表示色调，彩度为"00"。例如，8500 代表黑度为 85 的深灰色。

由此可见，NCS 标号直接代表了颜色的感觉，可以直接从颜色标号想象出所表示颜色的感觉，这正是 NCS 无条件颜色判断法的根本所在。

三、NCS 无条件颜色判断

自然色系统是一种以颜色符号表示颜色感觉的系统或方法。根据这种方法可以描述每一个感觉到的甚至是想象的颜色。这个系统的基础是呈现在正常视觉观察者面前的色貌感觉，因此与被观察物体本身的化学、物理特性无关，与观察的具体条件也无关，所以称为颜色的无条件判断法。

无条件判断法还意味着，任何正常颜色视觉的观察者，只要了解 NCS 的方法或经过简单的训练，不需要任何参照颜色样品就能够凭感觉为他所观察的物体标注出 NCS 标号，观察者判断的依据就是 6 个心理颜色标准。经大量判断实验的检验，用这种方法判断颜色标号的准确性非常高，平均判断误差仅约为 ±5NCS 单位，其大小相当于 NCS 颜色图册中相邻两颜色样品间的差别。

用 NCS 方法判断颜色时，需要对颜色的色调、彩度和黑度做出判断。第一步是确定颜色的色调，判断出该颜色色调应位于哪两个原色构成的象限中，即与哪两个原色类似，然后再判断与这两种原色相类似的程度。以 Y-R 象限为例，把 Y 和 R 纯色作为"锚点（anchor）"，当一个原色的类似度增加时，另一个原色的类似度就相应减少，二者比例之和永远保持为 100。从 Y 到 Y50R，与黄的类似度由 100% 逐渐减少至 50%，与红的类似度由 0% 逐渐增加至 50%；从 Y50R 到 R，与黄的类似度由 50% 降至 0%，与红的类似度由 50% 升至 100%。

第二步再目测判别出该颜色中含彩色 C 和非彩色量的比例，仍然采用百分比估测，彩色与非彩色比例之和为 100。这一步相当于在 NCS 颜色三角形中确定出一条等彩度线，非彩色比例为 100-C。最后判断非彩色中黑色与白色的比例，仍然可以采用百分比的方法，即黑色与白色的总量为 100，最后的黑度等于该比例乘以 100-C。但在一般的判断中，大部分的观察者更倾向于在判断彩度比例的同时，给出黑度的比例。这一步在颜色三角形中确定了等黑度线，而等黑度线与等彩度线的交点加上判断出的色调值就是该颜色的标号。

NCS 目视法判断法有非常广泛的应用，不仅可以用来进行颜色的沟通和交流，更是设计颜色的有力工具。由于 NCS 是建立在主观颜色感觉基础上的色彩系统，所以它特别适合那些建筑、设计、工业生产等以顾客为主的行业。NCS 系统有助于设计师对颜色的视觉性有足够的了解，有助于设计师与客户更直接地讨论颜色，有助于定量的选择、分析、控制和评价颜色。

因为无条件颜色判断法不需要任何参照样品，不限于任何观察条件，所判断出的颜色感觉代表当时条件下察看到的颜色色貌，所以非常适合于做不同条件下颜色外貌变化的实验，如用于检验光源显色性的实验、不同照明条件下色适应的实验等，实验中很容易由样品的颜色感觉判断出当前观察条件下的 NCS 标号，比较不同条件下颜色外貌的改变情况。由 NCS 标号与 CIE 三刺激值的关系可以将不同观察条件下的颜色外貌转换到标准条件下的颜色，因而求出样品在不同条件下色貌的改变。因此，NCS 目视法判断法在颜色理论研究中也有重要的意义和应用。

应该指出的是，NCS 无条件颜色判断法本身可以在任何观察条件下使用，但 NCS 图谱和 NCS 标号对应的 CIE 三刺激值则必须在 D_{65} 照明和 10°视场观察条件下才有意义，因此 NCS 样品必须在这个条件下观察。

NCS 系统是典型的类似度颜色系统，对于类似度是线性的，但在颜色差别的感觉上不是等间隔的，这就决定了它不适合于评价颜色样品的色差和评价颜色空间的均匀性。这是 NCS 系统使用上的局限性。

第三节 中国颜色系统

1988 年，由著名光学专家、科学院院士王大珩和著名心理学专家、科学院院士荆其诚提议并主持了中国颜色体系制定的研究课题，开展了中国颜色体系的研究。经过了多年的研究和大量的实验，于 1994—1995 年期间，相继发布了 "GSBA 26003—1994《中国颜色体系样册》" 和 "GB/T 15608—1995《中国颜色体系》" 两项国家标准。后又经过进一步的研究和完善，增加了大量的颜色样品，形成了最新的中国颜色体系标准 GB/T 15608—2006。

中国颜色体系样册的基本构造表示方法和 Munsell 系统相同，明度分为 0~10 共 11 个等级，色调由 5 个主色调和 5 个中间色调构成，明度、色调和彩度三个变量也是按照等差别的规则排列。但中国颜色体系与 Munsell 系统的数据有一定的差别，所有颜色都是通过中国人的目视实验得到的。

中国颜色体系样册由 40 个色调组成，与其色调环如图 5-22 所示。红（R）、黄（Y）、绿（G）、蓝（B）、紫（P）以及它们的补色（依次为 BG、PB、RP、YR、GY）共 10 种色调，然后每一种主色调又划分为 2.5—5—7.5—10 四档，总共制作 40 种色调的色卡。明度（$V/$）的取值也是从 $0/$ ~ $10/$，不过由于 $V/=0$ 是理想的黑色、$V/=10/$ 是理想的白色，克服了 Munsell 系统中用氧化镁确定 $V/=10/$ 等级明度的缺陷。对于实际的应用只用到 $V/=1/$ ~ $9/$。中国颜色体系的明度 $V/$ 与亮度因数 Y 之间的关系如表 5-2 所示。由表中数据可以看出，与表 5-1 中 Munsell 的数据有一些差别，但差别很小，主要体现在 $V/=10/$ 的差别上，因为中国颜色体系采用绝对白作为最亮的样品，如图 5-23 所示。新版《中国颜色体系样册》每间隔 0.5 作一张色卡。实际上色卡样册中的最低明度是 $V/=2.5/$。彩度（$/C$）每隔 2 作一张色卡，$/C=/2，/4，\cdots\cdots$ 直到本色调和明度的最大彩度值。颜色标号的表示也沿用了 Munsell 系统的表示法，对于有彩色采用了 HV/C 的表示形式。表示非彩色也采用了 NV/的形式。新版《中国颜色体系样册》中色卡的总数达到 5139 张，是目前国际上数量最多的颜色标准体系之一。

表 5-2　　　中国颜色体系的明度 $V/$ 和色卡亮度因数 Y 之间的关系

$V/$	0	1	2	3	4	5	6	7	8	9	10
$Y(\%)$	0.00	0.91	3.04	6.74	12.43	20.50	31.26	44.86	61.20	79.85	100.0

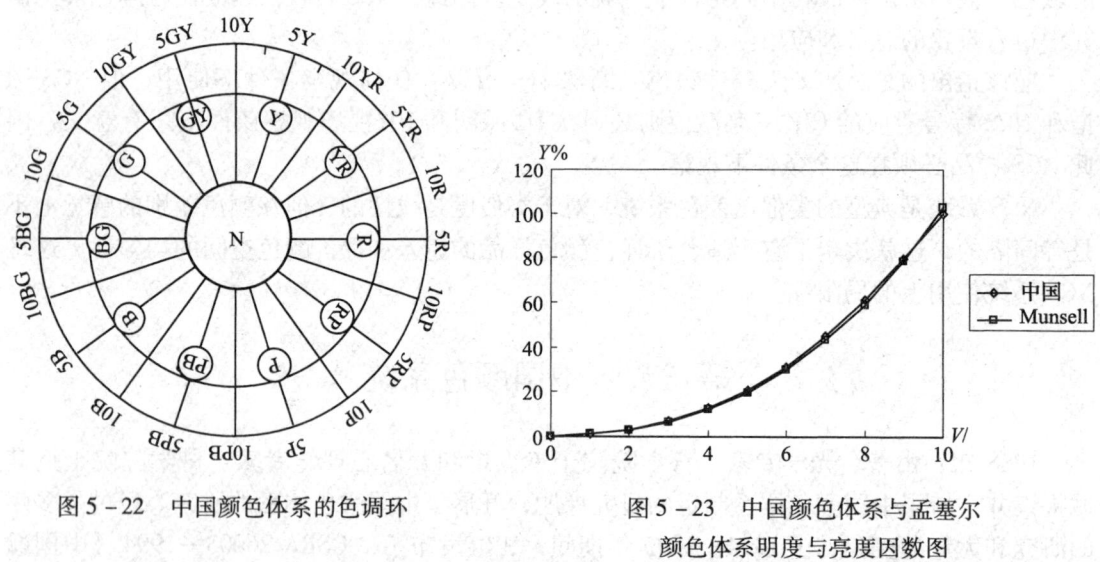

图 5-22　中国颜色体系的色调环　　　图 5-23　中国颜色体系与孟塞尔
颜色体系明度与亮度因数图

第四节　印刷使用的颜色系统

一、印刷色谱与 CMYK 颜色空间

印刷色谱是印刷行业专用的颜色系统。彩色印刷通常采用青（C）、品红（M）、黄（Y）和黑（K）四种原色油墨印刷，这四种原色油墨以不同的网点比例印刷在纸上，就得到了各种印刷颜色，各种油墨网点比例形成的颜色集合就构成了印刷颜色系统，通常又称为 CMYK 颜色空间，因此印刷的颜色系统也是一种混色系统。在印刷品制作过程中和印刷版面设计时，经常需要知道印刷特定颜色时所需要的原色网点比例，也经常需要知道所设计的原色网点比例印刷后是什么颜色效果，在这种情况下都需要对照印刷色谱来确定颜色。

印刷色谱通常是以印刷网点比例来排列的，并且以原色的网点比例来给定颜色标号，例如 C20M40Y05K0 标号的颜色表示以 20% 网点的青油墨、40% 品红、5% 黄、没有黑色所印刷成的颜色，依次类推。从这个意义上说，印刷色谱又相当于一个类似度色序系统，颜色是按照与各印刷原色的类似程度来编排的。在印刷色谱的每一页上，只能安排两个原色的变化，通常一种原色油墨网点比例沿水平方向变化，另一种原色油墨沿垂直方向变化，而其他两种原色油墨网点值为常数或几个固定值，在不同的页设定不同的值，这样就可以涵盖整个 CMYK 颜色范围，如附页彩图 15 所示。

严格地说，印刷色谱还不能算是一种真正意义上的色序系统，因为一般来说它并不要求必须与 CIE 有对应关系。但为了说明印刷条件，通常要说明纸张和印刷原色实地密度或实地颜色的 CIE 颜色值、叠印色颜色值和网点扩大值等，通过这些数据可以计算或确定其他的颜色（见第七章第二节"彩色印刷品的色度计算"的讨论）。由于目前印刷油墨还没有统一的标准，各油墨生产厂家制造的原色油墨颜色不完全一致，而且印刷条件和印刷材料对印刷品呈色都有很大影响，因此在不同情况下，即使以相同网点比例印刷也会得到不同的颜色效果。所以，一本印刷色谱只在相同印刷条件下才有参考意义，改变了印刷条件就有可能不准确。所以，如果一本印刷色谱不说明印刷时所使用的油墨、纸张等印刷条件和观察条件，就不能保证使用该色谱的准确性。

另一方面，印刷的颜色不仅与油墨等印刷材料有关，还与印刷制作的工艺有关。同一颜色感觉，可以用不同的原色网点比例实现，这一点可以通过对 Neugebauer 方程组的讨论更好地理解（见第七章第二节"纽介堡方程"和"第二节底色去除（UCR）与灰成分替代（GCR）"的讨论）。例如同一个深红色样品，既可以用 C20M78Y100K10 网点比例实现，也可以用 C29M82Y100K02 的网点比例印刷得到，这就是使用灰色成分替代和底色去除两种不同分色工艺所带来的差别。尽管各原色的网点面积差别近10%，但它们得到的颜色感觉是相同的！因此，购买来的印刷色谱仅仅有参考的价值，不能作为印刷颜色的标准，照此网点比例印刷出来的颜色很可能与色谱颜色不完全一样。也就是说，相同的设备颜色值 CMYK 在不同印刷条件下可能呈现出不同的颜色感觉，这种随印刷条件和印刷设备而变化的颜色特性，通常就称为"与设备相关的颜色空间"。从这个意义上说，各印刷厂要根据自己的印刷数据来制作自己的印刷色谱，建立自己的色彩管理数据，这样才能保证印刷颜色的准确。

与设备相关颜色空间中的颜色是由设备的呈色原理和呈色材料所决定的，是随设备和条件而变化的，因此不同设备的颜色空间范围也是不一样的，所呈现颜色之间没有可比性，这正是要进行色彩管理和颜色控制的目的。但是，一个好的彩色复制设备，当复制条件固定时，所再现的颜色也应该是固定的。例如，对于特定的印刷机或打印机，当所使用的纸张、油墨、设置参数和环境等条件不变时，印刷出来的颜色也应该一致，这正是色彩管理所依据的基础。

任何与设备相关颜色空间中的颜色都是 CIE 颜色空间的一部分或一个子集，都可以用 CIEXYZ 或 CIELAB 来表示，这可以通过颜色测量和计算来实现，如图 5-24 所示。图中 CBM-RYG 所组成的六边形就是三种彩色油墨印刷形成的颜色区域，称为印刷色域，每一种油墨网点的组合都可以对应到 CIEXYZ 颜色空间的一个坐标点。图中 RGB 组成的三角形代表显示器三原色形成的显示颜色范围。可以看出，不同设备所能够呈现的颜色范围是不一样的。从理论上说，色域范围不重合区域的颜色是不能在两个设备间准确复制的，构成了另一个设备的超色域颜色。

另一方面，正由于印刷颜色的这种多变

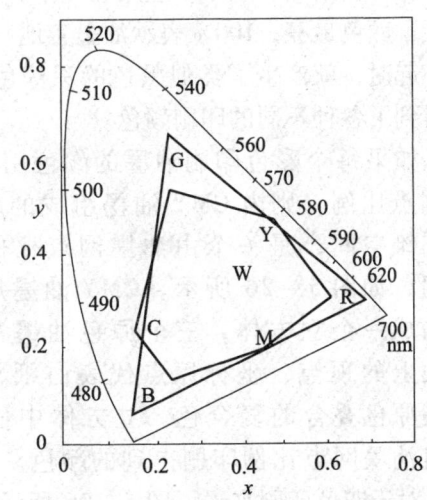

图 5-24 CMY 和 RGB 颜色空间在 CIE 色品图中的表示

性，色谱中不可能包含所有情况，因为四色印刷每一色若以 1% 改变，就有 101^4 = 104060401 种组合！如果每页排列 1000 个样品，色谱也要有 10 万页！因此，通常色谱中网点面积率步长是 5% 或 10%，中间的颜色只能靠估计。所以，对网点与印刷色对应关系的准确判断或经验，是从事印刷人员的基本素质之一。

印刷的呈色过程由减色混色和加色混色两个过程组成，因此是一个比较复杂的过程（参看第七章第一节"印刷品呈色原理分析"部分的讨论）。第一步，油墨以小网点的形式印刷在纸上，油墨网点吸收特定波长的照明光，形成特定颜色的光点，这个过程是减色的过程。通过减色混色，三种彩色原色油墨在纸张上只能形成 8 种不同颜色，还不能得到所有需要的颜色。第二步，由印刷在纸上的 8 种彩色油墨小网点所形成的光刺激，按不同比例通过加色混色形成各种颜色。每一个油墨小网点所反射的色光，由于距离很近，并且光点很小，眼睛不能分辨出单独的网点颜色，看到的是多个油墨网点颜色相加混合的颜色，这是加色混色过程。因此印刷品的颜色是由减色形成的 8 种颜色合成的。三种原色油墨相互叠印形成颜色的规则为（如图 5-25 及附页彩图 11 所示）：

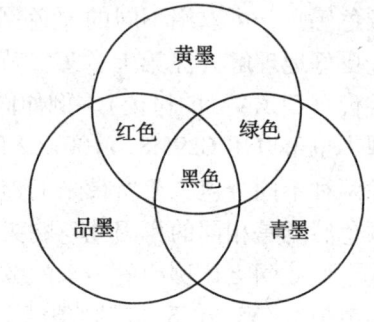

图 5-25　三原油墨叠印呈色

黄∩品红 = 红；黄∩青 = 绿；品红∩青 = 蓝紫；黄∩品红∩青 = 黑。

减色混色最明显的特征是混合后的颜色变暗，因为减色混色时，各油墨都吸收了照明光的一部分光谱成分，使能量减弱。

三种彩色油墨印刷形成的色域之所以在 CIE 色品图上是一个六边形，正是体现了上面对印刷颜色形成过程的分析。因为在 CIE 色品图上，色光相加混合的结果是线性的，而所有印刷形成的彩色，都是由 8 种油墨网点（其中 6 种是彩色）的光刺激形成的，符合色光相加规律，因而构成了六边形。

在彩色桌面出版系统应用软件中，油墨的墨量用 0～100% 表示，0 表示没有油墨，即白纸，颜色最亮；100% 表示油墨实地（即油墨印满白纸），颜色最深。当三色油墨叠印到一起时，就产生了类似黑色的深棕色，颜色最暗。当设置不同的 CMYK 网点比例时，就得到了各种不同的印刷颜色。

如果每个彩色印刷油墨的颜色用一个坐标轴来表示，坐标轴上的数值代表不同的网点比例，则由 CMY 油墨组成的颜色构成了一个三维空间，是一个由油墨网点比例构成的颜色空间，如图 5-26 所示。CMY 油墨形成的全部颜色构成一个立方体，三个原色油墨实地为三个坐标轴上的顶点，坐标原点代表白纸，其余顶点为油墨原色叠合的复合色。立方体中任一点 C 代表一组油墨网点比例印刷得到的颜色。

对于四色印刷来说，图 5-26 所示的立方体表示黑墨 K 的网点比例为常数时所形成的颜色集合，不同黑墨 K 的网点比例构成了不同的立方体，但表示颜色

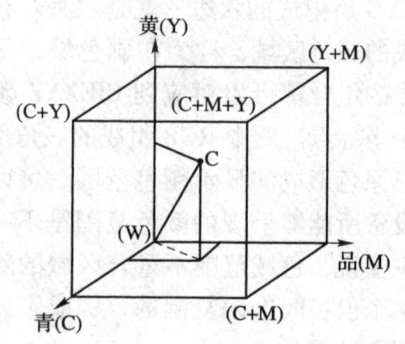

图 5-26　CMY 颜色空间

的方法都相同。如果以第四个颜色 K 建立一个坐标轴，坐标轴上不同点代表不同的黑油墨比例，则在坐标轴的每个点上就可以有一个如图 5 – 26 所示的颜色立方体，构成四色印刷的四维色空间，如图 5 – 27 所示。在黑油墨量坐标轴上，每一点都有一个由 CMY 组成的立方体，共同构成了 CMYK 颜色空间。

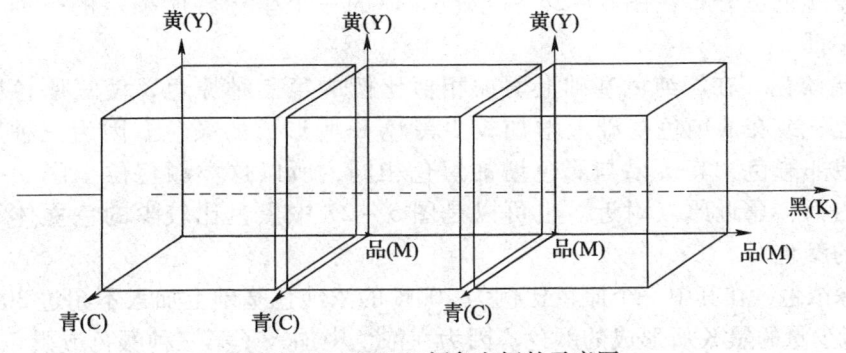

图 5 – 27　CMYK 颜色空间的示意图

使用印刷方法能够复制的颜色范围，即 CMYK 颜色空间，由三种彩色原色油墨的颜色和相互叠印形成的复合颜色共同决定，黑油墨只影响颜色的明度和降低彩度，可以扩大一部分暗调的色域。因此，在 CIE 色品坐标图上，含有黑油墨的彩色都位于三彩色油墨决定的色域范围内。受印刷原色油墨的限制，CMYK 颜色空间仅仅是 CIE 颜色空间的一部分，原色油墨颜色越纯越鲜艳，印刷色域就越大，反之就越小。很多比原色油墨颜色更加鲜艳的颜色，即彩度更高的颜色都不能用印刷方法复制，因此在印刷复制过程中，要将原稿上的所有颜色（包括印刷色域以外的颜色）以一种合理的方式映射到可复制的颜色范围内，使复制出的颜色按一定的规则改变，保证改变后的颜色在视觉上协调，不至于因为不可复制颜色的变化而破坏图像的整体视觉效果。

提高印刷复制色域范围的另一种方法是增加印刷原色的数量，如使用 6 色或 7 色印刷，在原来 4 色的基础上增加橙色、绿色等高饱和度颜色，这样就可以在 CIE 色品图上增加色域的顶点个数，从而扩大印刷色域。这就是目前高保真印刷可以复制更多颜色的道理。

在 CMYK 颜色空间不同部位的颜色代表了使用不同原色油墨比例印刷得到的颜色，能够产生不同的颜色感觉。在第二章第四节"颜色的心理感受"一节讨论过不同颜色可以产生不同的心理反应，因而从颜色设计的角度将各种颜色分为了淡纯色、浓纯色、明亮色、暗淡色、深浓色、深暗色冷色和暖色几类。根据颜色混合的规律，各类颜色可以按照如下的规律由印刷原色油墨组成。

（1）淡纯色　由一个或两个彩色原色以不超过 40% 网点比例印刷而成的颜色，由于网点面积率比较小，颜色中白纸的成分比较大，因此颜色看上去比较淡。因为是由单色或双色形成的颜色，所以，这类颜色主要分布于图 5 – 26 所示色立体的三个坐标轴所确定的平面上，而且靠近坐标原点。

（2）浓纯色　由一个大于 80% 网点比例的原色与另一任意比例原色共同印刷而成的颜色，也可以是单色。由于是单色或双色以大网点面积率印刷得到的，油墨几乎覆盖了全部纸张，所以颜色浓重且鲜艳，它们主要分布于图 5-26 所示色立体的三个坐标轴所确定的平面上，而且远离坐标原点。

（3）明亮色　介于淡纯色和浓纯色之间的颜色，由两个 40% 以上、80% 以下网点比例的原色以不同比例搭配印刷而成的颜色，看上去颜色感比淡纯色浓，比浓纯色淡。这类颜色也分布在图 5-26 所示色立体的三个坐标轴所确定的平面上，但位于平面的中部。

（4）暗淡色　在淡纯色基础上增加相似比例的第三种原色，使三原色数量比较接近的颜色，或在淡纯色基础上增加较少黑色 K 所形成的颜色。因为三种原色混合在一起形成非彩色，其效果与彩色增加黑色相同，所以这类颜色位于图 5-26 所示色立体的内部，靠近原点附近。也可以是图 5-27 中黑色比较少的色立体靠近坐标原点附近的颜色。

（5）深浓色　在其中一个原色比例为 100% 的浓纯色基础上加入不超过 30% 的第三种原色或者少量的黑 K 所形成的颜色。因为在浓色中加入了第三种颜色或黑色，所以混合色中包含一定的黑色成分，颜色感觉比浓纯色更深、饱和度略低。这类颜色主要位于图 5-26 所示色立体内部，靠近三个坐标轴所确定的平面附近，而且远离坐标原点。也可以是图 5-27 中黑色比较少的色立体中，由三个坐标轴所确定平面上的颜色，且远离坐标原点。

（6）深暗色　4 色油墨叠印形成的浓重色。在浓纯色基础上增加不大于 40% 的第三种原色，同时加入不少于 40% 黑色 K 所形成的颜色，所以这类颜色中的黑色成分较大。这类颜色主要分布在图 5-26 所示色立体内部，靠近与原定对角的顶点附近，或者是图 5-27 中黑色比较多的色立体中的颜色。

（7）暖色系　主要以品红 M 和黄 Y 为主印刷而成的颜色，除紫色外，一般青 C 的含量不超过 10%。根据所需暖色的深浅要求，可适当添加黑色 K 的比例。典型的暖色组合规律是：① 品红 M 与黄 Y 以各种比例组合的颜色以及这些颜色中增加黑 K 的效果；② 品红 M 和黄 Y 以各种比例组合的颜色与不超过其中一色一半比例的青 C 油墨印刷的颜色，以及这些颜色中增加黑 K 的效果；③ 品红 M 与低于其一半的青 C 油墨印刷出的偏红紫色，也可以增加适当的黑 K 构成深浅不同的紫暖色。

由此看出，暖色系的颜色非常多，主要位于图 5-26 所示色立体以及图 5-27 中各色立体靠近品红 M 和黄 Y 坐标轴所确定平面附近的区域。

（8）冷色系　主要以青 C 或青 C 与黄 Y 的混合色为主的颜色，品红 M 一般不超过 15%。根据所需颜色深浅不同，可以加入适量黑色 K。典型的冷色组合规律是：① 单色青 C 和青 C 与黑色 K 的混合；② 青 C 与不高于其比例的黄 Y 所混合的颜色以及在此混合基础上加入适量黑 K 的混合色；③ 青 C 与不高于其比例一半的品红 M 所混合的颜色以及在此混合基础上加入适量黑 K 的混合色。

由此看出，冷色系颜色主要由青油墨决定，集中位于图 5-26 所示色立体以及图 5-27 中各色立体靠近青 C 坐标轴附近以及青 C 和黄 Y 坐标轴所确定平面附近、靠近青坐标轴的区域内。

二、彩通（PANTONE）颜色系统

Pantone 印刷色标是国际上非常流行的印刷油墨配色体系（Pantone Matching System），广泛用于印刷、出版、包装、设计和各种颜色信息传递领域，已经成为了一种行业上默认的标准，在我国被翻译为"彩通色标"。很多国际流行的商品包装和商标的颜色，都用彩通色标来表示。只要使用彩通标准油墨和标号规定的比例，无论在哪个国家印刷，都可以保证颜色的一致性。因此在设计商品包装和商标时，只要标出 Pantone 色标的标号，就可以保证印刷颜色的准确印刷和交流，这已经成为远距离、跨地域标定印刷颜色经常使用的方法。随着对外开放和商品进出口的日益增多，对外的印刷加工会越来越多，使用 Pantone 色标的场合也会越来越多，因此也会不断地在我国流行起来。

彩通色标实际上就是印刷色谱，只不过种类多一些，条件要求严格一些，由特定的一组原色油墨构成。它由一系列不同材料、不同油墨和不同印刷条件下的印刷色标组成，主要分为印刷色标和专色色标两大类，其中每种又分为涂料纸和非涂料纸两种。印刷色标与普通的印刷色谱没有本质的区别，只不过四色原色油墨的颜色有所不同，因此印刷出的颜色也有所区别。专色色标的种类比较丰富，既有普通油墨调配出的专色色样，也有金色、银色、浅粉色等特殊颜色的专色色样，如附页彩图 16 所示。

彩通色标的每一个色样都有一个标号，并且有该色样的油墨网点比例或油墨配方。以专色色标（Pantone Color Formula Guide）为例，该色标使用 20 余种基本油墨，其他所有颜色都由基本油墨按一定的比例调配而成。例如，绿色的 PANTONE339C 号样品，它由 6 份的 PANTONE 印刷蓝、2 份 PANTONE 黄和 8 份 PANTONE 白三种油墨调配而成，三种油墨各占 37.5%、12.5% 和 50% 的比例。"C"表示印刷在涂料纸（Coated）上，印刷在非涂料纸（Uncoated）上的色样标有"U"字。按照色标给出的配方和比例调墨，按规定的纸张印刷，就可以很容易地得到所需要的专色。由于 PANTONE 专色中使用了更多的原色来调配颜色，因此所形成的印刷颜色色域也比四色印刷色域大。

彩通色标保证颜色准确的基本条件是严格控制所使用的原色油墨颜色和印刷条件。彩通所使用的基本原色是严格按配方制造的，所有生产彩通油墨的油墨厂必须通过彩通公司的质量认证，以保证世界各地厂家生产的彩通油墨颜色一致。我国也有一些油墨厂，如天津油墨厂、上海油墨厂、深圳油墨厂等多家通过了彩通公司的认证。

目前通用的彩色桌面出版软件都支持 PANTONE 油墨标准，如 Photoshop、Illustrator、InDesign 等。当需要使用某一标号的颜色时，可以在调色板中选取相应的 PANTONE 色标，或输入色标的标号，就可方便地得到该颜色，如图 5-28 所示。很多印刷行业常用的测色仪器也支持彩通色标，如后面介绍的 X-Rite 公司的测色仪器。当使用这些仪器测量颜色样品时，计算软件就会根据测量结果自动计算出与彩通色标中最接近的色样标号，同时计算出使用该色样与目标颜色的色差大小，可以实现自动的配色，使用非常方便。

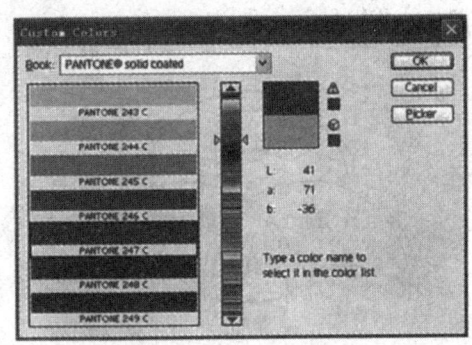

图 5-28 在 Adobe 系列软件中设置 PANTONE 颜色

三、RGB 颜色空间

RGB 颜色空间是显示器、扫描仪和数字相机等彩色设备使用的颜色空间，用来表示这类设备所形成的颜色。对于显示器，RGB 分别代表显示器红绿蓝三种荧光粉或滤色片的颜色，对于扫描仪来说，RGB 代表扫描仪中红绿蓝三种滤色片和光电转换器接收的颜色，代表构成扫描图像中颜色的红绿蓝比例。数字相机也是如此。事实上，RGB 彩色图像就是由 RGB 三原色数值构成的，是图像中记录的唯一信息。由这类设备产生的各种颜色都是由这三个基本颜色混合而成的。由于显示器和扫描仪都是基于加色混色原理的，因此 RGB 颜色空间是一个加色混色空间，只是所使用的红绿蓝三原色没有统一标准，是随设备的不同而变化的。不同的设备使用不同的三原色，因此所形成的 RGB 颜色空间范围就不同，同样三原色数值所混合出的颜色感觉也有差别。例如，同一幅 RGB 颜色图像在不同型号显示器上显示，由于所使用的三原色荧光粉不同，所呈现的颜色看上去不完全一样，有时甚至可能会有很大差别。所以，RGB 颜色空间也是一个与设备相关的颜色空间。

加色混色空间是一个线性空间，可以用前面介绍的颜色相加计算法进行计算。用红绿蓝三原色加色混色的基本规则是（如图 5-29 及附页彩图 10 所示）：

红光 + 绿光 = 黄光；红光 + 蓝光 = 品红光；绿光 + 蓝光 = 青光；白光。

与印刷油墨减色混色的规则相比，二者的规律正好相反。加色混色的显著特征是颜色混合后变得更亮。

在彩色桌面出版系统应用软件中，红绿蓝三原色用 0~255 的数字量来表示，代表三原色的亮度。0 表示无光，颜色最暗；255 表示最大亮度，颜色最亮、最纯；三种原色以 0~255 之间的任何数值进行混合，就可以得到丰富多彩的颜色。如果 RGB 按一定的规则和顺序改变，就能够得到各种组合的颜色，从这个意义上说，RGB 颜色空间也是一个色序系统，颜色的标号就是 RGB 的比例。类似 CMY 颜色空间，RGB 颜色空间也可以用图 5-30 所示的直角坐标系来表示，空间中不同的点对应不同的 RGB 比例，立方体构成了整个 RGB 颜色空间，立方体的各个顶点代表图 5-29 所示的三原色和混合色。将图 5-30 所示的 RGB 颜色空间与图 5-26 所示的 CMY 颜色空间进行比较，就可以看出两个颜色空间的共同点和区别。

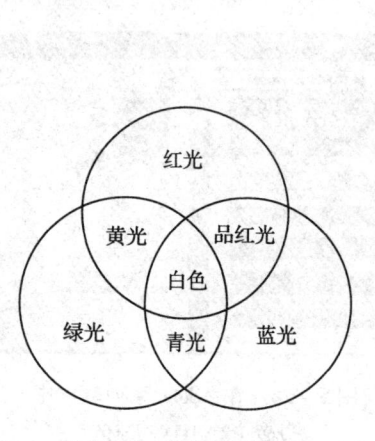

图 5-29 三原色光相加

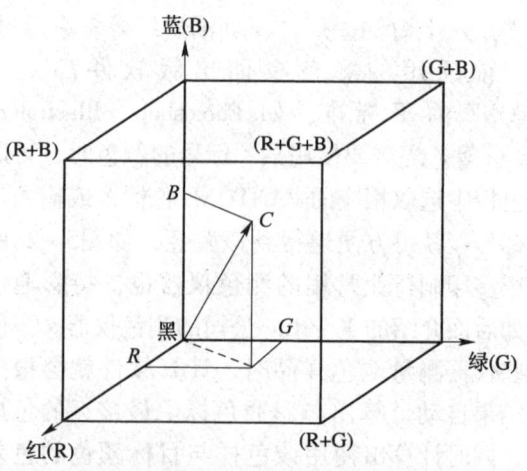

图 5-30 RGB 颜色空间

RGB 颜色空间也是 CIE 颜色空间的子空间，任何 RGB 组合形成的颜色都可以表示在 CIE 颜色空间中。因为 RGB 颜色空间是加色混色空间，因此所有能再现的颜色范围由 RGB 三原色的三个坐标点所决定，构成一个三角形，如图 5-24 中的 RGB 三角形所示。比 RGB 三原色饱和度更高的颜色位于三角形以外，是不能由 RGB 三原色混合而成的颜色。因此，在再现很高饱和度的颜色时就有可能出现失真。但饱和度很高的颜色毕竟在日常生活中并不常见，RGB 颜色空间包含了所有常见的颜色，所以显示器和彩色电视再现出的颜色并不感到有很严重的失真感觉。

例题：证明显示器的显示色域为图 5-24 中所示的三角形 $\triangle RGB$。

证明：因为显示颜色是由三原色光通过色光加色混合产生，三原色光为红绿蓝单色发光最强时的颜色，即单独取值 255 时的颜色。设红绿蓝三原色在 CIE 1931 色品坐标图上投影的坐标为 $R(x_r, y_r)$，$G(x_g, y_g)$，$B(x_b, y_b)$。根据第三章第三节"颜色相加的计算"的讨论和 CIE 三刺激值 XYZ 在 CIE1931 色品坐标图上的线性关系可知，两个原色混合出的颜色位于三角形的三条边上，三原色 R 和 G 混合的颜色一定位于 RG 连线上，R 和 B 混合的颜色一定位于 RB 连线上，G 和 B 混合的颜色一定位于 GB 连线上。而由 RGB 三个原色混合的颜色可以认为是由其中两个原色混合的颜色（如图 5-31 中的 A 点），再与第三个原色混合得到的结果（如图 5-31 中的 B 点）。因为 A 点和 B 点是任意的点，不同的 A 和 B 点代表了不同的 RGB 数字量的组合，因此三角形 $\triangle RGB$ 中的色品坐标代表不同 RGB 数字量产生的颜色。

其次证明 CIE 1931 色品坐标图上三角形 $\triangle RGB$ 以外的颜色不能由 RGB 三原色混合产生，即显示器不能显示色域外的颜色。设三角形 $\triangle RGB$ 以外的任一颜色坐标点为 C，如图 5-31 所示。过 C 点引出的任意一条直线，最多只可能与三角形 $\triangle RGB$ 相交于两点，记为 D 和 E，而 D 和 E 点只能位于 C 点的同侧，其颜色可以由直线两端点的原色混合产生（本例为 R 和 G、G 和 B 原色）。根据颜色相加原理，在直线 CE 上，颜色 D 只可能由 C 与 E 混合产生，而不可能由 D 和 E 混合产生 C 颜色。

从图 5-24 中各种设备颜色空间的色域形状可以看出，不同彩色设备的颜色复制范围差别很大，不能互相完全覆盖。这就带来了一个棘手问题：当需要在不同彩色设备之间传递颜色时，有些颜色不能一一对应，颜色可能会发生变化，有些颜色甚至不能复制。在印刷制版时，必须将在显示器上看到的颜色用印刷方法复制出来。但由于显示器的 RGB 颜色空间大于印刷的 CMYK 颜色空间，在显示器上看到的颜色不能全部用印刷方法复制，印刷时会出现失真，在操作时必须注意克服和补偿，这也是色彩管理要解决的主要问题之一。

在彩色桌面出版系统应用软件中，用 RGB 的数值可以很方便地表示颜色中三原色的比例。但人眼只能感觉颜色的明度、色调和饱和度三个属性，不能直接感知颜色中三

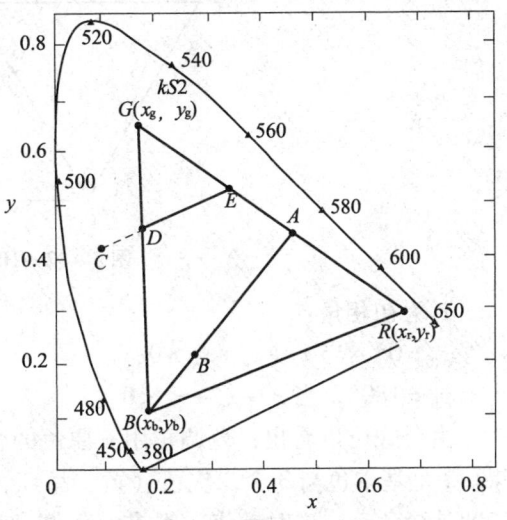

图 5-31　证明显示色域的示意图

原色的比例。为此，应用软件使用了一种用明度、色调和饱和度表示颜色的方法，称为 HSB 系统，以 H 代表色调，S 代表饱和度，B 表示亮度。注意：这里的 HSB 与 CIELAB 计算的明度、色调和彩度不一样，仅仅是大致的明度、色调和彩度感觉。HSB 系统用简单的算法将 RGB 数值转换为明度、色调和饱和度，可以通过明度、色调和饱和度的感觉设置颜色。HSB 系统与 RGB 数值的关系可以简单地用图 5-32 说明（不包括明度），RGB 三原色分别间隔 120°角，六边形中心为非彩色，距离中心越远，饱和度就越高。根据图中各颜色之间的几何关系可以得出计算公式如下：

$$\begin{cases} H = \dfrac{180°}{\pi}\text{arctg}\dfrac{y_r + y_g + y_b}{x_r + x_g + x_b} + \varphi_0 \\ S = \dfrac{\max(R,G,B) - \min(R,G,B)}{\max(R,G,B)} \times 100\% \\ B = \dfrac{\max(R,G,B)}{255} \times 100\% \end{cases} \quad (5-6)$$

其中，$\max(R, G, B)$、$\min(R, G, B)$ 分别代表取 RGB 数值中最大的一个和最小的一个，RGB 的取值范围为 0~255。$x_r, y_r, x_g, y_g, x_b, y_b$ 分别是红、绿、蓝三原色在水平和垂直坐标轴上的分量。由图 5-32 中的几何关系可以看出：

$$\begin{cases} x_r = R\cos 0° = R; \quad y_r = R\sin 0° = 0 \\ x_g = G\cos 120° = -\dfrac{1}{2}G; \quad y_g = G\sin 120° = \dfrac{\sqrt{3}}{2}G \\ x_b = B\cos 240° = -\dfrac{1}{2}B; \quad y_b = B\sin 240° = -\dfrac{\sqrt{3}}{2}B \end{cases}$$

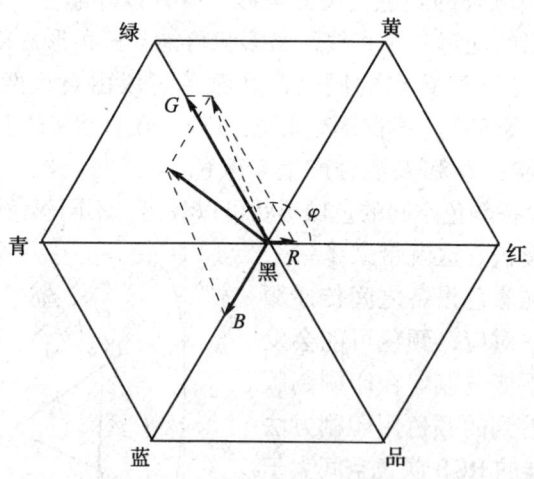

图 5-32　HSB 颜色的表示方法

φ_0 为初相角：

$\varphi_0 = 0°$，当 $x_r + x_g + x_b > 0$；

$\varphi_0 = 180°$，当 $x_r + x_g + x_b < 0$。

由公式可以看出，色调角用三原色的合矢量与水平方向的夹角表示，是色光相加的结果。3 个基本色与 3 个二次色（黄、品红、青）相互间隔 60°；0°表示红色，60°是黄色，120°是绿色……逆时针依次类推。色调角度 H 的计算遵循矢量合成的法则，当两个基本色混合时，混合色偏向比例大的一个。饱和度 S 为三原色最大值和最小值的差值与最大值之比。也就是说，S 是衡量颜色中含灰度或相反色的尺度。由此可知，如果 RGB 三刺激值之一为 0，灰度值为 0，则无论其他两个为何值，S 都必定为 100。亮度 B 只与最大的那个三刺激值有关，且等于三刺激值中最大值与最大数字量 255 的比值。因此，只要最大的三刺激值保持不变，其他两个无论如何变化都不会影响亮度值，只会影响色调角和饱和度。

在 HSB 颜色表示法中，任何一个颜色都可以用三个原色数量构成的矢量的合矢量来表示，合矢量的方向就是该颜色的色调，用色调角 φ 来表示，如图 5-32 中的矢量所示；所形成颜色的饱和度 S 由三个原色中最大一个与最小一个的差决定，也就是说，第三个原色的作用是产生非彩色，只有两个原色构成的颜色饱和度总是 100，如果有两个原色的数量相等，则混合色就是不饱和的颜色，其色调与第三个原色相同。

HSB 颜色表示法也是彩色桌面出版系统软件（包括其他办公软件）中设置颜色的基本方法之一，但 HSB 是由 RGB 颜色计算得到的，所以也会随着 RGB 三原色的改变而变化，而且这种简单的计算并不完全与颜色感觉相一致。

本章小结

本章介绍了色序系统的基本概念、类型和基本要求，以孟塞尔系统为例介绍了等差别色序系统，以自然色系统为例介绍了类似度色序系统，这两个色序系统是两类色序系统的典型代表。本章应注重掌握这两个颜色系统的特点、颜色排列规则、颜色标号和用途。

本章还介绍了印刷制作中经常使用的 CMYK 颜色系统和 RGB 颜色系统，介绍了计算机系统对这两个颜色系统的表示方法。CMYK 和 RGB 颜色系统分别是减色混色和加色混色的系统，二者的特点不同，混色规律也不同。

CMYK 和 RGB 颜色都是由各种彩色设备再现的颜色，所有由彩色设备呈现的颜色都是与设备相关的颜色，相同的设备颜色值所呈现的颜色感觉可能不同。不同设备呈现的颜色表示在 CIE 颜色系统中会形成不同的颜色范围，这个颜色范围称为设备的色域。设备的色域代表该彩色设备的颜色特性。

从本章介绍的各种色序系统以及前面介绍的色立体和 CIE 颜色体系可以总结出一个规律：凡是表示颜色感觉的系统都会形成一个对抗色体系，用柱坐标系表示，可以表示出明度、色调和彩度感觉；凡是表示混色结果的系统，即用三原色数量来表示颜色值的系统都使用直角坐标系来表示，各坐标轴代表的各混色原色的数量。

本章还介绍了印刷生产中经常使用的印刷色谱和 PANTONE 色谱。应该注意的是，任何实物形式的颜色系统都必须在规定的照明和观察条件下观察，才能保证颜色感觉的准确性。

习　题

1. 说明以下孟塞尔标号所表示颜色的大致特征：① 5B4/6；② 7.5PB 5/10；③ N9/　；④ N3/（RY，0.2）。
2. 在 CIE1931 色品图上的孟塞尔等色调线不是直线，等彩度线不是同心圆说明了什么问题？
3. 什么是"自然色系统"？它与孟塞尔表色系统有何不同？

4. 说出以下 NCS 标号的颜色样品的各种类似度： (1) S 1090 – B30G； (2) S 2040 – R； (3) S 3000；(4) S 2050 – Y80R。

5. NCS 系统有几个独立变量，它们都是什么？

6. NCS 立体中，相同黑度的颜色组成何种曲面，相同彩度的颜色组成什么样的曲面？

7. 在 Photoshop 软件的调色板中，设置不同的 CMYK 网点比例，观察混合色的变化规律。

8. 在 Photoshop 软件的调色板中，点击自定按钮，进入自定颜色对话框，在颜色系统下拉菜单中选择 PANTONE 或其他颜色系统，选择不同的标号，观察颜色的变化。

9. 在 Photoshop 软件的调色板中，设置不同的 RGB 颜色比例，观察混合色的变化规律，观察 RGB 与 HSB 两种表示颜色方法的关系，并进行验算。

10. 对比其他应用软件的调色板和设置颜色的方法。

11. 若显示器的 RGB 三原色荧光粉都有 0～255 共 256 级发光亮度变化，计算在显示器上一共可以得到多少种不同颜色。

12. 解释为什么 RGB 颜色空间范围是一个三角形，而 CMYK 颜色空间是多边形？它们的差别说明什么问题？

13. 在 Photoshop 软件中，从文件→色彩设置→RGB 设置和 CMYK 设置对话框中，改变颜色设置，观察同一颜色在不同设置时的变化。

14. 何为与设备相关的颜色空间？CIE 颜色空间是与设备相关的颜色空间吗，为什么？

15. 根据所学过的各种颜色表示系统，总结归纳各种颜色空间表示颜色特性的共性与不同点，说明使用柱坐标系表示颜色的什么特性，用直角坐标系表示颜色的什么特性。

16. 试分析 RGB 颜色空间立体（图 5 – 30）表面的颜色具有什么特点，CMY 颜色空间立体（图 5 – 26）表面的颜色具有什么特点？

第六章 颜色测量

根据前面有关颜色感觉产生的物理和生理心理因素、颜色视觉理论，以及 CIE 标准色度系统的理论可以知道，对于颜色的目视观测要受到诸如光源、环境光、色适应、人眼不同的视觉响应特点等因素的影响，要模拟人的颜色视觉系统、测量出真实的颜色感觉是不太容易的事情，目前还不能实现。但由于在特定的条件下颜色感觉与光刺激具有对应关系，可以通过 CIE 标准色度学系统计算光刺激产生的颜色感觉，根据这一原理就可以建立颜色测量的体系。因此，目前的颜色测量方法所测量的都是光刺激的光度特性，通过光刺激的光谱分布计算特定观察条件下的颜色感觉。

根据 CIE 色度学理论，对于特定条件下的特定的颜色感觉，对应一组三刺激值。根据颜色的三刺激值计算公式(3-11)~式(3-16)可知：

$$\begin{cases} X = k\int_\lambda S(\lambda)\rho(\lambda)\bar{x}(\lambda)\mathrm{d}\lambda \\ Y = k\int_\lambda S(\lambda)\rho(\lambda)\bar{y}(\lambda)\mathrm{d}\lambda \\ Z = k\int_\lambda S(\lambda)\rho(\lambda)\bar{z}(\lambda)\mathrm{d}\lambda \end{cases} \qquad (6-1)$$

式中，$S(\lambda)$ 是光源的光谱分布，通常根据实际需要选择某个 CIE 标准照明体，如 A 或 D_{65}（见第四章"CIE 标准照明体和标准光源"），是已知条件，$\bar{x}(\lambda)$、$\bar{y}(\lambda)$、$\bar{z}(\lambda)$ 是 CIE1931 标准色度观察者光谱三刺激值［或使用 CIE1964 补充标准色度观察者光谱三刺激值 $\bar{x}_{10}(\lambda)$、$\bar{y}_{10}(\lambda)$、$\bar{z}_{10}(\lambda)$］，也是已知条件，$\rho(\lambda)$ 是物体的光谱反射率（或光谱透射率），代表了物体的固有光学特性，是决定物体在特定条件下颜色感觉的因素。因此，只要测得反射样品的光谱反射率 $\rho(\lambda)$ ［或光谱辐亮度因数 $\beta(\lambda)$］，透射样品的光谱透射比 $\tau(\lambda)$，就可以计算得到三刺激值，得到对应的颜色感觉。也可以利用光电转换器件的光谱特性来模拟眼睛感红、感绿、感蓝锥体细胞的光谱特性，即标准观察者函数的光谱特性，由光电转换器件直接得到三刺激值。根据获得三刺激值的具体方式不同，颜色测量仪器通常可分为分光光度计和光电色度计两类。

分光光度计通过测量反射物体的光谱反射率 $\rho(\lambda)$ 和透射物体的光谱透射率 $\tau(\lambda)$ 来测量颜色，如果选择不同的标准照明体 $S(\lambda)$ 和标准观察者数据，就可以算出相应条件下的三刺激值。由光谱反射率和光谱透射率的定义

$$\rho(\lambda) = \frac{\Phi_\rho(\lambda)}{\Phi_0(\lambda)}, \quad \tau(\lambda) = \frac{I_\tau(\lambda)}{I_0(\lambda)}$$

可知，物体的光谱反射率和光谱透射率是波长的函数，因此要测量物体对各波长光的反射率或透射率，也就是说，要将白光分解为不同波长的单色光来测量。$\rho(\lambda)$ ［或 $\tau(\lambda)$］属光度量，非色度量，因此这类仪器称为分光光度计。

光电色度计通常又称为色差计，它采用滤色器来校正光源和探测元件的光谱特性，使透过滤色片的光符合标准光源的光谱分布，光电探测元件的光谱特性符合标准色度观察者

的光谱特性。于是这类仪器在测量时就相当于人眼在特定光源照明下观察颜色样品，光电探测器转换得到的电流大小直接与三刺激值成正比，即用光电探测器来模拟锥体细胞接收光刺激的过程。由于必须用滤色器对特定光源和特定光电探测器的光谱特性进行校正，使其符合某种 CIE 标准照明体和标准观察者的光谱分布，因此这类仪器只能测量特定光源、特定观察者条件下的颜色。

还有一种通过目视进行颜色匹配测量颜色的仪器，称为目视比色计。目视比色计实际上就是一个颜色匹配装置，通过调整三原色的数量使混合色与样品色达到匹配，记录下颜色达到匹配时的三原色数量，以此来标定颜色。目视比色计通常用于液体颜色的检验，如葡萄酒、食用油的检验。根据生成三原色的方法，可以将目视比色计分为加色法目视比色计和减色法目视比色计两种。

在印刷、摄影等行业还经常使用一种称为彩色密度计的仪器，用它来控制颜色。密度计通过测量样品对红、绿、蓝光的吸收量，即密度值来确定颜色的特性，以此来控制颜色的复制过程。它的测量原理与色度计类似，用滤色片将照明光校正为特定的光谱分布，但这种光谱分布不符合 CIE 色度学体系，测量值是密度值而不是颜色值。因此严格说，密度计不属于颜色测量仪器。但用密度在表示减色法呈色效果时比较方便、直观，在印刷行业中应用广泛，可以很方便地通过密度值的大小了解到印刷墨量的大小，起到控制油墨墨量和印刷品颜色的作用。

本章将着重介绍各类测量和控制颜色的仪器。在此之前，先介绍一下 CIE 推荐的几种观察颜色和测量颜色时必须遵守的照明和观测条件规定。

第一节 颜色测量的几何条件

在用眼睛观察颜色时，照明光的入射方式和眼睛观察时的观察角度都会影响看到的颜色感觉，观察角度不合适时还可能出现镜面反射光，产生耀眼的光斑，根本看不清颜色。因此在颜色测量时，被测物体表面和工作标准都必须按某种规定的方式被照明和观测，才能保证测量数据的准确性和一致性。为了避免由于照明和观测条件的不同而引起的测量结果的差异，CIE 推荐了几种照明和观测条件作为颜色测量的标准方式，称为颜色测量的几何条件，以统一颜色测量的标准。任何颜色测量仪器，都必须遵守这一规定，采用一种标准的测量几何条件，这一点在实际测量时是非常重要的，尤其是当被测物体表面有光泽的时候。

对于透射样品颜色测量，规定采用垂直照明、透射方向测量（漫透射样品除外），这与实际观察透射样品的条件相一致，如图 6-1 所示。

对于反射样品（即不透明物体）的颜色测量，CIE 推荐了四种照明和观察条件作为标准，它们是：①45°照明，法线（0°）观测，记作 45/0；②法线（0°）照明，45°观测，记作 0/45；③漫射照明，法线观测，记作 d/0；④法线照明，漫射观测，记作 0/d。这四种几何条件的示意图如图 6-2 所示。严格地说，采用不同几何条件测量出的结果在数值上会有差别，对测量结果的定义也不一样。但在实际应用中，这种测量值的差别一般不会有本

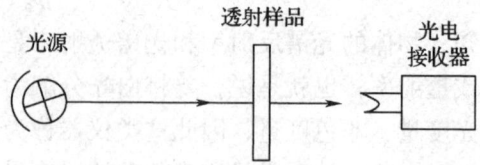

图 6-1 透射样品颜色测量照明与观测条件

质上的差别，往往不加以严格的区分，但必须对测量的条件加以说明。任何测色仪器的设计，都必须满足这四种测量几何条件之一，并且在产品说明书中明确说明。在选择测量仪器时，要根据使用需要选择符合某种几何条件的仪器。例如，在印刷行业一般选择 45/0 或 0/45 几何条件的仪器，因为这种照明和观察条件比较符合实际观察印刷品的情况。

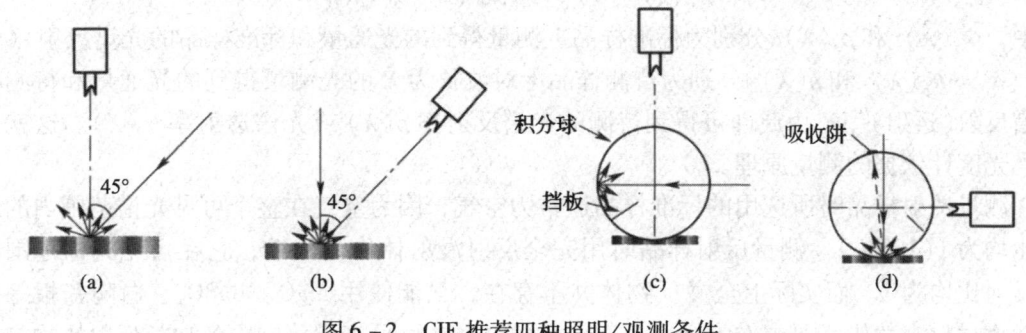

图 6-2 CIE 推荐四种照明/观测条件
(a) 45/0　(b) 0/45　(c) d/0　(d) 0/d

前两种（45/0，0/45）照明/观察条件接近于目视观察条件，可以有效地将样品表面的镜面反射光排除在外。而后两种（d/0，0/d）条件下的测量是通过仪器内的积分球实现的，这两种测量方法与样品的表面结构无关，这对于有纹理纸张、纺织品颜色的测量尤为重要，可以有效地排除表面结构对测量结果的影响。因为积分球内壁涂满全漫反材料，光线在积分球中经过多次反射后被混合为非常均匀的光，充满积分球，因此可以测得待测样品的全部反射（包括漫反射和镜面反射）特性。

值得说明的是，0/d 几何条件下的入射光并不是完全垂直的，而是有一个不超过 8°的小角度。这样设计的原因是可以避免镜面反射光垂直反射回来。在与入射光成镜面反射的位置设计有一个吸收阱，可以吸收或反射镜面反射光。当在吸收阱位置放置黑色吸收物质时，可以将镜面反射光吸收掉，接收器接收的光中不包含镜面反射；而在吸收阱位置放置全漫反射材料时，镜面反射光也会在积分球中反射，接收器接收的光中有镜面反射光的贡献。因此，包含和排除镜面反射光条件下的测量结果会有差别，这种差别反映了被测材料表面的光泽特性。这个功能往往在需要了解样品光泽性的时候非常有用。

所有颜色测量仪器都要符合上述测量方式之一，测色时根据实际需要适当选择，必须在给出测试数据时注明是在何种条件下测得的。由于使用不同测量方式得到的测量结果会有一定差别，因此印刷行业使用的测色仪器多采用 45/0 和 0/45 两种几何条件，以模拟人眼观察的效果。CIE 规定，在 45/0、0/45 和 d/0 三种条件下测量得到的光谱反射率因数也可以称为光谱辐亮度因数，用 $\beta(\lambda)$ 表示，只有 0/d 条件下测量得到的光谱反射率因数才称为光谱反射率 $\rho(\lambda)$，而光谱反射率因数是二者的总称。在实际工业应用要求不十分严格时，经常不严格区分。

第二节　分光光度计

顾名思义，这类仪器测量的实际上是光度量而非色度量。它的基本原理是将特定波长的单色光同时或先后照射在待测样品和光谱反射（透射）率已知的标准样品之上，如图

6-3所示。分别测得待测样品和标准样品的反射（透射）光度测量值。如果可以保证两种情况下的入射单色光强度相同，由于标准样品的光谱反射（透射）率$\rho_s(\lambda)$已知，由此可以得到入射光的$\Phi_0(\lambda)$：

$$\Phi_0(\lambda) = \frac{\Phi_s(\lambda)}{\rho_s(\lambda)}, \quad \rho(\lambda) = \frac{\Phi_p(\lambda)}{\Phi_0(\lambda)} = \frac{\Phi_p(\lambda)}{\Phi_s(\lambda)} \cdot \rho_s(\lambda) \tag{6-2}$$

式中，$\Phi_s(\lambda)$和$\rho_s(\lambda)$分别为标准样品上测量得到的光通量和标准样品的光谱反射（透射）率，$\Phi_p(\lambda)$和$\rho(\lambda)$分别为待测样品上对波长为λ的光测量得到的光通量和待测的光谱反射（透射）率，由此即可得到待测的光谱反射率$\rho(\lambda)$或光谱透射率$\tau(\lambda)$。这就是分光光度计依据的测量原理。

测量透射样品时所选用的标准样品通常为空气，因为空气在整个可见光谱范围内的透射比均为1(100%)。测量反射样品时用完全反射漫射体作为标准，它在可见光谱范围内的反射比均为1。而实际上全漫反物体并不存在，只能使用MgO、$BaSO_4$、白陶瓷板等高反射率材料来替代，要求作为标准反射样品的材料在可见光谱范围内各波长反射比均匀一致，最好均接近于1，并且要严格对其光谱反射率进行标定。

分光光度计主要由光源、单色器、光电探测器和数据处理与输出几部分构成，其光路示意图如图6-4所示。其工作流程是这样的：由光源发出足够强度的连续光谱，分别照射在待测和标准样品上，由样品反射(透射)的光经过单色器分解为各波长的单色光，由光电探测器接收并转换为相应的电信号。另一种光路是相反的设计，光源发出的光先经单色器输出成不同波长的单色光，将单色光同时(将光束一分为二)或先后照射到待测样品及标准样品上，然后用光电探测器接收其反射(或透射)的光能并转变为电能，从而记录和比较光通量的大小，得出样品的光谱反射比(或透射比)。两种设计测量效果相近，各有优缺点。

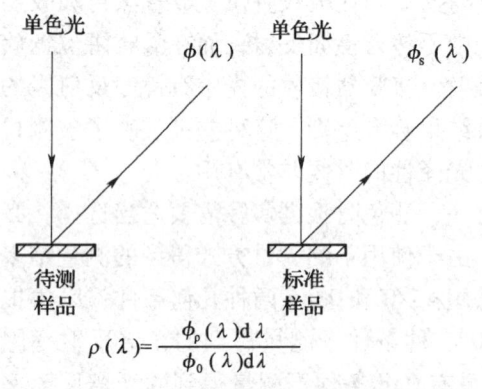

图6-3 分光光度计原理示意图

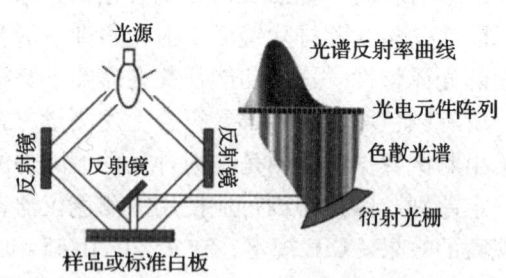

图6-4 分光光度计光路示意图

分光光度计是精度非常高的测量仪器，其测量的准确度主要取决于单色仪的精度和对不同波长单色光的标定，即对单色光的分辨力。如果单色仪能够分解出波长范围非常细的单色光，则仪器的测量精度就高，反之则精度低。一般对于颜色的测量要求单色光的间隔为10nm就足够了，因为绝大部分颜色样品的光谱分布都不会有突变。但如果要测量有荧光的物体则应该使用更细小的波长间隔，因为往往荧光的发射光谱带很窄，波长间隔太大会丢掉细小的光谱辐射的变化信息。分光光度计还是对物质进行分析的常用仪器，根据物质对光的吸收光谱就可以判断出物质的组成成分,此时必须使用非常细小的波长间隔。另外,仪器的光电转换器件的灵敏度、信号检测和放大电路的精度、仪器光学设计与制作的精细程度以及对仪器的标定都是影响仪器测量精度的因素。

当前使用的分光光度计大多可以与计算机相联作为数据处理和输出装置,实现了高度的智能化,它能根据所存储的数据[如标准照明体 $S(\lambda)$、标准色度观察者函数等]和计算程序,将所测得的 $\rho(\lambda)$[或 $\tau(\lambda)$]进行计算,得出三刺激值、色品坐标、色差等结果,并能存储数据,显示、打印各种曲线、图表等,使用非常方便。

分光光度计测色精度高,但仪器结构复杂,价格昂贵,通常用于颜色的精密测量和理论研究之用。但随着光学技术的进步和电子元器件集成度的提高、成本的降低与制造技术的提高,市场上出现了一些体积小、价格低的分光测色仪器,如美国的 X – Rite 公司和 Gretag – Macbeth 公司(目前两家公司已经合并)、德国的 Techkon 公司的产品,它们已经很广泛地应用于印刷行业,作为颜色控制、色彩管理的工具,发挥了非常重要的作用。

第三节　光电色度计

光电色度计是一类模拟眼睛感觉颜色机理的测量仪器,用仪器内部的光电探测器直接得到颜色的三刺激值,即由仪器内部的光电探测器模拟视网膜上的感红、感绿和感蓝锥体细胞的光谱响应。因为光电探测器产生的电信号是由各波长的光共同作用的结果,因此利用光电探测器的感光特性就可以实现式(6 – 1)的积分过程。根据设计的不同,光电色度计既可以测量物体的颜色也可测量光源的颜色。在测色时,照明待测样品所用的照明光源必须是能发出连续光谱的光源,还需要加校正滤色器进行校正,使之满足特定标准照明体的光谱分布,如标准照明体 A、B、C、D_{65} 等的光谱分布规定。另外,仪器内部光电探测器的光谱灵敏度也要加校正滤色器进行校正,使其与人眼的视觉特性相吻合,即与 CIE 标准色度观察者光谱三刺激值相一致。这两种校正滤色器通常是结合在一起来设计的,只要使仪器的总光谱灵敏度满足模拟要求即可。光电色度计总光谱灵敏度必须满足的特定条件称为卢瑟条件,由下式表示:

$$K_X S_0(\lambda) \tau_X(\lambda) \gamma(\lambda) = S(\lambda) \bar{x}(\lambda)$$
$$K_Y S_0(\lambda) \tau_Y(\lambda) \gamma(\lambda) = S(\lambda) \bar{y}(\lambda); \qquad (6-3)$$
$$K_Z S_0(\lambda) \tau_Z(\lambda) \gamma(\lambda) = S(\lambda) \bar{z}(\lambda)$$

式中 $S_0(\lambda)$ 为仪器内部光源的光谱分布;$S(\lambda)$ 为选定的标准照明体光谱分布,如 D_{65},为已知数据;$\tau_X(\lambda)$、$\tau_Y(\lambda)$、$\tau_Z(\lambda)$ 分别为 X、Y、Z 校正滤色器的光谱透射比;$\gamma(\lambda)$ 为光电探测器的光谱灵敏度,可以通过测量的方法测定,这里假设各通道使用相同的光电探测器,更一般情况下各通道探测器的光谱灵敏度函数 $\gamma(\lambda)$ 可能不相同;K_X、K_Y、K_Z 是三个与波长无关的比例常数,即三个通道电路的放大系数,用来定标仪器。因此,等式右边是特定照明条件下仪器测量完全漫反射体[$\rho(\lambda) = 1$]应该具有的光谱响应,等式左边的 $S_0(\lambda)$ 和 $\gamma(\lambda)$ 也是已知参数,由此可确定出仪器校正滤色器的光谱透射比 $\tau_X(\lambda)$、$\tau_Y(\lambda)$、$\tau_Z(\lambda)$:

$$K_X \tau_X (\lambda) = \frac{S(\lambda)\bar{x}(\lambda)}{S_0(\lambda)\gamma(\lambda)}$$

$$K_Y \tau_Y (\lambda) = \frac{S(\lambda)\bar{y}(\lambda)}{S_0(\lambda)\gamma(\lambda)} \quad (6-4)$$

$$K_Z \tau_Z (\lambda) = \frac{S(\lambda)\bar{z}(\lambda)}{S_0(\lambda)\gamma(\lambda)}$$

卢瑟条件不仅是设计色度计的基本关系，也是设计其他颜色转换设备所遵循的基本关系，如密度计、扫描仪、摄像机等，只不过此时不必准确模拟标准照明体和标准观察者函数的光谱分布，只要达到某种特定的光谱分布即可。因此理解这个关系对理解颜色的复制原理也很有帮助。

光电色度计由照明光源、校正滤色器、光电探测器等主要部分组成。其设计的关键在于校正滤色器，它直接关系到测量的准确度和测量的条件。通常可以通过不同滤色片以一定的厚度和面积拼合实现式(6-4)所确定的特定光谱透过函数。光电色度计的基本原理示意图如图6-5所示。

色度计符合卢瑟条件的程度越高则测量精度越高，但受材料和制造工艺的限制通常不能做得完全一致，因此色度计在测量某些颜色时会出现误差。仪器在使用前要先用它去测量已知三刺激值的标准色板或标准滤色片（通常仪器自带），同时调整仪器的输出数据与标准值一致，这一过程叫做定标。当对测量结果要求较高时，测量前还应使用与待测样品颜色相近的标准色板定标，如测量红样品前用红色标准板定标，测量蓝色前用蓝色标准板定标，这样可以一定程度上抵消设计的误差，提高测量精度。

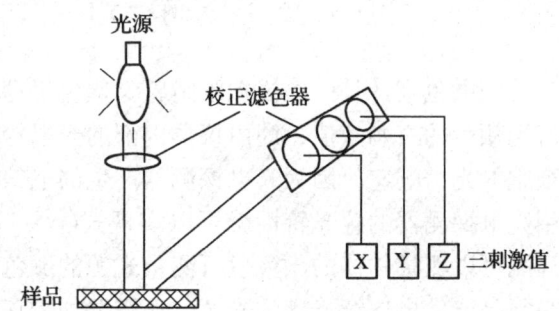

图6-5 光电色度计光路示意图

第四节 彩色密度计与密度

在介绍彩色密度计原理之前，我们必须先了解一下有关减色法混色和密度的知识。

一、减色法三原色与减色法混色

根据颜色视觉理论，人眼的视网膜上有三种锥体细胞，分别含有感红、感绿、感蓝三种视素，对于自然界中的各种颜色刺激，由于其光谱组成不同，因而引起这三种视素吸收量不同，产生了不同的颜色感觉。于是可以利用红、绿、蓝三原色光不同比例的变化，来混合出各种各样的颜色，彩色电视就属于这一类加色法混色。彩色印刷选用红、绿、蓝的补色青、品红、黄来控制进入眼睛的红、绿、蓝光的数量。如图6-6所示是理想油墨和实际油墨印在白纸上的光谱反射率曲线。由图可以看出，每种油墨都是固定吸收可见光波段光谱成分的三分之一，反射三分之二。图中虚线代表实际油墨的反射情况。可以看出，实际油墨不是理想的红、绿、蓝光的补色，不能完全吸收应该吸收的光波，也不能完全反射特定波段的光。选择黄、品红、青作为减色法三原色的原因就是利用它们的选择性吸收特性,控制红、绿、蓝三原色光的剩余数量,完成余下的光谱成分的相加混合。

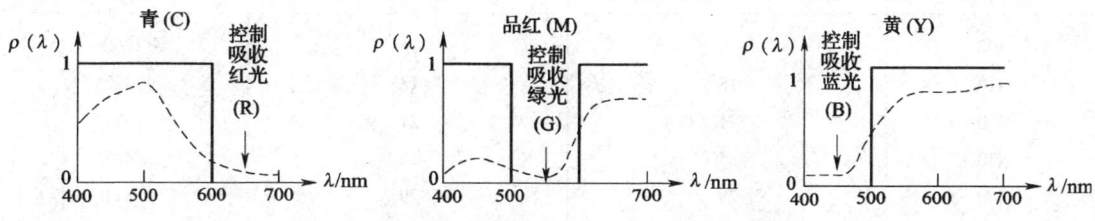

图 6-6 原色油墨印刷在白纸上的光谱反射率曲线

二、彩色密度计原理与结构

从上面的分析我们理解了减色三原色的作用。下面再回顾一下(光学)密度的公式:

$$光学密度 D = \begin{cases} -\lg T & 透射 \\ -\lg R & 反射 \end{cases} \tag{6-5}$$

式中,T 和 R 分别为透射物体和反射物体的光学透射率和光学反射率,代表眼睛对物体的亮度感觉,由下式确定:

$$T = k_m \int_\lambda S(\lambda)\tau(\lambda)V(\lambda)d\lambda$$
$$R = k_m \int_\lambda S(\lambda)\rho(\lambda)V(\lambda)d\lambda \tag{6-6}$$

式中 $V(\lambda)$ 为明视觉光谱光效率函数(见第一章第一节"明视觉与暗视觉"),$S(\lambda)$ 为照明光源的光谱分布,常数 k_m =683 流明/瓦(lm/W)。由式(6-5)和式(6-6)决定的密度称为 ISO 视觉密度(Visual density),用于表示黑白单色样品的密度,但也可以用于测量彩色。透射视觉密度记做 D_T(S_H:V_T),反射视觉密度记做 D_R(S_A:V),S_H 和 S_A 分别表示透射和反射密度计的照明光谱函数,V 表示视觉密度。

在 ISO 5-3:1995(E)中规定,密度计的照明光源光谱分布应该满足 CIE 标准照明体 A 的光谱分布,有些反射密度计和大多数透射密度计还要增加一个红外滤色片,用来吸收光源的热能,起到保护被测样品和仪器中光学器件的作用,所以透射光谱与反射光谱在 560nm 以后有差别。透射和反射密度计光源的光谱分布 S_H 和 S_A 以及与明视觉光谱光效率函数 $V(\lambda)$ 与 S_A 乘积 $\prod_V(\lambda)$ 的对数分列于表 6-1 中的第 2、3 列和第 4 列。

表 6-1   ISO 密度计标准入射光谱及视觉光谱密度乘积的对数

波长/nm	*透射密度计入射光谱 S_H	*反射密度计入射光谱 S_A	**$\log_{10}\prod_V(\lambda)$
340	4	4	
350	5	5	
360	6	6	
370	8	8	
380	10	10	
390	12	12	

续表

波长/nm	*透射密度计入射光谱 S_H	*反射密度计入射光谱 S_A	** $\log_{10} \Pi_V(\lambda)$
400	15	15	<1.000
410	18	18	1.322
420	21	21	1.914
430	25	25	2.447
440	29	29	2.811
450	33	33	3.09
460	38	38	3.346
470	43	43	3.582
480	48	48	3.818
490	54	54	4.041
500	60	60	4.276
510	66	66	4.513
520	72	72	4.702
530	79	79	4.825
540	86	86	4.905
550	93	93	4.957
560	100	100	4.989
570	107	107	5
580	111	114	4.989
590	115	122	4.956
600	116	129	4.902
610	119	136	4.827
620	117	144	4.731
630	113	151	4.593
640	107	158	4.433
650	102	165	4.238
660	96	172	4.013
670	89	179	3.749
680	80	185	3.49
690	72	192	3.188
700	62	198	2.901
710	53	204	2.622
720	45	210	2.334
730	37	216	2.041
740	31	222	1.732
750	24	227	1.431
760	19	232	1.146
770	15	237	<1.000

注：* 为相对光谱分布，将 560nm 归化为 100

** 将 570nm 处的最大值归化为 5.000

表中第 1 列是间隔 10nm 的波长，第 2 列和第 3 列分别是透射密度计和反射密度计入射到样品上光通量的光谱分布，第 4 列是第 3 列数据与明视觉光谱光效率函数 $V(\lambda)$ 乘积 $\prod_V(\lambda)$ 的对数，并将 570nm 的最大值归化为 5.000，即将 570nm 的乘积 $\prod_V(570)$ 归化为 100000。根据表 1-2 中明视觉光谱光效率函数 $V(\lambda)$ 数据 $[V(570)=0.9520]$ 和表 6-1 数据 $[S_A(570)=107]$ 可以计算出归化常数 $k=100000/[S_A(570)\times V(570)]=981.7011$。

密度计的基本结构和原理如图 6-7 所示。对于单色密度计来说，只需使用一个符合明视觉光谱光效率函数 $V(\lambda)$ 滤色片即可，所测密度值为视觉密度。对于彩色密度计来说，测量的是样品对红、绿、蓝光的吸收量，因此在光电探测器前要分别放置红、绿、蓝（和视觉密度）滤色片，用来分别透过红、绿、蓝光，或者将滤色片置于光源后面，用来产生红、绿、蓝照明光。由于青、品红、黄油墨分别吸收红、绿、蓝光，并且墨层厚度越大，对红、绿、蓝光的吸收就越多（见图 1-6）。所以，测量经过油墨吸收后剩余的红、绿、蓝光量，就可以得到油墨的密度值，间接得到墨层的厚度。例如在红滤色片下测量的是青油墨吸收红光的数量，即红光下的密度。对于特定的青油墨来说，对红光吸收量越多，密度值越高，说明青油墨的墨层越厚或网点面积率越大或彩度越高，反之则说明青油墨彩度低或墨层薄或网点面积率小。对其他原色油墨也有类似的关系。

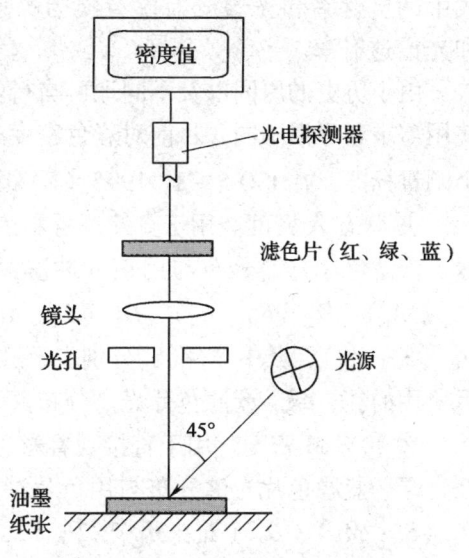

图 6-7 彩色密度计示意图

由此可见，彩色密度计是专门针对减色混色测量而设计的，专门用来测量青、品红、黄油墨对红、绿、蓝光的吸收量，由此来控制印刷油墨的墨量。因此在测量时必须配套使用红、绿、蓝滤色片，得到的测量结果才是符合密度定义的密度值。

根据密度的定义，对于彩色密度计红、绿、蓝滤色片下测量的密度 D_R、D_G、D_B 定义为：

$$\begin{cases} D_R = -\lg R_r = -\lg \dfrac{\int_\lambda \prod_r(\lambda)\rho(\lambda)d\lambda}{\int_\lambda \prod_r(\lambda)d\lambda} \\[2ex] D_G = -\lg R_g = -\lg \dfrac{\int_\lambda \prod_g(\lambda)\rho(\lambda)d\lambda}{\int_\lambda \prod_g(\lambda)d\lambda} \\[2ex] D_B = -\lg R_b = -\lg \dfrac{\int_\lambda \prod_b(\lambda)\rho(\lambda)d\lambda}{\int_\lambda \prod_b(\lambda)d\lambda} \end{cases} \quad (6-7)$$

其中，R_r、R_g、R_b 为红、绿、蓝滤色片下测量的反射率，$\rho(\lambda)$ 为样品的光谱反射率，

$\Pi_r(\lambda)$、$\Pi_g(\lambda)$、$\Pi_b(\lambda)$ 为密度计光源的入射光谱与红、绿、蓝滤色片光谱分布的乘积，对于不同的应用具有不同的定义，称为密度的各种测量状态，见下面的介绍。测量印刷品密度使用的密度状态 T 和状态 E 的光谱乘积 $\Pi(\lambda)$ 的对数列于表 6-2 中，其光谱分布曲线如图 6-8 所示。对于透射密度的表达式完全相同，只不过要将式中的反射率和光谱反射率替换为透射率和光谱透射率。

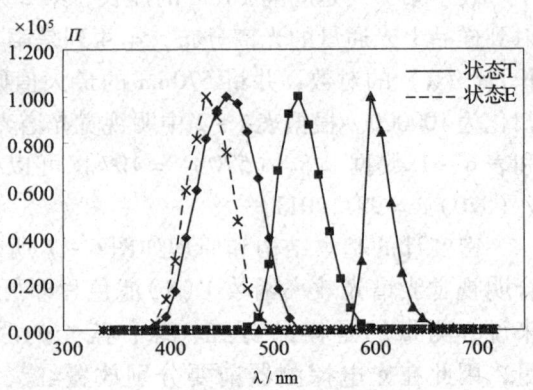

图 6-8 ISO 状态 T 和状态 E 的光谱乘积曲线

由于历史的原因以及不同地区与行业的使用需求和习惯不同，目前对彩色密度有多个测量标准，在 ISO 5-3：1995（E）中有相应的规定。

① 状态 A 密度。用于直接观看彩色照相正片或幻灯片条件下的密度测量，其中的红、绿、蓝滤色片光谱分布与用正片冲洗照片所使用的滤色片接近。其透射密度表示为 $D_T(S_H:A_R)$、$D_T(S_H:A_G)$、$D_T(S_H:A_B)$，反射密度记做 $D_R(S_A:A_R)$、$D_R(S_A:A_G)$、$D_R(S_A:A_B)$，其中 S_H 和 S_A 分别表示透射和反射的入射光谱分布，A_R、A_G、A_B 等分别表示所用的红、绿、蓝滤色片光谱分布（下同）。

② 状态 M 密度。用于直接观看彩色照相负片或负片原稿条件下的密度测量，其中的红、绿、蓝滤色片光谱分布与用负片冲洗照片所使用的滤色片接近。其透射密度表示为 $D_T(S_H:M_R)$、$D_T(S_H:M_G)$、$D_T(S_H:M_B)$。

③ 状态 T 密度。用于评价印刷品所使用的密度标准，以前多用于美国，现在是 ISO 和我国普遍采用的密度标准。其透射密度表示为 $D_T(S_H:T_R)$、$D_T(S_H:T_G)$、$D_T(S_H:T_B)$，反射密度记做 $D_R(S_A:T_R)$、$D_R(S_A:T_G)$、$D_R(S_A:T_B)$，其红、绿、蓝滤色片光谱分布数据见表 6-2，光谱乘积的曲线见图 6-8 中的实线所示。

表 6-2 ISO 密度计状态 T 和状态 E 光谱乘积的对数（峰值归化为 5.000）

波长（nm）	状态 T			状态 E		
	蓝 $\lg\Pi_{Tb}(\lambda)$	绿 $\lg\Pi_{Tg}(\lambda)$	红 $\lg\Pi_{Tr}(\lambda)$	蓝 $\lg\Pi_{Eb}(\lambda)$	绿 $\lg\Pi_{Eg}(\lambda)$	红 $\lg\Pi_{Er}(\lambda)$
340	<1.000					
350	1.000					
360	1.301			<1.000		
370	2.000			1.000		
380	2.477			2.431		
390	3.176			3.431		

续表

波长 (nm)	状态 T			状态 E		
	蓝 $\lg\Pi_{Tb}(\lambda)$	绿 $\lg\Pi_{Tg}(\lambda)$	红 $\lg\Pi_{Tr}(\lambda)$	蓝 $\lg\Pi_{Eb}(\lambda)$	绿 $\lg\Pi_{Eg}(\lambda)$	红 $\lg\Pi_{Er}(\lambda)$
400	3.778			4.114		
410	4.230			4.477		
420	4.602			4.778		
430	4.778			4.914		
440	4.914			5.000		
450	4.973			4.959		
460	5.000			4.881		
470	4.987	<1.000		4.672	<1.000	
480	4.929	3.000		4.255	3.000	
490	4.813	3.699		3.778	3.699	
500	4.602	4.447		2.903	4.477	
510	4.255	4.833		1.699	4.833	
520	3.699	4.964		1.000	4.964	
530	2.301	5.000		<1.000	5.000	
540	1.602	4.944			4.944	
550	<1.000	4.820			4.920	
560		4.623	<1.000		4.623	<1.000
570		4.342	1.778		4.342	1.778
580		3.954	2.653		3.954	2.653
590		3.398	4.477		3.398	4.477
600		2.845	5.000		2.845	5.000
610		1.954	4.929		1.954	4.929
620		1.000	4.740		1.000	4.740
630		<1.000	4.398		<1.000	4.398
640			4.000			4.000
650			3.699			3.699
660			3.176			3.176
670			2.699			2.699
680			2.477			2.477
690			2.176			2.176
700			1.699			1.699
710			1.000			1.000
720			<1.000			<1.000
730						
740						
750						
760						
770						

④ 状态 E 密度。用于评价印刷品所使用的密度标准,以前多用于欧洲。其反射密度表示为 $D_R(S_A:E_R)$、$D_R(S_A:E_G)$、$D_R(S_A:E_B)$,其红、绿、蓝滤色片光谱分布数据见表 6-2。状态 E 与状态 T 的差别仅在于蓝滤色片上,状态 E 采用了更窄的蓝滤色片光谱带,见图 6-8 中的虚线曲线。

三、颜色的密度表示法

由前面讨论可知,物体对于光的吸收越多,透射率(反射率)越低,相应密度值就越大。由于在纸张上印刷油墨的目的是用油墨吸收照明光,印刷的油墨量越大,对光的吸收就越多,所以可以用密度来表示印刷油墨量的大小。但是,如果直接用物体对光的吸收量来表示物体颜色深浅有时并不是很方便,因为吸收率可以从完全不吸收到完全吸收有好几个变化数量级的区间。表 6-3 列出了透(反)射率与密度的关系。密度值的大小反映了物体对光的吸收程度,而且将变化范围非常大的透射(反射)率用很小范围的数字来表示,使用更加方便。

表 6-3　　　　　　　　　　透射(反射)率与密度的对应关系

透射率 τ	1	0.1	0.01	0.001	0.0001
密度 D	0	1	2	3	4

由于青、品红、黄与红、绿、蓝互为补色,因而称这样得到的密度值为补色密度。用其他非补色滤色片测量青、品红、黄油墨时也会得到一个密度测量值,但这个测量值反应的是油墨偏离理想油墨的程度,对印刷墨量控制无意义,对印刷效果起到负面的作用,因而又称为无效密度。对于理想油墨,补色密度应该接近无穷大,而无效密度应该为 0。但对于实际油墨的补色密度一般低于 2.0,无效密度也不是 0。如同 CIE 三刺激值一样,将补色密度与无效密度结合在一起也可以用来表示油墨的颜色特性。

表 6-4 列出了对某品牌油墨的密度测量值(未列出视觉密度)。每一行为一色油墨在三种滤色片下的测量值;而每一列是三种油墨在同一种滤色片下的密度值。表中左上角到右下角主对角线上的密度值数值最大,也就是青、品红、黄油墨分别在红、绿、蓝三种滤色片下测得的密度,即补色密度,记作 D_R、D_G、D_B。其他位置的密度值较小,是在非补色滤色片下的密度,即无效密度。对于纯正的油墨,我们希望只有补色密度,而且补色密度值越高越好,无效密度趋近于零。但由于实际油墨存在色偏,不能正确吸收和通过特定波长的光,总存在无效密度。例如青油墨的补色密度为 $1.63D$,绿和蓝滤色片下密度分别为 $0.55D$ 和 $0.18D$,说明除了主要吸收红光外,还吸收了一部分绿光和蓝光,且吸收的绿光比蓝光多,油墨颜色中含蓝色的成分更多一些,即偏蓝。因为品红吸收绿光,黄色吸收蓝光,所以无效密度反映青油墨中还包含一部分品红和黄油墨的成分。从另一角度来分析,由于这三种油墨混合后得到灰色,这三种颜色同时存在说明该油墨纯度不是非常高,具有一定的灰色成分。如果用 D_H、D_M、D_L 分别表示每种色墨在三种滤色片下最大、中等和最小密度值,即表 6-4 每行中的三个数值,则根据减色混色的规律可知,最小的密度决定了油墨中含灰量的多少,中等密度决定了油墨的偏色大小和方向,其关系可以用图 6-9 示意表示,其中假设了相等三原色密度混合得到灰色。从图中可以看出,$0.18D$ 的三原色密度混合得到灰色,对彩色没有贡献,但减少了油墨的彩度。剩余密度中,$0.37D$ 的

青和品红混合得到蓝紫色,其余的 $1.08D$ 为纯青色的密度,因此青油墨含有一定量的灰而且偏一些蓝紫色。

表 6-4　　某品牌油墨密度值

墨色 \ 滤色片	R	G	B
C	1.63	0.55	0.18
M	0.16	1.41	0.69
Y	0.03	0.09	1.15

按照三个滤色片下的密度值还可以在 GATF 色轮图中表示油墨的颜色,如图 6-10 所示。在图 6-10 中仍然以青油墨为例来说明计算的关系。三个滤色片下的密度分别代表 CMY 方向上的三个矢量,设其长度分别正比于 $1.63D$、$0.55D$ 和 $0.18D$,因此油墨的颜色就是三个矢量的合矢量。按照矢量叠加的平行四边形法则,得出合矢量为偏向蓝色方向,如图中实心黑点所示,其长度小于补色密度 $1.63D$,说明其中含有一定的灰度。

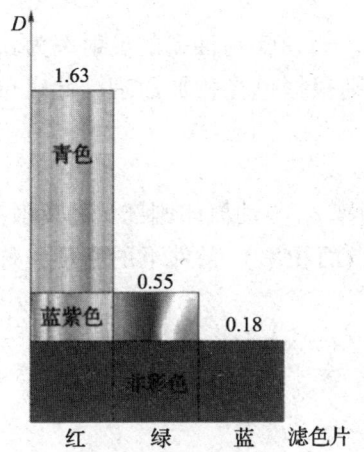

图 6-9　油墨颜色分析示意图

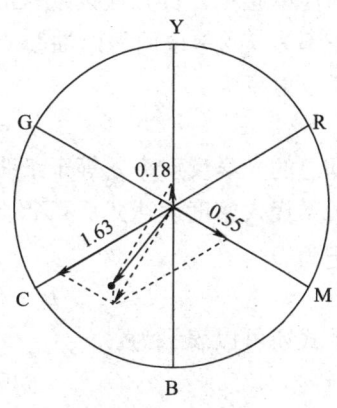

图 6-10　GATF 色轮图

GATF 色轮图表示油墨颜色的方法与上一章用 HSB 表示法描述 RGB 颜色的方法完全相同,可以参照理解,只不过这里表示的不是 RGB 而是三个密度值。

为了表征油墨的颜色特征,引入色纯度、色强度、色偏、色灰、色效率这些概念,用来说明油墨的彩色特性和印刷的效果,其表示式如下:

$$色纯度百分比 = \frac{D_H - D_L}{D_H} \times 100\% \tag{6-8}$$

$$色强度 = D_H \tag{6-9}$$

$$色偏百分比 = \frac{D_M - D_L}{D_H - D_L} \times 100\% \tag{6-10}$$

$$色灰百分比 = \frac{D_L}{D_H} \times 100\% \tag{6-11}$$

$$色效率 = \frac{(D_H - D_M) + (D_H - D_L)}{2D_H} \times 100\% = \left[1 - \frac{D_M + D_L}{2D_H}\right] \times 100\% \tag{6-12}$$

色纯度和色灰是从纯度和灰度这两个侧面反映了油墨的饱和度,且色纯度百分比 + 灰度百分比 = 1。色偏反映了除去灰色成分后,色调偏离理想色调的程度。例如当 $D_M = 0$ 且 $D_L = 0$ 时,色偏 = 0,并且色灰 = 0,说明该油墨非常饱和。若 $D_M - D_L = 0$,但 $D_L \neq 0$,则说明色调虽然无偏离,但饱和度不够高。

当用密度计测量黑色油墨密度时,必须选用黑通道滤色片,测量得到的密度称为视觉密度,用 D_V 表示,代表吸收白光的数量。

四、密度与网点面积

除了测量密度值以外,密度计在印刷中的另一个重要用途是测量各色油墨的网点面积率(单位面积上油墨网点所占的比例),网点面积率是通过密度值测量值计算得到的。通常使用的网点面积计算公式有 2 个:Murray – Davies 公式与 Yule – Nielson 公式。Murray – Davies 公式比较简单,应用也最多,一般密度计都使用这个公式进行网点面积的计算。

设反射(透射)样品的光学反射(透射)率为 ρ,根据定义,密度 D 表示为:
$$D = \lg(1/\rho)。$$

为简单起见,首先假设纸张的光学反射率为 $\rho_W = 1$,实地油墨的反射率为 ρ_S,印刷网点面积率为 a(单位面积内油墨所占的面积比),则根据色光相加原理,此时单位面积总的光学反射率为:
$$\rho = (1 - a) \times \rho_W + a \times \rho_S ,$$

即总的光学反射率 ρ 等于纸张空白部分的反射率 ρ_W 与油墨印刷部分的反射率 ρ_S 之和。将此关系代入密度表达式后可得此特定阶调(网点面积率)条件下的密度,称为**阶调密度**,记为 D_T:
$$D_T = \lg\{1/[(1 - a) \times \rho_W + a \times \rho_S]\}$$

上式还可以表示为:
$$10^{-D_T} = (1 - a) \times \rho_W + a \times \rho_S$$

由于印刷实地密度 $D_S = \lg(1/\rho_S)$,所以 $\rho_S = 10^{-D_S}$,并注意到 $\rho_W = 1$。带入上式并化简后可得:
$$a = \frac{1 - 10^{-D_T}}{1 - 10^{-D_S}} \qquad (6 - 13)$$

式(6 – 13)即 Murray – Davies 公式的表达式形式,网点面积的取值范围为 0 ~ 1。如果希望用百分数来表示,则需要在计算结果上乘以 100%。从上面推导过程可以看出,式(6 – 13)的 Murray – Davies 公式没有考虑纸张实际的光学反射率,仅仅是在理想白纸 $\rho_W = 1$ 情况下的计算公式,因此实际计算的误差会很大。若纸张实际的光学反射率不等于 1,设为 $\rho_W \neq 1$,则纸张密度 $D_W = \lg(1/\rho_W)$,按式(6 – 13)相同的推导方法可得:
$$a = \frac{10^{-D_W} - 10^{-D_T}}{10^{-D_W} - 10^{-D_S}}$$

若将上式的分子和分母同除以 10^{-D_W},便得到密度计测量网点面积时实际使用的 Murray – Davies 公式形式:

$$a = \frac{1 - 10^{-D_t}}{1 - 10^{-D_s}} \times 100\% \tag{6-14}$$

式中，$D_t = D_T - D_W$，$D_s = D_S - D_W$，其物理意义是样品密度测量值与纸张密度测量值之差。虽然式(6-13)与式(6-14)形式相同，但指数的意义已经不一样了，式(6-14)中指数是样品相对于纸张的密度值，即各密度值减去纸张密度后的密度值，称之为**相对密度值**，而将相对于绝对白色测量得到的 D_T、D_S 和 D_W 称为**绝对密度值**。由式(6-14)可见，油墨的网点面积率 a 是油墨实地的相对密度 D_s 和相对阶调密度 D_t 的函数。

从颜色测量的角度看，绝对密度值是样品相对于理想白的密度，而相对密度则是相对于白纸的密度。也就是说，在进行密度测量时，如果将白纸的密度设为0，即用白纸定标仪器，所测量得到的密度就是相对密度。因此在用密度计测量网点面积率时，总是用白纸和空白胶片来定标仪器，将此时的密度设为0，再对其他位置测量时得到的就是相对于纸张或胶片的相对密度值。

实验和实际应用证明，式(6-13)和式(6-14)的计算结果都不太精确，为此 J. A. C. Yule 和 W. J. Nielson 在分析纸张的光渗效应和印刷加网线数等因素的基础上对 Murray - Davies 公式进行了修正，提出了 Yule - Nielson 公式：

$$\alpha = \frac{1 - 10^{-D_t/n}}{1 - 10^{-D_s/n}} \times 100\% \tag{6-15}$$

该公式在 Murray - Davies 公式的指数部分增加了一个修正系数 n，n 值是一个经验数值，它取决于纸张的特性、印刷加网线数和印刷方法等多方面因素。实验证明，n 值设置合适就可以改善 Murray - Davies 公式的计算精度。目前的密度计可以允许操作人员手工设置仪器中的 n 值，以提高网点测量的精度。但实际应用中，n 值必须通过实验，对印刷样张进行实际测量才能确定，不同印刷条件的 n 值都不相同。

可见，彩色密度计是通过测量三种不同滤色片下的密度值，即补色密度来确定油墨颜色的特征，通过补色密度计算出各原色油墨的网点面积率。使用彩色密度计可以在印刷复制过程中评价原稿质量，控制制版、打样质量及印品质量。由于密度计结构简单、结果直观、轻便、价廉、测试光孔小等特点，因而被印刷行业所广泛使用。但因它不符合 CIE 颜色标准，不能真实反映人眼看到的颜色，仅用来测量和控制印刷油墨的墨量，从而达到控制印刷品质量的作用。

例：使用密度计测量密度并计算印刷品的网点面积率。设承印物的密度为 $0.04D$，某油墨实地的密度为 $1.56D$，测得同色 50% 面积率色块的阶调密度为 $0.41D$，求 50% 阶调的实际印刷网点面积率。

解：在实际应用中可以用三种方法得到印刷品的网点面积率：测量绝对密度并计算、测量相对密度并计算、直接使用仪器测量网点面积率。在实际工作中通常都采用第三种方法。本例题仅用来说明绝对密度、相对密度的关系和网点面积率的计算原理。

① 用绝对密度值计算。根据题意，由承印物的密度为 $0.04D$ 可知，题目所给密度值为绝对密度，因此式（6-14）中相对实地密度和相对阶调密度为 $D_s = 1.56D - 0.04D = 1.52D$，$D_t = 0.41D - 0.04D = 0.37D$。代入式（6-14）中可得 $\alpha = 59\%$，即实际印刷到纸张上的网点面积率不是 50%，而是 59%，印刷过程造成了 9% 的网

点扩大。

② 用相对密度值计算。将仪器的标准白设置为白纸，此时用白纸作为标准白定标仪器，即将纸张的密度设为 $0D$，在测量其他部位的密度时，仪器会自动减去纸白的密度值，本例为 $0.04D$，自动得到相对密度值。直接将相对密度测量值代入式(6-14)即可得到网点面积率。也就是说，是由密度计进行了绝对密度到相对密度的转换。

③ 直接测量网点面积率的方法见第八章第二节的"实验三、密度测量"。

第五节 常用测量仪器简介

在实际生产过程中经常要对颜色进行测量，通过测量仪器对彩色复制过程进行控制。不同的仪器具有不同的功能，适合不同的应用场合，因此要针对不同用途选用不同的仪器。本节结合前面讨论的测量原理，具体介绍几种常用的仪器。

一、X-Rite Swatchbook 分光光度计

X-Rite Swatchbook 分光光度计是美国 X-Rite（爱色丽）公司生产的一种小型轻便的反射式分光测色设备，仅比鼠标大一些，测量时用手握住测量，其外形如图 6-11 所示。实际上，它仅仅是一个分光光度计的测量头，不具有数据处理的功能，因此它必须连接在计算机上，使用 X-Rite 公司的 Colorshop 软件对测量的光谱数据进行分析、处理，最后输出或保存测量结果。由于该仪器测量的基本数据是样品的光谱反射率，因此用测量的光谱反射率可以计算得到各种照明光源条件下和不同标准观察者条件下的三刺激值、色品坐标、CIELAB 值等各种色度数据，还可以得到样品的密度、网点面积率等数据。如果是对两个样品进行比较测量，还可以给出两个样品间的色差。该仪器的功能非常全，是本课程实验所用最主要仪器之一。

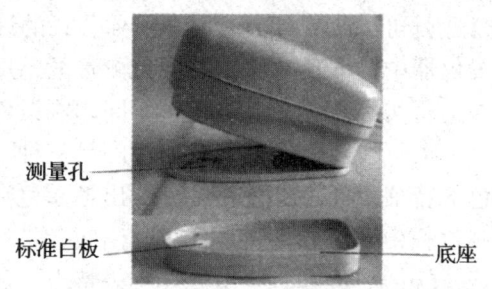

图 6-11 X-Rite Swatchbook 分光光度计

1. 设备结构与外形

测量时，首先进入 Colorshop 软件，用测量孔对准要测量部位，轻轻将测量头压下，直至测量结果出现在屏幕上。标准白板是校正仪器用的，在第一次测量之前必须首先校准仪器，因此标准白板是决定测量结果是否准确的关键之一，因此要特别注意保护好，不能损坏和弄脏。平时不使用时要将仪器放置在底座上。

2. 设备的技术参数

Swatchbook 分光光度计配合 Colorshop 软件就可以有非常强大的颜色测量功能。作为一台分光光度计，仪器测量的基本数据是样品的光谱反射率，通过光谱反射率数据可以由式(6-1)计算出 CIE 三刺激值及色品坐标、CIELAB 值，通过表 6-1 和表 6-2 的数据和式（6-13）计算密度值和网点面积率等，还可以直接进行样品与参照样品的色差、网点扩大等数值的计算。仪器的主要技术参数汇总于表 6-5 中。

表 6-5　　X-Rite Swatchbook 分光光度计的技术参数

光学系统几何条件	45/0	仪器台间差	<0.5ΔE（一般），<1ΔE（最高）
测量光孔直径	4mm	计算机接口	RS-232 串口，DB9 插头
光源	2850K 气压钨丝灯	电源电压	12V, 1000mA
光谱范围	DRS 技术，16 点测量，31 点输出	计算机系统要求	
测量时间	<2s/次	Macintosh	68040 处理器以上或 PowerPC
标准照明体	D_{50}, D_{55}, D_{65}, D_{75}, F_2, F_7, F_{11}, F_{12}		7.6.1 或更高版本操作系统
标准观察者	2°, 10°		16M 以上内存
密度状态	ISO 状态 T, I, A, E		17M 以上硬盘
			ColorSync2.0 色彩管理系统
光谱范围	400~700nm	Windows	Windows95/98/NT 或 2000
重复性	<5ΔE（一般），<1ΔE（最高）		16M 以上内存
白色重复性	0.2ΔE（最高）		15M 以上硬盘

二、X-Rite 500 系列分光光度计

X-Rite 500 系列分光光度计是目前在印刷企业使用最广泛的仪器之一，主要用于印刷车间的印刷过程控制或印刷品质量的检验。X-Rite 500 系列分光光度计也是一款便携式的仪器，但与 X-Rite SwatchBook 不同的是，该仪器具有完整的测量和数据处理、显示的功能，可以单独用于生产车间的使用。仪器的外形如图 6-12 所示。在测量时，仍然是将测量孔对准待测量部位，然后按下仪器直至测量结果显示在显示屏上。

仪器面板上的各个按键是用来设置仪器功能和选择测量参数的。由于该仪器测量的基本数据是样品的光谱反射率，因此用测量的光谱反射率可以计算得到各种照明光源条件下和不同标准观察者条件下的三刺激值、色品坐标、CIELAB 值等各种色度数据，还可以得到样品的密度、网点面积率等数据。如果是对两个样品进行比较测量，还可以给出两个样品间的色差和网点扩大率。由于该仪器既可以测量色度数据，又可以测量密度和网点面积率，因此该仪器又被称为分光密度计。

X-Rite 500 系列分光光度计有多个不同的型号，不同型号仪器的外形完全一样，但测量功能不同，从简单的密度计功能到复杂的分光光度计功能，可以适合不同需求的用户。X-Rite 500 系列分光密度计的功能和技术参数如表 6-6 和表 6-7 所示。

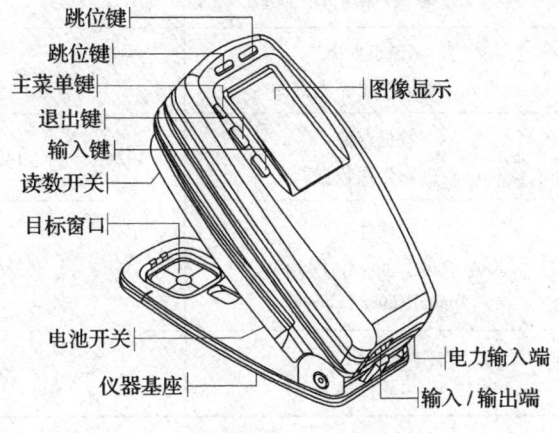

图 6-12　X-Rite 500 系列彩色密度计示意图

表 6-6　　X-Rite 500 系列分光密度计功能列表

功能	仪器型号					
	530	528	520	518	508	504
密度						
绝对密度、相对密度、密度参照	√	√	√	√	√	√
新闻纸密度、新闻纸灰平衡	√	√	√	√	√	√
网点面积、网点增大	√	√	√	√	√	
叠印率、叠印参照	√	√	√	√		
印刷反差、印刷反差参照	√	√	√	√		
色调偏差、含灰度	√	√	√	√		
色调偏差、含灰度参照	√	√	√	√		
电子选择功能（EFS）*	√	√		√		
色彩比较功能	√	√	√			
颜色						
XYZ	√	√	√			
$L^*a^*b^*$（CIE），Lab（Hunter）	√	√	√			
标准照明体	所有**	所有**	D_{50}			
标准观察者	2°, 10°	2°, 10°	2°			
ΔEcmc 色差，ΔE_{94} 色差	√	√	√			
ΔEab 色差	√	√				
LCH（$L^*a^*b^*$），LCH（$L^*u^*v^*$）	√	√				
Yxy，$L*u'v'$，$Yu'v$	√	√				
色品图表示	√	√				
颜色匹配功能	√					
纸张测量 亮度/光泽度						
光谱反射率 光谱数据输出、光谱图						
数据存储 色彩参照数据	1424	1424	24			
软件 ColorMail Express，Pantone，Digital Color Labraies	√	√				
保修期 三年保修	√	√	√	√	√	√

注：*电子选择功能（EFS）：自动切换密度测量的滤色片颜色

**所有照明体包括：A，C，D_{50}，D_{55}，D_{65}，D_{75}，F_2，F_7，F_{11}，F_{12}

表 6-7　X-Rite 500 系列分光密度计技术规格

几何条件	45/0	数据存储量	1400 个样品以上（限 528 和 530）
测量方式	反射	数据接口	RS-232，波特率 1200~57600
测量孔径	3.4mm（标配）	电池	4.8V 镍氢电池，1250mAH
	6.0mm（可选）	充电时间	~3h
	2.0mm（可选）	仪器体积	长 197mm×宽 76mm×高 81mm
	1.6mm×3.2mm（可选）	仪器重量	1050g
仪器光源	脉冲充气钨丝灯，色温 2856K		
光谱测量范围	400~700nm	重复精度	
标准照明体	A, C, D_{50}, D_{65}, D_{75}, F_2, F_7, F_{11}, F_{12}	配偏光镜	±0.005D，0.00~2.00D 条件下
标准观察者	2°, 10°		±0.010D，2.00~2.50D 条件下
响应方式	T, E, I, A, G, Tx, Ex, Hi-Fi	无偏光镜	±0.010D，0.00~1.80D 条件下
密度测量范围	0.00D~2.50D	微孔测量	±0.010D，0.00~1.80D 条件下
反射率测量范围	0~160%	仪器台间差	0.01D 或 1% 网点
测量时间	1.4s/次		0.40$\Delta Ecmc$ 以内

注：以上参数来自 X-Rite 公司资料

三、色彩管理类分光光度计

随着色彩管理技术的快速发展和普及，对测量仪器提出了新的要求。在进行印刷机或打样机的色彩管理时，需要测量大量的颜色样品，一般是几百个甚至一千多个。如使用 ISO IT8.7/3 标准色标要测量 928 个样品，使用 ECI 2002 要测量 1428 个颜色样品。一般来说，测量的颜色样品数量越多，所建立的颜色查找表就越准确。

因此，用于色彩管理的颜色测量仪器与一般颜色测量仪器的最主要区别在于必须具有快速测量的功能，如具有自动扫描样品并测量的功能。目前进行印刷机或打样机色彩管理时使用最多的仪器主要有 X-Rite 公司生产的 DTP41、DTP70、Eye-One IO 等仪器。由于进行色彩管理测量时必须测量大量样品，要进行大量的计算，所以所有上述仪器实际上都仅具有颜色测量功能，而不具有颜色数据处理功能，必须要连接到计算机上由专用软件控制仪器的测量过程。图 6-13~图 6-15 是上述三种仪器的外形和测量样品时的情况，表 6-8~表 6-10 是三种仪器的参数。

图 6-13　X-Rite DTP41 扫描分光光度计

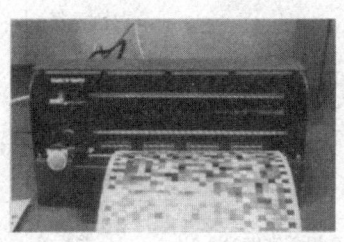

图 6-14　X-Rite DTP70 扫描分光光度计

图 6-15　X-Rite Eye-one Pro 扫描分光光度计外观图

表6-8　DTP41 技术参数

几何条件	45/0
测量孔径	扫描方向 1.8mm × 宽度 2.5mm
仪器光源	脉冲充气钨丝灯，色温 2850K
光谱测量方式	DRS 技术，24 点采样，31 点输出数据
光谱测量范围	400~700nm
标准照明体	A，C，D_{50}，D_{65}，D_{75}，F_2，F_7，F_{11}，F_{12}
标准观察者	2°，10°
响应方式	T，E，I，A，M 等
测量速度	~0.25s/色块（7mm 宽）
测量方式	反射（DTP41 和 DTP41/T）
仪器台间差	0.30ΔEcmc 以内
测量密度范围	0.00D~2.50D
反射率测量范围	0~160%
重复精度（白色）	最大 0.2ΔE，±0.01D
非线性	±0.01D 或 1%
测量透射样品时（DTP41/T）	
仪器台间差	±0.02D 或 2%（0~3.0D）
测量密度范围	0.00D~5.00D
透射率测量范围	0~110%
重复精度	±0.01D 或 1%（0~3.5D 视觉密度时）
校准方式	反射标准样条

注：以上参数来自 X-Rite 公司资料

表6-9　DTP70 技术参数

几何条件	45/0
测量孔径	直径 3.2mm
仪器光源	脉冲充气钨丝灯，色温 2850K
光谱测量方式	FAST 技术，16 点采样，31 点输出数据
光谱测量范围	400~700nm
标准照明体	A，C，D_{50}，D_{65}，D_{75}，F_2，F_7，F_{11}，F_{12}
标准观察者	2°，10°
响应方式	T，E，I，A，M 等
测量速度	每秒 100 次
测量 IT8 7/3	2.5min
测量 ECI2002	4.2min
测量 IT8 7/4	4.5min
仪器台间差	平均 0.3ΔE94，最大 0.5ΔE94
测量密度范围	0.00D~2.50D
反射率测量范围	0~160%
白色重复精度	最大 0.2ΔE，±0.01D
非线性度	±0.02D 或 2%（0~2.5D）
样品厚度	0.08~0.36mm
UV 滤镜	可切换
接口	USB 2.0

注：以上参数来自 X-Rite 公司资料

Eye – One IO 是一个多用途颜色测量仪器，由 Eye – One Pro 颜色测量头和样品测量台和其他附件组成。单独的 Eye – One Pro 颜色测量头可以作为分光光度计单独用来测量反射样品，作用与 X – Rite SwatchBook 非常类似，需要连接在计算机上配合专用软件使用。安装上测量附件还可以测量显示器或光源的光谱分布，如图 6 – 16 所示。计算得到光源的色温和显色指数，是功能非常强大、非常适合印刷行业使用的颜色测量仪器。

Eye – One Pro 颜色测量头安装在如图 6 – 15 所示的测量台上，可以由计算机软件控制快速地对色标进行扫描测量，测量时由机械臂带动测量头来回移动，逐行扫描，可以在几分钟之内完成 1000 个色块的测量。

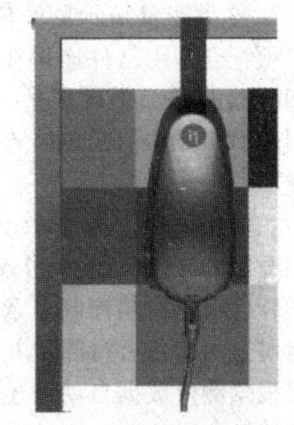

图 6 – 16　用 Eye – One Pro 测量显示器

表 6 – 10　　　　　　　　　Eye – One Pro 分光光度计技术参数

测量方式	单点反射样品测量、反射样品扫描测量、显示器测量、光源色温和显色指数测量
光谱测量方式	128 像素全息衍射光栅二极管阵列
测量几何条件	45/0，环状照明
光源	充气钨丝灯
光学分辨率	10nm
物理取样间隔	3.5nm
光谱测量范围	380~730nm，10nm 间隔
测量孔径	直径 4.5mm
物理滤镜	UV 截止型滤镜（可选）
仪器台间差	平均 0.4$\Delta E94$，最大 1.0$\Delta E94$
重复精度（反射）	≤0.1$\Delta E94$
亮度测量范围	0.2~300cd/m^2
重复精度（显示器）	xy，±0.002（5000K 色温，80cd/m^2 时）
接口	USB（带供电）

注：以上参数来自 X – Rite 公司资料

四、X – Rite Eye – One Display 2 光电色度计

Eye – One Display 2 光电色度计是专门为测量显示器颜色和显示器色彩管理而设计的仪器，仪器小巧轻便，可以用来测量液晶显示器和 CRT 显示器。与该仪器类似的其他仪器还有 X – Rite Monitor Optimizer（MO）、Monaco Optix 等，都是属于光电色度计一类的仪器。

仪器外观和测量显示器时的用法见图 6 – 17。在测量 CRT 显示器时，要用仪器配带的吸盘将仪器吸附在屏幕上；测量液晶显示器时，不能使用吸盘，而要用配重器将仪器悬挂在显示器上并令仪器与屏幕贴合。Eye – One Display 2 显示器校准仪技术参数见表 6 – 11 所列。

这类测量显示器的仪器都是一个色度测量头，必须配合专用软件连接在计算机上使用。与其他类型仪器的另一个区别是，显示器是自发光的设备，因此测量显示器颜色时不需要照明光源，直接接收显示器发出的光。

使用这类仪器对显示器进行色彩管理时都要使用专门的软件，如ProfileMaker、MonacoOptix等。这类软件可以自动控制显示器显示出一系列颜色，同时对显示颜色进行测量并采集数据。测量完成后可以根据测量数据自动对显示颜色进行计算，得到显示器的色彩特性文件。

图6–17　Eye – One Display 2 示意图

表6–11　　　　　　　　Eye – One Display 2 显示器校准仪技术参数

测量方式	RGB 三通道色度测量
测量参数	亮度（cd/m^2），色品 xy（CIE 1931）
亮度范围	$0.02 \sim 3000 cd/m^2$
测量精度	±0.004
重复精度	±0.001
接口	USB（带供电）

注：以上参数来自 X – Rite 公司资料

本章小结

本章的主要内容为颜色测量的原理、测量仪器的类型、各种常用仪器的特点和功能。颜色的测量原理是色度学原理的直接体现，体现了形成颜色感觉的物理过程。因此，要理解测量颜色的原理和方法，首先要理解 CIE 色度学系统的颜色计算原理，二者是相互联系，相辅相成的。

工业中使用的颜色测量仪器可以分为三类：分光光度计、光电色度计和目视比色计。分光光度计和光电色度计都是通过对光的测量来得到颜色值的仪器，但二者的测量原理不同。分光光度计测量是物体对各个波长单色光的反射（透射）率，即直接测量的物理量是光谱反射（透射）率因数，相当于是对可见光范围内颜色刺激的"微分"测量；而光电色度计是用光电转换器件来模拟颜色视觉的"积分"过程，测量结果是颜色刺激的积分值。

在工业中经常使用的另一类仪器是密度计，用来控制印刷过程中油墨量的大小。密度计的测量原理和结构与光电色度计类似，也必须满足卢瑟条件。但严格地说，密度计不属于测色仪器，因为它测量的是密度而不是 CIE 色度系统的颜色值，密度值与颜色感觉没有一一对应的关系。但由于密度值反映了颜色复制过程中色料比例的相互关系，可以与各原色色料的数量相关联，是控制印刷复制过程的有效工具。

在印刷复制过程中使用补色密度来表征青、品红、黄、黑油墨对补色光的吸收，因此对于单色油墨来说，只用相应的补色密度值就可以反映出该原色油墨的印刷墨量。无效密度对印刷过程控制不起作用，但能够反映出原色油墨偏离理想油墨的程度。

密度计的另一个主要功能是用来测量印刷品或胶片上的单色网点面积率，网点面积率的测量是通过密度测量换算得到的，但在换算过程中一定要使用相对于空白承印材料的密度，而不是绝对密度。

目前，在国内大多数密度和网点测量都使用 T 状态密度。

习 题

1. 分光光度计通过测量什么量来测量颜色？请说明测量颜色的原理。
2. 用同一台分光光度计能否测量不同光源、不同观察者条件下的颜色，为什么？
3. 色度计是如何实现积分的？使用同一台色度计能否测量不同光源、不同观察者条件下的颜色，为什么？
4. 测量黄、品、青三种单色油墨的密度和网点面积时，应分别选用什么颜色的滤色片？
5. 用密度计能否测量两色油墨叠印后的密度？能否用这样的测量方法得到各叠印色的单色密度和网点面积率？
6. 说明绝对密度、相对密度的概念、差别与用途。
7. 详细说明用密度计测量网点面积率的步骤。如何通过绝对密度测量值计算网点面积率？
8. 计算表 6-4 所列油墨数据的色偏百分比、色灰百分比、色纯度百分比，并分析此油墨的色偏情况。

第七章 彩色印刷

彩色图像印刷复制是以颜色理论为依据，利用最新科学成果和技术，采用工业生产方式，对原稿（物理原稿和数字原稿）上的信息进行加工和复制的系统工程。从光学和色彩学的角度来分析，光的可叠加性和可分解性是光的最基本性质之一，光刺激的这种特性决定了颜色感觉的可叠加性和可分解性。因此，任何一种彩色复制过程，不论是彩色印刷，还是彩色照相、彩色电视等，都是由颜色刺激的"分解"和"合成"两个阶段组成，只不过不同的复制方法使用的"分解"和"合成"的具体手段和设备不同而已。

所谓颜色分解就是将待复制原稿（或景物）的颜色分解为三原色的数值，用不同的三原色数值表示各种待复制的颜色，相当于模拟眼睛视网膜的感光过程，对应着颜色信息的输入过程；颜色合成就是将三原色的信息处理后，以一定的方式叠加在一起，形成各种待复制的颜色刺激，在人的视觉系统中还原颜色，对应着颜色信息的输出过程。对于彩色印刷来说，颜色的分解对应着印前制版的过程，将原稿上的颜色信息分解为三原色，再将三原色的信息转换为印刷油墨的墨量信息记录在印版上；颜色的合成对应着印刷的过程，即将印版上的原色油墨信息以油墨的形式转移到承印物（纸张）上，在照明光下形成颜色刺激，实现颜色的混合，还原出原稿丰富的色彩。

从生产的角度来说，印刷复制过程可以分为印前、印刷和印后加工三大部分。这其中受数字化新技术浪潮影响最大的当属印前处理这一阶段，即从处理图文原稿信息到制成印版这段工序，这个工序也是颜色复制起关键作用的工序。随着电子技术和计算机应用技术的迅猛发展，印前制版经历了照相制版（照相分色）、电子分色制版和彩色桌面出版系统（Desk Top Publishing，简称DTP）阶段，基本实现了全过程的数字化，计算机直接制版和数字印刷技术正在快速普及，成为今后发展的方向。在这些技术中，色彩理论起着至关重要的作用，反过来新技术又促进了色彩理论的发展。

尽管新技术的发展使颜色复制的设备和方法有了很大的改变，但其基本原理没有发生变化，所依据的基本理论没有变化，都是颜色的分解与合成原理，只不过记录信息和转换信息的方法和手段有所不同，所使用的具体技术不同而已。因此，学习印刷复制的关键在于理解和掌握最基本的原理，理解颜色信息的转换和传递原理。

第一节 彩色印刷呈色原理

一、颜色分解

颜色分解的基本原理就是利用红、绿、蓝三种滤色片具有对不同波长色光选择性吸收和透过的特性，将来自原稿的色光分解为红、绿、蓝三路色光，得到三原色的比例。在光源的照明下，原稿上不同位置形成不同的颜色光，不同颜色的光被红、绿、蓝滤色片过滤后产生不同的信号组合，将这些信息记录下来，就得到原稿颜色对应的分解数据。再进行适当的计算，确定控制再现原稿中红、绿、蓝三原色光比例所需的黄、品红、青、黑油墨的比例（黄、品红、青、黑油墨网点面积率），记录在感光胶片上，再经晒版制成印版，或者直接制成印版（直接制版 CTP）。这个将原稿颜色信息分解并记录下来的过程，在印刷工艺中就对应着印前处理和制版工序，其颜色信息的分解与转换过程如图 7-1 所示。

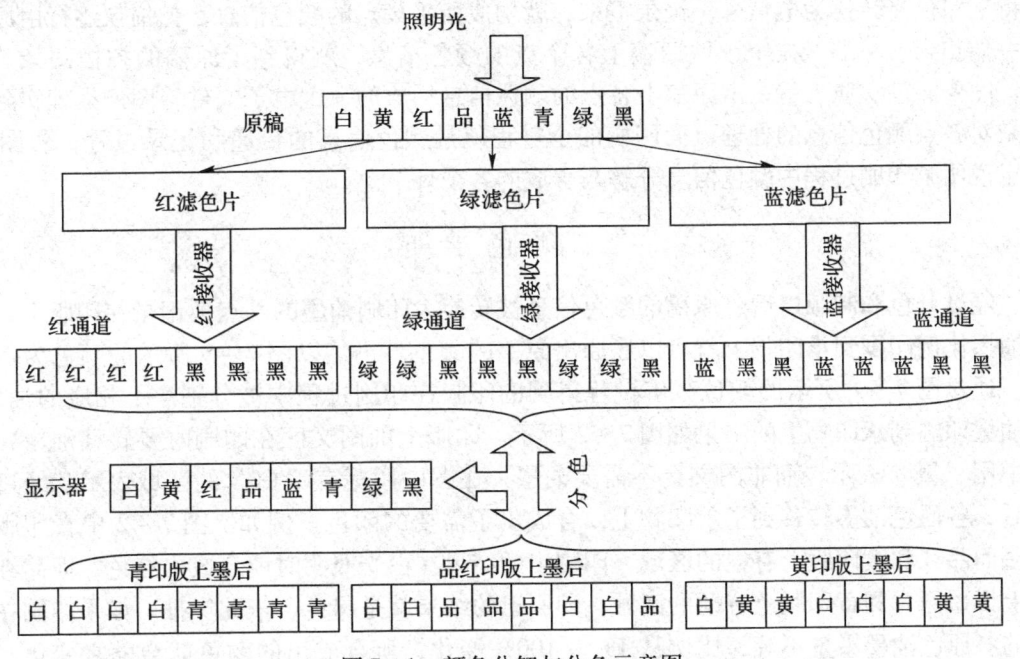

图 7-1　颜色分解与分色示意图

由图 7-1 可以看出，原稿上不同的颜色光被红、绿、蓝滤色片吸收和透过的情况也不同。为简单起见，仅考虑白、黄、红、品红、蓝、青、绿和黑几种典型颜色，这几种颜色光如果能够透过滤色片，则会形成相应通道的信号，在图中分别用"红"、"绿"、"蓝"字样表示，否则用"黑"字样表示。三个通道的不同信号组合就构成了不同的颜色，如红、绿、蓝三个通道都有相等信号时就是白色（或非彩色），红、绿通道有信号而蓝通道无信号就对应原稿的黄色等。三个通道以各种不同比例的信号组合就构成了各种各样的颜色。通常在计算机中用一个字节长度表示每个通道数值的变化，每个通道用一个字节可以表示 0~255 的不同等级，因此共能形成 256^3 种不同颜色的组合。

如果将扫描后的图像直接在显示器上显示，由于显示器是通过红、绿、蓝荧光粉发光来合成颜色的，图像中的红、绿、蓝数值就直接对应着显示的红、绿、蓝发光强度。如果要通过印刷合成图像颜色，首先就必须将图像中的红、绿、蓝数值转换成对应的油墨数值，这个将红、绿、蓝数值转换成对应的青、品红、黄、黑油墨数值的过程称为**分色**。简单地说，由于青油墨吸收红光，所以图像中没有红色的部分要使用青油墨吸收红光；品红油墨吸收绿光，所以图像中没有绿色的部分要使用品红油墨来吸收绿光；依此类推。但实际情况并不是这样简单，还要考虑油墨不理想，不能完全吸收补色光的情况。将分色的数据记录在印版上，通过印版对墨量的转移将所需要的油墨印刷到承印物上就能得到了对应的颜色。

颜色分解对应着信息的输入和转换过程,目前这个过程通常通过扫描仪来完成。扫描仪实质上是一种光电转换设备,将红、绿、蓝滤色片分解的光信号转换为电信号并记录下来。扫描仪分为滚筒式和平台式两种,尽管不同类型的扫描仪扫描原理和方式有所不同,但其光电转换的本质没有变化。简单地说,可以将扫描过程理解为:扫描仪的照明光照射到原稿上,将原稿反射或透射出的光用红、绿、蓝滤色片分解为三路光信号,通过光电器件将三路色光转换为电信号,记录下来,就构成所采集点的颜色信息。扫描仪逐行由原稿的一端扫到另一端,挨个读取原稿上各个点的颜色信息,就得到了原稿的扫描图像。因此,图像文件实质上就是由原稿上各点的颜色信息构成的一个电子文件,图像处理实际上就是对各点颜色信息的处理,而印刷的全过程就是颜色信息的传递和记录过程,彩图 17 示意说明了印刷过程中颜色信息分解与合成的各个环节。

二、颜色合成

经过分色和制版以后,原稿的颜色信息被转换为印刷油墨的网点值记录在印版上,按此油墨比例印刷到承印物上就可以还原出原稿的颜色。仍然以图 7-1 所示的颜色为例说明。通过图 7-1 所示的颜色分解过程得到的印版在印刷过程中被分别涂上相应的油墨,将油墨印刷到承印物上的结果如图 7-2 所示。印版上的图文区在印刷时要转移油墨,在图中用"墨"表示,而非图文区不需要油墨,在图中用标有"白"的区域表示。经过印刷后,各原色油墨转移到了承印物上,合成出了需要的颜色。例如,图 7-2 中青印版上无墨而品红和黄印版上有墨的区域,印刷出的结果在白光照明时就合成出红色,而品红印版上无墨而青和黄印版上有墨的区域,印刷出的结果就是绿色,依此类推。如果印刷在纸上的各原色油墨墨量不等,比例从 1% ~ 100% 变化,所合成出的颜色就会随之变化,得到丰富多彩的颜色,这就是印刷的原理。

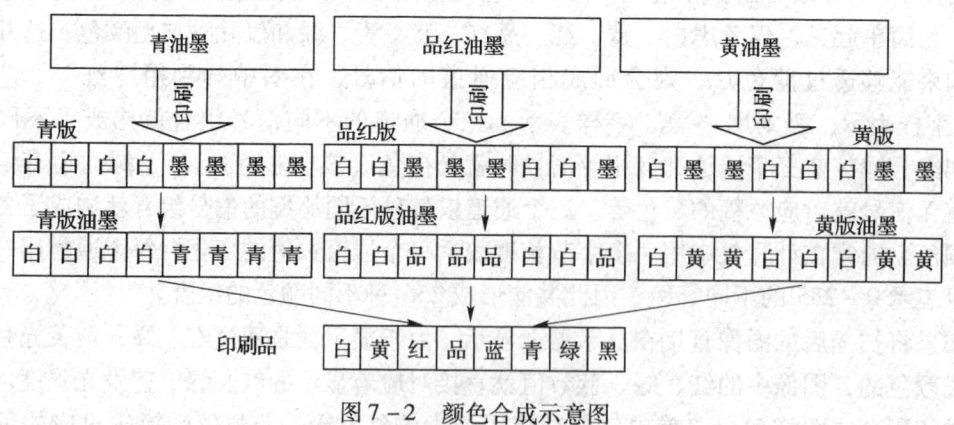

图 7-2 颜色合成示意图

三、彩色印刷品的实现方法

在彩色印刷复制方法中,有多种实现彩色画面的方法。根据实现的方法不同可以分为:多色专色油墨的套印、通过墨层厚度变化实现颜色变化和用网目调印刷三种方法。

1. 多色套印

专色印刷、多色套印是一种最简单的实现彩色印刷品的方法，在这种印刷方法中，各种颜色的油墨不发生叠印，各自印在特定的位置上，用不同颜色构成画面。一般来说，多色套印的颜色一般都没有颜色的变化，都是用实地均匀色块构成图案，画面中有多少种颜色，就需要使用多少块印版和多少种油墨印刷。这是最早的彩色印刷方式，我国自宋代就开始使用这种传统的套色印刷工艺，一直沿用至今，比如艺术品的木刻水印复制工艺就采用了这种古老的方法，传统的年画印刷也使用这种方法。目前这种印刷方法多用于包装印刷，如各种包装盒、标签和软包装塑料袋等。

从颜色混合的角度看，专色印刷、多色套印不发生颜色混合，只是用多个颜色实现彩色的效果，而各颜色之间不是连续变化的，只能印刷出有限的几种颜色，因此还不是真正意义的颜色合成。由于印刷油墨的颜色都是固定的，要实现印刷颜色的连续变化，必须想办法连续改变各色油墨的搭配比例。实现不同油墨搭配比例变化的方法分为墨层厚度改变法和墨层厚度固定法两种。

2. 改变墨层厚度

从上一章对密度的讨论可知，对于特定颜色的油墨，如果印刷在承印物上的油墨厚度不同，则油墨吸收光的能力也不同，即获得不同的密度。可以理解，如果三种原色油墨厚度连续变化，则相互叠印后就可以实现颜色的混合，实现颜色的连续变化。在这种情况下，印刷得到的颜色数量取决于油墨墨层厚度变化的等级，不同厚度等级对应不同的密度值，因此称为多值印刷。

但是，在实际印刷中，要实现油墨层厚度的变化并不是容易的事情，这意味着在印版上要记录墨层厚度的信息，印刷时将不同厚度的油墨层转移到承印物上。到目前为止，能够实现墨层厚度变化的印刷方法只有珂罗版印刷等很少的几种，凹印是墨层厚度与网目调结合的印刷方法。现代的数字印刷技术通过直接控制给墨量的多少，可以实现一定程度的多值印刷，如8级、16级变化。

3. 网目调印刷

网目调印刷的墨层厚度是不变的，是通过油墨网点的面积比例变化控制印刷到承印物上的各原色油墨的比例、实现图像阶调变化和颜色混合的印刷方法，也是真正利用颜色混合原理的印刷方法，可以实现颜色和阶调在视觉上的连续改变。

因为墨层厚度不变，所以油墨层在承印物上只有无墨和有墨两种状态，相当于"0"和"1"两种状态，因而又称为二值印刷。与在计算机中使用的方法相同，要想用这两种状态实现多种状态的变化，必须用多个"位"来组成"字节"，通过"字节"的不同取值来实现墨量的变化。为此，网目调印刷需要将印刷图像分割成无数个"字节"，用"字节"的不同取值来模拟图像中的颜色和阶调变化，这个"字节"就是网目调印刷的网点。

所以，网目调印刷的本质是将原来内容连续变化的图像分割为不连续的网点，但只要分割的网点足够小、足够密，眼睛不能够分辨，就能够实现颜色的混合，看上去图像就是连续的。这正是第二章介绍的色光加色混色的方式之一。

印刷品的阶调变化由印刷品表面的光学反射率决定。假设承印物的光学反射率为 ρ_W，印刷在承印物上油墨的反射率为 ρ_S，单位面积内油墨所占的面积比例为 α，则承印物空白部分的面积比例为 $(1-\alpha)$，则根据色光相加原理，此时单位面积总的光学反射率为：

$$\rho = (1 - \alpha) \times \rho_W + \alpha \times \rho_S \qquad (7-1)$$

即印刷品表面总的光学反射率 ρ 等于承印物空白部分的反射率 ρ_W 与油墨印刷部分的反射率 ρ_S 之和，称单位面积内油墨所占的面积比例 α 为**网点面积率**。式（7-1）实际上就是两种色光混合的数学表达式。很容易理解，如果网点面积率 α 取一系列不同的数值（$0 \leq \alpha \leq 1$），则印刷品表面的光学反射率也随着变化，实现了颜色的深浅感觉变化。对于彩色印刷来说，如果每一种原色的网点面积率 α 取一系列不同的值，印刷品上就得到了不同比例的原色数量，产生不同比例的颜色刺激，就能够混合出不同的颜色感觉来。这就是网目调印刷依据的原理。如果通过网目调印刷改变每个原色通道的阶调，则各通道的不同阶调状态就混合出不同的颜色感觉。

网目调印刷是当前应用最广泛的印刷方法，该印刷方法的关键是实现对印刷图像的"字节"分割，即图像的加网。本章主要介绍这种印刷方式的呈色原理。

四、加网技术

由上面的讨论可知，二值印刷形成各种颜色和阶调的关键在于要根据图像的颜色信息把图像分解为不同网点面积率的网点，这种方法称为加网技术或网目调技术。加网技术的本质是将图像分割为许许多多的小网格，每一个网格作为一个网点，由各个网点构成图像中的信息，因此网点是构成网目调图像的基本单元。根据加网方式的不同又可以分为调幅加网（AM 加网）和调频加网（FM 加网）两类。

（一）调幅加网

调幅加网是目前使用最多的加网方法。调幅加网的特点是，网点按一定的规则整齐排列，网点之间的间距相等，即将图像分割为大小相等、按规则排列的网格，如图 7-3 和彩图 18 所示。调幅加网通过改变网点的大小来改变单位面积中的着墨比例，从而实现图像颜色的浓淡层次变化。将印刷图像放大后可以看见油墨网点的排列情况（图右上方所示），网点与网点之间不连续，中间出现空白，网点大的地方空白小，油墨多，颜色暗，网点小的地方空白多，比较亮。但无论网点的大小如何改变，它们的排列关系和网点中心距离是不变的，都排列在各自的固定位置上。网点大小的变化相当于幅度的变化，因此称为调幅加网。

调幅加网的每一个网点都是由很多基本的像素点组成，即由多个二进制"位"组成，每一个二进制位取 0 或 1 时，字节就取不同的值（网点大小变化）。图 7-3 下图所示为一个网点单元的放大图，也就是上面图中的一个网点的放大图。每一个网点又分割为很多像素点，每个点只有 0 和 1 的变化。如图所示，每个像素点取黑或白时，网点面积就随之变化。组成网点的像素数越多，网点变化的等级就越多。图中所示网点由 10×10 个网点组成，因此可以有 $100+1$ 个网点变化等级，其中有 24 个像素是黑色，因此网点面积为 24%。从图中还可以看出，各个像素由白变黑的顺序就决定了网点变化的形状，由各像素可以构成方形、圆形或其他各种形状，这就是网点的形状。但是，对于调幅加网，各像素变黑的顺序总是要使网点单元中的黑像素聚集形成一个整网点，因此又可以称调幅网点为聚集态网点。

调幅加网有三个重要的参数：加网线数、网点形状和加网角度，称为加网的三要素。

1. 加网线数

加网线数也称为网目线数，是指在网点排列距离最近的方向上，单位长度内网点中心连线上所排列的网点个数，代表了分割图像的网格大小。如图 7-3 中的加网线数就是沿 45°(或 135°)方向测量的，每个网格中一个网点。衡量加网线数的单位是线/英寸，用 lpi 表示，或者是线/厘米，用 lpc 表示，二者的换算关系为1lpi=2.54lpc。

印刷品加网线数的高低直接影响了图像的目视质量。加网线数越高，即分割的网格越小，单位面积内所容纳的网点个数就越多，单个网点的尺寸也越小，图像细微层次表达越精细，阶调再现性越好；加网线数越低，单位面积内容纳的网点个数越

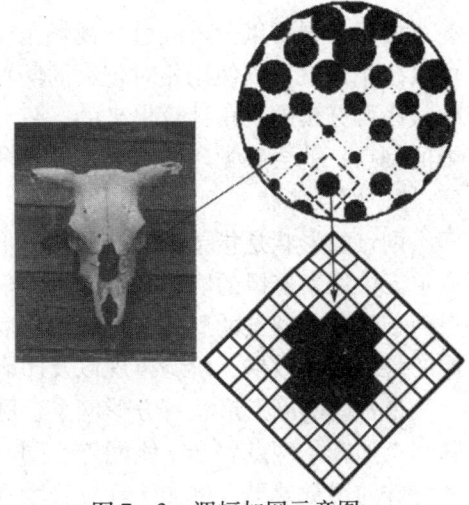

图 7-3 调幅加网示意图

少，图像细微层次表达越粗糙，阶调再现性越差，如图 7-4 所示。图中从左到右，图像的加网线数依次增加，从 30lpi 加大到 131lpi，图像的目视效果逐渐变得细腻，由此可以看出不同加网线数对图像再现清晰度的影响。

30lpi　　　　　　60lpi　　　　　　100lpi　　　　　　133lpi

图 7-4 不同加网线数图像的效果

尽管加网线数决定了图像复制的精细程度，但并不是加网线数越高就越好。加网线数是由复制精度的要求、印刷品的用途及观察距离、承印材料的印刷性能、印刷机的精度等多个因素决定的。对于大幅面印刷品，如户外广告，由于观察距离远，没有必要使用高加网线数印刷；而精细印刷品对图像质量要求较高，一般要使用平滑度较高的纸张印刷，应该选择高网线数来复制；如果纸张表面粗糙，对油墨的吸收大，容易扩散，对油墨的亲和力差，高加网线数会导致网点丢失和糊版，必须使用较低的加网线数。决定印刷品加网线数的一般规则如表 7-1 所示。

表 7-1　　　　　　　　　　不同的印刷品与合适的加网线数

加网线数/lpi	观察距离/mm	适用印刷品
60~100	430~730 以上	大型招贴画、户外广告画、电影海报等视距较远或用新闻纸胶版纸印刷的产品
100~133	330~430	对开挂历、宣传画、教学挂图等视距较远，用胶版纸印刷的产品
150~175	250~290	书刊、画册、明信片、封面、月历等视距较近，用铜版纸、画报纸印刷的产品
175~200	210~250	精致插图、精美画册、古画复制等视距较近，用高级铜版纸印刷的产品

由于人眼可以分辨的最小视场角度大约为 1'，所以随着观察距离的加大，加网线数就可以减小，就可以使用相对较大的网点印刷。表 7-1 中的观察距离是根据加网线数和眼睛最小可分辨的视角计算出来的，只要满足这样的观察距离，眼睛就不会明显看到印刷品中的网点，就会感觉印刷图像是连续的。

2. 网点形状

网点的形状是指单个网点的几何形状，代表了网点从小到大变化的不同规律，即在网点单元中像素变黑的顺序。由于不同形状的网点在复制过程中有不同的变化规律，随着网点面积的改变网点的周长变化规律不同，网点扩大规律在各阶调不尽相同，所以对印刷图像的最终视觉效果、阶调再现以及印刷适性都有一定的影响。

最常用的网点形状有方形网点、圆形网点、椭圆网点和菱形网点等。另外还有一些特殊网点如线条网点、十字线网点、同心圆网点（纹）、墙砖形网点（纹）等，可以产生某些特殊的视觉效果，例如使垂直景物有高大感，江河形成水涡状，建筑物更富质感等。图 7-5 列出了几种典型的网点形状的放大图。

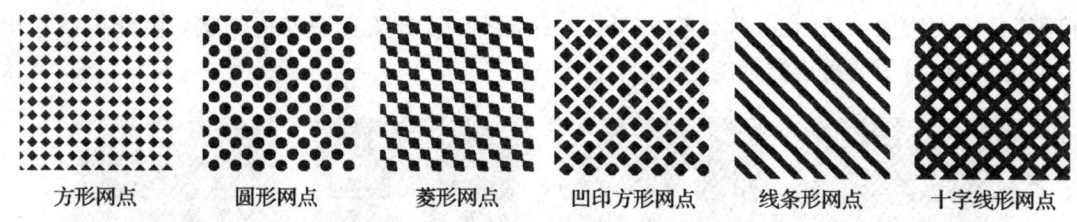

图 7-5　典型网点的形状放大图

（1）方形网点　方形网点是最传统的点形。从图 7-6 所示方形网点的梯尺可以看出网点大小随网点面积率变化的情况。通常称 10% 的网点改变量为一成，因此称 50% 的网点为五成、60% 的网点为六成，依此类推。从图中可以看出，以 50% 的阶调为中心，小于 50% 和大于 50% 阶调的网点成对称格局，如 20% 网点与 80% 网点是对称的，20% 时的黑点就是 80% 时的白点，依此类推。方形网点最容易根据其网点间距判断网点面积率，其判断方法如图 7-6 之方形网点梯尺所示并归纳于表 7-2 中。

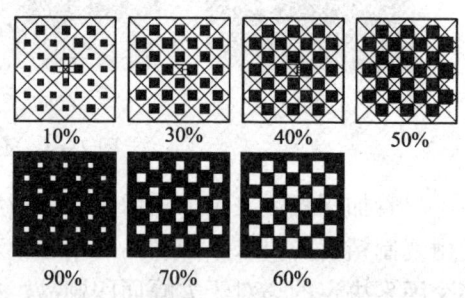

图 7-6　方形网点面积率判断的示意图

表 7-2　　　　　　　　　　目测法判断网点成数

网点成数	1	2	3	4	5	6	7	8	9
相邻网点之间可容纳等大网点的个数	3	2	$1\frac{1}{2}$	$1\frac{1}{4}$	1	$1\frac{1}{4}$	$1\frac{1}{2}$	2	3

① 两个方形网点之间能容纳三个同样大小网点时为 10% 网点；② 相邻两个网点之间能容纳 2 个同等大小网点时为 20% 网点；③ 相邻两个网点之间能容纳 1.5 个同等大小网

点时为30%网点;④相邻网点之间能容纳1.25个同等大小网点时为40%网点;⑤相邻网点相接,黑白点子大小相等时是50%网点;⑥60%、70%、80%和90%的白点与④~①中的黑网点相同。

熟悉了上述规律,通过放大镜从网点的间距可以很快地判断出网点面积率。方形网点在50%处呈正方形,相邻网点的四角相接,网点边长最大。在印刷过程中当油墨网点受压后将向四周扩散,扩散的宽度无论网点面积率的多少基本上都是一样的,扩散的结果使印刷品上的网点较之印版上的网点面积有所扩大,这种现象称为网点扩大或网点增大,无论采用何种网点、何种方法印刷,网点扩大都是不可避免的,只是扩大值不同而已。

由于网点四周扩大的宽度基本上是固定的,所以网点扩大的面积与网点边长成正比,网点的边长越长,网点扩大量就越大。方形网点在50%处网点周长最大,因而扩大量最大,容易造成层次的丢失,使中间调不柔和,通常对再现人物面部,天空深浅过渡等很难满足视觉要求,效果不理想。而以50%阶调为对称点,两端阶调的网点扩大基本对称,如图7-7所示。

(2)圆形网点 纯圆形网点的形状从高调到暗调全是圆形。网点在75%左右时具有最大边长,相邻网点边缘相接,所以在75%左右具有最大的网点扩大量。因此,圆形网点对于高、中调图像复制有利,可以避免高、中调层次的损失,使高中调再现很好,但70%以后的暗调受网点扩大的影响,阶调曲线变化陡峭,使复制难以控制,阶调容易损失。

从图7-8可以看出,圆形网点的扩大曲线在整个阶调范围内不对称,70%以后的阶调变化剧烈,使得阶调的复制不易控制。为了克服这个缺点,目前实际使用的圆形网点并不完全是圆形的,而是在50%左右变为方形,因而网点扩大最大值移到50%阶调处,使网点扩大曲线成为对称形状,改善了阶调复制特性。

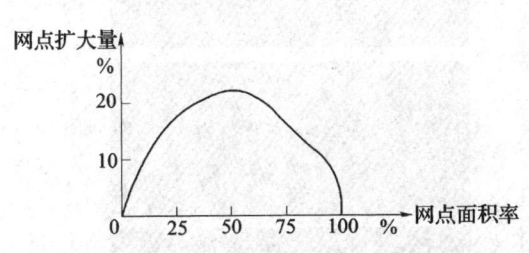

图7-7 方形网点的扩大曲线

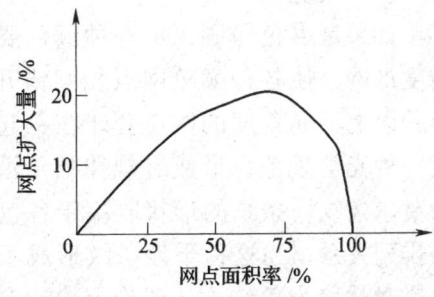

图7-8 圆形网点的扩大曲线

(3)菱形网点 菱形网点与方形网点不同,它的对角线是不相等的,因此网点边角相接也不在50%网点处。当长轴边角相接时,网点面积率约在35%处,此时短轴之间距离相差还远;当短轴边角相接时,网点面积率约在65%处,而此时长轴早已相接了。

所以菱形网点正好解决了上述两种形状网点的不足。它在表现图像的阶调层次时,不会产生如方形网点在50%,圆形网点在70%面积率时较大跳级的现象,它的两次跳级幅度较小,不会使局部硬化。因此,菱形网点反映阶调变化非常顺畅柔和,层次丰富满足视觉要求，已成为主流网点形状。

菱形网点的长短轴比例可以有所变化，不同长短轴的比例网点扩大的规律也会有所不同。由于菱形网点在画面中大部分的中间调层次都是长轴相接，形状像一根根链条，因此又常被称作链形网点。

椭圆形网点与链形网点有很多类似之处，网点扩大规律类似。

3. 加网角度

对于调幅加网来说，网点的排列是规则的，网点按行和列整齐排列。实践证明，网点排列的方向不同，印刷图像得到的视觉效果也不一样。为了使印刷出的图像具有最佳的视觉效果，需要让网点按一定的方向排列，网点按不同角度排列的效果如图 7-9 所示。

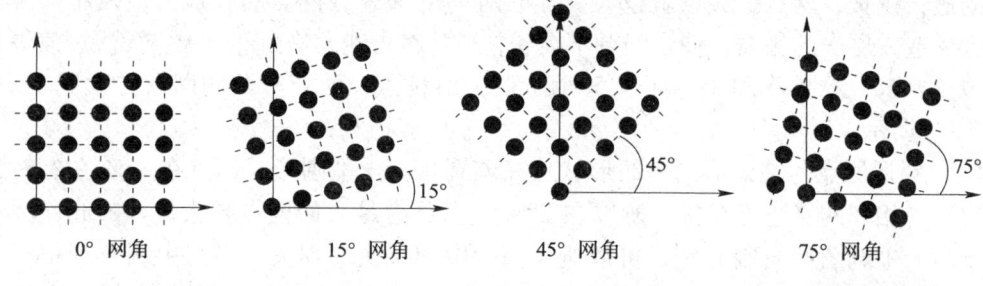

图 7-9 不同的加网角度

对于单色印刷来说，可以采用任何角度的加网对画面的阶调再现都没有影响。但从视觉效果来看，45°的加网角度最美观、舒服、活泼不呆板。0°或 90°的视觉效果最差、太呆板。而 15°或 75°视觉效果居中。

如果是多色印刷，每一种颜色要用不同的角度加网，使各种颜色网点相互错开。两种或两种以上不同角度的网点套印在一起时就会产生一种光学现象，形成有规律的干涉图纹，称为莫尔条纹，条纹的形状取决于各色版间网点的排列关系，当这种干涉条纹形成不好的视觉效果时就称为龟纹。从理论上说，多色印刷时无论采用何种网角都会产生莫尔条纹，但如果网角选择得合适，各色版网点叠印出来的花纹比较美观，就认为没有产生龟纹。

图 7-10 是两个不同角度网屏叠合时产生的效果，可以看出不同角度叠合产生的视觉效果不同。就视觉效果来看，每种色版之间相隔 30°时产生的叠印花纹最美观、细腻，间隔为 45°时次之，15°时最差，会产生方块形状的不

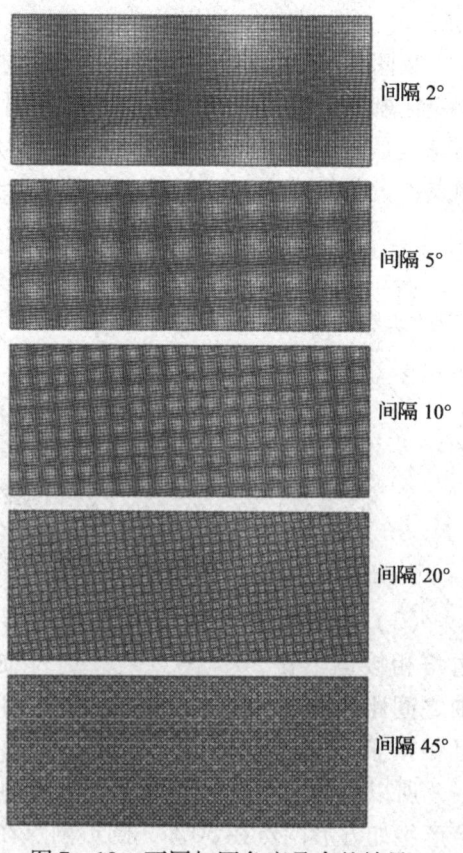

图 7-10 不同加网角度叠合的效果

美观图案。但在90°的范围内以30°角度差只能安排三个颜色网角，还有一种颜色只好用15°角度差。由于黄颜色最浅，最接近白色，人眼对其感觉最弱，因此常把黄色版与其他色版的角度差安排为15°（或整倍数）。实际印刷时，黄版的加网角度往往是0°或90°。其余的三个色版的加网角度为15°、45°和75°，它们之间的角度差都为30°。至于45°最佳加网角度安排给哪个色版就要视印刷品画面的内容与主题来确定了。例如：以人物为主的暖色调原稿，要突出肌肤的健康与美感，品红版往往占据45°最佳角度。青版和黑版分别为15°和75°角度。以冷色调为主的风光原稿中，为突出青山的苍翠、海水的湛蓝等主要内容，往往将青版安排在45°最佳角度，品红和黑版分别为15°和75°角度。在复制国画或采用非彩色结构工艺复制的原稿中，黑版起着关键的作用，因此需将黑版安排为45°，黄版0°，品红版15°，青版75°。在一般的情况下，通常将黄、品红、青和黑色版分别安排为0°、15°、75°和45°。

（二）调频加网

与调幅加网不同，调频加网的网点大小是固定不变的，而网点的排列不是规则的，各网点间的距离和位置是根据图像颜色和阶调变化随机分布的，因此又称其为随机加网。

调频加网方法是依靠单位面积内排列相同大小网点的数量多少来控制印刷墨量的，颜色深网点个数就多，反之则少，如图7-11所示。从图中右侧的网点放大图可以清楚地看出调频加网的特点：网点大小和形状都相同，网点排列不规则，颜色深的地方网点排列密集，而颜色浅的地方网点数量少。与调幅加网相比，在调幅加网的网点单元范围内，黑色像素不再构成一个聚集在一起的网点，而是将黑像素分散开，构成了一些分散的小黑点，而小黑点数量与单元内像素总数所占比例仍然满足网点百分比的要求，所以用网点数量可以控制印刷的墨量。从这个意义上说，调频加网又可以称为分散态加网。

图7-12对比了调幅加网和调频加网复制不同深浅颜色时的网点变化情况，对比图7-3和图7-11右侧的放大图也可以明显看出这二者的差别。

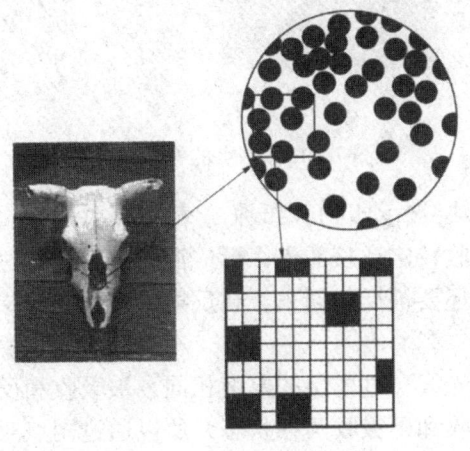

图7-11　调频加网示意图

图7-12　调幅加网与调频加网的比较

由于调频加网的网点大小和形状不变,网点排列不规则,因此调频加网没有调幅加网的三要素,调频加网的复制效果完全取决于图像的分辨率和加网的网点大小,即分割图像网格的大小。图像分辨率越高,就可以将图像分割得越细,网点就越小,复制效果也越好,但对印刷条件的要求也就越高。调频加网可以用较低的图像分辨率实现相对较高图像视觉效果,是目前大多数喷墨打印机打印图像的加网方法。

调频加网的网点排列无规则,因此在不同色版相互叠印时不会产生莫尔条纹,也就不会出现龟纹,这是调频加网比调幅加网最优越之处。但由于调频加网的每一个网点都非常小,一般只相当于调幅加网 2% ~ 5% 的网点,所以对印刷条件的要求非常高,限制了在常规印刷中的应用。

五、印刷品呈色原理分析

为什么只使用 CMYK 四色油墨就能够在承印物上得到非常多的颜色,得到这些颜色的原理是什么,如何理解 CMYK 四色油墨实现颜色的混合呢?

事实上,印刷品的呈色过程是一个非常复杂的过程,不能用单纯的加色混色和减色混色来实现。由上述讨论得知,印刷品的阶调层次是通过加网技术得到的,印刷油墨是以网点形式存在的。由于网点角度、大小不同,各色版套印后所呈现的色彩又分两种情况:一种是网点叠合表现的颜色;一种是网点并列表现的颜色。大网点(网点面积率高)在套印时叠合的多,并列的少;小网点(网点面积率低)在套印时并列的多,叠合的少,每一个小的网点就形成了一个特定的颜色刺激,如图 7 – 13 及彩图 18 右侧的放大图所示。

网点呈色法是根据人们的视觉特性和印刷特点而产生的一种呈色方法。为简单起见,首先不考虑黑色油墨的作用,因为黑色油墨仅起到控制图像明暗的作用,对彩色没有影响。根据减色法呈色原理,黄、品红、青油墨分别用来调节进入眼睛的蓝、绿、红光的数量,从而达到混合出理想色光的目的。

油墨以网点的形式印刷在承印物上,形成了一定厚度的墨膜。因为油墨具有一定的透明性,光线进入油墨层的效果与光线穿过滤色片的效果基本相同,不同颜色的油墨选择性地吸

图 7 – 13 网点的叠合与并列

收了一些波长的照明光,其他波长的光线穿过墨层被承印物(纸张)表面反射回来。各色网点的叠合相当于滤色片的叠合,各自分别吸收特定波长的光,形成混合色,这个过程属于减色效应。不过当光线透射到承印物上时,还要被反射回来,在反射的过程中墨层对光线还将产生二次滤色。

但是,由于二值印刷的墨层厚度不变,因此光线穿过墨层的厚度相同,被吸收和反射的光量也相同,通过墨层对光的吸收只能产生吸收和不吸收两种状态,所以通过网点对照明光吸收的这个减色过程,共可产生 8 种(2^3 种)颜色。这 8 种颜色是:纸张白色(W);黄(Y)、品红(M)、青(C)三种原色,又称为一次色;由原色油墨叠印形成的红

（R）、绿（G）、蓝（B）这三种间色，又称为二次色；黑色（K）称为复色又称三次色。也就是说，通过油墨的减色过程，只能生成 8 种颜色。油墨网点通过减色形成这 8 种颜色的过程如图 7-14 及彩图 19 所示，油墨以网点形式印刷在承印物上，不同原色网点之间叠合或并列，在照明光的作用下形成了 8 种基本颜色刺激，如图中向上的箭头所示，这就是进入眼睛的光刺激。各色网点叠印后，形成了二次色和三次色的同时，还将网点进行了分割，形成了更细小的色斑，如图中虚线所示。

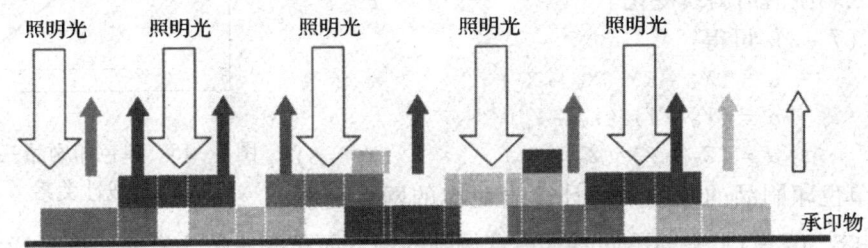

图 7-14 油墨网点形成颜色刺激的减色过程

由油墨网点形成的 8 种颜色色斑在照明光的作用下就形成了 8 种基本颜色刺激，由于这些色斑很小且距离很近，在正常视距下色斑对眼睛所成的视角均小于眼睛可分辨的最小视角，这些色斑形成的颜色刺激在眼睛中进行混色，形成了各种各样的颜色感觉，并且颜色感觉取决于各种色斑相对的面积比例，这就是前面介绍过的加色混合的呈色方式之一。所以说，印刷品的最终颜色感觉是由油墨网点的减色混色和加色混色两个呈色过程共同实现的。

以上是对二值印刷的印刷品呈色原理的定性分析。由定性分析可知，二值印刷品的颜色感觉取决于各印刷原色油墨的相对网点面积比例。由上面的分析还可得知，对于二值印刷来说，如果使用 n 种原色油墨，则可在承印物上组合得到 2^n 种不同的色斑，称这些由减色过程形成的基本颜色为纽介堡基色（Neugebauer Primaries），由这 2^n 种纽介堡基色通过加色混色过程就得到了印刷品上各种各样的颜色感觉。下面就根据这样的思路来定量计算印刷品的颜色。

第二节 彩色印刷品的色度计算

一、单色印刷的颜色计算

设纸张的颜色为 X_W、Y_W、Z_W，某油墨以实地（100% 面积率）印刷在纸上的颜色为 X_C、Y_C、Z_C，则根据色光相加的关系可知，该油墨若以网点面积率 α 印刷在纸上时构成的颜色三刺激值 X、Y、Z 等于 α 比例的油墨三刺激值与 $(1-\alpha)$ 比例的纸张三刺激值的叠加，即：

$$X = \alpha \times X_C + (1-\alpha) \times X_W = X_W - \alpha \times (X_W - X_C)$$
$$Y = \alpha \times Y_C + (1-\alpha) \times Y_W = Y_W - \alpha \times (Y_W - Y_C)$$
$$Z = \alpha \times Z_C + (1-\alpha) \times Z_W = Z_W - \alpha \times (Z_W - Z_C) \quad (7-2)$$

由式（7-2）可知，对于单色印刷来说，印刷品的三刺激值与油墨和纸张的三刺激值是线性关系，其关系可用图 7-15 来表示。图中横坐标为油墨网点面积率 α，纵坐标为印刷品的三刺激值 X、Y、Z（图中只标出了 X，Y 与 Z 的规律相同）。当网点面积率 $\alpha = 0$ 时，印刷品的颜色就是纸张的三刺激值 X_W、Y_W、Z_W；当网点面积率 $\alpha = 100\%$ 时，印刷品的颜色等于油墨以实地印刷的颜色 X_C、Y_C、Z_C，当 $1 < \alpha < 100\%$ 时，印刷品的三刺激值沿斜线变化。

由式（7-2）可得：

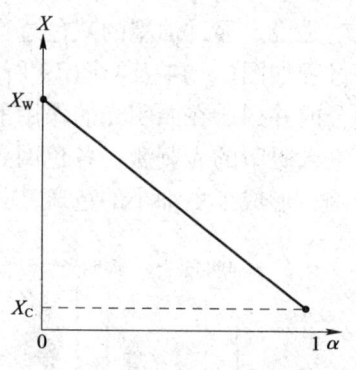

图 7-15 单色印刷品三刺激值的线性关系

$$\alpha = (X_W - X)/(X_W - X_C)$$
$$\alpha = (Y_W - Y)/(Y_W - Y_C)$$
$$\alpha = (Z_W - Z)/(Z_W - Z_C) \quad (7-3)$$

即可以由单色印刷品的三刺激值计算出对应的网点面积率 α。但由式（7-3）中的不同式子计算得到的网点面积率 α 也会有所不同，通常可以使用 X 计算青油墨的网点面积率 α，用 Y 计算品红油墨的网点面积率 α，用 Z 计算黄油墨的网点面积率 α，因为 X、Y、Z 大致与青、品红和黄颜色成互补关系。另一种计算方法是将式（7-2）中三个式子两端分别相加并解出网点面积率 α，得到：

$$\alpha = \frac{(X_W + Y_W + Z_W - X - Y - Z)}{(X_W + Y_W + Z_W - X_C - Y_C - Z_C)} \quad (7-4)$$

式（7-4）实际是用式（7-3）求解网点面积率 α 的平均值的一种形式。

二、纽介堡方程

通过上面的分析知道，某单色油墨以不同网点面积率 α 进行印刷时，印刷品可以产生不同强度的颜色刺激，这相当于一种原色油墨得到了多值的印刷结果，即前面所说"字节"的效果。因此，若三种原色油墨都以不同网点面积率 α 进行印刷就可以产生出不同比例的三原色，从而混合出不同的颜色感觉。根据网点呈色原理，三原色油墨以网点形式印刷在承印物上可以叠印产生 8 种纽介堡基色，由这 8 种纽介堡基色进行加色混色得到最终的颜色感觉。由于各基色的比例由网点面积率 α 决定，因此计算印刷品颜色的关键在于确定纽介堡基色比例，然后再根据格拉斯曼颜色混合定律，算出 8 种基色光加色混色后的 X、Y、Z 三刺激值，这就是计算印刷品颜色的纽介堡方程（Neugebauer Equations）。下面首先以三色印刷为例来说明建立纽介堡方程的方法。

设白纸上印刷的总面积为 1。假设第一次印青墨，青网点面积率为 c。经第一次印刷后，纸面上出现白与青两种（2^1 种）颜色，它们所占的面积比分别为：

青 c

白 $1 - c$

第二色如果印品红墨，设品红的网点面积率为 m。印在白纸上呈品红色，印在青网点上则呈蓝紫色，这时白纸上共出现青、品红、蓝紫、白 4 种（2^2 种）颜色，它们的面积比分别为：

品红 $(1-c)m$

蓝紫 cm

青 $c - cm = (1-m)c$
白 $(1-c) - (1-c)m = (1-c)(1-m)$

第三色印黄墨，设网点面积率为 y，印在白纸上呈黄色，印在青网点上呈绿色、印在品红网点上呈红色、若印在蓝紫网点上则呈现黑色，加上原来的青、品红、蓝紫、白 4 种颜色，纸面上总共出现 8 种（2^3 种）颜色，它们的面积比分别为：

品红 $(1-c)(1-y)m$
红 $(1-c)ym$
蓝 $(1-y)cm$
绿 $(1-m)cy$
黄 $(1-c)(1-m)y$
青 $(1-y)(1-m)c$
白 $(1-c)(1-y)(1-m)$
黑 cym

由本章第一节对网目调的介绍可知，网目调印刷的墨层厚度不变，每一个网点所呈现的颜色和实地大色块的颜色应该相同，因此可以将这 8 种颜色的实地色块印刷出来并测量出它们的三刺激值 X_i、Y_i、Z_i（$i = 1, 2, \cdots\cdots, 8$，分别对应 W, Y, M, C, R, G, B, BK 颜色）。由此可得到这 8 种纽介堡基色的三刺激值。根据格拉斯曼定律和色光加色混色的计算法则，混合色（印刷品颜色）三刺激值 X、Y、Z 等于各组成色三刺激值之和，则这 8 种颜色光同时刺激视网膜产生的混合色三刺激值为：

$$\begin{cases} X = f_W X_W + f_Y X_Y + f_M X_M + f_C X_C + f_R X_R + f_G X_G + f_B X_B + f_K X_{BK} = \sum_{i=1}^{8} f_i \cdot X_i \\ Y = f_W Y_W + f_Y Y_Y + f_M Y_M + f_C Y_C + f_R Y_R + f_G Y_G + f_B Y_B + f_K Y_{BK} = \sum_{i=1}^{8} f_i \cdot Y_i \\ Z = f_W Z_W + f_Y Z_Y + f_M Z_M + f_C Z_C + f_R Z_R + f_G Z_G + f_B Z_B + f_K Z_{BK} = \sum_{i=1}^{8} f_i \cdot Z_i \end{cases} \quad (7-5)$$

这就是三色印刷的纽介堡方程式，式中各系数 f_i 是各原色油墨网点面积率的函数，称为迪米谢尔系数（Demichel Equations），见表 7-3。迪米谢尔系数的计算是基于统计规律得到的，即网点叠印的概率与网点面积率成正比，因此纽介堡方程成立的条件是实际印刷品上各色版网点之间要满足统计无关的条件。通过理论分析，实际印刷近似满足统计无关的条件，因此纽介堡方程在理论上近似成立。

根据式（7-5），如果已知各原色油墨的网点面积率，则可计算出印刷品的理论颜色值 X、Y、Z，这是印刷品呈色的最基本模型。

表 7-3　三色印刷在印刷品上呈现的 8 种纽介堡基色三刺激值与迪米谢尔系数

序号 i	颜色	三刺激值	在单位面积上所占的比例 f_i	序号 i	颜色	三刺激值	在单位面积上所占的比例 f_i
1	白（W）	$X_W Y_W Z_W$	$(1-c)(1-m)(1-y)$	5	红（R）	$X_R Y_R Z_R$	$ym(1-c)$
2	黄（Y）	$X_Y Y_Y Z_Y$	$y(1-c)(1-m)$	6	绿（G）	$X_G Y_G Z_G$	$yc(1-m)$
3	品红（M）	$X_M Y_M Z_M$	$m(1-c)(1-y)$	7	蓝（B）	$X_B Y_B Z_B$	$mc(1-y)$
4	青（C）	$X_C Y_C Z_C$	$c(1-m)(1-y)$	8	黑（K）	$X_{BK} Y_{BK} Z_{BK}$	cmy

通过纽介堡方程式（7-5）也可以实现从 XYZ 到网点面积率 y, m, c 的计算，这是纽介堡方程的逆向求解过程，即已知所要复制颜色的三刺激值 X、Y、Z，求解印刷品上所需黄、品红、青三原色网点面积率 y, m, c 的过程，这就是前面所说的分色过程。

从颜色理论上讲，如果三原色油墨是理想油墨，则三色印刷可以复制出很大色域范围内的颜色，可以涵盖绝大部分可见的颜色，但在实际上却往往达不到理想的效果。其原因是多方面的，如油墨纯度不足、分色系统误差、纸张性能不理想、印刷时套印不准等，导致图像模糊、层次丢失、饱和度降低。尤其是黄、品红、青三色叠印产生的中性灰色容易出现色偏，使图像的暗调部分黑度不够，密度太低，往往使本应偏冷的暗调出现偏暖的情况。因此，实际印刷时都使用4个颜色，增加一个黑版，以补偿图像暗调的不足，增大图像的反差和阶调复制范围。黑版在图像中起到骨架作用，还可一并解决黑色文字的印刷问题，减小油墨叠印率和彩色油墨的用量，缩短油墨干燥时间，因而提高印刷速度。

在四色印刷中，有四个可控制的变量：黄、品红、青、黑版的网点面积率 y, m, c 和 k。四色印刷纽介堡方程的导出与前面所讲的方法完全一样，只不过增加了一种颜色，纽介堡基色变为 16 个（2^4个），因此需要首先确定这 16 个纽介堡基色的三刺激值，将纽介堡方程式（7-5）改为 16 项的求和。四色印刷时各种颜色及对应的迪米谢尔系数见表 7-4。与表 7-3 中三色印刷的迪米谢尔系数比较可以看出，四色印刷的系数是 4 项的乘积，前 8 个系数是在三色迪米谢尔系数基础上乘以 $(1-k)$ 得到的，而后 8 项是黑油墨与彩色油墨叠印产生的结果，当 $k=0$ 时，后 8 项全部等于 0，四色印刷迪米谢尔系数退化为三色印刷的结果。

表 7-4　　　　　　　　　　　四色印刷的迪米谢尔系数

i	颜色	迪米谢尔系数 f_i	i	颜色	迪米谢尔系数 f_i
1	W	$(1-c)(1-m)(1-y)(1-k)$	9	K	$(1-c)(1-m)(1-y)k$
2	C	$c(1-m)(1-y)(1-k)$	10	K+C	$c(1-m)(1-y)k$
3	M	$m(1-c)(1-y)(1-k)$	11	K+M	$m(1-c)(1-y)k$
4	Y	$y(1-c)(1-m)(1-k)$	12	K+Y	$y(1-c)(1-m)k$
5	R (ym)	$ym(1-c)(1-k)$	13	K+R (kym)	$ym(1-c)k$
6	G (yc)	$yc(1-m)(1-k)$	14	K+G (kyc)	$yc(1-m)k$
7	B (mc)	$mc(1-y)(1-k)$	15	K+B (kmc)	$mc(1-y)k$
8	Bk (cmy)	$cmy(1-k)$	16	K+Bk ($kcmy$)	$cmyk$

与三色印刷的纽介堡方程一样，只要给定一组 CMYK 网点面积率 y, m, c 和 k，就可以求出印刷品的颜色 X、Y、Z。但是，在反向求解纽介堡方程时，要根据已知的三刺激值 X、Y、Z 来求解对应的网点面积率 y, m, c 和 k，此时的条件是三个方程求解四个未知数。在数学上，这种情况是无穷解，也就是说，一组 X、Y、Z 值对应多个 y, m, c, k 网

点值，给反向求解纽介堡方程带来一定的难度。

但是，增加黑版后也给分色带来了更灵活的选择余地。从数学上说，要得到唯一的分色结果，必须增加一个约束条件来消去一个未知数，或者根据其他条件事先确定一个颜色的网点面积率，通常是首先确定黑版的值。对于相同的 X、Y、Z 值，若给定不同的黑油墨网点值 k，就可以解出一组不同的 y，m，c 值，即用不同的 y，m，c，k 网点面积率可以得到相同的印刷品颜色，而黑油墨与彩色油墨之间有数量的约束关系。

采用黑版的本质是用黑油墨来替代黄、品红、青三色叠印产生的非彩色成分。根据黑油墨的用量大小，这种替代可以是完全替代，也可以是部分替代，在印刷工艺上分别称作灰色成分替代和底色去除。采用不同的灰色成分替代量进行分色处理，就会得到很不相同的黑版和与之相配的黄、品红、青各色版，并可以保证印刷品的颜色（基本）不变。这是以格拉斯曼理论为依据的。

三、底色去除（UCR）与灰成分替代（GCR）

彩色图像中含有彩色与非彩色成分。根据颜色混合的规律可知，当用黄、品红、青三原色中的一色印刷或两色叠印时，产生的是纯彩色，即油墨的一次色、二次色都是鲜明的颜色，不含有非彩色成分，如图 7-16 中（a）和（b）所示。一旦使用三个原色印刷，三个颜色相重合的那部分就会形成非彩色，使印刷色的彩度降低，如图中的（c）所示。对于理想油墨来说，等量的三原色彩色油墨叠印出非彩色。为讨论方便起见，下面首先讨论理想油墨的情况，下面一节再考虑不理想油墨的影响。

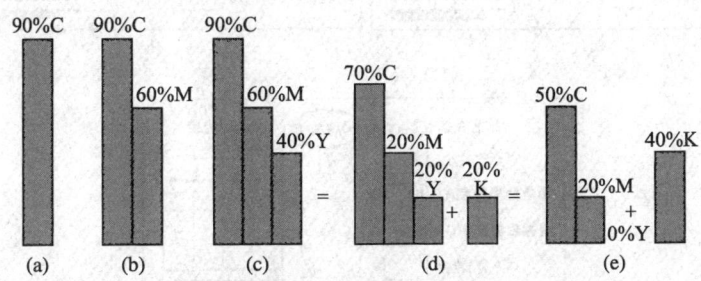

图 7-16　彩色与非彩色成分
（a）纯青色　（b）纯蓝色　（c）灰蓝色　（d）用黑墨部分替代灰色　（e）用黑墨全部替代灰色

在三次色中，比例较高的两种原色决定了叠印后彩色的色调，而含量最少的一种原色所起的作用就是产生非彩色，与其他两种原色混合产生非彩色成分，从而降低了颜色的饱和度和明度，基本上对色调无贡献。

根据格拉斯曼定律的颜色替代率，只要颜色感觉相同的颜色，在颜色混合中的作用都相同，可以相互代替。因此，由彩色油墨叠印产生的非彩色与单独黑油墨印刷的颜色在颜色混合中的作用一样，可以相互替代。根据用黑油墨代替彩色油墨的比例大小、替代算法的不同，可以将替代方法分为底色去除（Under Color Removal，简称 UCR）和灰色成分替代（Gray Component Replacement，简称 GCR）两种不同的分色工艺，采用这两种工艺，同一颜色会分解为不同比例的 CMYK 值，即替代量不同。

底色去除是以黑油墨在图像的暗调部分代替一部分由彩色油墨叠印产生的非彩色的分色工艺，如图 7-16 中（d）所示，图中假设等量的彩色油墨产生灰色，并且与等量的黑油墨等效。底色去除一般在60%网点面积率以上的中暗阶调范围内才起作用，也就是说只有在中暗调和暗调部分才出现黑版，这样的黑版设置对应为短调黑版。

采用底色去除工艺可以在图像的暗调区域降低油墨的叠印率，使油墨干燥速度加快，避免高速印刷时印不上或背面粘脏等故障，从而提高印刷速度与质量。另外，用黑墨替代彩墨可节省油墨、降低成本。电分机及彩色DTP系统均有底色去除量的设置。图7-17中的（a）、（b）和（c）分别为Photoshop中不同底色去除量下的分色曲线，随着去除量的加大，黑版曲线没有显著的改变，依然保持短调黑版的特征，但相应的彩色油墨曲线降低，表明彩色油墨用量降低。UCR的底色去除量只能通过控制最大叠印率（Total Ink Limit）来实现，图7-17中的（a）、（b）和（c）的叠印率总量分别为400%、370%和340%。随着总叠印率的降低，彩色油墨曲线在暗调区域被压缩，表明彩色油墨的用量被限制，用量明显减少。在实际印刷中，降低油墨叠印率有利于提高印刷速度，减少印刷故障，因此在GB/T 17934.2—1999中规定最大叠印率一般不应该超过350%。

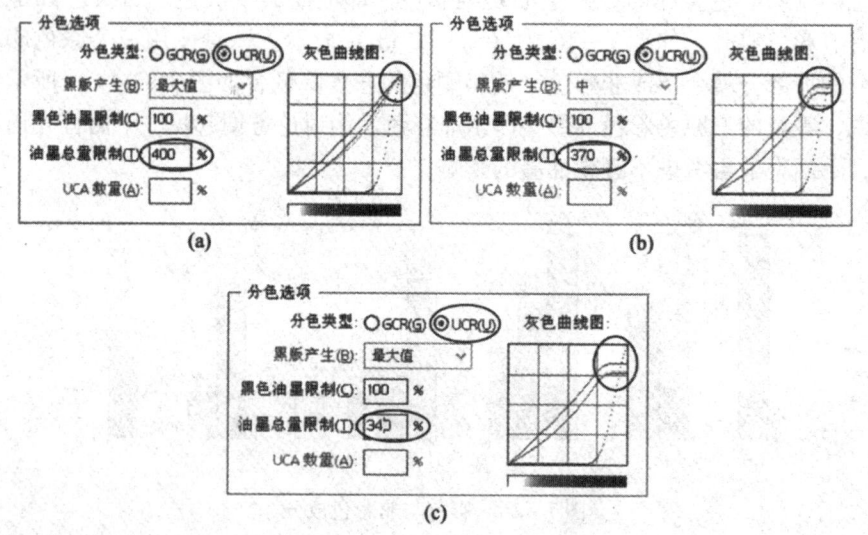

图7-17 Photoshop中底色去除的黑版曲线
（a）最大叠印率400 （b）最大叠印率370 （c）最大叠印率340

灰色成分替代是一种以黑油墨在整个图像阶调复制范围内代替一部分或全部由彩色油墨叠印产生的非彩色颜色的工艺。灰色成分替代与底色去除相类似，都是用黑油墨来替代一部分彩色油墨叠印形成的灰色，所不同的是，灰色成分替代不仅仅在图像的暗调部分代替叠印的灰色，而且要替代从高光到暗调整个阶调范围内的灰色成分。因此，灰色成分替代时的黑版阶调比底色去除时的黑版阶调要长，因而称为长调黑版。

灰色成分的替代量可以直接设定，而不是通过最大墨量限制来间接实现。图7-18中的（a）、（b）和（c）分别为Photoshop中不同灰色成分替代量设置时的分色曲线，由此可以明显看出GCR与UCR分色曲线的差别。随着GCR黑版产生量的加大，黑版曲线的起始点提前，并且在亮调区域抬高，黑油墨用量增加，同时彩色油墨的曲线大幅度降低。由此可以看出，使用 GCR 分色时对彩色油墨的总体替代量要大，因此彩色油墨的用量更少。彩图 20 示意了不同黑版替代量对彩色版和黑版的作用和影响，当替代量很小时，三个彩色油墨印刷的效果很接近原稿和成品的颜色，黑版的作用不强；当替代量加大后，三个彩色油墨印刷的效果明显比较浅，黑版的墨量比较大，与彩色油墨叠印后得到最终的颜色。

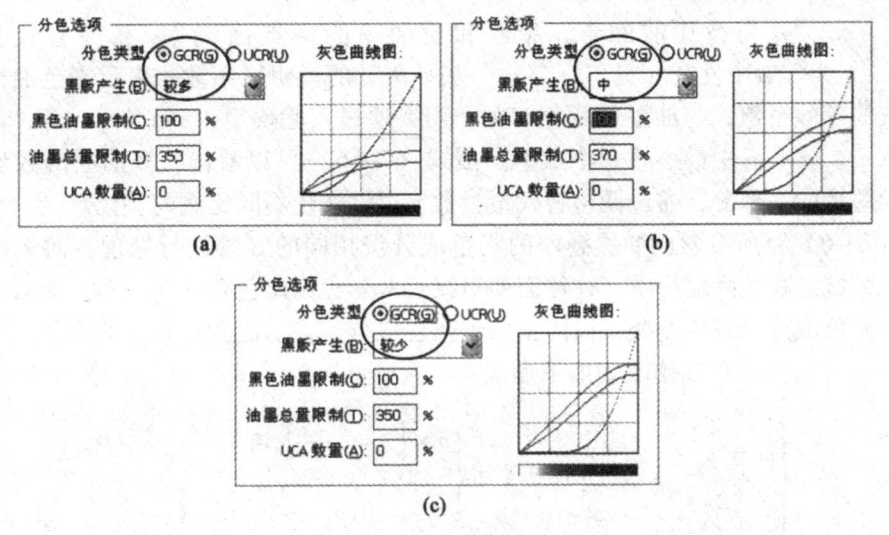

图 7-18　Photoshop 中灰色成分替代的黑版曲线
（a）较大的替代量，黑版阶调长　（b）中等的替代量，黑版阶调中等　（c）中等的替代量，黑版阶调相对较短

　　灰色成分替代与底色去除相比进一步增强了黑版的作用，使黑版从辅助地位上升为主要色版，不仅起着控制整个画面全阶调层次的作用，还直接影响颜色的变化规律，对于灰色或不鲜艳颜色比较多的图像，使用 GCR 对颜色复制的稳定作用更加有利。采用 GCR 工艺后，印刷图像的暗调部位油墨叠印率可以被控制在 300% 以下，在不影响复制质量的条件下，可大大提高印刷速度，降低印刷成本，经济效益显著。

　　当选择了灰色成分替代的最大量时，所有由彩色墨叠印的灰色都会被黑色油墨完全替代，任何的颜色都不会出现三种彩色油墨的叠印，这种印刷工艺称为"非彩色结构"（Achromatic Color Construction，简称 ACC），也有人将它形象地称为"二色加黑"工艺，意指由非彩色结构工艺印刷的图像上任何一个颜色都是由一种或两种彩色油墨形成，或者是由一或两种彩色油墨加黑油墨印刷而成，没有三色彩墨的叠色，如图 7-16 中（e）所示。这时彩色油墨的分色曲线变得非常的低，即彩色墨量非常小。

　　虽然非彩色结构印刷工艺在理论上是可行的，可以获得相同的颜色复制效果，但在实际印刷时却很少使用，这主要是因为由它印刷的图像层次不如底色去除和灰色成分替代效果好。为什么说非彩色结构的层次不好呢？设想一个灰色图像，如果只使用单色黑来复制，网点面积以 1% 变化，则最多可得到 101 个灰度级。如果使用四色印刷，每一色油墨都以 1% 变化，则可以得到 400 级，也就是说，通过多色油墨叠印，可以把灰度级进一步细分，所以能得到更丰富的层次。

黑油墨与彩色油墨网点面积率之间的约束关系就是相互替代的关系，必须满足格拉斯曼颜色替代定律。假设没有黑版时印刷某颜色需要青、品红和黄油墨的网点面积率分别为 c_0，m_0，y_0，则增加黑油墨后黑油墨与彩色油墨网点面积率 c，m，y，k 之间的关系为：

$$\begin{cases} c = c_0 - d \\ m = m_0 - d \\ y = y_0 - d \\ k = q \times d \end{cases} \quad 其中，d = p \times \min(c_0, m_0, y_0) \qquad (7-6)$$

式中，c_0，m_0，y_0 为替代前的青、品红和黄油墨的网点面积率，p 为替代量（$p \in [0,1]$），q 为等效中性灰（见下一部分"灰平衡"的说明）系数，表示彩色油墨叠印灰与单色灰的等效系数，与油墨的颜色有关，需要通过实验确定；$\min(c_0, m_0, y_0)$ 运算符表示取 c_0，m_0，y_0 中最小的一个数值。由式（7-6）可以看出，黑油墨的数量等于最小彩色油墨量的一部分，通过调整替代量参数 p 可以实现不同比例的替代。

式（7-6）将所有彩色油墨叠印的灰色成分按相同的方法进行处理，而无论出现在什么颜色区域。在实际应用中，往往需要对接近非彩色的颜色替代多一些，而对于较鲜艳颜色中的灰色成分少替代一些，以防止由于灰色成分替代引起颜色彩度的变化。考虑这种情况后，式（7-6）可以修改为如下形式：

$$\begin{cases} c = c_0 - d \\ m = m_0 - d \\ y = y_0 - d \\ k = q \times d \end{cases} \quad 其中，d = \begin{cases} p \times \left[S - \dfrac{L-S}{t}\right]; 当 S - \dfrac{L-S}{t} > 0 \\ 0; 当 S - \dfrac{L-S}{t} < 0 \end{cases} \qquad (7-7)$$

式中 S 和 L 分别为三原色中的最小值 $\min(c_0, m_0, y_0)$ 和最大值 $\max(c_0, m_0, y_0)$，t（$t>1$）为彩度影响因子。对比式（7-6）和式（7-7）可知，式（7-7）中的黑版墨量受（$L-S$）的影响。（$L-S$）是最大彩色与最小彩色之差，其差值越大，颜色越鲜艳，反之则接近非彩色。因此，用式（7-7）计算的黑油墨量与颜色的彩度有关，彩度大，黑墨量则小，并且 t 越小，替代量也越小，一般 t 的取值为 5 左右。

四、灰 平 衡

理想的三原色油墨等量相加或叠印，应当呈现出中性灰色。然而，实际的三原色油墨并不理想，多少带有色偏。因此在进行底色去除和灰色成分替时，去除等量的彩色墨会使颜色偏色，所以必须去除不相等的三原色油墨。此外，去除的彩色墨量与黑油墨也不是等量的关系，即等量的 CMY 叠印色与等量黑油墨印刷的颜色不一样，而对应一个不相等的数量。

所谓**灰平衡**是指以适当的三原色油墨比例，印刷出从高光到暗调的不同深浅的灰色。当各阶调都能达到灰平衡时就得到了一组三原色油墨比例随阶调值变化的灰平衡曲线，如图 7-19 所示。图中水平坐

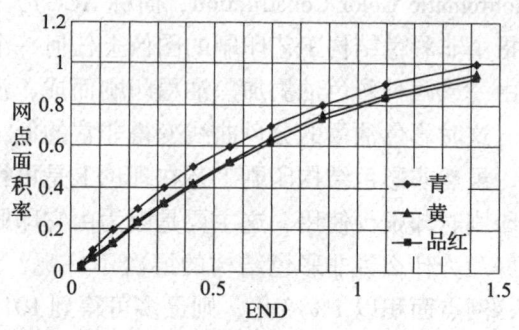

图 7-19 典型的灰平衡曲线

标是用灰密度值表示的阶调值，纵坐标为各颜色油墨的网点面积率。对应每一个灰密度值，用一组三原色油墨网点比例印刷可以得到。因为灰密度值是三原色彩色油墨以适当比例印刷出来的，与单色黑油墨印刷的效果相同，因而称其为三原色油墨的**等效中性灰密度**（Equivalent Neutral Density 简称 END）。

当使用彩色油墨印刷非彩色时，要根据灰平衡的数据，采用合适的三原色油墨比例，否则印刷出来的灰色就会带有彩色的成分。所以，通过灰平衡就可以将三原色油墨比例的关系确定下来，以此作为控制印刷颜色准确、不偏色的标准条件。因为中性灰色只有明度变化，不具有色调和饱和度，所以只要中性灰色中稍稍带有彩色偏色，目视极易判断出来。这正是将灰平衡作为一种手段控制印刷品质量的原因，灰平衡控制得好，整个彩色图像的色彩再现效果就会理想。

达到灰色平衡时三原色油墨的网点面积率可由纽介堡方程式解得。灰色只有明度差异，也就是说不同深浅的灰色的 Y 值不同，随反射率大小变化，而色品坐标 x、y 始终不变，等同于光源的色品坐标值。若已知中性灰色三刺激值 X、Y、Z，代入三色印刷纽介堡方程式可通过反向求解得到印刷该中性灰色所需的三原色油墨网点面积率。例如以表5-1中孟塞尔各明度级对应的亮度因子 Y 来计算灰平衡，在 D_{65} 光源下的灰色三刺激值 X、Y、Z 如表7-5所示。将表7-5中的三刺激值数据依次代入式（7-5）中，即可求得理论上各灰度级对应的油墨网点百分比，而实际的灰平衡曲线计算还要考虑印刷网点扩大等因素，对理论计算进行修正。因此，计算灰平衡时一定要根据实际印刷条件，油墨、纸张等条件必须和印刷生产时使用的一致。对这样印制出来的测试色标进行测量，得到8种纽介堡基色的三刺激值，将其代入纽介堡方程，才可保证解得的三原色油墨网点面积率能够叠印出中性灰色。在实际生产中，灰平衡数据不仅要通过计算，还要通过实际印刷测试和目视评判来确定。

表7-5　　　　　　　　　　D_{65}光源下的灰梯尺三刺激值

孟塞尔明度 $V/$	1	2	3	4	5	6	7	8	9	10
亮度因子 Y	1.21	3.13	6.54	12.00	19.77	30.05	43.06	59.10	78.66	100.00
X	1.15	2.97	6.22	11.41	18.79	28.56	40.93	56.17	74.76	95.05
Z	1.32	3.41	7.12	13.07	21.53	32.73	46.89	64.36	85.67	108.91

在实际印刷中，无论是底色去除还是灰色成分替代工艺都应该在灰平衡的基础上进行，因此灰平衡数据是彩色印刷的最基本数据。例如根据灰平衡数据如表7-6，60%的青墨与52%的品红墨以及53%的黄墨叠印将产生中性灰色，如果要进行灰成分替代的话，去除60%网点面积率的青墨，则应该相应地减少52%和53%网上面积率的品红和黄，这样才能保证灰成分由黑墨替代后印刷品颜色仍然保持不变。从图7-17和图7-18中彩色油墨与黑油墨曲线的变化关系可以明显看出灰平衡的作用，当黑油墨用量增加时，彩色油墨就会等比例地减少，减少的比例一定要符合灰平衡的关系。

表 7-6　　　　　　　　　　　灰平衡参考数据

网点面积率/%											
	青 C	3	10	20	30	40	50	60	70	80	90	100
	品红 M	2	6	13	23	32	41	52	62	73	83	93
	黄 Y	2	7	14	24	33	42	53	64	75	85	95

*五、蒙 版 方 程

蒙版方程是基于密度计算的印刷颜色计算方程。在颜色测量仪器还未普及时，蒙版方程是用来计算各原色墨量和分色数据的主要方法。从上一章关于密度的讨论可知，任一原色油墨在红、绿、蓝滤色片下的密度值（补色密度和两个无效密度值）可以代表该油墨的颜色特性，同样也可以用任意印刷颜色在红、绿、蓝滤色片下的密度值来代表该印刷色的颜色特性。蒙版方程就是以这种方式来表示印刷颜色的。

密度值的重要特性是密度的叠加性。如图 7-20 所示，设两个透射物体的透射率分别为 T_1 和 T_2，入射光通量为 Φ_0，从第一个物体出射的光通量为 Φ_1，从第二个物体出射的光通量为 Φ_2，则有：

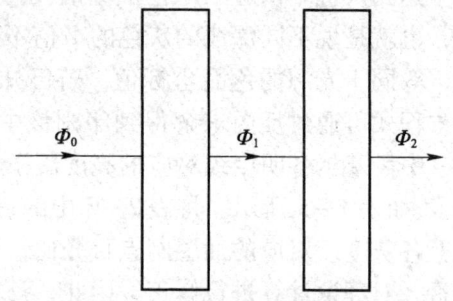

图 7-20　两个物体总透射率的示意图

$$T_1 = \frac{\Phi_1}{\Phi_0}, \quad T_2 = \frac{\Phi_2}{\Phi_1},$$

两个物体的总透射率 T 为：

$$T = \frac{\Phi_2}{\Phi_0} = \frac{\Phi_1}{\Phi_0} \cdot \frac{\Phi_2}{\Phi_1} = T_1 \cdot T_2,$$

总密度为：

$$D = -\lg T = -\lg(T_1 \cdot T_2) = -\lg T_1 - \lg T_2 = D_1 + D_2,$$

即两个物体的总透射率为各物体透射率的乘积，总密度等于各物体密度之和，这就是密度的叠加性。上面的推导很容易推广到任意多个物体的情况，因此在理论上密度的叠加性成立。

蒙版方程的原理就是基于密度叠加关系的，即基于印刷色总密度等于各原色油墨分密度的线性叠加，因此当各印刷原色油墨叠印在一起时，印刷品颜色的总密度等于各原色油墨在相同滤色片下的密度之和。

设印刷品上某点的颜色是由三原色油墨以网点面积率 c，m，y 印刷而成，该混合色在红、绿、蓝滤色片下的密度值分别为 D_r、D_g、D_b，根据密度叠加关系，混合色在三种滤色片下的密度应该等于各原色油墨单独印刷时在相应滤色片下的密度之和，即：

$$\begin{aligned} D_r &= D_{crt} + D_{mrt} + D_{yrt} \\ D_g &= D_{cgt} + D_{mgt} + D_{ygt} \\ D_b &= D_{cbt} + D_{mbt} + D_{ybt} \end{aligned} \tag{7-8}$$

式中，D_{crt}、D_{cgt}、D_{cbt}，D_{mrt}、D_{mgt}、D_{mbt}，D_{yrt}、D_{ygt}、D_{ybt} 分别为青、品红、黄油墨以网点

面积率 c, m, y 单独印刷时在红、绿、蓝滤色片下测量得到的阶调密度值。假设各阶调密度与同原色补色密度成一定的比例,即

$$D_{crt} = k_{cr} \cdot D_{crt}, D_{mrt} = k_{mr} \cdot D_{mgt}, D_{yrt} = k_{yr} \cdot D_{ybt}$$
$$D_{cgt} = k_{cg} \cdot D_{crt}, D_{mgt} = k_{mg} \cdot D_{mgt}, D_{ygt} = k_{yg} \cdot D_{ybt}$$
$$D_{cbt} = k_{cb} \cdot D_{crt}, D_{mbt} = k_{mb} \cdot D_{mgt}, D_{ybt} = k_{yb} \cdot D_{ybt} \qquad (7-9)$$

其中 D_{cr}、D_{mg}、D_{yb} 分别为青、品红和黄单色油墨在不同阶调下的补色阶调密度,各个 k_{ij}($i=c$, m, y, $j=r$, g, b)分别为青、品红和黄单色油墨在不同阶调下红、绿、蓝滤色片下的密度与相应补色密度的比值,所以有 $k_{cr} = k_{mg} = k_{yb} = 1$。$k_{ij}$ 是阶调的函数,简单起见假设为线性函数。将式(7-9)代入式(7-8)并表示成矩阵的形式得:

$$\begin{bmatrix} D_r \\ D_g \\ D_b \end{bmatrix} = \begin{bmatrix} 1 & k_{mr} & k_{yr} \\ k_{cg} & 1 & k_{yg} \\ k_{cb} & k_{mb} & 1 \end{bmatrix} \begin{bmatrix} D_{crt} \\ D_{mgt} \\ D_{ybt} \end{bmatrix} \qquad (7-10)$$

式(7-9)和式(7-10)说明,只要确定了该阶调下各原色油墨在三个滤色片下的密度比例关系 k_{ij},就可以根据阶调密度 D_{crt}、D_{mgt}、D_{ybt} 计算出印刷品颜色的密度 D_r、D_g、D_b,或者根据要印刷颜色的密度 D_r、D_g、D_b 求得补色阶调密度 D_{crt}、D_{mgt}、D_{ybt},即反向的求解:

$$\begin{bmatrix} D_{crt} \\ D_{mgt} \\ D_{ybt} \end{bmatrix} = \begin{bmatrix} 1 & k_{mr} & k_{yr} \\ k_{cg} & 1 & k_{yg} \\ k_{cb} & k_{mb} & 1 \end{bmatrix}^{-1} \begin{bmatrix} D_r \\ D_g \\ D_b \end{bmatrix} \qquad (7-11)$$

然后再由阶调密度求出油墨网点面积率 c, m, y,其关系可以由 Murray – Davies 公式(6-14)或 Yule – Nielson 公式(6-15)得到:

$$\alpha = \frac{1 - 10^{-D_t}}{1 - 10^{-D_s}} \qquad (7-12)$$

式中的 D_s 代表三种原色油墨的实地补色密度,D_t 是式(7-11)求出的三种原色油墨的阶调密度 D_{crt}、D_{mgt}、D_{ybt} 之一。这个计算过程就是分色过程。

以上推导是基于阶调密度与实地密度成比例这个假设上的,即满足式(7-9)的关系。但事实上,对于同一原色的补色密度和无效密度来说,它们的比例系数在各阶调并不完全是线性的,也就是说,k_{ij}($i=c$, m, y, $j=r$, g, b)不是阶调的线性函数,这就造成了计算误差。图 7-21 是对某组油墨实际测量的结果,横坐标代表以密度为单位的阶调值,但为了统一坐标,将各阶调密度值用对应原色的实地密度来归一化;纵坐标为各阶调

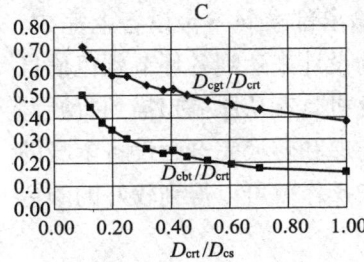
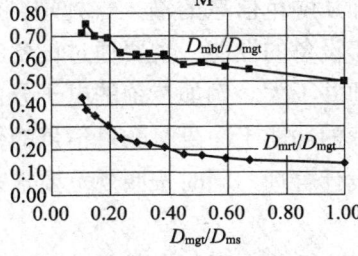
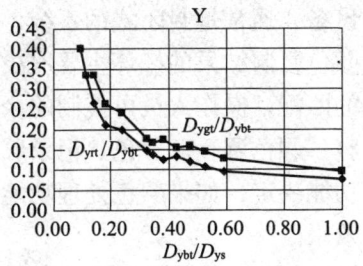

图 7-21 阶调密度与实地密度比值曲线

等级非补色阶调密度与补色阶调密度的比值。如果满足式（7-9）的关系，图中的曲线应该为直线。显然，实际油墨并不严格满足这个关系，这是这种方法本身的理论误差所在，致使计算的颜色出现误差，成为用密度法计算印刷颜色的主要误差来源。为减少这种误差，可以用非线性函数的 k_{ij}（$i=c$，m，y，$j=r$，g，b）来代替线性函数。

下面分析式（7-10）的物理意义。从式（7-10）每列的数据可以看出，由于油墨的不理想，存在色偏和色灰，在每印刷一个单位的青墨后，除了得到补色滤色片下 D_{cr} 的青密度外，同时还产生了非补色滤色片下 $k_{cg}D_{mg}$ 的品红密度和 $k_{cb}D_{yb}$ 的黄密度，这是所不希望的，是由于油墨偏色引起的，产生了油墨颜色的交叉作用，给印刷颜色控制带来困难，必须用校色的方法来设法消除这种影响。对于品红和黄油墨也有类似的分析结果。从数学上说，出现这种情况的原因是因为实际三原色油墨构成的色空间不是正交坐标系，而校色的目的就是通过数学变换的手段使其成为正交坐标系。

因为式（7-10）中由各原色油墨实地密度构成的系数矩阵为 3×3 方阵，记为 A，且存在逆矩阵 A^{-1}。由矩阵特征值和特征向量的性质可知，存在一个 3×3 方阵 B，且有 $B^{-1}AB=\lambda E$，可使矩阵 A 对角化，其中 λ 为矩阵 A 的特征值（$\lambda=\lambda_1$，λ_2，λ_3），B 为由 λ_i 对应的特征向量 p_i（$i=1$，2，3）列向量构成的矩阵，并且满足 $Ap_i=\lambda_i p_i$。经过这样的变换后，三原色构成了正交系，矩阵 B 中的列向量就是校色的系数，这些系数代表了照相制版时为了校正颜色所使用的蒙版校色量。由正交化的关系可得 $A=B\lambda EB^{-1}$，式（7-10）变为式（7-13）：

$$\begin{bmatrix}D_r\\D_g\\D_b\end{bmatrix}=\left(B\begin{bmatrix}\lambda_1&0&0\\0&\lambda_2&0\\0&0&\lambda_3\end{bmatrix}B^{-1}\right)\begin{bmatrix}D_{crt}\\D_{mgt}\\D_{ybt}\end{bmatrix}\qquad(7-13)$$

第三节　色彩管理系统简介

一、色彩管理问题的提出

无论何种彩色复制都需要使用各种彩色复制的设备，颜色信息都要在复制的各个环节中进行相互传递和转换，这样就出现了一个问题：如何保证颜色信息在不同的复制环节、不同的复制设备和不同的介质上所呈现的颜色感觉都相同？如何保证复制的颜色是所需要的准确颜色？

在传统的复制方法中这个问题并不太突出，因为以前使用的颜色复制设备大多是专用设备，通常是封闭式的系统，即从颜色信息的输入、处理到输出都在同一台设备上完成，颜色复制结果的好坏主要取决于设备的性能，主要通过设备的设计来达到各环节颜色信息的匹配，操作人员可控制的余地并不大。例如传统的电子分色机具有从原稿扫描到阶调调整、颜色调整、分色、记录胶片的功能于一身，颜色信息的传递和转换完全由设备本身的功能决定，如果颜色处理功能设计合理，同时按照规范要求来操作就可以得到较好的颜色效果。

但是，传统的设备价格昂贵，功能有限，按目前的眼光来看完全不能满足现在的使用要求。随着数字化技术的发展，目前使用的设备一般都属于通用设备，是开放性的设备，各种设备的功能趋于专业化和单一化，不同设备由不同制造厂家生产，要完成颜色复制的工作需要购买多家生产厂家的不同设备，通过标准化的接口和数据格式在计算机和各个设备间交换数据。由于各家设备制造的方法不同，设计原理不同，使用的材料等条件都不一样，造成了颜色数据的不统一，使颜色信息在不同设备上呈现出不同的颜色感觉。例如，同一个图像文件通过不同的显示器显示出来时的颜色效果就不一样，而此时的图像数据都是一样的。这就说明了各设备间的呈色性能差别。所以，由于设备呈色性能的差别，要想使不同设备能够呈现出相同的颜色感觉，就不能给不同设备发送相同的颜色信号，必须根据设备的性能发送不同的颜色信号才有可能获得相同的颜色感觉。如何根据设备的性能确定或计算出应该发送什么样的颜色信号，使呈现在不同设备上的颜色感觉达到相同或尽可能相同，这就提出了色彩管理的需求。

因此，色彩管理是随着数字化彩色复制技术而诞生的。一方面彩色复制技术采用了一种开放式的复制方法，在复制过程中操作人员有了更多的颜色控制机会，从颜色信息的输入到显示、处理、在不同设备间的传输和最终的输出，操作人员都可以根据对颜色的观察和测量数据来控制，出现了"所见即所得（What you see is what you get）"的需求；另一方面，采用了数字化的处理方法，所有颜色信息都被数字化，使定量地进行颜色计算和色彩管理成为可能。正因为如此，色彩管理技术成为了当前影像处理领域发展最快、最为活跃的研究方向。

从上世纪 90 年代初，彩色桌面出版系统刚刚进入实际应用之时，人们就提出了"所见即所得"的愿望，希望在彩色复制过程的各个环节都能够实时得到所希望得到的结果，将制作的页面信息（包括文字、图像、图形、颜色和版式结构）毫无变化地在各个设备上呈现。1993 年，由 Adobe 公司、苹果公司、AGFA、柯达和 Sun 等几大国际公司倡导成立了国际色彩联盟（International Color Consortium，简称 ICC），旨在解决颜色信息在各种设备上传递一致性的问题，提出了开放式色彩管理的理念和规范，称为 ICC 色彩管理系统，奠定了当今色彩管理的基础。现在国际色彩联盟的成员已经发展到 60 多家，大部分是设备制造公司、软件和网络技术公司，由此可见色彩管理技术的广泛应用。

不仅在印刷行业，而且在很多其他领域，如摄影、影视、网络信息传输等，ICC 色彩管理的模式已经得到了广泛的应用，已经形成了一个国际标准 ISO 15076 - 1：2005，目前正处于最终批准阶段。然而，ICC 色彩管理技术也是在应用中不断发展的，随着数字化影像处理及传输技术的不断完善和发展，尤其是颜色科学的发展，以及人们日益对彩色质量要求的不断提高，ICC 色彩管理技术也出现了一些新的发展动向。

二、色彩管理的基本原理

色彩管理技术是随着时代的发展而发展的。最初的色彩管理方案是封闭式的方案。封闭式色彩管理的方法是将系统中所有设备间的颜色转换关系一一找出，一对一地直接进行转换。无论设备是 RGB 颜色模式还是 CMYK 模式的，都要直接转换，因此设备间的颜色转换就有 RGB 与 RGB、RGB 与 CMYK、CMYK 与 CMYK 数据的几种直接转换。如果有 m 个设备要向 n 个设备进行颜色转换，则在这种方式下存在 $m \times n$ 种组合，要确定 $m \times n$ 个转换关系，如图 7 - 22 所示。但这种转换关系往往是由设备本身的性质和特点所决定的，只能由设备制造厂家完成，使用人员一般没有能力完成。

开放式色彩管理或ICC色彩管理的思想是将系统中所有设备的颜色特性都用CIE颜色系统来描述，任何设备间的颜色转换都要通过CIE颜色空间间接地进行转换，如图7-23所示。由于CIE颜色系统描述的是人的颜色感觉，与任何设备呈现的颜色无关，因此ICC色彩管理的基本原理是以颜色感觉为依据，将所有设备呈现的颜色用人的颜色感觉来统一描述，令所有设备呈现出相同的颜色感觉。换句话说就是，用人的颜色感觉来定义各种设备呈现出的颜色，以CIE颜色系统统一描述颜色，使设备呈现颜色的CIEXYZ或CIELAB值都相同。所以不论设备的颜色值是RGB颜色模式还是CMYK模式，颜色转换只在RGB与CIE颜色值或CMYK与CIE颜色值之间进行，不会直接进行设备颜色值到设备颜色值的直接转换。

所以，在ICC色彩管理方式下，m个设备向n个设备的颜色转换只需要进行$m+n$个设备颜色值与CIE颜色值的转换，如图7-23所示。更重要的是，使用这种色彩管理方法可以建立对设备颜色特性描述的标准方法，不再取决于两个设备之间的特定情况和关系，使色彩管理方法实现标准化，操作人员可以按照这种标准方法自行完成。

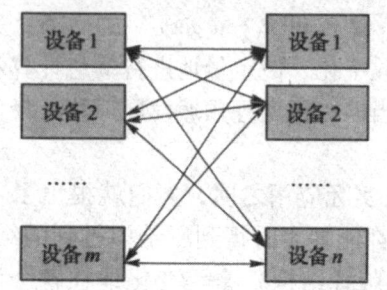

图7-22 封闭模式（$m \times n$个）颜色转换

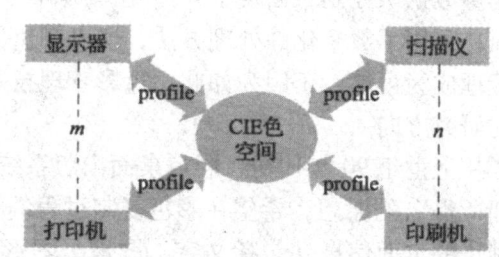

图7-23 ICC色彩管理模式，$m+n$个颜色转换

三、基 本 概 念

要理解色彩管理的基本原理和工作过程，有几个重要的概念必须明确：

（1）设备的颜色值 指驱动设备产生颜色刺激的信号值，或组成颜色刺激的三原色数值，是物理量，通常为RGB值或CMYK值。例如驱动显示器呈现颜色的设备颜色值为RGB数值、数字相机采集的颜色值也是RGB数值、驱动打印机呈现颜色的设备颜色值为RGB数值或CMYK数值。

（2）颜色感觉值 在特定照明和观察条件下定义的CIEXYZ值或CIELAB值，代表特定条件下设备呈现出的颜色感觉，是对设备产生的颜色刺激的色度表示或色度测量值。任何设备所呈现出的颜色刺激都可以产生特定的颜色感觉，因而可以通过一定的方法将其表示为CIE颜色值。

（3）与设备相关的颜色空间（Device Dependent Color Space） 某设备取所有颜色值时所能够产生的全部颜色刺激的集合称为该设备的颜色空间，又称为该设备的色域。设备的颜色空间通常是RGB颜色空间或CMYK颜色空间。

由于不同设备的呈色原理不同，使用的呈色材料不同，所以各设备的色域也不同，表现颜色的特性也不同。相同的设备颜色值在不同设备上可能呈现出不同的颜色刺激，因而产生的颜色感觉也会不同。设备颜色空间的这种特性就称为与设备相关的颜色空间，意为不同设备具有不同的颜色特性。

例如，不同厂家生产的扫描仪，由于采用了不同光谱透过率的红、绿、蓝三原色滤色片，不同光谱灵敏度的光电探测元件，使得扫描同一幅原稿所获得的 RGB 值各不相同；不同的显示器，由于荧光粉的发光特性及色品不同，同样的一组 RGB 数据（如 RGB 图像中的数值）所呈现出的颜色感觉不同；同样的 CMYK 图像，由于所用印刷设备不同、油墨和纸张性能不同，印刷出来的颜色也会不同。因此，所有由设备决定的 RGB 色空间和 CMYK 色空间都是与设备相关的颜色空间，与设备相关的颜色空间没有统一的颜色标准，取决于各设备自身的颜色特性。

（4）与设备无关的颜色空间（Device Independent Color Space） 只与人的颜色感觉相关，用来表示人眼感觉到的所有颜色值的集合就称为与设备无关的颜色空间。与设备无关的颜色空间不依赖于任何设备的颜色空间，而任何设备所产生的颜色刺激都可以对应一组与设备无关的颜色值。CIEXYZ 和 CIELAB 颜色系统都是根据人的视觉系统建立的颜色体系，代表了特定条件下人眼的颜色感觉，因而是与设备无关的颜色空间，所有眼睛可以感觉到的颜色都可以用一组特定的 CIE 颜色值唯一地表示，所有颜色感觉的 CIE 颜色值的集合就构成了 CIE 颜色空间。同时，任何设备所产生的颜色刺激所对应的 CIE 颜色值可以通过颜色测量得到。

任何设备的颜色空间都是 CIE 色空间的一个子集，因此所有设备呈现的颜色刺激都可以用 CIE 颜色值来表示。ICC 色彩管理系统的基本原理体现了在特定条件下用与设备无关的颜色值来定义设备颜色值的思想，与设备无关的颜色空间成为计算颜色和进行设备间颜色转换的基准。

*四、色彩管理的实现方法

如果理解了色彩管理的基本原理和思想，就会发现 ICC 色彩管理的基本原理实际上非常简单，就是要使各设备呈现出的颜色感觉都相同或尽可能相同。要实现这个目标，色彩管理系统实际上只需要做两件事：

① 用描述人眼颜色感觉的 CIE 颜色值来定义所有设备的颜色值，即用 CIEXYZ 或 CIELAB 值来定义设备呈现的颜色值，如定义每一个 RGB 值或 CMYK 值对应的 CIEXYZ 或 CIELAB 值。这个过程对应着设备颜色值（RGB 值或 CMYK 值）向 CIE 颜色值转换的过程，即图 7-23 中由设备指向 CIE 色空间箭头代表的转换；

② 因为相同的设备颜色值可能在不同设备上产生不同的颜色感觉，所以，为了让各设备呈现出相同的颜色感觉，即各设备呈现颜色的 CIE 颜色值（CIEXYZ 值或 CIELAB 值）都相同，就必须给不同设备发送不同的设备颜色值，使不同设备使用不同的 RGB 值或 CMYK 值而呈现出相同的颜色感觉。这个过程对应着 CIE 颜色值（CIEXYZ 值或 CIELAB 值）向设备颜色值（RGB 值或 CMYK 值）的转换，即图 7-23 中由 CIE 色空间指向设备的箭头所代表的转换。

1. ICC 色彩管理体系三要素

要实现 ICC 色彩管理的目标要有三个必要的条件，称为 ICC 色彩管理体系的三要素：

① 用来统一描述设备颜色特性的参考颜色空间，称为设备连接空间（Profile Connection Space，简称 PCS）。它是与设备无关的颜色空间，作为各设备间颜色转换的基准和桥梁，所有设备的颜色特性都使用 PCS 来定义，必须在 PCS 中确定各设备颜色值对应的颜

色感觉，也就是图 7-23 中的 CIE 色空间。ICC 规定，PCS 使用 CIEXYZ 或 CIELAB 颜色空间。

② 设备特性文件（Profile）。设备特性文件是记录设备颜色特性、保存设备与 PCS 颜色转换关系的文件，是进行设备间颜色转换的依据。根据设备的性质不同，特性文件分为输入、输出和显示特性文件三类。从使用方法上来划分，特性文件又可以分为独立的特性文件和嵌入式特性文件。独立的特性文件安装在操作系统中或应用软件中，在使用时由应用软件来调用；而嵌入式特性文件则包含在图像文件中，作为图像文件数据的一个组成部分，用来定义图像数值对应的颜色感觉（CIE 颜色值），随图像文件一起保存和传递。特性文件是色彩管理的关键之一，也是在实际应用中必须由使用者根据设备情况建立的，其作用和在色彩管理系统中的地位如图 7-23 所示。

设备特性文件是通过对特定设备颜色值所产生的颜色刺激进行测量建立的，例如给显示器发送一系列特定的 RGB 值，并测量特定 RGB 值所产生的颜色刺激，这样就得到了显示器 RGB 值与 CIEXYZ 或 CIELAB 颜色值之间的对应关系，即显示器 Profile。对于印刷机或打印机特性文件的建立也是如此，首先用一系列特定的 CMYK 值印刷或打印样张，对样张上的各 CMYK 色块进行测量，就得到了 CMYK 值与 CIEXYZ 或 CIELAB 颜色值之间的对应关系，即得到印刷机或打印机的特性文件。

值得特别注意的是，特性文件中记录的是被测量设备产生颜色刺激那个时刻和状态下的颜色特性，如果设备状态能够保持稳定，设备颜色值对应的颜色刺激不发生改变，则该设备特性文件也是准确有效的。但如果设备不能保持稳定，对应的设备颜色值不再产生相同的颜色刺激，则特性文件就不再准确，必须重新进行设备的特征化。所以，色彩管理的关键和基本假设条件是设备的状态稳定不变，设备颜色值对应的颜色刺激不发生改变。

③ 颜色转换模块（Color Management Module，简称 CMM）。颜色转换模块是计算机操作系统和应用软件提供的色彩管理功能，作用是将设备的颜色值转换为 PCS 颜色值，或由 PCS 颜色值转换为对应的设备颜色值，即完成色彩管理系统定义颜色和计算设备颜色值的两大任务。当指定了颜色要从哪个源设备（对应一个源特性文件）转换到哪个目标设备（对应一个目标特性文件）后，计算机就会根据源特性文件将颜色从源设备转换到 PCS，然后再根据目标特性文件将颜色从 PCS 转换到目标设备上，实现设备间的颜色转换。因此，任何一个颜色转换过程都至少需要两个 Profile。

所谓源特性文件（Source Profiles）是指获得颜色数据那个设备对应的特性文件，它标明了数据的来源。源特性文件的作用是定义源设备颜色值（RGB 值或 CMYK 值）对应的 CIE 颜色值，即将源设备颜色值转换为 CIEXYZ 或 CIELAB，是色彩管理要做的第一件工作。

目标特性文件（Destination Profiles）是指将要接收颜色数据的那个设备所对应的特性文件，它的作用是计算在目标设备上呈现出与源设备相同颜色感觉所需要的设备颜色值，也就是说要保持相同的颜色感觉（CIE 颜色值）应该给目标设备发送什么样的设备颜色值（RGB 值或 CMYK 值）。所以，目标特性文件的作用是计算保持相同颜色感觉时需要的设备颜色值，对应着色彩管理要做的第二件工作。

源特性文件和目标特性文件不是特性文件的类型，仅仅代表特性文件在颜色转换过程中的作用。一个特性文件在某个颜色转换中可能是目标特性文件，而在另一个颜色转换中就可以是源特性文件。例如，将一个数字相机拍摄的图像显示在显示器上的过程中，数字相机的特性文件为源特性文件，显示器的特性文件为目标特性文件；而在将显示图像送到打印机上打印的过程中，显示器的特性文件就是源特性文件，打印机的特性文件为目标特性文件。在这两个过程中，同一个显示器特性文件扮演了不同的角色，这个过程中源特性文件和目标特性文件的作用如图 7-24 所示。注意颜色转换都是通过 CIE 颜色的间接转换。

下面以彩图 21 为例来说明色彩管理的过程。扫描图像是 RGB 图像，其中绿颜色木瓜上一点的颜色值为 $R=102$，$G=147$，$B=99$，红辣椒上一点的颜色值为 $R=237$，$G=63$，$B=78$。用扫描该图像的扫描仪特性文件将这两点颜色转换为 CIELAB 均匀颜色空间的颜色值分别为 $L^*=56$，$a^*=-24$，$b^*=20$ 和 $L^*=51$，$a^*=73$，$b^*=45$，这就是原稿上这两点的颜色感觉值（假设扫描仪的颜色准确）。要在打印机上再现出与扫描原稿图像相同的颜色感觉，应该保持 CIELAB 值相同。为此，通过打印机的特性文件将这两点的 CIELAB 颜色值转换成打印机对应的油墨比例，分别为 $C=67$，$M=30$，$Y=77$，$K=0$ 和 $C=3$，$M=100$，$Y=87$，$K=0$，打印机以此油墨比例打印就可以复制出与原稿相同的颜色。

2. 再现意图

由于不同设备或复制方法再现的色域范围不同，目标色域有可能与源色域的大小不一样。如图 7-25 所示，显示器色域在比较饱和的红绿蓝区域大于印刷色域，这些超出印刷色域的颜色可以在显示器上正常显示，但印刷在纸上就会发生变化。一般来说，当目标色域与源色域范围不一样时，不重叠色域范围内的颜色就不可能准确转换，就只能根据复制的内容和要求，选择不同的转换方案，进行一定的颜色取舍，使转换后的颜色效果符合使用的要求。为此，ICC 色彩管理系统提供了 4 种不同的颜色转换方案，称为颜色再现意图（Color rendering intents）。不同的颜色再现意图对色域外颜色的处理方法不同，所得到的颜色视觉效果也有略微的不同，适合不同情况下使用。下面对这 4 种再现意图做一个简单说明。

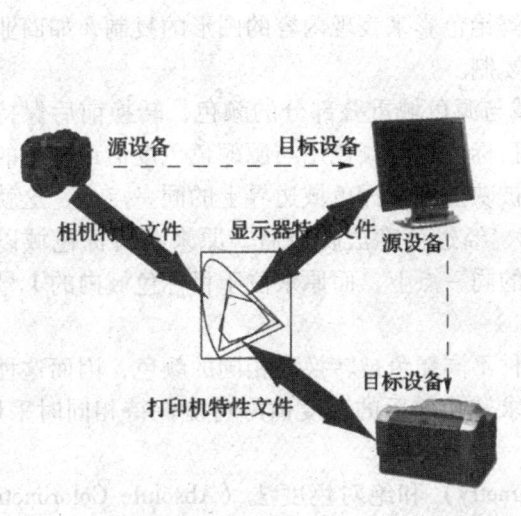

图 7-24 源特性文件与目标特性文件的作用

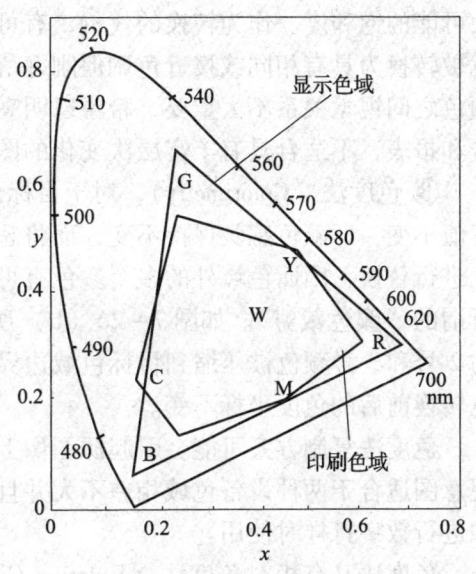

图 7-25 不同的色域范围

① 感觉法（Perceptual）。将明度、色调、饱和度在大、小两个色域空间按一定比例压缩，将源设备的色空间完全压缩到目标设备色空间中。这种方案会改变图像中所有的颜色，即使对于那些原来就在色域重叠区域以内的颜色也会发生改变，但转换后颜色之间的视觉关系保持不变。这种再现意图适用于摄影类原稿和图像的复制，其颜色转换的结果如图 7-26（a）图所示。图中实线的圆代表源色空间，虚线的圆代表目标色空间，1，2，3号空心圆代表源色空间中的三个颜色，其中 2 号和 3 号颜色位于目标色域以外，1 号颜色位于目标色域以内。经过感觉法颜色映射后，1，2，3 号颜色按一定比例被压缩到目标色域内，如图中实心圆所示，即使是原来位于目标色域以内的 1 号颜色的感觉也会发生位移，但 1，2，3 号颜色之间的相对关系保持不变，使图像中的层次关系保持不变。尽管感觉法使所有的源颜色感觉都发生了变化，但对于图像复制来说，眼睛对图像阶调的对比和颜色之间的相对关系更加敏感，而对颜色的绝对变化不敏感，因而感觉法再现意图适合于图像复制使用。

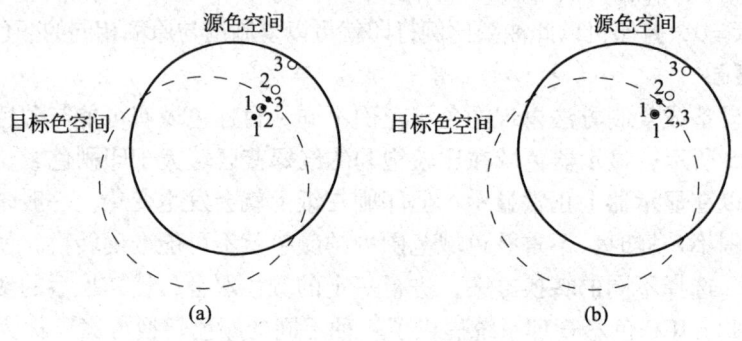

图 7-26　不同再现意图下对颜色的映射
(a) 感觉的再现意图　(b) 色度的再现意图

② 饱和度优先法（Saturation）。这种颜色映射方案主要是要保持转换后的颜色具有最大可能的饱和度。作为转换的代价，有可能出现明度甚至色调的损失。超出目标色域的颜色被转换为具有相同或接近色调但刚好落入色域之内、饱和度最大的颜色。它适用于那些颜色之间视觉关系不太重要，希望以明亮、鲜艳色彩来表现内容的图形的复制，如商业广告和报表，不适合具有丰富层次变化的图像复制。

③ 色度法（Colorimetry）。对于目标色域与源色域重叠部分的颜色，转换前后保持色度值不变，即颜色感觉保持不变，而将超出目标色域的颜色用与源颜色色度值最接近的颜色进行替换，因而色域外的多个颜色有可能被映射到目标色域边界上的同一点上，这就是所谓的"颜色裁剪"。如图 7-26（b）所示，经过色度法映射后，原来在目标色域以外的 2 号和 3 号颜色被压缩到目标色域边界上的同一点上，而原来位于目标色域内的 1 号颜色转换前后的色度坐标不变。

色度法复制方案可能会引起源图像上两种不同颜色被转换成相同的颜色，因而这种再现意图适合于两种设备色域相差不大并且要求转换前后的色度值尽可能保持相同时采用，如进行数字打样时使用。

色度法又有相对色度法（Relative Colorimetry）和绝对色度法（Absolute Colorimetry）之分。相对色度法只进行颜色色度值的计算而不考虑白点的映射，将承印物作为 $Y = 100$

的理想白处理；而绝对色度法以绝对白为参照，首先要进行承印物白点的映射，其他所有颜色都是相对绝对白的色度值。使用绝对色度法复制某些标志色时，例如富士公司商标中的绿色或可口可乐公司商标中的红色，可以达到非常精确的颜色匹配，并且还可以模拟源色空间的白点颜色，比如在数字打样的承印物上打印上淡的底色以模拟印刷品实际承印物的纸白。

彩图 22 是同一个 RGB 模式图像分别使用感觉法、饱和度优先法、相对色度法、具有黑点补偿的相对色度法和绝对色度法几种不同再现意图后的效果。

*五、色彩管理的步骤

可以将印刷过程中使用的彩色设备分为显示设备、输入设备和输出设备三类。对于不同的设备色彩管理的具体操作步骤也不相同，不好一概而论。但是，无论是哪类设备，整体的色彩管理步骤都可以分为设备的校准（Calibration）、设备特征化（Characterization）和颜色转换（Conversion）三个步骤，因此又称为 3C。

（1）设备校准　对设备进行色彩管理首先要对设备呈现的颜色进行测量，而设备的状态决定了所呈现的颜色，所以在测量设备呈现的颜色之前，先要让设备处于最佳的状态。这个调整设备状态的步骤就称为设备的校准。

设备校准的原则是要让设备处于最佳的状态，包括最佳的颜色再现范围、最佳的阶调再现范围和稳定的状态。通常，要使设备处于最大的颜色和阶调再现范围，设备就有可能不稳定，因此设备校准的目标并不完全是单纯地追求最大的色域，而更重要的是稳定的状态，因为设备可以稳定再现颜色是色彩管理的最基本假设和出发点，时常变化的输出颜色是不可能进行色彩管理的。

校准设备是实施色彩管理的关键步骤之一，也是最容易被人们忽视的步骤。一旦忽视了这一步，色彩管理很可能就要失败。

（2）设备特征化即建立 Profile 的过程　在设备特征化这一步中，要给设备发送一系列已知的设备颜色值，并测量由这些设备颜色值产生的颜色感觉值，建立设备值与 CIE 颜色测量值之间的对应关系，即建立设备颜色与 PCS 颜色之间的转换关系，并将这个转换关系记录在特性文件中。因此，特性文件记录的是测量设备再现颜色样品时的状态，必须在使用过程中保持这个状态不变。

（3）颜色转换　颜色转换是实现色彩管理的手段，通过颜色转换将设备的颜色值定义为相应的颜色感觉，并且通过颜色转换将颜色感觉转换为其他设备对应的设备颜色值，以保证设备使用这个颜色值能够再现出正确的颜色感觉。如前所述，任何颜色转换过程至少需要两步，一步是从源设备的颜色空间向 PCS 的转换；另一步是从 PCS 颜色空间到目标设备颜色值的转换。

颜色转换的过程一般是由计算机操作系统或应用软件完成的，但在颜色转换前必须首先由操作者指定转换的方式和设置，即指定源特性文件和目标特性文件，指定使用哪种再现意图转换和其他具体的设置。

需要注意的是，色彩管理的实施并不简单是某个印刷工序的事情，必须建立在整个印刷过程稳定的基础上，任何一个环节的改变都会导致整个色彩管理效果改变。例如印刷工序颜色的改变就会导致数字打样颜色与印刷品颜色不一致，导致印前制作失去了参照标准，最终可能导致整个工作的失败。

色彩管理的基础是色彩学理论和颜色的计算与测量，所以进行色彩管理不仅要有颜色测量仪器和工具软件，还要有色彩学知识的支撑，只有理解了色彩管理的原理、正确的色彩管理操作，才能达到色彩管理的效果。

六、Windows Vista 新颜色系统 WCS

2006年，微软公司推出了最新的操作系统 Windows Vista™，对原有的操作系统进行了全面升级，其中最重要的改进之一是微软公司宣称的一项十年后的技术——视窗新颜色系统 WCS（Windows Color System）。这个颜色系统提供了更加强大的色彩管理支持，在全面兼容现有 ICC 色彩管理系统的同时，增加了新的功能，从 Windows 操作系统的底层支持色彩管理功能，为高端的彩色设备和应用提供了一个新的开发平台。

WCS 的主要特点有：① 使用 XML 语言描述的 Profile 格式，更便于阅读、理解和编辑修改，使第三方应用更加方便；② 在支持原有 CIEXYZ 和 CIELAB 参考颜色空间的基础上，增加了 CIE CAM02 色貌模型为参考颜色空间，考虑了更多的视觉因素，使得颜色转换可以根据不同的照明条件、观察条件、不同介质类型等条件进行，提供更符合人眼视觉规律的转换结果；③ 采用底层颜色构架和转换引擎 CITE（Color Infrastructure & Translation Engine）（相当于 ICC 系统的 CMM）；④ 可选择的色域映射模块，为第三方色域映射插件提供了接口；⑤ 颜色转换支持黑版保留功能，更适合印刷行业的需求；⑥ 支持高动态范围、宽色域和高精度的颜色数据，最高可以用 32 位浮点数表示颜色。

从以上特点可以看出，WCS 最显著的特点是采用了 CIE CAM02 色貌模型为参考颜色空间，相当于 ICC 色彩管理系统的 PCS 空间，从理论上可以提供更准确的颜色转换效果，因为在 CIE CAM02 色貌模型中考虑了不同照明条件和观察条件对色貌的影响。另一个显著的特点是在颜色转换的过程中要根据设备的颜色特性和视觉特性确定各设备的色域边界的描述 GBD（Gamut Boundary Description），明确了设备的色域边界，提供了更多的颜色转换方式，可以使用 ICC 提供的 4 种再现意图以外的其他再现方式，减小了转换中的不确定性。ICC 色彩管理系统将设备分为输入设备、输出设备和显示设备三类，而 WCS 颜色系统将各种设备进一步细分为 CRT 设备、LCD 设备、RGB 图像采集设备如数字相机、RGB 投影机设备、RGB 打印机设备、CMYK 打印机设备、用于 WCSRGB 颜色空间的 RGB 虚拟设备和用 WCS 进行 ICC 特性文件颜色转换的 ICC 虚拟设备 8 种设备类型。这些也体现了 WCS 系统在色彩管理方面的细微之处。

WCS 进行色彩管理时分为三个步骤：① 建立特性文件。特性文件分为三类：彩色设备模型特性文件、色貌模型特性文件和色域映射模型特性文件。用这三类特性文件可以确定特定设备的颜色特性、照明和观察条件等影响色貌的因素以及使用的颜色转换方式；② 底层颜色构架和转换引擎 CITE 以及第三方插件使用上述特性文件建立颜色转换关系。这一步的目的是根据设备的颜色特性、照明和观察的条件、再现的意图等条件确定转换方法；③ CITE 对输入图像的颜色进行转换，形成所要的输出图像。

以从显示器（设备 A）到打印机（设备 B）的颜色转换为例，WCS 色彩管理流程的三个步骤如图 7-27 所示。与 ICC 色彩管理模型相比，WCS 不仅仅需要设备的特性文件，还需要由观察条件确定的色貌模型特性文件，根据色貌计算出的 JCh 参数确定设备在特定条件下的色域，然后进行色域的映射，反向计算出设备 B 的设备值，最终实现设备 A 和设备 B 上呈现出色貌相同的颜色感觉。

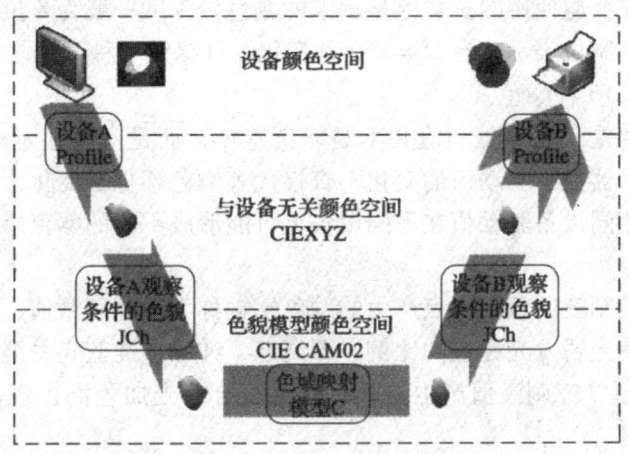

图 7 – 27　WCS 色彩管理流程图

由于这个系统刚刚推出，Vista™ 的使用还不普及，因此这个新颜色系统的效果究竟如何还没有定论，我们将拭目以待。但有一点不可否认，由于微软公司 Windows 系统在计算机领域处于绝对统治的重要地位，一旦 WCS 得到用户的认可和广泛采用，则有可能成为色彩管理的新标准。

*第四节　设备颜色的计算

一、显示颜色的计算

1. 显示器的数字驱动值与颜色刺激值

显示器屏幕上规则排列着红、绿、蓝三种光点，这三种光点或者由荧光粉形成（CRT 显示器），或者由微小滤光器产生（液晶显示器），构成了显示器的三原色，如图 7 – 28。这三种红、绿、蓝的小光点受计算机控制可以发出不同强弱的光。由于这三种微小发光点非常小，并且排列得非常紧密，如图 7 – 27 所示，在正常观察距离内眼睛看不到单独的光点，看到的就是临近光点混合以后形成的颜色，是典型的加色混色模式。

显示器屏幕上每一个发光点的大小是不变的，但发光的亮度随发送来的数字值而变化，这种控制显示器发光亮度的数值称为显示器的数字驱动值。

数字驱动值就是计算机中用来控制显示器发光点亮度的数字量，也是保存在图像文件中的数字量，用来表示图像中颜色的混合

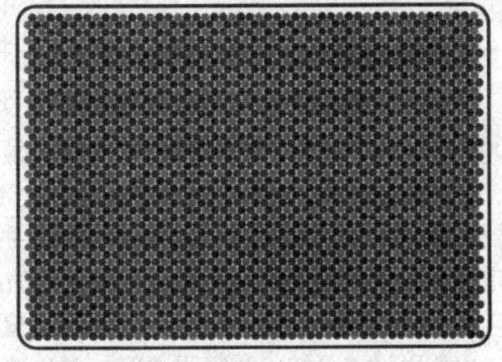

图 7 – 28　显示器屏幕上荧光粉的排列示意图

比例，用 d_r、d_g、d_b 表示。数字驱动值的变化级数直接决定了显示器能够显示的颜色数量，称为颜色位深度。颜色位深度由显示器硬件和计算机中图形显示卡上的存储器容量等因素共同决定，目前普遍使用的真彩色显示卡的颜色位深度一般为 8 位，也就是说，每一种原色使用 8 个二进制位表示，有 $2^8 = 256$ 种变化，红绿蓝三种颜色总共能够在屏幕上形成 $256^3 = 16,777,216$ 种颜色。

特别需要注意的是，数字驱动值并不是颜色感觉，而是产生显示颜色的计算机控制量，是设备值。显示器数字驱动值的变化不直接代表颜色感觉的变化，与眼睛的颜色感觉也不成线性关系，相同设备驱动值在不同设备上可能形成不同的颜色感觉，因此是与设备相关的数字量。

由数字驱动值控制三原色发光点产生的颜色感觉称为颜色刺激值，分别代表颜色感觉中包含红绿蓝三种荧光粉发光原色的比例，即纯红、纯绿、纯蓝光的混合比例，用 R、G、B 来表示。由 R、G、B 三刺激值产生的颜色感觉符合色光加色混色规律，可以将其变换到 CIEXYZ 颜色空间。

当 d_r、d_g、d_b 三个数字驱动值取相同值时，应该显示出灰色，当同时取最大值，也就是说，三种发光点同时发光最强时，在屏幕上就应该形成白色。但由于三种发光点各自发光的最大强度可以不同，所混合成的白色感觉也不同，有的偏蓝，有的偏红。因此，通过调节三种发光点最大发光的强度，使三个数字驱动值相同时所产生的 R、G、B 比例发生变化，从而控制屏幕显示白的视觉颜色，这种调节称为**白场平衡**调节。白场平衡时的白场颜色通常用色温来表示。色温偏高，显示的颜色整体偏蓝，色温偏低，显示的颜色整体偏红。屏幕的色温可以通过测量白场的色品坐标值来确定，几种典型色温值对应的色品坐标如表 7-7 所示。

表 7-7　　　　　　　不同色温对应的色品坐标值（2°视场）

色温/K	色品坐标		三刺激值		
	x	y	X	Y	Z
9300	0.2848	0.2932	97.14	100.0	143.93
6500	0.3137	0.3290	95.04	100.0	108.89
5500	0.3324	0.3474	95.68	100.0	92.14
5000	0.3457	0.3474	99.51	100.0	88.34

许多显示器出厂时的默认色温设置为 9300K，而印刷行业使用的显示器要求色温为 6500K 或 5000K。为了能够调整显示器的颜色，高档的显示器通常都具有调节色温的功能，能够通过分别调节 RGB 三个通道的发光强度来控制白场平衡时的色温，从而控制显示器的颜色显示效果。在 Photoshop 等软件的屏幕颜色校正设置中，也具有调节 RGB 三个通道发光强度的功能，从而可以改变显示的颜色和显示效果。

2. 显示器数字驱动值与 RGB 三刺激值的关系

由前面讨论可知，数字驱动值与颜色感觉成非线性关系，只有 R、G、B 三刺激值才与 CIE 三刺激值 XYZ 成线性关系，才能进行线性变换。颜色刺激值 R、G、B 与数字驱动值 d_r、d_g、d_b 之间的一般关系可以表达为如下形式：

$$\begin{cases} R = k_r \left(\dfrac{d_r}{2^n - 1} + d_{r0} \right)^\gamma \\ G = k_g \left(\dfrac{d_g}{2^n - 1} + d_{g0} \right)^\gamma \\ B = k_b \left(\dfrac{d_b}{2^n - 1} + d_{b0} \right)^\gamma \end{cases} \text{或} \begin{cases} R = k_r \left(\dfrac{d_r}{2^n - 1} \right)^\gamma + d_{r0} \\ G = k_g \left(\dfrac{d_g}{2^n - 1} \right)^\gamma + d_{g0} \\ B = k_b \left(\dfrac{d_b}{2^n - 1} \right)^\gamma + d_{b0} \end{cases} \qquad (7-14)$$

其中指数 γ 影响显示器各梯级的对比度和层次关系，γ 值小时亮调的级差拉得比较大，对表现较亮的颜色有利；而 γ 值大时，屏幕整体变暗，但对暗调的层次表现能力较好，γ 值的选取应该使整个层次阶调变化均匀。γ 值一般取 $1.8 \sim 2.2$，一旦确定，通常就不再改变，因此可作为一个常数。由指数函数关系可以得到数字驱动值与颜色刺激值与 γ 值三者的关系，如图 7-29 所示。注意，水平坐标为 $\dfrac{d_r}{2^n-1}$、$\dfrac{d_g}{2^n-1}$、$\dfrac{d_b}{2^n-1}$，取值范围为 $0 \sim 1$，式中 n 为颜色位深度，一般 $n=8$。

k_r、k_g、k_b 分别为各通道的放大系数，由荧光粉的发光特性和电路特性决定，同时它们决定了白场平衡时的颜色，可以根据白场平衡的色温值来确定。当 d_r、d_g、d_b 都取最大值时，屏幕上显示白色，调节红、绿、蓝三个通道的发光强度，可以改变白平衡时的色温，其作用就是改变式（7-14）中的 k_r、k_g、k_b 值，使三个通道的放大系数达到所需要的合适值。由此，一旦白平衡确定后，各通道荧光粉的发光强度比例被确定，k_r、k_g、k_b 的值也随之确定，成为常数，即在白平衡条件下 $k_r = k_g = k_b = 1$。

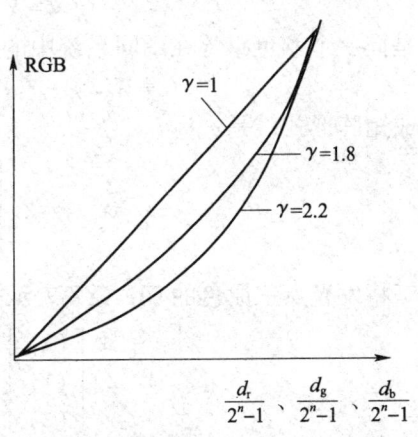

图 7-29 γ 曲线（输入输出关系曲线）

d_{r0}、d_{g0}、d_{b0} 相当于各通道的暗电流，表示数字驱动值为 0 时屏幕的颜色，一般很小，接近于 0，并且是一组常数，主要对深暗颜色的影响较大，对较明亮颜色无明显影响，在要求不高时可以忽略。式（7-14）中的 n 为颜色的二进制位数，目前的显示器一般为 8 位，每一个通道可以显示 256 个不同的亮度级。

式（7-14）默认的假设条件是，RGB 三个通道相互独立，互不影响，即三个数字驱动值只产生各自通道的颜色，对其他通道无交叉作用。这是合格显示器的一个检验参数，正常的显示器都能基本满足这个条件，这使得显示器颜色的计算比较简单。

3. RGB 三刺激值的变换

在确定了上述参数后，数字驱动值就与三刺激值 RGB 间具有确定的数值关系，但由于 RGB 本身是不能通过颜色测量直接得到，颜色测量只能得到 CIE XYZ 三刺激值，因此应该首先求出 RGB 三刺激值与 CIE XYZ 三刺激值的关系，才能间接得到 RGB，从而求解式（7-14）。

由于显示器的颜色是由三种发光点颜色混合得到的，因此显示器的原色就是单独一种光点发光最强时的颜色，可以测量得到。设显示器三原色为 (R)、(G)、(B)，它们对应的 CIE XYZ 三刺激值为 $X_r Y_r Z_r$、$X_g Y_g Z_g$、$X_b Y_b Z_b$，则根据颜色方程有：

$$\begin{cases} (R) = X_r(X) + Y_r(Y) + Z_r(Z) \\ (G) = X_g(X) + Y_g(Y) + Z_g(Z) \\ (B) = X_b(X) + Y_b(Y) + Z_b(Z) \end{cases} \quad (7-15)$$

或写成矩阵形式为：

$$\begin{bmatrix} (R) \\ (G) \\ (B) \end{bmatrix} = \begin{bmatrix} X_r & Y_r & Z_r \\ X_g & Y_g & Z_g \\ X_b & Y_b & Z_b \end{bmatrix} \begin{bmatrix} (X) \\ (Y) \\ (Z) \end{bmatrix} \quad [7-15(a)]$$

这是 RGB 三原色与 CIEXYZ 三原色之间的变换关系。也就是说，是发光点纯色在 CIE XYZ 系统中的表示。

在显示器上显示的任一颜色 C，在显示器颜色系统中的三刺激值为 RGB，若在 CIE XYZ 颜色系统中表示的三刺激值为 XYZ，则根据颜色方程有：

$$C \equiv R(R) + G(G) + B(B)$$

和

$$C \equiv X(X) + Y(Y) + Z(Z)$$

这是同一个颜色感觉在不同系统中的两种表示，二式应该相等。也就是说，

$$C \equiv X(X) + Y(Y) + Z(Z) = R(R) + G(G) + B(B) \quad (7-16)$$

写成矩阵形式就是：

$$\begin{bmatrix} X & Y & Z \end{bmatrix} \begin{bmatrix} (X) \\ (Y) \\ (Z) \end{bmatrix} = \begin{bmatrix} R & G & B \end{bmatrix} \begin{bmatrix} (R) \\ (G) \\ (B) \end{bmatrix} \quad [7-16(a)]$$

将发光点三原色的 CIEXYZ 表示式 [7-15（a）] 代入式 [7-16（a）] 得到

$$\begin{bmatrix} X & Y & Z \end{bmatrix} \begin{bmatrix} (X) \\ (Y) \\ (Z) \end{bmatrix} = \begin{bmatrix} R & G & B \end{bmatrix} \begin{bmatrix} X_r & Y_r & Z_r \\ X_g & Y_g & Z_g \\ X_b & Y_b & Z_b \end{bmatrix} \begin{bmatrix} (X) \\ (Y) \\ (Z) \end{bmatrix}$$

比较等式两端的系数可得：

$$\begin{bmatrix} X & Y & Z \end{bmatrix} = \begin{bmatrix} R & G & B \end{bmatrix} \begin{bmatrix} X_r & Y_r & Z_r \\ X_g & Y_g & Z_g \\ X_b & Y_b & Z_b \end{bmatrix} \quad (7-17)$$

或者表示为：

$$\begin{bmatrix} X \\ Y \\ Z \end{bmatrix} = \begin{bmatrix} X_r & X_g & X_b \\ Y_r & Y_g & Z_b \\ Z_r & Z_g & Z_b \end{bmatrix} \begin{bmatrix} R \\ G \\ B \end{bmatrix} \quad [7-17(a)]$$

比较式 [7-16（a）] 与式 [7-17（a）] 可知，RGB 三刺激值向 XYZ 变换的变换矩阵就是原色变换矩阵的转置。由此可得，由 XYZ 向 RGB 变换的关系为：

$$\begin{bmatrix} R \\ G \\ B \end{bmatrix} = \begin{bmatrix} X_r & X_g & X_b \\ Y_r & Y_g & Z_b \\ Z_r & Z_g & Z_b \end{bmatrix}^{-1} \begin{bmatrix} X \\ Y \\ Z \end{bmatrix} \quad (7-18)$$

将式（7-14）代入式 [7-17（a）] 可得：

$$\begin{bmatrix} X \\ Y \\ Z \end{bmatrix} = \begin{bmatrix} X_r & X_g & X_b \\ Y_r & Y_g & Z_b \\ Z_r & Z_g & Z_b \end{bmatrix} \begin{bmatrix} k_r \left(\dfrac{d_r}{2^n - 1} \right)^\gamma + d_{r0} \\ k_g \left(\dfrac{d_g}{2^n - 1} \right)^\gamma + d_{g0} \\ k_b \left(\dfrac{d_b}{2^n - 1} \right)^\gamma + d_{b0} \end{bmatrix}$$

即可以由数字驱动值直接计算 CIEXYZ 三刺激值。

纯色荧光粉发光的三刺激值可以用仪器测量屏幕得到，也可以根据显示器的型号和遵照的荧光粉标准体系直接查到。表 7-8 列出了国际上通用的几种荧光粉体系的标准色品坐标值和常用显示器荧光粉设置。

表 7-8　　　　　　　　几种荧光粉基色的色品坐标值

	NTSC 制荧光粉系统		欧洲广播联盟（EBU）系统		美国电影电视工程师学会（SMPTE）		Trinitron	
	x	y	x	y	x	y	x	y
红（R）	0.670	0.330	0.640	0.330	0.630	0.340	0.625	0.340
绿（G）	0.210	0.710	0.290	0.600	0.310	0.595	0.280	0.595
蓝（B）	0.140	0.080	0.150	0.060	0.155	0.070	0.155	0.070
白场	0.310	0.316	0.313	0.329	0.313	0.329	0.313	0.329

4. sRGB 显示颜色空间

sRGB 颜色空间是 HP 公司与微软公司合作制订的显示器颜色空间，已经被国际电工委员会 IEC（International Electrotechnical Commission）批准（文件号 IEC 61966-2-1），成为目前最广泛使用的显示颜色空间之一。除此之外，很多 Windows 环境下使用的 RGB 彩色打印机也使用该颜色空间。作为前面介绍的显示器颜色计算方法的具体应用，本节介绍 sRGB 颜色空间的具体实现方法。

sRGB 颜色空间使用 CIEXYZ 作为参考颜色空间，使用矩阵变换的方式进行颜色转换，而不必采用颜色查找表。sRGB 对红、绿、蓝三原色荧光粉的颜色和白场规定如表 7-9，基本观察条件见表 7-10。由于 ICC 规定的参考白为 D_{50}，而 sRGB 颜色空间使用 D_{65}，因此在变换时还必须考虑颜色适应的影响。sRGB 使用 Bradford 颜色适应变换公式，详见第三章色貌模型中有关颜色适应介绍。

表 7-9　　　　　　　　**sRGB 三原色荧光粉的色品坐标及白场色品坐标**

	红 R	绿 G	蓝 B	D_{65} 白场 W
x	0.6400	0.3000	0.1500	0.3127
y	0.3300	0.6000	0.0600	0.3290
z	0.0300	0.1000	0.7900	0.3583

表 7 – 10　　sRGB 的基本观察条件

显示亮度水平	80 cd/m²
白场坐标	$x = 0.3127$，$y = 0.3290$（D_{65}）
输入/输出特征（γ）	2.2
典型环境亮度水平	200lux
环境参考白点	$x = 0.3457$，$y = 0.3585$（D_{50}）
暗场的残余亮度	0.2cd/m²
图像背景反射率	20%

（1）sRGB 向 CIEXYZ 颜色空间的转换　首先将数字驱动值进行归一化，使其取值范围为 0 ~ 1。

$$R'_{sRGB} = d_r/255.0$$
$$G'_{sRGB} = d_g/255.0$$
$$B'_{sRGB} = d_b/255.0$$

将归一化后的数字驱动值 R′G′B′ 进行非线性变换，变换公式为：

$$\begin{cases} R = R'_{sRGB}/12.92 \\ G = G'_{sRGB}/12.92 \quad \text{如果 } R'_{sRGB}, G'_{sRGB} B'_{sRGB} \leq 0.03928 \\ B = B'_{sRGB}/12.92 \\ R = [(R'_{sRGB} + 0.055)/1.055]^{2.4} \\ G = [(G'_{sRGB} + 0.055)/1.055]^{2.4} \quad \text{如果 } R'_{sRGB}, G'_{sRGB}, B'_{sRGB} > 0.03928 \\ B = [(B'_{sRGB} + 0.055)/1.055]^{2.4} \end{cases} \quad (7-19)$$

然后再进行 RGB 到 XYZ 的线性变换：

$$\begin{pmatrix} X \\ Y \\ Z \end{pmatrix}_{D_{65}} = \begin{pmatrix} 0.4124 & 0.3576 & 0.1805 \\ 0.2126 & 0.7152 & 0.0722 \\ 0.0193 & 0.1192 & 0.9505 \end{pmatrix} \begin{pmatrix} R \\ G \\ B \end{pmatrix} \quad (7-20)$$

如果计算得到的三刺激值小于 0，则取为 0，大于 1 时取为 1。

（2）CIEXYZ 向 sRGB 颜色空间的转换　当已知 CIEXYZ 颜色值计算对应的 RGB 值和数字驱动值时，计算方法是一个相反的过程。首先计算与 CIEXYZ 成线性关系的 RGB 三刺激值，再由 RGB 三刺激值进行非线性变换计算数字驱动值。线性变换关系如下：

$$\begin{pmatrix} R \\ G \\ B \end{pmatrix} = \begin{pmatrix} 3.2406 & -1.5372 & -0.4986 \\ -0.9692 & 1.8760 & 0.0415 \\ 0.0556 & -0.2040 & 1.0570 \end{pmatrix} \times \begin{pmatrix} X \\ Y \\ Z \end{pmatrix}_{D_{65}} \quad (7-21)$$

式（7 - 21）中的变换矩阵与式（7 - 20）的变换矩阵互为逆矩阵。如果变换得到的计算值小于 0 或大于 1，则将其取为 0 或 1。下一步进行非线性转换，转换公式为：

$$\begin{cases} R'_{sRGB} = 12.92 \times R \\ G'_{sRGB} = 12.92 \times G \quad \text{如果 } R, G, B \leq 0.00304 \\ B'_{sRGB} = 12.92 \times B \\ R'_{sRGB} = 1.055 \times R^{(1.0/2.4)} - 0.055 \\ G'_{sRGB} = 1.055 \times G^{(1.0/2.4)} - 0.055 \quad \text{如果 } R, G, B > 0.00304 \\ B'_{sRGB} = 1.055 \times B^{(1.0/2.4)} - 0.055 \end{cases} \quad [7-21(a)]$$

最后将计算值转换为 8 位数字驱动值，公式中的 round（ ） 函数为四舍五入取整函数。

$$R_{8bit} = \text{round}(255.0 \times R'_{sRGB})$$
$$G_{8bit} = \text{round}(255.0 \times G'_{sRGB})$$
$$B_{8bit} = \text{round}(255.0 \times B'_{sRGB}) \tag{7-22}$$

二、扫描图像颜色的计算

扫描仪的功能是将物理原稿进行数字化，是进行颜色分解的设备。扫描仪内部的光学系统由照明光源、红绿蓝三色滤色片和光电接收器构成，将采集的光信号转变为三个通道的颜色信号。三个通道具有各自的光谱响应特性，模拟人眼睛观察颜色的机理，并且要满足卢瑟条件。

扫描仪的工作原理是将原稿上反射或透射的色光通过三色滤色片分解为红、绿和蓝三个通道的光，由光电接收器转换为电信号，即将原稿的颜色进行分解。扫描得到并记录到图像文件中的是红、绿和蓝三个通道的数字驱动值，用这三种颜色的数字驱动值表示图像的信息，并通过输出设备形成颜色刺激。原始的扫描图像都是 RGB 模式图像。但是，扫描仪的光源和三色滤色片及光电接收器的光谱响应并不完全符合 CIE 标准色度学系统，所得到的扫描 RGB 数字驱动值也不是 CIE 的三刺激值。通常，由于光源、滤色片和光电接收器光谱匹配关系的复杂性，扫描图像的 RGB 数字驱动值受光与电路以及扫描设置各方面因素的影响，其数值通常与 CIE 三刺激值之间不存在简单的线性关系，不能用线性变换准确得到。要进行扫描仪的色彩管理，必须首先设法计算扫描得到的颜色。

因为我们不能得到扫描仪内部进行颜色分解的函数关系，只能从样品的颜色测量值和最终的扫描值来计算，因此计算扫描颜色最常用的方法是曲线拟合法。曲线拟合法是通过大量样品的扫描和测量，得到扫描图像的 RGB 数字驱动值和对应的 CIEXYZ 测量值，建立起样品的 CIEXYZ 三刺激值与扫描图像 RGB 数字驱动值之间的多项式关系，由此关系进行扫描仪颜色的计算，相当于得到扫描图像 RGB 与 CIEXYZ 的变换关系。由于这种变换关系通常不是线性关系，因此一般是高次多项式表达式。

由于扫描时通常要设置扫描层次曲线，使扫描值与数字输出值的关系变得复杂，所以首先要进行反变换。扫描值与输出值的一般关系可以表示为：

$$数字输出值 = G（扫描值）$$

其中 G 为转换函数，依层次曲线的设置而变。通常使用的扫描层次曲线形式如图7-30。只有当层次曲线为直线时才存在输出值 = 扫描值，其他情况下都会发生改变。图中 A、B、C、D 四条曲线分别对应提亮图像、减暗图像、降低对比度、提高对比度的效果。因此，在扫描时必须首先根据原稿的情况确定输入和输出的关系。例如，原稿图像发闷，需要使用 A 曲线提亮，原稿图像太薄则使用 B 曲线减暗等。在不能确定的情况下可以使用直线或默认的层次曲线。

在一些简单的扫描仪操作界面中，往往通过设置 γ 值来控制扫描层次，如设置为 1.5、1.8 等值。此时就有

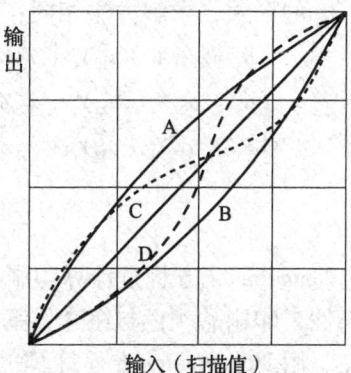

图7-30　扫描 γ 曲线（层次曲线）

$$\text{数字输出值} = (\text{扫描值})^\gamma$$

经过反层次曲线变换后的数据就可以进行多项式拟合了。设有 n 个扫描样品，第 i 个样品的 CIEXYZ 三刺激值为 X_i、Y_i、Z_i，对应的扫描数字驱动值为 R_i、G_i、B_i，并设二者的一般关系用多项式表示为：

$$\begin{cases} X_i = \sum a_{1j} R_i^p G_i^q B_i^r + X_0 \\ Y_i = \sum a_{2j} R_i^p G_i^q B_i^r + Y_0 \\ Z_i = \sum a_{3j} R_i^p G_i^q B_i^r + Z_0 \end{cases} \quad (7-23)$$

$i = 0, 1, \ldots, n$，是样品数；$p, q, r = 0, 1, 3, \ldots$，是多项式项的阶数；$j = 1, 2, 3, \ldots$，是多项式项的序号。

当 p, q, r 取 0 和 1，并且不考虑交叉项时，对应着线性变换，当 p, q, r 取大于 1 并考虑交叉项时，对应着非线性变换。通常常数项近似为 0，因为当 RGB 为 0 时，近似为黑色，对应的三刺激值应该为 0。例如二次带交叉项的变换为

$$\begin{cases} X_i = a_{11} R_i + a_{12} G_i + a_{13} B_i + a_{14} R_i^2 + a_{15} G_i^2 + a_{16} B_i^2 + a_{17} R_i G_i + a_{18} R_i B_i + a_{19} G_i B_i \\ Y_i = a_{21} R_i + a_{22} G_i + a_{23} B_i + a_{24} R_i^2 + a_{25} G_i^2 + a_{26} B_i^2 + a_{27} R_i G_i + a_{28} R_i B_i + a_{29} G_i B_i \\ Z_i = a_{31} R_i + a_{32} G_i + a_{33} B_i + a_{34} R_i^2 + a_{35} G_i^2 + a_{36} B_i^2 + a_{37} R_i G_i + a_{38} R_i B_i + a_{39} G_i B_i \end{cases} \quad (7-24)$$

方程是关于 a_{ij} 的线性方程组，有 9 个未知数 a_{ij}，需要 9 个方程求解。方程的求解通常要使用线性回归的方法，测量颜色样品数大于 9 才能得到较好的计算结果，通常可以选择 IT8 色标中的基本色块。上式写成矩阵形式为：

$$\begin{bmatrix} X_i \\ Y_i \\ Z_i \end{bmatrix} = \begin{bmatrix} a_{11} & a_{12} & a_{13} & a_{14} & a_{15} & a_{16} & a_{17} & a_{18} & a_{19} \\ a_{21} & a_{22} & a_{23} & a_{24} & a_{25} & a_{26} & a_{27} & a_{28} & a_{29} \\ a_{31} & a_{32} & a_{33} & a_{34} & a_{35} & a_{36} & a_{37} & a_{38} & a_{39} \end{bmatrix} \begin{bmatrix} R_i \\ G_i \\ B_i \\ R_i^2 \\ G_i^2 \\ B_i^2 \\ R_i G_i \\ R_i B_i \\ G_i B_i \end{bmatrix} \quad [7-24(a)]$$

式（7-24）和式 [7-24（a）] 也可以写成相反的形式，即由 X_i、Y_i、Z_i 求解 R_i、G_i、B_i 的形式，求解方法相同：

$$\begin{cases} R_i = a_{11} X_i + a_{12} Y_i + a_{13} Z_i + a_{14} X_i^2 + a_{15} Y_i^2 + a_{16} Z_i^2 + a_{17} X_i Y_i + a_{18} X_i Z_i + a_{19} Y_i Z_i \\ G_i = a_{21} X_i + a_{22} Y_i + a_{23} Z_i + a_{24} X_i^2 + a_{25} Y_i^2 + a_{26} Z_i^2 + a_{27} X_i Y_i + a_{28} X_i Z_i + a_{29} Y_i Z_i \\ B_i = a_{31} X_i + a_{32} Y_i + a_{33} Z_i + a_{34} X_i^2 + a_{35} Y_i^2 + a_{36} Z_i^2 + a_{37} X_i Y_i + a_{38} X_i Z_i + a_{39} Y_i Z_i \end{cases} \quad (7-25)$$

三、Neugebauer 方程的修正

Neugebauer 方程是计算印刷品和打印机输出颜色的基本公式。但由于印刷呈色关系的复杂性，印刷品颜色与纽介堡基色不是简单的线性关系，如果不考虑印刷的条件和产生的误差，用 Neugebauer 方程计算的结果往往不很精确，所以在实际应用中必须进行修正。常用的修正方法有 Yule - Nielson 指数修正、分段法修正和网点扩大修正法几种。

1. Yule–Nielson 指数修正

类似由密度计算网点面积率所使用的方法，考虑到光线在纸张内部的多次反射作用，在 Neugebauer 方程中增加指数 n，方程改为：

$$X^{1/n} = \sum_{i=0}^{2^m-1} a_i \cdot X_i^{1/n}$$

$$Y^{1/n} = \sum_{i=0}^{2^m-1} a_i \cdot Y_i^{1/n}$$

$$Z^{1/n} = \sum_{i=0}^{2^m-1} a_i \cdot Z_i^{1/n} \qquad (7-26)$$

由于 n 值与印刷材料、加网线数等因素有关，一般在 1.2~5.0 之间，变化区间很大。通常 XYZ 三个方程的 n 值也不相同，通常只能通过实验法或优化法确定。也可以对大量的颜色进行测量，通过计算确定 n 值。但由于增加指数后方程组的求解更加困难，所以这种修正方法在实际应用上有一定的困难。

2. Cellular 修正法（分段法）

分段法的基本思路是将整个 CMYK 颜色空间分割成若干个子空间，子空间分割得越细，计算的结果就越接近实际值。但子空间分割得越细，所增加的纽介堡基色就越多，测量的工作量就越大。例如，对于三色印刷来说，增加 50% 网点基色时，基色总数成为 $3^3 = 27$ 个，四色印刷时基色总数成为 $3^4 = 81$ 个，分割的子空间数分别为 $(3-1)^3 = 8$ 和 $(3-1)^4 = 16$。若增加 25%、50% 和 75% 三个点，则基色数变为 $5^3 = 125$ 个和 $5^4 = 625$ 个，子空间数分别为 $(5-1)^3 = 64$ 和 $(5-1)^4 = 256$，测量数据量大大增加。

Cellular 修正法相当于增加了节点数目，将节点上的误差降为 0，因此误差曲线变为图 7-30 中实线的形式，虚线为没有分段计算的误差。如果测量的节点数足够多，则从数值计算的角度来说可以将误差降低很多，也就是把图 7-31 中的误差曲线进一步细分。但从实用的角度出发，节点多则大大增加测量工作量和计算量，应权衡考虑。

3. 网点扩大修正

在实际印刷过程中，对印刷颜色计算精度影响最大的因素是网点扩大，因此无论用哪种计算方法首先都应该对网点扩大进行修正。实际计算表明，在高光和暗调区域，计算的误差较小，而在中间调的误差最大，其规律与网点扩大的规律一致，如图 7-32 所示，说明网点扩大在计算中起很大作用。

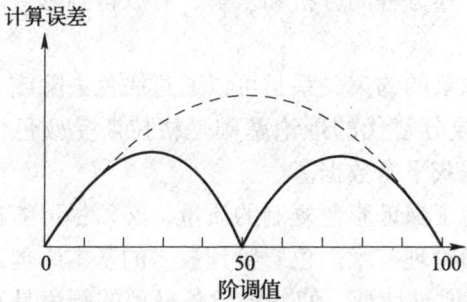

图 7-31 分段后的计算误差示意图

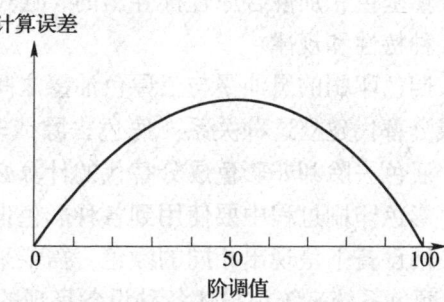

图 7-32 计算误差随阶调值的变化曲线

另一方面，虽然计算误差可能由多方面原因组成，但可以假设纽介堡方程严格成立，其他所有误差都归结为网点误差变化引起的。所以，对单色梯尺测量出各梯级的颜色与网点值，代入纽介堡方程计算，并计算出测量值与计算值的差，就可以得到如图 7-31 所示的误差曲线。将此误差曲线作为修正量可以明显改善计算的结果。

在使用纽介堡方程计算颜色时，应该按如下方法修正误差：

① 当已知网点面积 cmyk，计算印刷颜色的 CIEXYZ 三刺激值时，计算结果不包含网点扩大，而测量该网点印刷得到的颜色时，测量结果包含网点扩大的作用，因此若将二者进行比较时，必须将计算结果加上网点扩大的作用，或者将计算网点面积加上网点扩大量，即使用"计算网点值"+"网点扩大值"计算，才能等于颜色测量值。

② 当已知颜色测量值，计算该颜色对应的网点面积率 cmyk 时，由于测量值已经包含了网点扩大的作用，计算出的网点值必然比实际值大，即"实际网点值"="计算网点值"-"网点扩大值"。

本章小结

彩色复制的基本原理是色光分解与合成特性的直接应用，也是颜色混合理论的直接应用。彩色复制的过程可以分为颜色的分解和颜色的合成两个步骤，先将组成原稿或景物的颜色分解为红、绿、蓝三原色光的比例，对三原色光进行处理后再以一定的方式将三原色合成到一起，就可以再现出原来的颜色。彩色印刷是通过彩色油墨合成颜色的复制方法。

目前使用的彩色印刷方法都属于二值印刷方法，油墨在承印物上只能形成有墨和无墨两种状态。为了使二值印刷得到颜色和层次变化的图像，就必须采用网目调印刷技术，将图像分割为无数非常小的网点，借助单位面积内网点大小的变化（调幅加网）或网点数量的变化（调频加网）来实现印刷墨量的改变。

调幅加网的加网线数、网点形状和加网角度决定了印刷图像的效果，因此称其为加网三要素。调频加网的印刷效果取决于网点的尺寸。

印刷品的颜色由油墨的减色作用和网点的加色作用共同形成。三原色油墨以网点的形式印刷在承印物上，每种原色吸收特定波长的光后形成特定的颜色斑点，这些斑点进行色光混合形成印刷品的颜色。由减色过程形成的颜色斑点称为纽介堡基色。当使用 n 种原色油墨印刷时，纽介堡基色的数量等于 2^n 个。

纽介堡方程定量地描述了纽介堡基色颜色 X_i、Y_i、Z_i、油墨网点面积率 y, m, c, k 和印刷品颜色 X、Y、Z 之间的关系，是计算印刷品颜色的基本关系。纽介堡方程是通过纽介堡基色相加混合原理推导出的，通过对纽介堡方程的分析和求解，可以得到彩色印刷的各种特性和规律。

四色印刷的黑油墨与三原色油墨之间具有数量的约束关系，可以通过底色去除或非彩色成分替代建立这种关系。底色去除或非彩色成分替代的理论基础是格拉斯曼颜色代替律，底色去除和非彩色成分替代的计算必须依据灰平衡数据。

彩色印刷过程中要使用到各种彩色设备。为了保证彩色复制的质量，必须尽可能在各种不同设备上呈现出相同的颜色，需要采用色彩管理技术。色彩管理技术的基本原理是用 CIE 颜色系统来统一描述各种设备呈现的颜色，通过计算，使各种设备呈现的颜色具有相同的 CIE 颜色值。为此，在 ICC 色彩管理系统中，所有设备的颜色都必须转换为 CIE 色度值表示的颜色，所有颜色都必须通过 CIE 颜色系统间接进行转换，所有设备呈现的颜色都要尽可能保持一致的 CIE 颜色值。

将设备的颜色值，如 RGB 或 CMYK 转换为 CIE 色度值的过程就是用 CIE 颜色系统定义设备颜色值的过程，而将 CIE 色度值转换为设备颜色值的过程就是用设备再现相同颜色感觉的过程。

正确理解彩色复制的原理和彩色印刷过程的颜色形成原理、计算关系和规律，是学习印刷专业技术的基础。

习 题

1. 如何理解彩色复制的颜色分解和合成过程？
2. 何为二值印刷和多值印刷？
3. 为什么要对图像加网？
4. 加网的三要素是什么？作用是什么？
5. 对照彩图 17 和彩图 19 详细说明印刷品呈色的原理。
6. 图 7-15 是理论上单色印刷品三刺激值与网点面积率的关系，但在实际印刷中都存在网点扩大，使实际印刷品的三刺激值偏离理论值。试定性地说明存在网点扩大时三刺激值与网点面积率的大致关系。
7. 通过放大镜在印刷品上看到了青、绿、黄三种颜色的小墨点，请问这个印刷品是由什么颜色油墨印刷的？请说明理由。
8. 请说明表 7-5 中的三刺激值数据是如何计算得到的，各级三刺激值有何特点，并进行验证。
9. 什么是与设备有关的色空间？请举例。
10. 什么是设备无关色空间？CMS 采用哪种色空间作为参考色空间？
11. 为什么要进行色彩管理？
12. 色空间转换有几种方案？
13. 请说明为什么在 CIE 1931 色品坐标图上的印刷色域为一个六边形？
14. 色彩管理系统三个要素是什么？请说明。
15. 假设某页面文件以及按照印刷的要求进行了分色，即得到 CMYK 文件，现在要用此页面文件进行数字打样，打样机也是 CMYK 设备。请问此打样过程是否还要进行颜色的转换，请说明理由和转换的过程。
16. 实际测量得到显示器的三原色三刺激值如下表，请计算出 RGB 到 XYZ 和 XYZ 到 RGB 的变换矩阵。

原色	三刺激值		
	X	Y	Z
红	50.1	26.83	5.01
绿	33.46	66.03	14.56
蓝	12.82	6.29	61.43

第八章 色彩学实验

第一节 颜色特性认识实验

实验一 光源光谱分布与光色感觉的对应关系

实验目的：

了解不同光源的光谱特性，理解不同颜色的光具有不同的光谱组成，总结光谱分布与颜色感觉的关系和规律，理解光源所发出的光谱辐射是一切颜色感觉的来源。

实验设备与材料：

PR-650 或其他型号分光辐射度计、各种类型的光源，如白炽灯、卤素灯、日光灯、节能灯、发光二极管等几种典型光源。

实验内容与要求：

使用 PR-650 分光辐射度计在标准灯箱中测量三种不同光源的光谱分布，或者用不同的光源照明白色样品，测量不同光源照明时白色样品呈现的颜色，记录并绘制测量的光谱分布曲线，说明不同光谱分布曲线与光的颜色感觉的对应关系，将主要特点记录在表8-1中。

表 8-1　　　　　　　　　　光源光谱分布与颜色感觉

光源名称	光谱分布特点的简单描述	颜色感觉比较

实验注意事项：

1. 测量时注意遮挡环境光，排除其他光源的干扰，使被测光源与环境光隔离。

2. 记录数据时波长间隔可取 20nm，波长范围 400~700nm。由于荧光灯光谱具有许多窄波带，波长间隔取 20nm 会丢失重要光谱信息，因此记录类似荧光灯带状光谱数据时要注意记下光谱能量阶跃的峰、谷值。

思考题：

1. 分别测量三种不同的光源，注意观察各光源的颜色感觉，以一个具体的颜色为例，讨论同一颜色样品在这三种光源下观察颜色感觉可能会出现怎样情况？颜色感觉变化是否有规律，如何解释和说明这种现象？

2. 如果同一颜色样品在不同光源下观察时只有亮度感觉的差别，没有彩色感觉的不同，是否能说明这些光源的相对光谱分布不同？

实验报告要求：
1. 记录实验过程和操作方法。（适用于所有实验）
2. 用表格记录光谱数据，表格要有表的编号、表的名称。（适用于所有实验）
3. 用坐标纸与 HB 铅笔绘图，标清楚图号、图的名称、坐标轴刻度单位。（适用于所有实验）
4. 绘制所测三种光源的光谱分布曲线，分析和总结不同光源的光谱分布特点与颜色感觉之间的对应关系。
5. 回答思考题。（适用于所有实验）
6. 实验报告纸写不下可以加页。（适用于所有实验）

实验二　物体光谱反射率与颜色感觉的对应关系

实验目的：
理解物体的颜色感觉来自物体的光谱特性，理解物体本身所固有的光谱特性是物体产生不同颜色感觉的主要原因之一，体会不同光谱分布与颜色感觉的大致对应关系。

实验设备与材料：
X–Rite Swatchbook 分光光度计及 Colorshop 软件或使用其他型号反射分光光度计、不同材质与类型的颜色测试样品。

实验内容与要求：
1. 测量给定的一系列颜色样品的光谱反射率，记录并绘制光谱反射率曲线。
2. 测量相同色调不同明度颜色的光谱反射率曲线，比较明度与光谱反射率之间的关系。
3. 测量不同色调颜色的光谱反射率曲线，比较光谱反射率与色调的关系和规律。
4. 总结各样品颜色外貌（明度、色调、彩度）与光谱反射率之间的关系和规律，对照第二章讲解的内容体会颜色样品明度、色调、彩度感觉属性与光谱反射率之间的关系。

实验注意事项：
每台仪器当次实验的首位使用者要校白板（或每次开机后在测量第一个样品之前进行校正）。记录数据波长间隔取 20nm，波长范围 400~700nm。

思考题：
1. 照明光源的光谱分布 $S(\lambda)$ 与物体光谱反射率 $\rho(\lambda)$ 的乘积是何意义？
2. 每一个样品的光谱反射率是否是固定的，样品的颜色感觉是否也是固定的？为什么？

实验报告要求：
1. 绘制所测样品的光谱反射率曲线。
2. 根据所测颜色样品的光谱反射率数据，说明在特定白色光源照明下物体颜色外貌（明度、色调、饱和度）与光谱反射率之间的关系，总结光谱反射率曲线与颜色感觉（明度、色调、彩度）之间的基本对应关系，并以你实际测量的结果来说明。

实验三　色貌观察实验

实验目的：
理解颜色视觉规律，了解颜色视觉现象，体会观察条件对色貌的影响。

实验设备与材料：
装有不同类型和色温光源的标准光源观察箱、专门设计的观测样张及本书附页的彩图。

实验内容与要求：
1. 将两个相同的样张分别放在两个 GretagMacbeth Judge II 标准光源观察箱中，一个灯箱打开"DAY"光源，另一个打开"A"光源，观察红、绿、蓝、黄各样张颜色差异并记录观察到的颜色感觉差异。关闭"A"光源，打开"CWF"光源，重复上述步骤。

2. 在"DAY"光源下，将相同颜色样品放在红、绿、蓝、黄和灰不同颜色的背景上观察，观察明度对比、彩色对比、负后像、同色异谱等颜色视觉现象，仔细体会不同观察条件下对颜色感觉的影响，记录观察结果并分析产生各种现象的原因。

实验注意事项：
1. 不同观察条件产生的颜色感觉变化不会特别明显，因此必须仔细观察颜色视觉现象，用心体会。

2. 对不同颜色视觉现象的观察要使用相应的样张。最好将各种样张编号，方便记录。

3. 观察结果必须与对应实验步骤一起记录和说明。

思考题：
1. 实验中所见到的这些现象会对颜色复制与评价工作带来哪些影响？说明在观察颜色时应该注意什么问题？具体应该怎么做才能避免这些现象对观察颜色准确性的影响？

2. 实验中观察到的这些现象是否说明用眼睛判断颜色的方法不科学，在实际工作中能不能凭眼睛判断颜色？请说明理由。

3. 你认为要保证目视观察颜色的准确性和可靠性，应该采取哪些具体措施？

实验报告要求：
1. 记录实验步骤与现象，并对每一个观察到的颜色现象加以说明，用颜色视觉理论逐一分析和解释产生各种现象的原因。

2. 记录颜色感觉随观察条件变化时要从明度增大减小、色调偏差（偏红、偏绿等）、饱和度增大减小三方面分析。

实验四　颜色匹配实验

实验目的：
理解加色混色与减色混色原理，体会不同颜色混合方式下所得混合色的规律。

实验设备与材料：
目视比色仪与颜色样品、Color Matching 颜色匹配软件。

实验内容与要求：
1. 利用目视比色计进行减色混色，通过调节 CMY 和灰四组滤色片的透光率滑杆匹配目标色（实验开始前全部归零），每组的透光率滑杆刻度分为 ×10、×1、×0.1 三档，达到颜色匹配后记下四组透光率数值。然后打乱四组滤色片再次进行颜色匹配，比较两次匹配的结果，分析匹配误差。

2. 利用 Color Matching 颜色匹配软件模拟加色混色（RGB 模式）和印刷油墨（CMY 模式）的混色实验，记录匹配颜色和误差。

实验方法：

1. 目视比色计（罗维朋比色计）

此目视比色计属于减色法比色计，比色计中装有青、品红、黄和灰色滤色片，滤色片对光的透过率可调。将白光经青、品红、黄滤色片以不同比例分别吸收红、绿、蓝光后，剩余的色光和待测的颜色（色光）进行匹配，其原理与印刷油墨对光的吸收作用相似，其光路图如图 8-1 所示，仪器内部结构如图 8-2 所示。

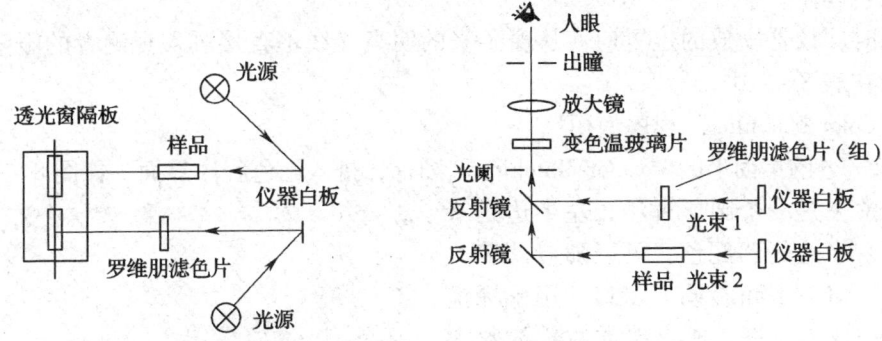

图 8-1 目视比色计光路图

该仪器采用目视匹配测量的方法测出被测物体的颜色，用带有罗维朋色度标的罗维朋滤色片来组合配色，因为任何颜色都可以由青、品红、黄三原色匹配而成，罗维朋滤色片就由青、品红、黄、中性色（灰）四组滤色片组成，中性滤色片是改变亮度用的，品红、黄各有 700 级，青色有 400 级，通过改变这些滤色片的组合，能够得到各种不同的颜色，并能用数字表示出来。

仪器配有四种共 84 块罗维朋滤色片，其中：

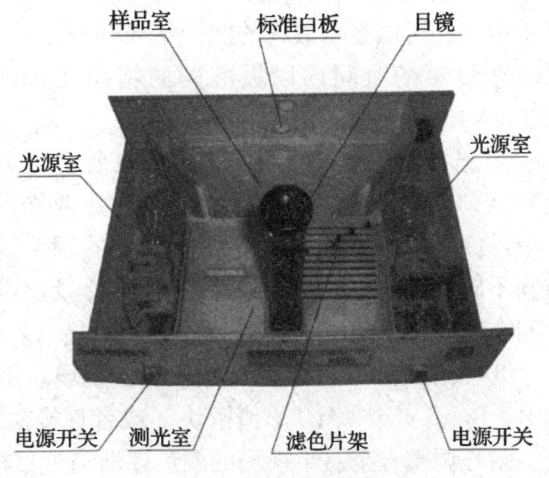

图 8-2 目视比色内部结构图

① 品红色为 0.1~0.9；1.0~9.0；10~70 共分为 700 级。
② 黄色为 0.1~0.9；1.0~9.0；10~70 共分为 700 级。
③ 蓝色为 0.1~0.9；1.0~9.0；10~40 共分为 400 级。
④ 中性色为 0.1~0.9；1.0~3.0；共分为 40 级。

彩色滤色片分为粗、中、细三档调节，中性色分两级条件，最小读数精度为 0.1 罗维朋色度单位，因此实验读数可以精确到小数点第二位。

待测样品放好后，按下前面板上的电源开关（左、右都行）就可以在目镜筒中左边的视场看到它的颜色，右边视场是光源的光经滤色片吸收后剩余光谱成分的颜色，调节青、品红、黄三种滤色片的组合，直到左右视场能得出一致的颜色为止，记录下仪器中起作用的滤色片的值。在开始测量以前，可先估计一个大致原色比例，既可以节省时间，又锻炼了配色能力。

中性（灰）滤色片仅当用一色或二色滤色片与样品色进行匹配时，无论如何调节匹配色都比样品色暗，不能达到完全匹配，则需增加中性滤色片来降低待匹配样品色的明度，以使二者颜色和明度都一致，其数值仅作为亮度数据单独记录下来。必须注意当青、品红、黄三种滤色片都用于比色时，则不能使用中性滤色片，因为三种滤色片叠合形成中性灰，降低了所形成颜色的明度。这时可等比例减少青、品红、黄滤色片的数量，使最小滤色片数值为0，然后加入一定量的灰滤色片后再进行颜色匹配，直至达到颜色匹配。

观测时，仪器安放的位置应使从窗子来的明亮光线不直接进入观测者的眼睛把实验结果记录在表8-2中。

2."Color Matching"程序使用

① 双击电脑桌面上的"Color Matching"图标，进入配色程序界面，如图8-3所示。

窗口中央是一个圆形视场，左半边是待匹配色，右半边是匹配色，可以随着调节改变颜色。窗口右下角是调节窗口，用鼠标拖动RGB或CMY滑杆，或直接在右边的数字框中输入数值就可以改变匹配色；右上角是显示窗口，可以显示最终的匹配结果和成绩。要求在最短的时间内以最准确的精度匹配颜色。

② 选择混色模式"RGB"模式（加色混色）或"CMY"模式（减色混色），并选择一个难度等级。不同难度等级所限定的调节

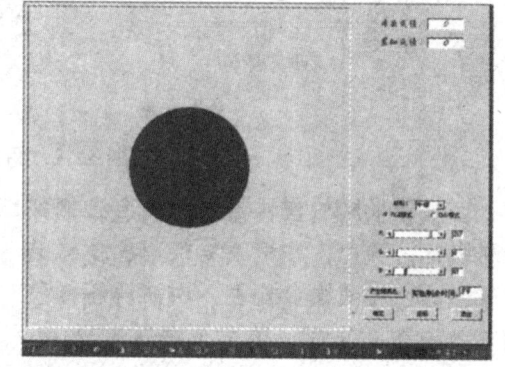

图8-3 Color Matching 软件的窗口

时间不同，难度等级高，限定的时间短，超出限定时间会自动终止颜色匹配。剩余的实验时间在窗口左下角"实验剩余时间"栏显示。

③ 点击"产生随机色"按钮，圆视场左半部分出现一随机色，将其作为目标色，拖动R，G，B或C，M，Y值滑块（或者直接输入数值），右半视场的匹配色色貌将随之改变，耐心调整直至右半视场的颜色逐渐逼近目标色，当感觉左右两边颜色完全一致时，点击"确定"按钮，实验结束，程序会自动给出匹配结果和成绩。

分别进行RGB模式和CMY模式的颜色匹配，注意总结颜色匹配的规律，体会不同三原色比例混合出的颜色感觉，掌握调整颜色进行颜色匹配的规律。最后将实验结果填在表8-3中。

实验注意事项：

1. 目视比色计在黄、品红、青三色滤色片都使用时不能再使用中性灰滤色片，只有当仅使用两彩色滤色片时才可以使用中性灰滤色片去降低目标色明度。（请思考这是为什么？）

2. 在进行颜色匹配时要注意总结颜色匹配的规律，仔细思考构成颜色RGB或CMY的比例，颜色差别是由于哪个原色多了或少了造成的，需要向什么方向调整才能纠正色

偏，最终达到熟练的程度。
思考题：
  1. 如果混合色比目标色偏黄且偏暗，加色和减色两类混色实验中分别应当如何调整以达到颜色匹配？如果混合色比目标色偏黄且偏亮，又该如何调整？
  2. 当达到颜色匹配时，如何用颜色方程表示匹配的颜色？用颜色方程将你匹配的颜色表示出来。
实验报告要求：
  记录数据：
  1. 比色计减色混色实验

表 8-2 目视比色计颜色匹配结果

样品颜色 \ 滤色片	匹配结果				完成时间
	品红	黄	青	中性灰	

  2. 利用 Color Matching 程序模拟加色混色和印刷油墨的混色实验

表 8-3 颜色匹配软件实验结果

	标定值			匹配值			偏差			样品色
	R/C	G/M	B/Y	R/C	G/M	B/Y	R/C	G/M	B/Y	
RGB 模式										
CMY 模式										

  加色混色完成实验所用时间：
  印刷油墨混色完成实验所用时间：
  3. 记录你在颜色匹配实验中总结出的调整颜色规律。

实验五 印刷品颜色的观察

实验目的：
  理解加色混色与减色混色原理，体会印刷品颜色的形成及网点混色规律。
实验设备与材料：
  具有单色、双色梯尺和各种色块、图像的印刷样张、放大镜、显微镜。
实验内容与要求：
  1. 目视观察各级单色梯尺宏观颜色感觉变化规律，再用放大镜或显微镜观察各级单色梯尺的网点变化规律，注意观察网点的三个要素，即网点排列的规律和形状，网点大小改变与颜色浓度变化的规律，总结单色颜色变化与网点大小之间的对应关系，总结并掌握目视确定不同网点面积率的方法。

2. 观察双色梯尺不同阶调级的颜色改变规律，再用放大镜或显微镜观察各双色梯尺级的网点，注意观察色块是由多少种颜色的色点组成，分析颜色混合的规律。

3. 观察图像中任意颜色的组成网点，总结图像颜色（包括明度、色调、彩度感觉）变化与油墨颜色和网点面积率大小之间的规律。

实验注意事项：

注意观察不同颜色感觉变化与印刷颜色种类、数量和油墨网点面积率大小之间的关系，总结规律，体会颜色混合。

思考题：

印刷品的颜色混合规律符合色光加色混色还是色料减色？分析颜色混合的规律。

实验报告要求：

1. 记录实验步骤与现象，记录观察到的规律。

2. 仔细观察双色和三色色块中有多少种色点，分析和说明你对印刷品呈色原理的理解。

实验六　对颜色三属性的认知

实验目的：

认识颜色三属性，练习颜色辨别能力，理解孟塞尔颜色体系和中国颜色体系的表色方法。

实验设备与材料：

孟塞尔图册练习册和中国颜色体系练习软件等。

实验内容与要求：

1. 自学孟塞尔图册练习册使用说明。

2. 将孟塞尔图册练习册中 HVC 页按照要求摆放完成，记录完成时间和错误率。

3. 将孟塞尔图册练习册 10 种色调页中至少两种色调（例如 5YG）页依照视觉规律摆放完成，记录完成时间和错误率。

4. 用中国颜色体系练习软件重复上述练习，直至熟练。

5. 仔细体会明度、色调、彩度三个感觉属性的视觉特点，三个感觉属性在色立体中排列的规律，能够正确判断颜色的三个视觉属性。

实验注意事项：

爱护练习册，小心使用，不要用手接触色块表面，用后整理恢复原样，将色块装入正确的袋中，不要搞乱。

思考题：

1. 你认为孟塞尔图册能为设计人员带来何种便利？如何使用？

2. 孟塞尔图册的编排特点是什么？归纳总结这些特点的目视效果是什么？

3. 孟塞尔图册应该在什么光源照明下观察？能否在 A 光源下使用，为什么？

实验报告要求：

说明孟塞尔颜色系统和中国颜色体系的排列规则，记录全部内容完成所需时间及错误率，分析错误的原因，记录发生错误的颜色号。

实验七　NCS 颜色判断法的练习

实验目的：
通过 NCS 颜色判断掌握对抗色形成颜色感觉的规律，理解对抗色理论，学习根据颜色感觉主观目视判断颜色的方法。

实验设备与材料：
NCS 图册练习册和色立体模型，目视观察样品。

实验内容与要求：
1. 学习 NCS 颜色系统的理论、结构特点和标号方法，掌握 NCS 颜色判断方法。
2. 两个人或多人一组练习。首先由一个人随机任意抽出一个颜色样品，其他人按照 NCS 颜色判断法独立判断出该样品的 NCS 标号，记录在表 8-4 中，然后与色谱的标定标号对比，计算判断的平均结果，分析误差大小。

表 8-4　　　　　　　　　　　　颜色判断结果

序号	1	2	3	4	5
色调-H					
黑度彩度 sc					
判断标号					
标定标号					

实验注意事项：
爱护颜色样品，小心使用，不要用手接触色块表面，用后将样品放到原来的位置，不能弄乱。

注意色调的正确表示方法，色调字母前后顺序按顺时针方向排列。

思考题：
1. 你认为 NCS 有何种用途？如何使用？
2. 说明 NCS 颜色系统中颜色排列的规律。
3. NCS 图册规定应该在什么光源照明下观察？用 NCS 绝对颜色判断法判断颜色感觉是否也必须在 D_{65} 照明条件下进行，为什么？

实验报告要求：
说明 NCS 颜色系统的排列规则和 NCS 绝对颜色判断法的判断步骤，记录判断结果，分析判断的误差。

第二节　颜色测量与分析

实验一　色 度 测 量

实验目的：
学习颜色测量仪器的使用方法，掌握测量各种物体颜色的操作步骤，掌握定量描述颜色的方法。

实验设备与材料：

PR-650 分光辐射度计、X-Rite Swatchbook 或其他型号分光光度计、X-Rite Monitor Optimizer 或其他型号屏幕测试仪、各种测试样品、计算机。

实验内容与要求：

使用 PR-650 分光辐射度计分别测量两种光源的色度，包括 X，Y，Z、x，y 和色温值，将色品坐标标在 xy 色品图中。

使用 X-Rite Swatchbook 分光光度计测量至少三种样品的光谱反射率，并分别测量出在 D_{65} 光源下和 A 光源下的色度值，包括 X，Y，Z、x，y、L^*，a^*，b^*；将色品坐标标在 xy 色品图及 a^*-b^* 坐标平面中，仔细体会光谱反射率曲线、颜色感觉、颜色值和色品坐标位置之间的关系。

使用 X-Rite Monitor Optimizer 色度计测量 CRT 显示器上三个不同 RGB 组合色块的色度值，包括 X，Y，Z；x，y；L^*，a^*，b^*；将色品坐标标在 xy 及 ab 色品图中，仔细体会颜色感觉与颜色值和色品坐标位置的关系。

在显示器上测量 $(R, G, B) = (255, 0, 0)$，$(128, 0, 0)$，$(64, 0, 0)$ 的颜色，并对比三刺激值、色品坐标和 $L^*a^*b^*$ 值随 RGB 值改变的变化规律。

实验方法：

1. 使用 PR-650 分光辐射度计

① PR-650 分光辐射度计外形如图 8-4 所示。实验前应该将仪器在三脚架上固定好，将数据线接到计算机的 RS-232 串口上，连接好电源线，打开电源开关（前面板右上角红色按钮），然后打开计算机。

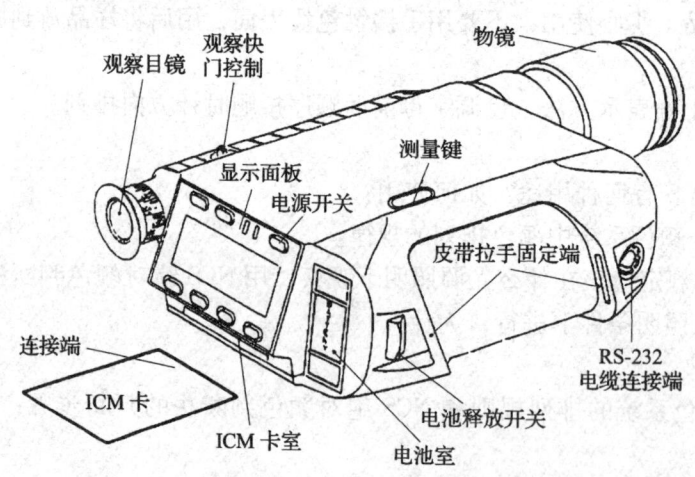

图 8-4　PR-650 分光辐射度计外形及各部分功能示意图

② 在程序菜单中选择 SpectralWin 软件或双击 SpectralWin 软件图标进入 PR-650 分光辐射度计测量软件，软件窗口及各部分的功能如图 8-5 所示。将仪器对准测量样品，通过观察目镜使视场中的黑点完全落入测量样品之内。点击测量图标或直接按 F2 键即可获测量结果。样品的光谱分布曲线被显示在窗口中，测量数据显示在窗口左边的数据区中。点击数据区上方不同的测量数据类型标签，可以分别查看光谱分布数据、辐射度量、光度量、色度量等测量结果，用保存或输出功能可以保存测量结果。

第八章 色彩学实验

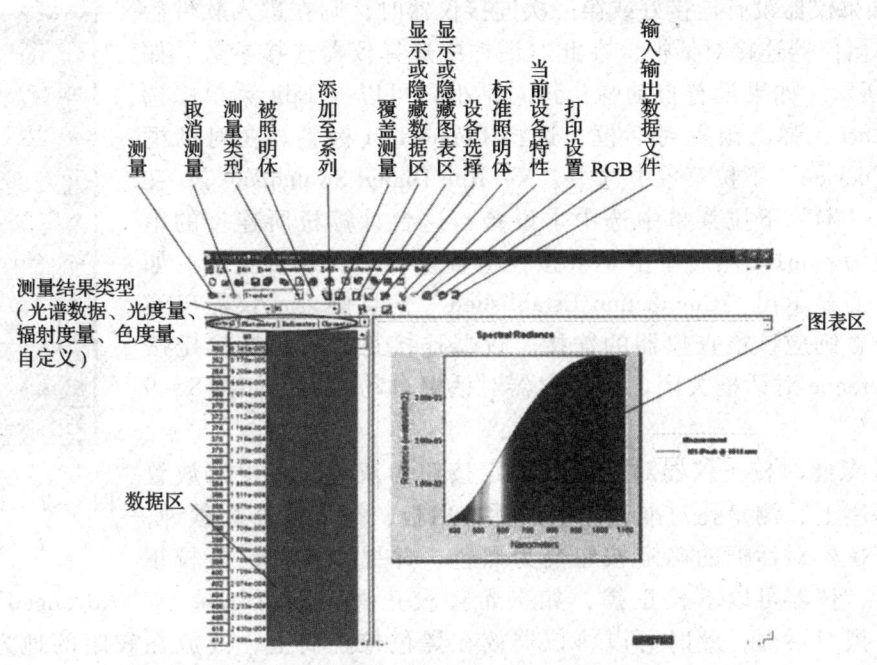

图 8-5 PR-650 分光辐射度计测量软件窗口示意图

2. 使用 X-Rite Swatchbook 分光光度计测量反射样品

① 将 X-Rite Swatchbook 分光光度计后面的电缆线的两个分支分别与电源适配器及 RS-232 串口转接头相连，接通电源。

② 在程序菜单中选择 Colorshop 软件或双击 Colorshop 软件图标进入 Colorshop 主界面。主界面由主窗口和几个功能面板组成，如图 8-6 所示。其中，最基本的对话框为工具箱，列出了各种测量功能，如图 8-7 所示，将鼠标放到各图标上，可以出现该图标对应功能的提示。其他所有对话框都可以通过鼠标点击工具箱中相应图标来弹出。

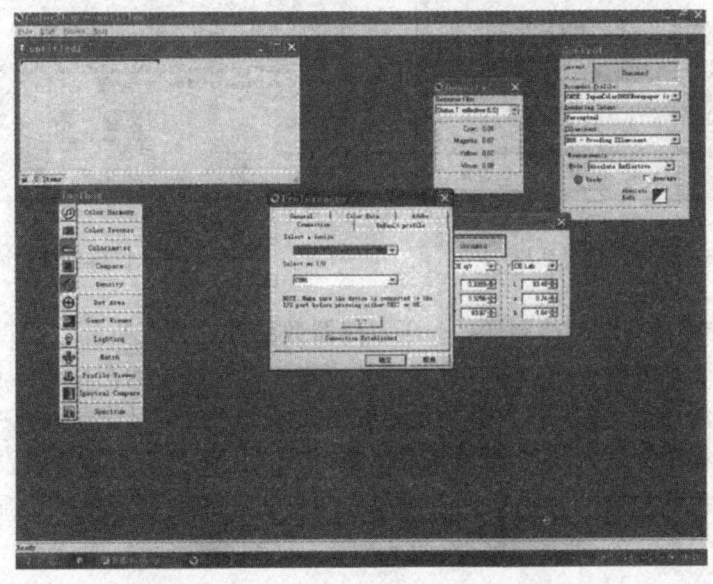

图 8-6 ColorShop 测量软件窗口示意图

③ 如果仪器没有连接好或第一次连接仪器时，则在进入软件后会自动弹出仪器连接对话框，在此对话框中选择仪器连接参数，如图8-8所示。如果没有自动弹出该对话框，可以在 Edit 菜单中选择 Preference，弹出预置对话框，选择 Connection 标签。在对话框"Select a device"下拉菜单中选中"X-Rite Digital Swatchbook"；在"Select an I/O"下拉菜单中选中本设备与这台计算机所连接的串口，一般为 com1。然后单击 Test 按钮检查仪器是否连接正常。如果在最下面显示出"Connection Established"信息则表示仪器已经连接好，否则应该检查仪器的连接。仪器连接正常后单击确定按钮，Preference 对话框关闭，校正仪器对话框自动弹出，如图8-9所示。

图8-7　ColorShop工具箱

④ 注意此时校正仪器对话框的确定按钮为灰色。将仪器放置在仪器基座上，测量孔对准基座上的标准白板，按下仪器数秒钟，直至校正仪器对话框的确定按钮变为黑色，并提示仪器已经校正好。通常，仪器可以不校正黑，如果希望校正黑，则可以单击"Advanced"按钮，进入校正黑对话框，此时可以将仪器放在黑色校正筒上，或放在较暗的地方直接在空中按下仪器，使反射光不进入仪器。然后再重复校正白的过程。校正完成后就可以开始测量了。

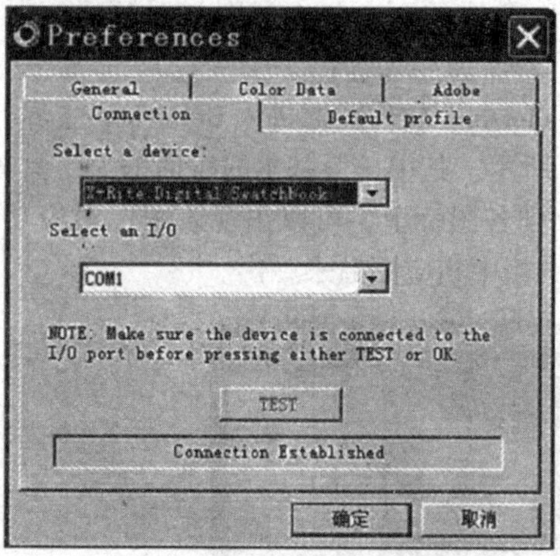

图8-8　仪器连接对话框 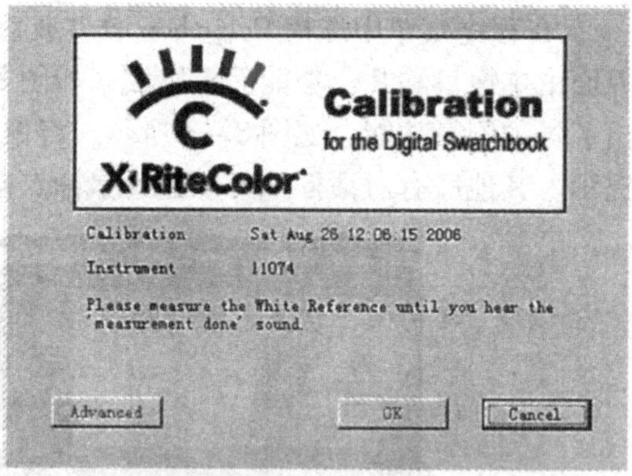　　　　图8-9　仪器校准对话框

⑤ 用仪器的测量孔对准待测样品，压下仪器数秒钟，直至听到"当"的声音，或当看到测量结果出现在各面板中。根据测量需要点击工具箱相应的图标调出测量面板，此时各面板中显示测量结果，如图8-10所示。在窗口左上角的样品记录面板中，各测量颜色按顺序显示在面板中，软件会给各颜色默认命名，点击颜色名可以为各测量颜色重新命名。用鼠标将颜色名左边的色块拖到各测量面板中，在相应面板中就会显示该颜色的测量值。

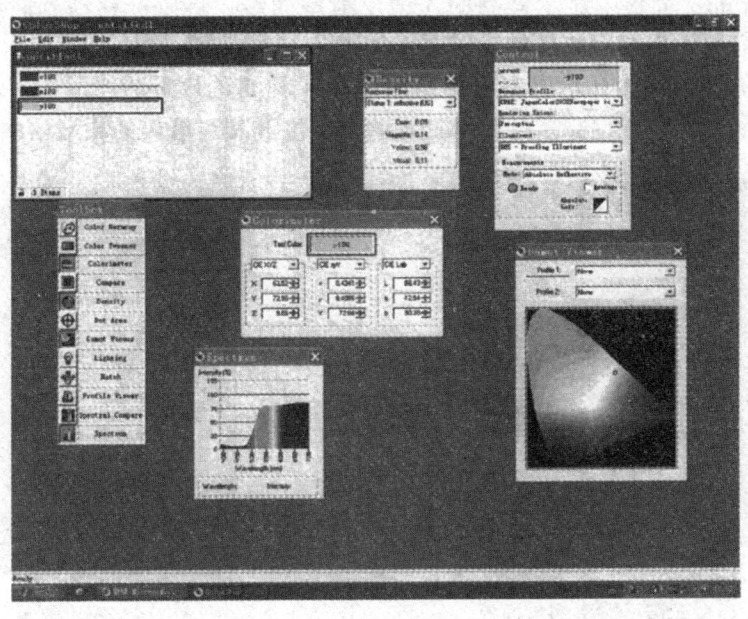

图 8-10 测量结果显示在各面板中

"Control"面板是设置测量参数的面板,根据测量的需要,要在此面板"Illuminant"下拉菜单中选择标准照明体、标准观察者函数,在"Measurements Mode"下拉菜单中选择参考白,可以选择绝对白和纸白,只有当测量相对密度和网点面积率时才选择相对纸白"Reflective(Paper)",如图 8-11 所示。

在"Colorimetry"面板中显示测量得到的 CIE 色度值,面板中可以同时显示出三种不同的数据,通过下拉菜单可以选择显示 CIEXYZ、CIELAB、CIELUV、CIExy 等,如图 8-12所示。

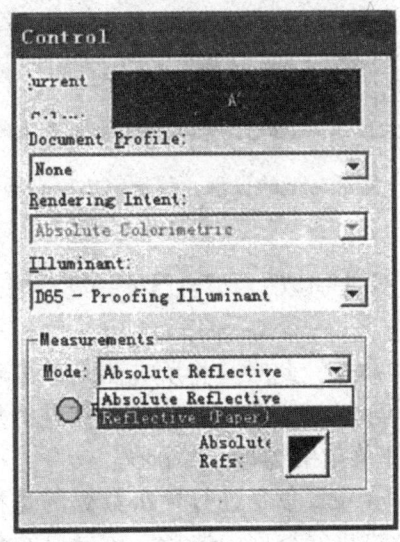

图 8-11 ColorShop 控制面板

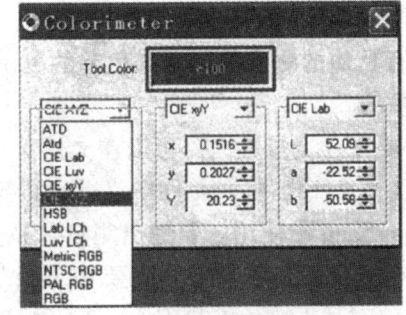

图 8-12 色度测量面板

在"Spectrum"面板中显示样品的光谱反射率曲线,将鼠标移动到曲线不同的位置上,面板上就会显示出对应波长的反射率,如图8-13所示。

在"Density"面板中显示出当前测量颜色在4种滤色片下的密度值,如图8-14所示。值得注意的是,要根据测量的要求选择绝对密度和相对纸白的相对密度。

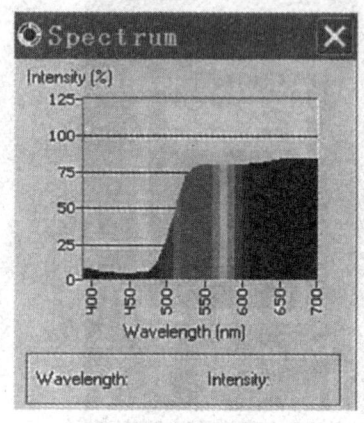

图8-13 光谱反射率测量面板

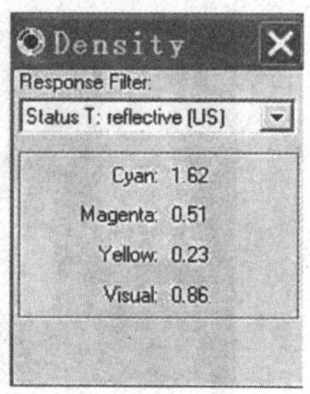

图8-14 密度测量面板

在"Dot Area"面板中显示出该颜色对应的网点面积率。值得注意的是,在测量网点面积率时一定要注意测量的设置和测量步骤。首先,必须在"Control"控制面板"Measurements Mode"下拉菜单中选择相对纸白"Reflective(Paper)",此时会自动弹出一个测量白纸的提示(图8-15),用仪器在样品空白的白纸上测量,软件会自动记录白纸的密度。然后再测量与待测样品相同原色的油墨实地色块,作为100%网点面积率。最后才能测量待测样品的网点,测量完成后样品的网点面积率会显示在面板的下面,如图8-16所示。测量网点面积率时还必须注意在面板的"Response Filter"下拉菜单下选择密度状态,测量反射样品最常用的密度状态是Status T。

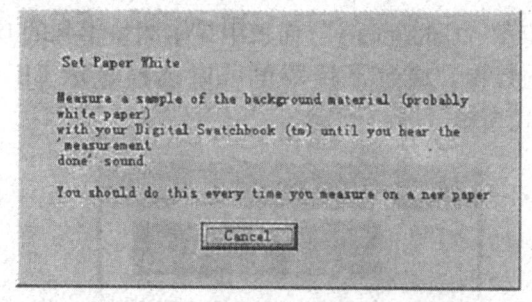

图8-15 测量白纸的提示,测量完成后自动消失

还有其他的测量功能,如色差的测量等,在此不一一说明,请自己逐一进行练习,做到熟练掌握。

⑥ 要保存测量数据,可以在文件菜单选择保存命令,此时会将所有测量数据和图表都保存为一个EPS格式文件中,以后再打开ColorShop后可以调入。但这样保存的数据只能在ColorShop中使用。要输出测量数据必须在文件菜单中选择"Export"命令,可以导出为文本格式。但在导出前先要用Edit菜单的Preference命令进行导出数据的选择。在Preference对话框中,选择Color Data标签,在列出的数据类型中选择需要导出的数据类型,如图8-17所示。

图 8-16　网点测量面板

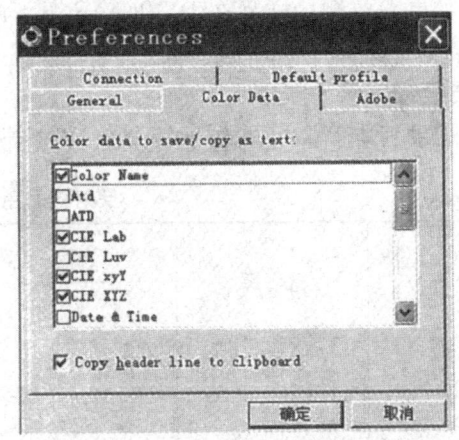

图 8-17　ColorShop 导出数据的选择

3. 使用 X-Rite Monitor Optimizer 色度计测量显示器

值得注意的是，X-Rite Monitor Optimizer 色度计是专门用来测量 CRT 显示器的色度计，如果要测量 LCD 显示器，要使用专门测量液晶显示器的色度计及相应配套的软件，如 EyeOne Display、Monaco Optix 等。

① 打开 Colorshop 软件，进入仪器连接对话框，如图 8-8 所示，但此时要选择 Monitor Optimizer 色度计，接口选择 USB。然后点击 Test 按钮测试仪器是否连接正常。

② 确认仪器连接正常后，单击"Control"控制面板右下角的黑白三角形图标进入仪器校正对话框。将仪器放到黑色绒布校正板上，点击校正按钮。在显示器上制作一个纯白色块（255，255，255）作为白色校正色块。仪器校正结束就可以进行显示颜色的测量了。

③ 与用 X-Rite Swatchbook 在 ColorShop 测量的操作方法类似，只不过此时不能测量反射样品，必须测量显示颜色。用任意软件在屏幕上制作一系列不同颜色的色块，将仪器贴到色块上，在 ColorShop Edit 菜单中选择 Measure 命令，测量结果会显示到 ColorShop 的各个面板中。

④ 导出测量数据的方法与 X-Rite Swatchbook 的操作方法相同，但需要注意合理选择导出数据的类型。

实验注意事项：

测量光源色度时注意排除其他光源的干扰。

使用 X-Rite Monitor Optimizer 色度计测量 CRT 显示器上色块时注意仪器要在屏幕上吸牢，防止落下摔坏仪器。

思考题：

1. X-Rite Monitor Optimizer 色度计能够测量光谱数据吗？它的测色原理是什么？与 X-Rite Swatchbook 分光光度计的测色原理是否相同？

2. 通过实验内容 2 的实例说明，物体的颜色感觉和光谱特性哪一个是物体本身固有的特性？哪一个是随观察条件改变的？

3. 如果需要测量样品在 D_{65} 和 A 光源下的三刺激值和色品坐标，如何用 Swatchbook 进行测量？

实验报告要求：

1. 记录其中三个（不限于三个）反射样品色度值于表 8-5 中。

表 8-5　　　　　　　　　　　　反射样品色度测量值

样品	光源	色度值		
		X, Y, Z	x, y	L^*, a^*, b^*
一	D_{65}			
	A			
二	D_{65}			
	A			
三	D_{65}			
	A			

2. 记录 CRT 显示器上色块的色度测量值（不限于三个）于表 8-6 中。

表 8-6　　　　　　　　　　　　显示器颜色测量值

样品	色度值		
	X, Y, Z	x, y	L^*, a^*, b^*
一　R G B			
二　R G B			
三　R G B			

3. 画一张 $x-y$ 色品图及一张 $a-b$ 色品图中，将所测反射样品的色品坐标点标注在色品图相应的位置上，以数字 1，2，3 标注样品号，以圆点表示 D_{65} 光源下的测量值，以方点表示 A 光源下的色品坐标点，记录所有被测样品的颜色数据，分析和说明颜色的变化规律。$x-y$ 色品图中必须画出完整准确的光谱轨迹。

4. CRT 显示器色块测量结果画在一张 $x-y$ 色品图及一张 $a-b$ 色品图上，其中色品坐标点以圆点表示，以数字 1，2，3 标注样品号，记录所有被测样品的颜色数据，分析和说明颜色的变化规律。$x-y$色品图中必须画出完整准确的光谱轨迹。

5. 根据测量的三刺激值 X，Y，Z 计算一个反射样品在 A 光源、D_{65} 光源下的 L^*，a^*，b^* 值并与测量值进行对比。

6. 分析一系列不同比例单色红（或绿、或蓝）显示色的测量值，说明随着颜色数值改变的色品坐标变化规律。

实验二　色差测量与分析

实验目的：

学会利用仪器测量样品的色差，掌握使用数量表示颜色感觉差异的方法。

实验设备与材料：

X – Rite Swatchbook 分光光度计、三对测试样品。

实验内容与要求：

分别测量和计算三对测试样品的 L^*，a^*，b^*，C_{ab}^*，h_{ab}^*，ΔE_{ab}^* 值，在实验报告中分别将每对样品的 ΔL^*、Δh_{ab}^*、ΔC_{ab}^* 计算出来并画图（L^* 标尺与 $a-b$ 色品图）表示，分析两个相近颜色样品颜色感觉（色貌）各方面（明度、色调、饱和度）的差异。观察三对测试样品，体验色差测量值与色差感觉的对应关系。

实验方法：

与实验一的方法类似，在 ColorShop 中测量三对颜色样品。用鼠标在测量颜色列表面板中将要计算色差的两个颜色分别拖到"Compare"面板中上下两个色块中，在面板下面即可显示出两个颜色的色差，如图 8 – 18 中两颜色的色差为 $\Delta E_{ab}^* = 4.7$。记录测量的 L^*，a^*，b^* 和 ΔE_{ab}^* 值。用 L^*，a^*，b^* 测量值计算彩度 C_{ab}^* 和色调角 h_{ab}^*，计算一对颜色的 ΔL^*，Δa^*，Δb^*，目视颜色感觉的差别，并根据计算差别分析颜色的感觉差别，对计算值与实测结果进行比较。

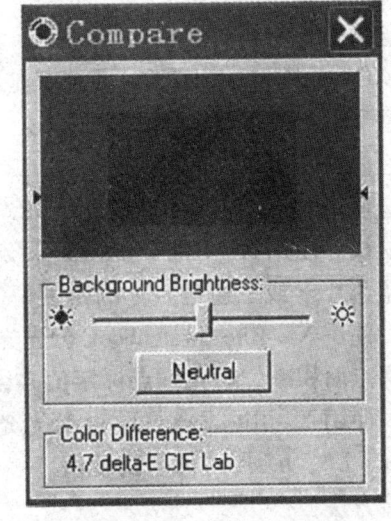

图 8 – 18　颜色比较面板

实验注意事项：

1. 测量条件选择 D_{65} 光源、2°视场。
2. 在测量色差前，可以先估计色差之大小，与实测值对照，练习培养目视评价颜色的能力，体会色差值与色差感觉的对应关系。

思考题：

根据你的观察，测量和计算的色差（明度差、色调差、彩度差）大小与目视观察的色差感觉是否一致？

实验报告要求：

将色差测量数据与计算结果记录在下面的评价表中。根据计算的分析颜色样品的差别，并用目视观察的方法比较，体会计算色差与实际的色差感觉，请记录在表 8 – 7 中。

表 8-7　　色差测量结果

组别-样品	色度与色差值										样品色貌差异描述（样品2相对于样品1）
	L^*	$\Delta L^* = L_2^* - L_1^*$	a^*	$\Delta a^* = a_2^* - a_1^*$	b^*	$\Delta b^* = b_2^* - b_1^*$	C_{ab}	$\Delta C_{ab}^* = C_{ab2}^* - C_{ab1}^*$	h^*	$\Delta h_{ab}^* = h_{ab2}^* - h_{ab1}^*$	ΔE_{ab}^*	
1-1												
1-2												
2-1												
2-2												
3-1												
3-2												

实验三　密度测量

实验目的：

学会利用仪器测量胶片及印刷品的密度、网点面积率等，掌握采用密度法表示油墨质量及印刷状态的方法。

实验设备与材料：

GretagMacbeth D200-Ⅱ或其他型号透射密度仪、测试胶片；X-Rite Swatchbook或其他型号分光光度计、测试样张。

实验内容与要求：

使用 X-Rite Swatchbook 分光光度计测量并绘制青、品红、黄油墨实地色块光谱反射率曲线。使用 X-Rite Swatchbook 分光光度计测量并记录青、品红、黄油墨实地色块在三种滤色片（或三通道）下的密度值。

使用 X-Rite Swatchbook 分光光度计测量青、品红、黄油墨之一单色梯尺中每一色块的网点面积率，对比网点标定值并绘制网点扩大曲线。

使用 X-Rite Swatchbook 分光光度计测量黑墨实地及灰梯尺中每一色块的 X，Y，Z、x，y，L^*，a^*，b^* 值与密度值。

实验方法：

① 绝对密度测量。在 ColorShop 软件 Control 控制面板的下边 Measurements Mode 选项中选择 Absolute Reflective 选项。用 X-Rite Swatchbook 分别测量白纸、各原色实地、各级单色油墨色块，记录测量数据于表 8-8 中。

② 相对密度测量。在 ColorShop 软件的 Control 控制面板的下边 Measurements Mode 选项中选择 Reflective（Paper）选项，软件提示测量纸白（图 8-15），将 X-Rite Swatchbook 放到要测量样品的白纸上并测量后，重复①中的测量内容，记录数据于表 8-8 第三列中。

③ 网点面积率测量。仪器设置和测量方法同②相对密度测量。在网点测量面板"Dot Area"中可以直接得到网点面积率和阶调密度的读数。将测量结果填入表 8-8 的第 4 栏。

表 8-8　　　　　　　　　　　　密度及网点面积率测量数据

C 样品	绝对密度测量值	相对密度测量值	网点面积率测量值	网点面积率计算值
白纸				
实地				
20%				
50%				
80%				
M 样品	绝对密度测量值	相对密度测量值	网点面积率测量值	网点面积率计算值
白纸				
实地				
20%				
50%				
80%				
Y 样品	绝对密度测量值	相对密度测量值	网点面积率测量值	网点面积率计算值
白纸				
实地				
20%				
50%				
80%				
K 样品	绝对密度测量值	相对密度测量值	网点面积率测量值	网点面积率计算值
白纸				
实地				
20%				
50%				
80%				

④ 使用 GretagMacbeth D200-Ⅱ透射密度仪测量胶片指定区域密度、网点面积率。GretagMacbeth D200-Ⅱ透射密度仪外形如图 8-19 所示。D200-Ⅱ透射密度仪有五个功能，可通过模式 1 和模式 2 按键（图 8-19 中的 7）来选择。模式切换后，液晶显示屏会显示出当前的模式代号。

模式 1：密度测量

模式 2：前两次测量的密度差值

模式 3：阳图网点面积测量

模式 4：阴图网点面积测量

模式 5：校正

用上面的"7"键选择模式 1 和模式 2，用下面的"8"键选择模式 3 和模式 4，

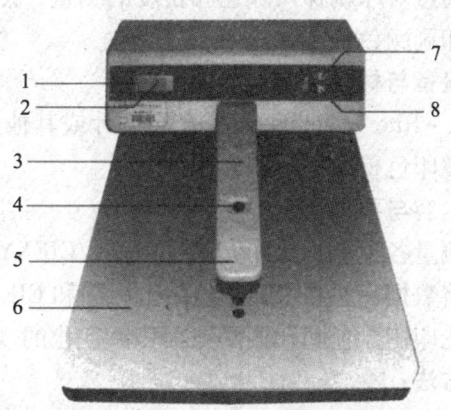

图 8-19　GretagMacbeth D200-Ⅱ透射密度仪外形图
1—状态显示器　2—测量值或者出错信息显示
3—测量臂　4—归零键　5—测量按钮
6—被照亮的测量台　7—模式 1 或 2 的选择按钮
8—模式 3 或 4 的选择按钮

用仪器后面面板上的 CAL 开关选择模式 5。

测量密度：选择密度模式，将仪器测量孔对准胶片的空白部位，压下测量臂，此时液晶屏上显示测量值。按测量臂上的归零键（图 8-19 中的"4"），使显示为 0.0。然后测量其他部位的密度，记录密度测量值。

测量网点：选择网点测量模式，先将仪器测量孔对准胶片的空白部位测量并归零，再测量胶片上实地的部位，此时液晶屏上显示 100%，然后就可以测量其他部位的网点面积，记录测量值。

实验注意事项：

1. 测量反射样品密度时设置为 T 状态密度。
2. 测网点面积率时，首先要将同色原墨实地色块的网点面积率定为 100%，将承印物（白纸）的网点面积率定为 0。

思考题：

1. 是否能够用密度计测量任意颜色的密度值？这样测量的密度值代表什么意义？
2. ColorShop 软件 Control 控制面板 mode 选项的 Absolute Reflective 和 Reflective (Paper) 选项的含义是什么，二者有什么不同？
3. 实验方法中描述的用 GretagMacbeth D200-II 透射密度仪测量分色胶片密度的方法直接测量的是绝对密度还是相对密度？请说明理由。

实验报告要求：

1. 详细说明测量密度的方法和技术要求，说明测量网点面积率的步骤。
2. 讨论绝对密度与相对密度意义和区别，分别用测量的绝对密度和相对密度值计算网点面积率，并与直接测量结果进行对比。

实验四　油墨特性测试

实验目的：

通过对印刷梯尺颜色和密度的测量，熟悉印刷品网点呈色特性，了解不同油墨网点面积率印刷颜色的规律。

实验设备与材料：

X-Rite Swatchbook 分光光度计或其他型号分光光度计、ColorShop 软件、包含单色梯尺和叠印色梯尺的印刷样张。

实验内容与要求：

测量各原色梯尺的光谱反射率、CIEXYZ、CIELAB 值和密度值，记录数据并用数据画图，将数据标注在 CIExy 色品坐标图和 CIEa*b* 图上，从光谱反射率曲线和色品坐标两方面讨论印刷颜色随印刷网点面积率变化的规律。

实验方法：

同实验三。

实验注意事项：

注意测量反射样品密度时设置为 T 状态密度。注意测量网点面积率的正确方法。

思考题：

1. 用测量数据说明，不同网点面积率的黑色梯尺色块的三刺激值和色品坐标有什么特点？这些特点说明了什么问题，如何分析这些特点？

2. 通过各梯级色块的光谱分布和色品坐标值两方面来分析各原色油墨的色度值与密度值的特点。

3. 能否直接测量出叠印色块中各原色油墨的网点面积率？

实验报告要求：

1. 绘制青、品红、黄油墨实地色块光谱反射率曲线，同时用虚线画出理想油墨的光谱反射率曲线，比较二者的差别。

2. 将青、品红、黄、黑油墨实地色块的密度值记录在表8-9中，计算三原色油墨的色纯度、色强度、色偏、色灰、色效率，结合其光谱反射率曲线分析油墨颜色质量。在GATF色轮图上分析油墨的颜色，对比不同分析方法的结果。

3. 测量任意两个双色叠印色块的CIEXYZ三刺激值，并根据该色块的原色网点面积率用纽介堡方程计算CIEXYZ三刺激值，比较测量值与计算值并进行计算结果讨论。

表8-9　　　　　　　　各原色实地油墨色块的密度测量值

墨色＼滤色片（通道）	R（C通道）	G（M通道）	B（Y通道）	V（V通道）
青				
品红				
黄				

4. 测量黑墨实地及灰梯尺中每一色块的 X, Y, Z、x, y、L^*, a^*, b^* 值与密度值，记录在表8-10中，讨论各梯级测量值的规律并讨论原因。

表8-10　　　黑墨实地及灰梯尺的 X, Y, Z; x, y; L^*, a^*, b^* 值与密度值

	网点面积%	100	90	80	70	60	50	40	30	25	20	15	10	7	3
三刺激值	X														
	Y														
	Z														
色品坐标	x														
	y														
$L^*a^*b^*$	L^*														
	a^*														
	b^*														
密度值	C														
	M														
	Y														

5. 分别将三原色单色梯尺各级网点面积率测量值记录在表 8 – 11 中。以横坐标为三原色单色梯尺的理论网点面积率（梯尺标注的网点面积率），纵坐标为实测各梯级的网点面积率画图，由此得到网点扩大曲线。对比各色油墨的网点扩大曲线规律。

表 8 – 11　　　　　　　　网点面积率及扩大值的测量值

标注网点面积率/%	90	80	70	60	50	40	30	25	20	15	10	7	3
实测网点面积率/%													
网点扩大值/%													

*实验五　印刷网点观察与测量

实验目的：

熟悉印刷品网点呈色特性，学习用放大镜观察印刷网点微观结构的方法。

实验设备与材料：

放大镜、网点显微镜、网线尺、调幅和调频印刷样张。

实验内容与要求：

观察样张中不同网点形状梯尺中的各色块随着网点面积率的变化宏观颜色感觉的变化，用放大镜观察单色印刷、双色印刷和三色印刷梯尺或色块中混合颜色的纽介堡基色数量，观察不同网点面积率时各网点之间并列和叠合的情况，注意观察随着网点面积率的变化网点形态的改变情况。观察不同印刷品加网角度、线数、网点叠合与并列的关系，写出所观察不同网点比例时的观察结果。

观察单色梯尺网点尺寸的变化情况，至少记录两个以上网点比例时的观察结果：每两个相邻网点间可容纳的网点数量，从而判断网点面积率，将观察结果记录于表 8 – 12 中。

用网线尺测量印刷品的加网线数，如图 8 – 20 所示，通过网线尺与印刷品上网点叠合产生的干扰条纹可以判断出加网线数。干扰条纹向两个方向弯曲的分界线所对应的数字就是加网线数，例如图 8 – 20 显示的加网线数是 120lpi 左右。然后再用刻度显微镜进行测量，对比两种方法的测量结果并讨论。

用放大镜或显微镜目测网点面积率，用仪器测量实际网点面积率，与样张标注网点面积率对比，逐步掌握目视判断网点面积率的方法。

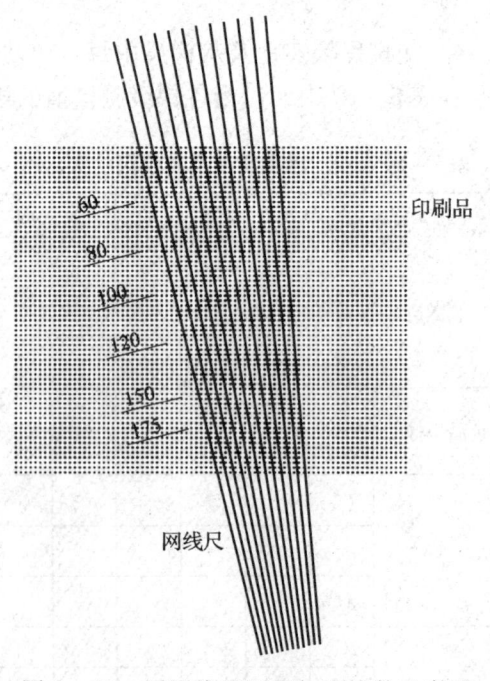

图 8 – 20　用网线尺测量加网线数示意图

思考题：

1. 你用显微镜（放大镜）观察彩色印刷样张时看到的是什么颜色，不用放大镜时看到的又是什么颜色感觉？为何说印刷品最终的颜色感觉是色光相加的结果？

2. 结合用"ColorMatching"软件匹配印刷颜色（CMY）的效果，体会不同网点面积率混合出的颜色感觉规律，讨论颜色明度、色调和彩度三属性与网点面积率之间的对应关系。

实验报告要求：

详细说明实验的方法和步骤，讨论观察的结果。

表 8 – 12   网点面积率目测结果

梯尺 1	加网线数		加网角度		网点形状	
梯尺 2	加网线数		加网角度		网点形状	
标注网点面积率/%						
目测网点面积率/%						
实测网点面积率/%						

第三节　综合性实验

实验一　设备可实现颜色范围（色域）的确定

实验目的：

运用色度学原理，通过对设备的颜色测量，根据颜色混合规律，对测量结果进行综合分析，用 CIExy 色品图表现不同设备可实现颜色范围（色域）的确定方法，进一步理解 CIE 色度系统的特性。

实验设备与材料：

PR – 650 分光辐射度计、Monaco Optix 或 X – Rite Monitor Optimizer 色度计、X – Rite Swatchbook 分光光度计、LCD 显示器、CRT 显示器、各种条件下制作的彩喷及印刷样张。

实验原理：

1. 显示设备可实现颜色范围（色域）的确定

显示器显示的颜色是由红、绿、蓝三色小光点混合而得到的，其原理是红、绿、蓝色光三原色的加色混合系统（注意色光加色系统的特性），而 CIExy 色品图对于加色混色是线性的。因此，要确定显示器的色域，首先要得到显示器三原色的颜色值。有了三原色颜色值后，所有显示颜色都可以由三原色混合得到。所以本实验的第一步就是要设计实验，选择测量仪器，通过对显示颜色的测量确定三原色的颜色值。

然后根据 CIExy 色品图的线性性质和色光加色的规律，通过红、绿、蓝三基色色品坐标点确定所有可显示颜色的坐标，得到显示器可显示颜色的色域范围，得到可实现颜色范围的边界，并表示在 CIExy 色品图上，用色品图三原色所围的区域表示显示设备可表现颜色范围（色域）的平面投影。

需要说明的是，① 显示器色域是一个三维空间，CIExy 色品图上的显示器色域仅仅是三维空间在 $x-y$ 平面上的投影；② 不同类型的显示器所用的红、绿、蓝发光材料或发光方式不同，如 CRT 显示器用红、绿、蓝荧光粉，而 LCD 显示器则用红、绿、蓝滤色片，其对应光谱成分不同，色坐标也会不同，所以确定不同显示器的色域对显示器的色彩管理非常有用；③ 显示器亮度、对比度以及色温（白场颜色）的调节和设置都会影响三原色的色度特性。上述两方面因素决定不同类型的显示器，以及同一类型调整到不同状态下的显示器，可实现的颜色范围（色域）均会有所不同。因此，必须说明实验的条件和测量条件。

2. 硬拷贝输出设备系统可实现颜色范围（色域）的确定

常用的硬拷贝输出设备使用青、品红、黄、黑四色色料呈现颜色。由色彩学中有关印刷品呈色原理可知，在这种彩色复制系统中，颜色的形成包含了减色和加色两个混色过程（注意两种混色过程的区别和不同的颜色计算方法）。以青、品红、黄三色系统为例，青、品红、黄色料原色，以及两两叠合形成的红、绿、蓝二次色和三个色料叠合在一起形成的三次色黑色，颜色的表现均为吸收掉照明白光中的一部分、反射剩余部分形成的，这是颜色形成的减色过程，连同纸色本身，减色过程共形成 8 种颜色。其中，青、品红、黄、红、绿、蓝 6 个颜色为可在印刷品上得到的最饱和色。由于单个色料及二次、三次色料点都很小，空间距离又很近，眼睛无法分辨，只能感受到一定区域内所有色点的综合效果，因此眼睛感觉到的颜色由一定区域内不同比例的上述 7 种颜色，以及承印材质本身颜色（如纸白）共 8 种色光在眼睛内混合形成，这一过程为颜色形成的加色过程。因此，硬拷贝材质上颜色的形成为一混合呈色过程。因为减色过程的计算比较复杂，因此计算印刷品颜色时只利用减色过程形成的纽介堡基色作为加色原色来计算最终加色过程形成的颜色，只有这个加色混合过程在 CIExy 色品图上才是线性的关系。

因此，确定硬拷贝输出设备色域的关键在于确定纽介堡基色，在不考虑明度变化时，硬拷贝设备色域可以用在 CIExy 色品图上的投影来表示。由 CIExy 色品图的性质和加色混色的性质可知，用 CIExy 色品坐标可以确定输出设备色域的边界投影。其他所有可输出颜色，包括 8 个加色原色中的黑、白色及其他可印刷颜色的颜色值均可投影在青、品红、黄、红、绿、蓝色品坐标点决定的色域内。

为此，首先要设计实验得到上述各加色原色的颜色值，设计制作颜色样品，选择测量仪器，由设备输出原色色样并进行测量。然后将测量值绘制在 CIExy 色品图上。

对于加入黑色的四色输出系统，尽管黑色的加入使颜色形成的加色原色增加为 16 个，但黑油墨不会增大彩色的范围，只能增加密度范围，同样可以用青、品红、黄、红、绿、蓝 6 个为最饱和色来表示色域边界，与黑油墨混合得到的颜色也都落在这个色域范围内。

需要指出的是，硬拷贝形成的颜色是由设备性能、所用色料以及承印材质的特性共同决定的，是包含设备、色料和输出材质的整个系统性能的体现。所以同一设备当使用了不同的色料（如更换墨水）或不同的输出材质（不同打印纸）时，输出颜色以及色域都会发生变化。因此在实际工作中，要确定不同输出条件下的输出色域。实验中可由不同材质输出，测量参数改变的影响。

实验内容与要求：

1. 预习实验，写出实验设计方案，内容包括：

① 设计实验并选择仪器测量 LCD 显示器的原色，确定可显示颜色范围（色域）。选择几个颜色值验证显示颜色符合颜色相加性。

② 设计并制作颜色样品，选择仪器测量印刷及打印等硬拷贝输出设备系统的纽介堡基色，确定可实现颜色范围（色域）。

2. 颜色测量（LCD 显示器和 CRT 显示器可选择一种）。

3. 要求在同一 CIExy 色品图中绘出每种输出方式的色域，并注明各实验条件，进行色域的对比。

实验注意事项：

首先提交实验设计方案，只有方案得到教师批准后才能进入实验室开始实验。

测量 LCD 颜色值时注意显示器的倾斜角度，使测量仪器能够紧密贴合在屏幕表面，又不压迫屏幕表面，使显示颜色发生变化。由于在实验中，室内光线对 LCD 屏幕的照射会影响屏幕本身的颜色，要降低这种影响应该用遮光罩遮挡在 LCD 屏幕周围。

使用 X–Rite Monitor Optimizer 色度计测量 CRT 显示器上色块时注意仪器要在屏幕上吸牢，防止落下摔坏仪器，同时注意环境光的影响。

思考题：

1. 为什么在 CIExy 色品图上确定显示器的色域只需红、绿、蓝三个最饱和色，而以 CMYK 为色料的硬拷贝输出系统则需青、品红、黄、红、绿、蓝 6 个饱和色？为什么可以直接将原色间用直线连接确定色域？

2. 硬拷贝输出系统的色域特性与哪些因素有关？

3. 显示设备和输出设备系统的色域差异说明什么？

*4. 如何将 CIExy 色品图上的色域描述到 CIELAB 空间的 a^*-b^* 平面图上，是否与 CIExy 色品图上的色域确定方法相同？请说明。在 a^*-b^* 平面图上的色域形状与 CIExy 色品图是否一样？如果转换到 CIELUV 空间的 u^*-v^* 平面图上的形状又是什么样？请计算并讨论，说明理由。

*5. 如果测量青、品红、黄、红、绿、蓝各颜色梯尺，各网点面积率色块的色品坐标变化规律是什么？显示器与硬拷贝设备色域边界上的颜色有何特点和规律？

6. 因为印刷品的颜色是由加色和减色两个混色过程形成的，因此它的色域要由加色三原色和减色三原色共同确定，这种说法对吗，为什么？

实验设计方案要求包含下述项目内容：

1. 实验目的
2. 实验设备与材料
3. 实验内容
4. 实验原理（即两类不同设备色域确定方法的原理说明）

实验报告要求包含下述项目内容：

1. 实验步骤与数据记录和计算（数据记录在自行设计的表格中）
2. 实验结果（即 CIE1931 $x-y$ 色品图和 CIELAB a^*-b^* 图中的色域图示）的表示和分析
3. 回答思考题

*实验二 显示器的色彩管理

实验目的：

深入理解色彩管理原理，通过对显示器的色彩管理操作，掌握显示器色彩管理的方法。

实验设备与材料：

PR-650 分光辐射度计、Monaco Optix 或 X-Rite Monitor Optimizer 色度计、LCD 显示器、CRT 显示器。

实验原理：

显示颜色是通过计算机发送的数字量驱动发光形成的，同样的数字量在不同显示器上可能显示出的颜色感觉不相同。显示器色彩管理的目的是确定各种数字量所形成颜色的色度值，即确定数字量 d_r、d_g、d_b 与 CIEXYZ 之间的对应关系。为了确定这个关系，需要由计算机发送一系列 d_r、d_g、d_b 值，在显示器上显示出相应的颜色，并用仪器测量，通过计算找出二者的关系。因为显示颜色符合色光加色混色规律，满足线性叠加的关系，因此显示器颜色的计算关系一般用公式表示。

实验内容与要求：

用显示器色彩管理软件，如 ColorShop、Monaco Optix Pro、ProfileMaker 等对 LCD 和 CRT 显示器进行色彩管理，仔细观察色彩管理的过程，分析色彩管理的方法。

用二进制编辑软件打开生成的特性文件，分析特性文件的结构和进行颜色转换的方法，深入理解显示器色彩管理的方法。

实验方法：

因为使用不同的仪器和软件，色彩管理的具体操作方法不同，但主要步骤和方法类似，下面以 Monaco Optix Pro 的操作方法为例说明。

① 首先用软布或专用清洁工具清洁显示屏幕表面，保证屏幕表面干净，使颜色测量精度不受灰尘的影响。

② 运行 Monaco Optix Pro 软件，屏幕上出现如图 8-21 所示的界面，列出该软件的 4 项功能。用鼠标点击选择第一项"建立显示器特性文件"，进入如图 8-22 所示的界面。

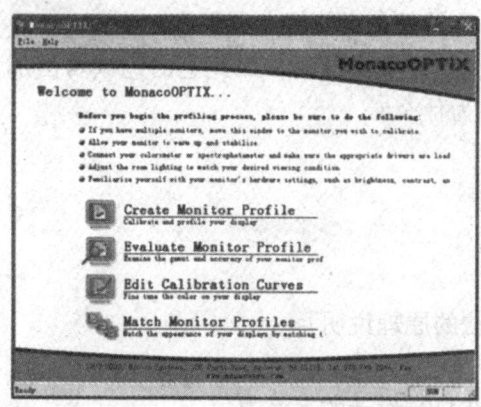
图 8-21 Monaco Optix Pro 软件界面

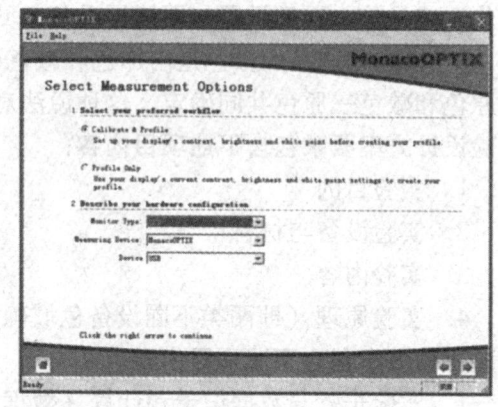
图 8-22 选择显示器类型、仪器和接口

③ 在"Monitor Type"的下拉菜单中选择 LCD 或 CRT 显示器;在"Measuring Device"下来菜单中选择所使用的仪器型号;在"Device"项中选择 USB 接口或 COM 串口。设置完成后用鼠标点击右下角的右箭头进入下一个界面,如图 8-23 所示。

④ 在"White"下拉菜单中选择合适的白场色温;在"Gamma"下拉菜单中选择所需要的伽玛值,也可以自定义。分别在"Target White Luminance"和"Target Black Luminance"输入所希望达到的白场和黑场亮度值。

白场色温值决定了显示图像的整体颜色,色温值高,则图像偏蓝,反之则偏红。ICC 规定的色温值为 5000K,但这个色温下的图像颜色显得偏红,更多人倾向于使用 6500K 的色温。事实上,色温的选择还要根据观察印刷品光源的色温来决定,最好二者的色温要一样,才能保证在对比硬拷贝样张时颜色准确。

伽玛值决定了显示图像的层次感觉,伽玛值高时图像整体偏暗,亮调感觉好,反之则图像偏亮,暗调表现好。一般伽玛值选择 1.8~2.2,建议选择 2.2。

理论上,白场和黑场亮度值相差越大,则显示器的对比度越高,图像的阶调层次表现得越好。但实际显示器不可能达到理想,因此可以通过点击"Test OSD"按钮来实际测量,检验与设置值的偏差,如图 8-24 所示。

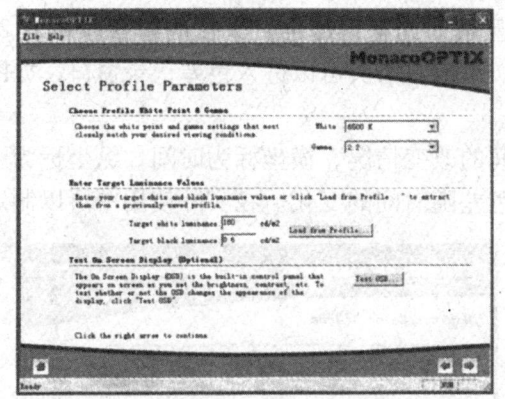

图 8-23 设置显示器白场和色温

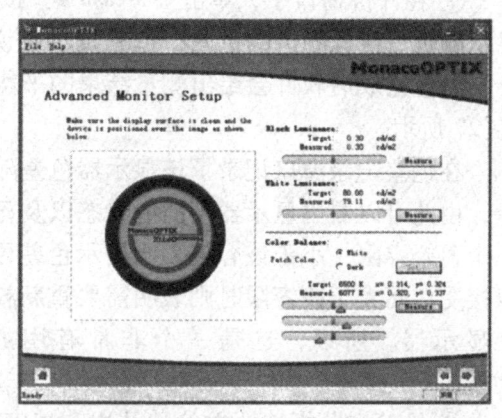

图 8-24 测量显示器亮度和色温

⑤ 将仪器按图 8-24 所示放置好,单击界面中第一个"Measure"按钮测量暗场的亮度,会出现一个滑动三角形指示测量值与设置的暗场亮度偏差量;单击第二个"Measure"按钮测量白场的亮度,滑动三角形同样会指示出测量值与设置的白场亮度值的偏差量;单击第三个"Measure"按钮则测量白场的色温,红绿蓝通道的滑动三角形表示颜色的偏离数量。如果显示器具有调节显示色温的功能,则可以通过显示器的色温调节按钮来改变红绿蓝通道的亮度,使三角形滑块指示到中间色块,此时的色温就接近了设置色温。

⑥ 单击右箭头进入下一步,开始测量显示颜色并计算特性文件,如图 8-25 所示。将仪器按图 8-25 所示放置好,单击"Measure"按钮开始颜色测量。此时显示器会自动显示一系列颜色。测量结束后会自动提示保存特性文件,默认的保存位置为系统的特性文件保存文件夹,操作系统可以直接使用。保存完成后单击右箭头就可以回到如图 8-21 所示的主界面。至此就完成了显示器的校准和特征化工作,建立了显示器的特性文件,此特性文件可以在各种应用软件,如 Photoshop 中调用使用。

到此可以退出 Monaco Optix Pro 软件,结束显示器的测量。但一般来说还希望检查特性文件的准确性,此时就可以单击主界面中的第二个菜单"Evaluate Monitor Profile",进入评价窗口,如图 8-26 所示。

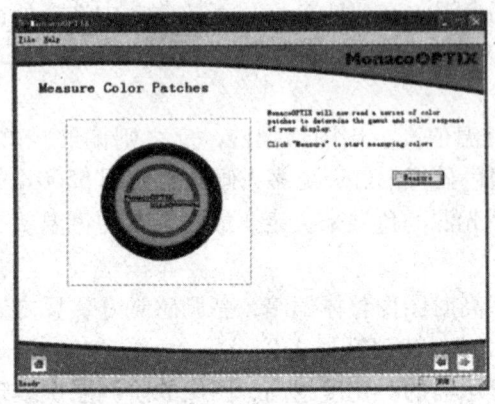

图 8-25 颜色测量窗口

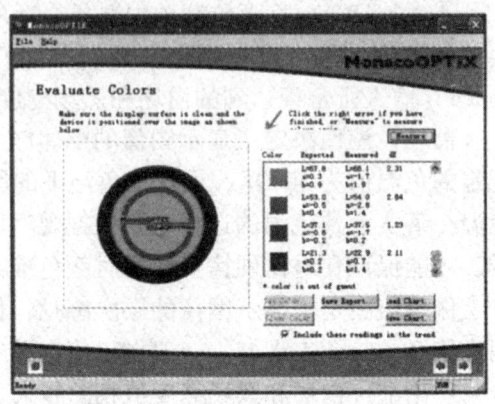

图 8-26 评价特性文件窗口

⑦ 在评价窗口中,单击"Measure"按钮后软件可以测量一系列特定的颜色,以检查显示颜色与目标颜色的色差,色差越小就说明显示器调整得越准。默认的检察颜色有 24 个,测量完成后软件会给出测量结果的平均值。单击右箭头可以进入色差记录窗口,如图 8-27 所示。

在色差记录窗口记录了该显示器色差随时间的改变情况,横坐标为时间,纵坐标为色差,由此可以看出显示器当前的状态以及显示色差随时间的变化。在实际使用中可以制定一个色差容限,小于该容限表明显示色差可以接受,而大于该容限时则表明需要重新校准显示器。所以,这是一个非常有用的功能。

⑧ 检验和分析特性文件的结构和精度。可以用查看特性文件的软件,如 ProfileInspector 打开特性文件,查看特性文件中的各个项目,分析各个项目的作用,检验颜色转换的结果。也可以用二进制编辑软件,如 UltraEdit 打开特性文件,查看文件的结构和组成。用 Photoshop 调用所制作的特性文件,查看不同特性文件对显示颜色的作用和效果。

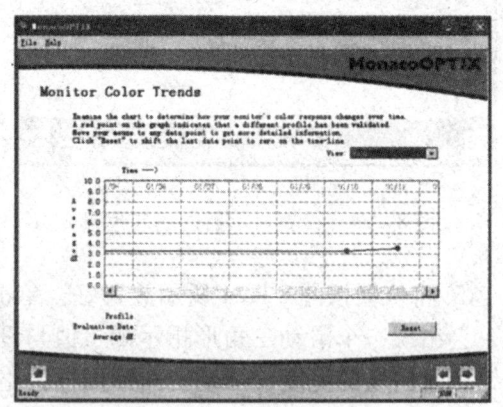

图 8-27 记录色差变化的表格

实验注意事项:

测量 LCD 颜色值时注意显示器的倾斜角度,使测量仪器能够紧密贴合在屏幕表面,又不压迫屏幕表面,使显示颜色发生变化。由于该实验中,室内光线对 LCD 屏幕的照射会影响屏幕本身的颜色,要设法降低这种影响,应该用遮光罩遮挡在 LCD 屏幕周围。

使用 X-Rite Monitor Optimizer 色度计测量 CRT 显示器上色块时注意仪器要在屏幕上

吸牢,防止落下摔坏仪器,同时注意环境光的影响。

思考题:

1. 注意观察在进行显示器色彩管理时都测量了哪些颜色,分析为什么测量这些颜色样品?
2. 建立特性文件后,如何检验该特性文件颜色转换的准确性?
*3. 设已知显示器三原色的三刺激值为 R (X_r, Y_r, Z_r),G (X_g, Y_g, Z_g),B (X_b, Y_b, Z_b),假设显示颜色严格满足颜色相加定律,分析是否可以计算出任意显示的颜色?

实验报告要求包含下述项目内容:

1. 实验目的
2. 实验设备与材料
3. 实验内容
4. 实验原理
5. 实验步骤与数据记录和计算(数据记录在自行设计的表格中)
6. 实验结果精度的检验和分析
7. 回答思考题

*实验三 印刷品颜色的评价

实验目的:

学习印刷品颜色评价的理论,了解印刷品颜色评价的一般方法,加深对印刷品颜色的理解。

实验设备与材料:

X – Rite SwatchBook 分光光度计或 X – Rite 500 系列分光光度计、标准灯箱、LCD 显示器、印有色块、测控条和图像的印刷样张,如类似图 8 – 28 所示的样张内容,各样张之间具有一定的颜色差异。

图 8 – 28 两个目视观察样张的示例

实验原理:

印刷品颜色的评价分为客观评价和主观评价两类,两类评价的方法不同,作用也不一样,作为评价的两个方面,不能互相代替,而是互为参考和补充的两种方法。

客观评价使用仪器对印刷品的颜色进行测量,通常是对印刷测控条色块的测量,通过颜色和密度的测量,可以判断印刷的墨量大小、印刷设备的状态、定量检测印刷品是否合格。客观测试的内容主要包括实地密度的测量、网点扩大率的检查、印刷墨量均匀度的检查等，其检测方法主要是用分光光度计进行颜色和密度的测量，其方法同前面各实验的方法，这里从略。

主观评价是通过目视观察的方法检验印刷品的颜色与参考样张的差别、检验印刷品是否存在印刷故障，如墨点、墨杠、龟纹等缺陷，是印刷品合格与否的最终评判标准。目视评价又分为针对均匀颜色，如色块的评价和针对印刷图像的评价，包括颜色差别、阶调层次和清晰度的评价，这是一项难度很大的评价工作，必须进行一定的训练。无论针对哪项评价，都必须具备几个条件：参考样张、标准观察条件、目视评判的规范。参考样张是目视评价的对比标准；标准观察条件是保证目视评价结果一致性的保证，所有的目视评价都必须在相同的照明条件下，使用相同的观察条件和方法，避免观察结果受各种颜色视觉现象和不确定因素的影响；目视评判的规范是要规定一定的抽样评判方法和定量评价的方法，使评价的结果定量化，具有一定的可比性。样品的抽样一般以随机的方式进行，避免受记忆或先入为主等主观因素的影响，影响评价结果的准确性和客观性。目视评价结果的打分通常可以为 5 级或 10 级，例如按色差等级来划分：

1 级：与标准样张无色差或无差别感觉；

2 级：与标准样张有刚可察觉的差别感觉，此时的差别感觉似有似无，不明显或确定；

3 级：与标准样张有微弱的差别感觉，此时的差别感觉非常微弱，但可以确定存在；

4 级：与标准样张存在可接受的差别，此时差别感觉明显，但仍然认为差别在可接受范围内；

5 级：与标准样张存在明显差别，差别不可接受。

如果评判感觉介于两级之间，可以给出小数。如果采用 10 级制，可以将上述每个颜色差别感觉等级设置为 2 分。

值得特别说明的是，主观目视评价结果只有在多个观察者的大量实验基础上才有意义，单个观察结果的准确性和可信度非常低，不能代表实际的情况，观察者越多，观察次数越多，准确性和可靠性越高。对多个观察结果要求平均值和计算标准方差等统计学处理才能说明问题。

实验内容与要求：

1. 对测试样张的测控条色块进行测量，判断印刷质量是否符合要求；

2. 在标准灯箱中对比标准样张对测试样张中色块的颜色差别进行判断，给出评判等级；

3. 在标准灯箱中对照标准样张进行图像颜色的目视评价，给出评判等级；

4. 在标准灯箱中对照标准样张进行图像颜色、层次和清晰度的综合目视对比判断，给出评判等级；

5. 对测试结果进行处理和分析；

实验方法：

1. 用分光光度计对测试样张的测控条色块进行测量，记录测量数据。

2. 进行目视观察分组，每组 3~5 人，其中一人负责测试和记录，其他人作为观察者，然后轮换。

3. 对样张进行编号，但编号不能让观察者看见，使观察者不知道当前观察的是哪个样张，并且随机抽取各样张。

4. 向观察者说明观察方法、注意事项和打分标准。

5. 将标准样张和测试样张同时放在标准灯箱中，用眼睛观察标准样张的某个部位，仔细感觉颜色的感觉，然后迅速将目光移到测试样张的相同部位，依据短暂的记忆进行对比，凭借感觉给出评判等级。用此方法依次进行 2~4 项实验内容的目视判断。

6. 分别对测量结果和目视观察结果进行统计处理，将二者的结果进行对比分析，画出必要的图表。

实验注意事项：

为保证目视评价结果的准确性和一致性，① 必须为观察者随机呈现观察样张，使观察者仅凭感觉评判，② 向所有观察者说明评价标准，使所有观察者掌握相同的给分标准。

思考题：

1. 通过实验结果说明目视主观评价是否科学可靠？
*2. 讨论主观评价和客观测量的作用。

实验报告要求包含下述项目内容：

1. 实验目的
2. 实验设备与材料
3. 实验内容
4. 实验原理
5. 实验步骤与数据记录和计算（数据记录在自行设计的表格中）
6. 实验结果的处理、表示和分析
7. 回答思考题

附　　录

附录1　CIE 标准照明体 A 的加权函数
($\lambda = 380 \sim 780\text{nm}, \Delta\lambda = 5\text{nm}$)

波长/nm	$S(\lambda) \times \bar{x}(\lambda)$	$S(\lambda) \times \bar{y}(\lambda)$	$S(\lambda) \times \bar{z}(\lambda)$	$S(\lambda) \times \bar{x}_{10}(\lambda)$	$S(\lambda) \times \bar{y}_{10}(\lambda)$	$S(\lambda) \times \bar{z}_{10}(\lambda)$	波长/nm	$S(\lambda) \times \bar{x}(\lambda)$	$S(\lambda) \times \bar{y}(\lambda)$	$S(\lambda) \times \bar{z}(\lambda)$	$S(\lambda) \times \bar{x}_{10}(\lambda)$	$S(\lambda) \times \bar{y}_{10}(\lambda)$	$S(\lambda) \times \bar{z}_{10}(\lambda)$
380	0.0006	0.0000	0.0029	0.0001	0.0000	0.0003	600	6.3518	3.7733	0.0048	6.3731	3.7326	0.0000
385	0.0011	0.0000	0.0053	0.0003	0.0000	0.0014	605	6.4299	3.4855	0.0037	6.3504	3.4629	0.0000
390	0.0024	0.0001	0.0112	0.0013	0.0002	0.0056	610	6.3351	3.1783	0.0021	6.1739	3.1634	0.0000
395	0.0047	0.0001	0.0224	0.0042	0.0005	0.0189	615	6.0877	2.8622	0.0016	5.8479	2.8406	0.0000
400	0.0098	0.0003	0.0463	0.0123	0.0013	0.0556	620	5.6868	2.5358	0.0013	5.4038	2.5123	0.0000
405	0.0174	0.0005	0.0825	0.0308	0.0032	0.1399	625	5.1270	2.1903	0.0007	4.8840	2.1971	0.0000
410	0.0356	0.0010	0.1699	0.0658	0.0068	0.3025	630	4.4905	1.8524	0.0003	4.2916	1.8790	0.0000
415	0.0694	0.0019	0.3319	0.1192	0.0123	0.5567	635	3.8779	1.5529	0.0002	3.6308	1.5491	0.0000
420	0.1308	0.0039	0.6283	0.1887	0.0197	0.8974	640	3.2791	1.2812	0.0001	2.9960	1.2481	0.0000
425	0.2268	0.0077	1.0974	0.2651	0.0295	1.2843	645	2.7006	1.0344	0.0001	2.4393	0.9950	0.0000
430	0.3246	0.0133	1.5841	0.3411	0.0420	1.6840	650	2.1681	0.8183	0.0000	1.9456	0.7803	0.0000
435	0.4055	0.0208	2.0036	0.4187	0.0581	2.1053	655	1.7078	0.6372	0.0000	1.5127	0.6012	0.0000
440	0.4632	0.0306	2.3236	0.4839	0.0783	2.4809	660	1.3141	0.4861	0.0000	1.1530	0.4556	0.0000
445	0.4976	0.0426	2.5485	0.5242	0.1013	2.7481	665	0.9850	0.3623	0.0000	0.8646	0.3398	0.0000
450	0.5155	0.0583	2.7174	0.5390	0.1301	2.9004	670	0.7241	0.2651	0.0000	0.6386	0.2498	0.0000
455	0.5230	0.0788	2.8620	0.5337	0.1654	2.9573	675	0.5368	0.1958	0.0000	0.4633	0.1809	0.0000
460	0.5095	0.1051	2.9247	0.5022	0.2130	2.8998	680	0.4019	0.1461	0.0000	0.3332	0.1295	0.0000
465	0.4689	0.1380	2.8538	0.4500	0.2706	2.7534	685	0.2877	0.1042	0.0000	0.2371	0.0920	0.0000
470	0.3881	0.1807	2.5581	0.3685	0.3489	2.4820	690	0.2019	0.0730	0.0000	0.1678	0.0649	0.0000
475	0.2998	0.2375	2.1978	0.2646	0.4398	2.0606	695	0.1432	0.0517	0.0000	0.1183	0.0463	0.0000
480	0.2138	0.3108	1.8174	0.1706	0.5375	1.6366	700	0.1044	0.0377	0.0000	0.0836	0.0322	0.0000
485	0.1371	0.4004	1.4575	0.0922	0.6677	1.2786	705	0.0757	0.0273	0.0000	0.0584	0.0230	0.0000
490	0.0800	0.5197	1.1621	0.0384	0.8033	0.9838	710	0.0548	0.0198	0.0000	0.0413	0.0162	0.0000
495	0.0387	0.6813	0.9308	0.0127	0.9877	0.7554	715	0.0395	0.0143	0.0000	0.0283	0.0109	0.0000
500	0.0136	0.8960	0.7545	0.0100	1.2120	0.5747	720	0.0283	0.0102	0.0000	0.0203	0.0074	0.0000
505	0.0070	1.1878	0.6191	0.0426	1.4694	0.4402	725	0.0203	0.0073	0.0000	0.0141	0.0056	0.0000
510	0.0285	1.5398	0.4843	0.1089	1.7611	0.3251	730	0.0144	0.0052	0.0000	0.0095	0.0038	0.0000
515	0.0934	1.9518	0.3585	0.2173	2.0865	0.2501	735	0.0101	0.0037	0.0000	0.0067	0.0029	0.0000
520	0.2126	2.3854	0.2629	0.3750	2.4268	0.1934	740	0.0071	0.0026	0.0000	0.0049	0.0019	0.0000
525	0.3849	2.7859	0.2011	0.5761	2.7418	0.1435	745	0.0049	0.0018	0.0000	0.0039	0.0010	0.0000
530	0.6069	3.1609	0.1546	0.8223	3.0430	0.1060	750	0.0035	0.0013	0.0000	0.0030	0.0010	0.0000
535	0.8633	3.4985	0.1141	1.1030	3.3496	0.0747	755	0.0025	0.0009	0.0000	0.0020	0.0010	0.0000
540	1.1567	3.7998	0.0809	1.4230	3.6331	0.0517	760	0.0018	0.0006	0.0000	0.0010	0.0010	0.0000
545	1.4904	4.0618	0.0555	1.7742	3.8587	0.0310	765	0.0013	0.0005	0.0000	0.0010	0.0000	0.0000
550	1.8663	4.2838	0.0377	2.1629	4.0490	0.0163	770	0.0009	0.0003	0.0000	0.0010	0.0000	0.0000
555	2.2884	4.4692	0.0257	2.6108	4.2338	0.0047	775	0.0007	0.0002	0.0000	0.0000	0.0000	0.0000
560	2.7550	4.6110	0.0181	3.0986	4.3821	0.0000	780	0.0005	0.0002	0.0000	0.0000	0.0000	0.0000
565	3.2563	4.6973	0.0132	3.6128	4.4712	0.0000							
570	3.7852	4.7285	0.0104	4.1382	4.5004	0.0000		X	Y	Z	X_{10}	Y_{10}	Z_{10}
575	4.3259	4.7002	0.0092	4.6310	4.4557	0.0000		109.85	100.00	35.58	111.14	100.00	35.20
580	4.8594	4.6139	0.0088	5.0999	4.3693	0.0000		x	y		x_{10}	y_{10}	
585	5.3549	4.4668	0.0077	5.5739	4.2836	0.0000		0.4476	0.4074		0.4512	0.4059	
590	5.7895	4.2703	0.0062	5.9826	4.1582	0.0000		u	v		u_{10}	v_{10}	
595	6.1402	4.0379	0.0058	6.2496	3.9691	0.0000		0.2560	0.3495		0.2590	0.3495	

附录2 CIE 标准照明体 D_{65} 的加权函数
($\lambda = 380 \sim 780\text{nm}, \Delta\lambda = 5\text{nm}$)

波长/nm	$S(\lambda) \times \bar{x}(\lambda)$	$S(\lambda) \times \bar{y}(\lambda)$	$S(\lambda) \times \bar{z}(\lambda)$	$S(\lambda) \times \bar{x}_{10}(\lambda)$	$S(\lambda) \times \bar{y}_{10}(\lambda)$	$S(\lambda) \times \bar{z}_{10}(\lambda)$	波长/nm	$S(\lambda) \times \bar{x}(\lambda)$	$S(\lambda) \times \bar{y}(\lambda)$	$S(\lambda) \times \bar{z}(\lambda)$	$S(\lambda) \times \bar{x}_{10}(\lambda)$	$S(\lambda) \times \bar{y}_{10}(\lambda)$	$S(\lambda) \times \bar{z}_{10}(\lambda)$
380	0.0032	0.0001	0.0153	0.0004	0.0000	0.0015	600	4.5238	2.6873	0.0034	4.3530	2.5495	0.0000
385	0.0055	0.0002	0.0261	0.0016	0.0002	0.0065	605	4.4427	2.4083	0.0025	4.2080	2.2947	0.0000
390	0.0110	0.0003	0.0518	0.0056	0.0007	0.0247	610	4.2505	2.1324	0.0014	3.9728	2.0355	0.0000
395	0.0249	0.0007	0.1177	0.0213	0.0024	0.0955	615	3.9361	1.8506	0.0010	3.6262	1.7614	0.0000
400	0.0560	0.0016	0.2657	0.0680	0.0071	0.3062	620	3.5456	1.5810	0.0008	3.2312	1.5022	0.0000
405	0.0956	0.0026	0.4543	0.1627	0.0169	0.7388	625	3.0394	1.2984	0.0004	2.7768	1.2492	0.0000
410	0.1883	0.0052	0.8978	0.3334	0.0346	1.5329	630	2.5316	1.0443	0.0002	2.3204	1.0160	0.0000
415	0.3396	0.0095	1.6244	0.5593	0.0577	2.6129	635	2.1407	0.8572	0.0001	1.9222	0.8201	0.0000
420	0.5940	0.0177	2.8540	0.8221	0.0860	3.9094	640	1.7738	0.6931	0.0001	1.5543	0.6475	0.0000
425	0.9152	0.0311	4.4276	1.0257	0.1143	4.9696	645	1.3975	0.5353	0.0000	1.2106	0.4938	0.0000
430	1.1644	0.0476	5.6828	1.1737	0.1443	5.7938	650	1.0735	0.4052	0.0000	0.9239	0.3705	0.0000
435	1.4886	0.0763	7.3543	1.4740	0.2044	7.4110	655	0.8291	0.3093	0.0000	0.7043	0.2799	0.0000
440	1.7282	0.1141	8.6688	1.7313	0.2802	8.8768	660	0.6258	0.2315	0.0000	0.5266	0.2081	0.0000
445	1.8270	0.1564	9.3572	1.8459	0.3566	9.6770	665	0.4659	0.1714	0.0000	0.3922	0.1542	0.0000
450	1.8613	0.2104	9.8111	1.8663	0.4506	10.0429	670	0.3403	0.1246	0.0000	0.2878	0.1126	0.0000
455	1.7705	0.2667	9.6890	1.7327	0.5370	9.6018	675	0.2416	0.0881	0.0000	0.2000	0.0781	0.0000
460	1.6210	0.3345	9.3045	1.5323	0.6498	8.8473	680	0.1732	0.0630	0.0000	0.1378	0.0536	0.0000
465	1.3822	0.4068	8.4117	1.2719	0.7649	7.7834	685	0.1152	0.0417	0.0000	0.0911	0.0353	0.0000
470	1.0617	0.4944	6.9979	0.9667	0.9153	6.5116	690	0.0749	0.0271	0.0000	0.0597	0.0231	0.0000
475	0.7758	0.6148	5.6885	0.6568	1.0918	5.1148	695	0.0530	0.0191	0.0000	0.0420	0.0164	0.0000
480	0.5246	0.7625	4.4589	0.4015	1.2649	3.8509	700	0.0385	0.0139	0.0000	0.0296	0.0114	0.0000
485	0.3081	0.9001	3.2762	0.1987	1.4393	2.7564	705	0.0280	0.0101	0.0000	0.0207	0.0082	0.0000
490	0.1648	1.0710	2.3949	0.0758	1.5876	1.9443	710	0.0204	0.0074	0.0000	0.0147	0.0058	0.0000
495	0.0759	1.3347	1.8234	0.0239	1.8557	1.4193	715	0.0132	0.0048	0.0000	0.0091	0.0035	0.0000
500	0.0254	1.6712	1.4073	0.0179	2.1680	1.0280	720	0.0084	0.0031	0.0000	0.0058	0.0021	0.0000
505	0.0123	2.0925	1.0907	0.0719	2.4826	0.7438	725	0.0064	0.0023	0.0000	0.0042	0.0017	0.0000
510	0.0474	2.5656	0.8069	0.1739	2.8140	0.5195	730	0.0048	0.0017	0.0000	0.0030	0.0012	0.0000
515	0.1464	3.0590	0.5618	0.3266	3.1362	0.3760	735	0.0034	0.0012	0.0000	0.0022	0.0009	0.0000
520	0.3137	3.5203	0.3880	0.5307	3.4348	0.2737	740	0.0025	0.0009	0.0000	0.0016	0.0006	0.0000
525	0.5509	3.9872	0.2878	0.7908	3.7634	0.1970	745	0.0016	0.0006	0.0000	0.0012	0.0003	0.0000
530	0.8433	4.3922	0.2148	1.0958	4.0553	0.1413	750	0.0010	0.0004	0.0000	0.0008	0.0003	0.0000
535	1.1328	4.5905	0.1497	1.3881	4.2153	0.0940	755	0.0006	0.0002	0.0000	0.0005	0.0002	0.0000
540	1.4346	4.7129	0.1003	1.6927	4.3217	0.0615	760	0.0004	0.0001	0.0000	0.0002	0.0002	0.0000
545	1.7739	4.8345	0.0661	2.0253	4.4048	0.0354	765	0.0003	0.0001	0.0000	0.0002	0.0000	0.0000
550	2.1339	4.8983	0.0431	2.3719	4.4402	0.0179	770	0.0003	0.0001	0.0000	0.0003	0.0000	0.0000
555	2.4717	4.8271	0.0278	2.7044	4.3856	0.0048	775	0.0002	0.0001	0.0000	0.0000	0.0000	0.0000
560	2.8129	4.7079	0.0185	3.0342	4.2910	0.0000	780	0.0001	0.0000	0.0000	0.0000	0.0000	0.0000
565	3.1511	4.5455	0.0128	3.3529	4.1496	0.0000							
570	3.4736	4.3391	0.0096	3.6420	3.9607	0.0000		X	Y	Z	X_{10}	Y_{10}	Z_{10}
575	3.8293	4.1606	0.0082	3.9314	3.7826	0.0000		95.04	100.00	108.88	94.81	100.00	107.32
580	4.1530	3.9431	0.0075	4.1800	3.5812	0.0000		x	y		x_{10}	y_{10}	
585	4.2710	3.5626	0.0061	4.2636	3.2766	0.0000		0.3127	0.3290		0.3138	0.3310	
590	4.3068	3.1767	0.0046	4.2682	2.9666	0.0000		u	v		u_{10}	v_{10}	
595	4.4673	2.9378	0.0042	4.3607	2.7695	0.0000		0.1978	0.3122		0.1979	0.3130	

附录3　CIE 标准照明体 D_{50} 的加权函数
($\lambda = 380 \sim 780\text{nm}, \Delta\lambda = 5\text{nm}$)

波长/nm	$S(\lambda) \times \bar{x}(\lambda)$	$S(\lambda) \times \bar{y}(\lambda)$	$S(\lambda) \times \bar{z}(\lambda)$	$S(\lambda) \times \bar{x}_{10}(\lambda)$	$S(\lambda) \times \bar{y}_{10}(\lambda)$	$S(\lambda) \times \bar{z}_{10}(\lambda)$	波长/nm	$S(\lambda) \times \bar{x}(\lambda)$	$S(\lambda) \times \bar{y}(\lambda)$	$S(\lambda) \times \bar{z}(\lambda)$	$S(\lambda) \times \bar{x}_{10}(\lambda)$	$S(\lambda) \times \bar{y}_{10}(\lambda)$	$S(\lambda) \times \bar{z}_{10}(\lambda)$
380	0.0016	0.0000	0.0075	0.0002	0.0000	0.0008	600	4.9387	2.9338	0.0037	4.8148	2.8199	0.0000
385	0.0029	0.0001	0.0137	0.0008	0.0001	0.0035	605	4.9008	2.6566	0.0028	4.7030	2.5646	0.0000
390	0.0060	0.0002	0.0285	0.0031	0.0004	0.0138	610	4.7370	2.3765	0.0016	4.4856	2.2983	0.0000
395	0.0144	0.0004	0.0683	0.0125	0.0014	0.0561	615	4.4288	2.0822	0.0011	4.1337	2.0079	0.0000
400	0.0336	0.0009	0.1593	0.0413	0.0043	0.1860	620	4.0277	1.7959	0.0009	3.7187	1.7289	0.0000
405	0.0584	0.0016	0.2776	0.1007	0.0104	0.4575	625	3.4825	1.4878	0.0005	3.2234	1.4501	0.0000
410	0.1171	0.0033	0.5581	0.2100	0.0218	0.9653	630	2.9266	1.2073	0.0002	2.7177	1.1899	0.0000
415	0.2154	0.0060	1.0302	0.3594	0.0371	1.6789	635	2.5092	1.0048	0.0001	2.2828	0.9739	0.0000
420	0.3841	0.0114	1.8453	0.5385	0.0564	2.5610	640	2.1075	0.8234	0.0001	1.8709	0.7794	0.0000
425	0.6025	0.0205	2.9151	0.6842	0.0762	3.3149	645	1.6702	0.6397	0.0000	1.4658	0.5979	0.0000
430	0.7815	0.0319	3.8141	0.7981	0.0981	3.9397	650	1.2909	0.4872	0.0000	1.1255	0.4514	0.0000
435	1.0373	0.0532	5.1249	1.0406	0.1443	5.2322	655	1.0089	0.3764	0.0000	0.8683	0.3451	0.0000
440	1.2407	0.0819	6.2236	1.2593	0.2038	6.4566	660	0.7706	0.2851	0.0000	0.6570	0.2596	0.0000
445	1.3428	0.1150	6.8771	1.3745	0.2655	7.2057	665	0.5802	0.2134	0.0000	0.4949	0.1945	0.0000
450	1.3964	0.1578	7.3605	1.4185	0.3425	7.6334	670	0.4285	0.1569	0.0000	0.3672	0.1436	0.0000
455	1.3494	0.2032	7.3844	1.3380	0.4147	7.4142	675	0.3059	0.1116	0.0000	0.2566	0.1002	0.0000
460	1.2545	0.2588	7.2008	1.2015	0.5095	6.9370	680	0.2207	0.0802	0.0000	0.1778	0.0691	0.0000
465	1.0878	0.3201	6.6197	1.0141	0.6098	6.2057	685	0.1460	0.0529	0.0000	0.1170	0.0454	0.0000
470	0.8497	0.3957	5.6007	0.7838	0.7422	5.2800	690	0.0944	0.0341	0.0000	0.0762	0.0295	0.0000
475	0.6307	0.4998	4.6246	0.5410	0.8992	4.2128	695	0.0675	0.0244	0.0000	0.0542	0.0212	0.0000
480	0.4330	0.6294	3.6807	0.3358	1.0578	3.2207	700	0.0495	0.0179	0.0000	0.0386	0.0149	0.0000
485	0.2580	0.7539	2.7439	0.1686	1.2213	2.3388	705	0.0356	0.0129	0.0000	0.0267	0.0105	0.0000
490	0.1401	0.9107	2.0364	0.0653	1.3677	1.6750	710	0.0256	0.0092	0.0000	0.0187	0.0073	0.0000
495	0.0657	1.1552	1.5783	0.0210	1.6273	1.2446	715	0.0166	0.0060	0.0000	0.0115	0.0045	0.0000
500	0.0223	1.4718	1.2394	0.0160	1.9345	0.9173	720	0.0106	0.0038	0.0000	0.0074	0.0027	0.0000
505	0.0110	1.8647	0.9719	0.0650	2.2413	0.6715	725	0.0080	0.0029	0.0000	0.0054	0.0021	0.0000
510	0.0428	2.3133	0.7276	0.1589	2.5707	0.4746	730	0.0059	0.0021	0.0000	0.0038	0.0015	0.0000
515	0.1342	2.8047	0.5151	0.3033	2.9132	0.3492	735	0.0043	0.0015	0.0000	0.0027	0.0012	0.0000
520	0.2925	3.2826	0.3618	0.5013	3.2449	0.2586	740	0.0030	0.0011	0.0000	0.0020	0.0008	0.0000
525	0.5197	3.7612	0.2715	0.7558	3.5967	0.1883	745	0.0019	0.0007	0.0000	0.0015	0.0004	0.0000
530	0.8043	4.1892	0.2049	1.0589	3.9186	0.1366	750	0.0012	0.0004	0.0000	0.0010	0.0003	0.0000
535	1.0899	4.4169	0.1441	1.3531	4.1091	0.0916	755	0.0008	0.0003	0.0000	0.0006	0.0003	0.0000
540	1.3928	4.5755	0.0974	1.6650	4.2508	0.0605	760	0.0005	0.0002	0.0000	0.0003	0.0003	0.0000
545	1.7385	4.7380	0.0648	2.0109	4.3736	0.0352	765	0.0004	0.0001	0.0000	0.0003	0.0000	0.0000
550	2.1111	4.8458	0.0426	2.3773	4.4503	0.0179	770	0.0003	0.0001	0.0000	0.0004	0.0000	0.0000
555	2.4656	4.8151	0.0277	2.7331	4.4322	0.0049	775	0.0002	0.0001	0.0000	0.0000	0.0000	0.0000
560	2.8298	4.7361	0.0186	3.0925	4.3735	0.0000	780	0.0002	0.0001	0.0000	0.0000	0.0000	0.0000
565	3.1926	4.6054	0.0129	3.4417	4.2595	0.0000							
570	3.5452	4.4286	0.0098	3.7659	4.0955	0.0000		X	Y	Z	X_{10}	Y_{10}	Z_{10}
575	3.9433	4.2845	0.0084	4.1017	3.9464	0.0000		96.42	100.00	82.53	96.72	100.00	81.44
580	4.3144	4.0964	0.0078	4.3996	3.7693	0.0000		x	y		x_{10}	y_{10}	
585	4.4815	3.7383	0.0064	4.5326	3.4833	0.0000		0.3457	0.3585		0.3477	0.3595	
590	4.5676	3.3691	0.0049	4.5862	3.1876	0.0000		u	v		u_{10}	v_{10}	
595	4.8080	3.1618	0.0046	4.7549	3.0199	0.0000		0.2092	0.3254		0.2101	0.3259	

附录 4 孟塞尔新标系统样品颜色的 CIE1931 色品坐标 (Y, x, y)（按明度排列）

H	V/	/C	Y	x	y	H	V/	/C	Y	x	y	H	V/	/C	Y	x	y
10RP	1	2	1.21	0.3629	0.271	10RP	2	2	3.126	0.3532	0.2957	10RP	3	2	6.555	0.3526	0.3068
10RP	1	4	1.21	0.392	0.2423	10RP	2	4	3.126	0.385	0.2778	10RP	3	4	6.555	0.3889	0.2969
10RP	1	6	1.21	0.4151	0.2169	10RP	2	6	3.126	0.4139	0.2608	10RP	3	6	6.555	0.4218	0.2864
10RP	1	8	1.21	0.4357	0.1921	10RP	2	8	3.126	0.4428	0.2419	10RP	3	8	6.555	0.4552	0.2741
10RP	1	10	1.21	0.4521	0.171	10RP	2	10	3.126	0.4678	0.2237	10RP	3	10	6.555	0.4851	0.2618
10RP	1	12	1.21	0.4668	0.1514	10RP	2	12	3.126	0.4911	0.206	10RP	3	12	6.555	0.5139	0.2489
2.5R	1	2	1.21	0.3768	0.2816	10RP	2	14	3.126	0.5129	0.1888	10RP	3	14	6.555	0.538	0.2369
2.5R	1	4	1.21	0.4166	0.2569	2.5R	2	2	3.126	0.3614	0.3033	10RP	3	16	6.555	0.5628	0.2241
2.5R	1	6	1.21	0.4515	0.2329	2.5R	2	4	3.126	0.4021	0.29	2.5R	3	2	6.555	0.3591	0.313
2.5R	1	8	1.21	0.4812	0.2103	2.5R	2	6	3.126	0.439	0.276	2.5R	3	4	6.555	0.4021	0.3076
2.5R	1	10	1.21	0.5058	0.19	2.5R	2	8	3.126	0.4776	0.2593	2.5R	3	6	6.555	0.4409	0.3009
5R	1	2	1.21	0.3908	0.2929	2.5R	2	10	3.126	0.5122	0.2428	2.5R	3	8	6.555	0.4821	0.2918
5R	1	4	1.21	0.442	0.2728	2.5R	2	12	3.126	0.5438	0.2254	2.5R	3	10	6.555	0.5191	0.2811
5R	1	6	1.21	0.4885	0.2515	2.5R	2	14	3.126	0.5734	0.2083	2.5R	3	12	6.555	0.5536	0.2691
5R	1	8	1.21	0.5282	0.2297	5R	2	2	3.126	0.3692	0.3111	2.5R	3	14	6.555	0.5828	0.2579
5R	1	10	1.21	0.5604	0.21	5R	2	4	3.126	0.4184	0.3032	2.5R	3	16	6.555	0.6116	0.2456
7.5R	1	2	1.21	0.402	0.3034	5R	2	6	3.126	0.4642	0.2934	5R	3	2	6.555	0.3645	0.319
7.5R	1	4	1.21	0.466	0.2888	5R	2	8	3.126	0.5143	0.28	5R	3	4	6.555	0.4148	0.319
7.5R	1	6	1.21	0.5235	0.2698	5R	2	10	3.126	0.5557	0.2633	5R	3	6	6.555	0.4592	0.3168
7.5R	1	8	1.21	0.5722	0.2487	5R	2	12	3.126	0.593	0.2465	5R	3	8	6.555	0.5064	0.3114
7.5R	1	10	1.21	0.6111	0.229	5R	2	14	3.126	0.6302	0.2287	5R	3	10	6.555	0.55	0.3024
10R	1	2	1.21	0.4128	0.3154	7.5R	2	2	3.126	0.3751	0.3181	5R	3	12	6.555	0.5884	0.2904
10R	1	4	1.21	0.4933	0.3068	7.5R	2	4	3.126	0.4335	0.3169	5R	3	14	6.555	0.6204	0.2789
10R	1	6	1.21	0.5584	0.2921	7.5R	2	6	3.126	0.4875	0.3123	5R	3	16	6.555	0.652	0.266
10R	1	8	1.21	0.6178	0.2713	7.5R	2	8	3.126	0.5433	0.3027	7.5R	3	2	6.555	0.369	0.3248
10R	1	10	1.21	0.6661	0.2499	7.5R	2	10	3.126	0.5952	0.2874	7.5R	3	4	6.555	0.424	0.3302
2.5YR	1	2	1.21	0.4258	0.3344	7.5R	2	12	3.126	0.6392	0.2704	7.5R	3	6	6.555	0.4738	0.3316
2.5YR	1	4	1.21	0.5311	0.3371	7.5R	2	14	3.126	0.6791	0.252	7.5R	3	8	6.555	0.5251	0.3297
2.5YR	1	6	1.21	0.6048	0.327	10R	2	2	3.126	0.3811	0.3274	7.5R	3	10	6.555	0.573	0.324
2.5YR	1	8	1.21	0.6721	0.3058	10R	2	4	3.126	0.4481	0.333	7.5R	3	12	6.555	0.6158	0.3129
5YR	1	2	1.21	0.4377	0.358	10R	2	6	3.126	0.5095	0.3331	7.5R	3	14	6.555	0.6492	0.3012
5YR	1	4	1.21	0.566	0.3795	10R	2	8	3.126	0.5713	0.3259	7.5R	3	16	6.555	0.6817	0.2872
7.5YR	1	2	1.21	0.443	0.3775	10R	2	10	3.126	0.6247	0.312	10R	3	2	6.555	0.3728	0.3314
10YR	1	2	1.21	0.4446	0.3982	10R	2	12	3.126	0.6732	0.2937	10R	3	4	6.555	0.4308	0.3412
2.5Y	1	2	1.21	0.4362	0.4177	10R	2	14	3.126	0.7165	0.2734	10R	3	6	6.555	0.4854	0.3467
5Y	1	2	1.21	0.423	0.4265	2.5YR	2	2	3.126	0.3852	0.3365	10R	3	8	6.555	0.5393	0.3477
7.5Y	1	2	1.21	0.4042	0.4287	2.5YR	2	4	3.126	0.4598	0.3508	10R	3	10	6.555	0.5871	0.344
10Y	1	2	1.21	0.3802	0.4212	2.5YR	2	6	3.126	0.528	0.3581	10R	3	12	6.555	0.6322	0.3361
2.5GY	1	2	1.21	0.354	0.4088	2.5YR	2	8	3.126	0.5995	0.359	10R	3	14	6.555	0.6703	0.3249
5GY	1	2	1.21	0.3359	0.3982	5YR	2	2	3.126	0.388	0.3476	2.5YR	3	2	6.555	0.3757	0.3391
5GY	1	4	1.21	0.3765	0.5942	5YR	2	4	3.126	0.4674	0.3738	2.5YR	3	4	6.555	0.436	0.3563
7.5GY	1	2	1.21	0.3154	0.384	5YR	2	6	3.126	0.5426	0.3925	2.5YR	3	6	6.555	0.4954	0.3692
7.5GY	1	4	1.21	0.3133	0.538	7.5YR	2	2	3.126	0.3889	0.359	2.5YR	3	8	6.555	0.5475	0.3771
10GY	1	2	1.21	0.3006	0.372	7.5YR	2	4	3.126	0.469	0.3964	2.5YR	3	10	6.555	0.5941	0.3818
10GY	1	4	1.21	0.2722	0.4903	7.5YR	2	6	3.126	0.5475	0.4271	5YR	3	2	6.555	0.3771	0.3476
10GY	1	6	1.21	0.2232	0.6392	10YR	2	2	3.126	0.3872	0.3688	5YR	3	4	6.555	0.4376	0.3715
2.5G	1	2	1.21	0.291	0.3634	10YR	2	4	3.126	0.4676	0.4168	5YR	3	6	6.555	0.4966	0.3908
2.5G	1	4	1.21	0.2454	0.4489	2.5Y	2	2	3.126	0.3825	0.3785	5YR	3	8	6.555	0.5456	0.404
2.5G	1	6	1.21	0.1711	0.5619	2.5Y	2	4	3.126	0.4627	0.4392	7.5YR	3	2	6.555	0.3771	0.3549
2.5G	1	8	1.21	0.062	0.6896	5Y	2	2	3.126	0.3757	0.3839	7.5YR	3	4	6.555	0.4378	0.3865
5G	1	2	1.21	0.2833	0.3564	5Y	2	4	3.126	0.4543	0.4573	7.5YR	3	6	6.555	0.493	0.4116
5G	1	4	1.21	0.229	0.4218	7.5Y	2	2	3.126	0.366	0.3858	7.5YR	3	8	6.555	0.539	0.4306
5G	1	6	1.21	0.1468	0.4996	7.5Y	2	4	3.126	0.4401	0.4723	10YR	3	2	6.555	0.3747	0.363
7.5G	1	2	1.21	0.2758	0.3484	10Y	2	2	3.126	0.3556	0.3848	10YR	3	4	6.555	0.4341	0.4018
7.5G	1	4	1.21	0.2159	0.3967	10Y	2	4	3.126	0.4188	0.4789	10YR	3	6	6.555	0.4872	0.4326
7.5G	1	6	1.21	0.1344	0.4505	2.5GY	2	2	3.126	0.3421	0.3803	10YR	3	8	6.555	0.5305	0.4559

续表

H	V/	/C	Y	x	y	H	V/	/C	Y	x	y	H	V/	/C	Y	x	y
10G	1	2	1.21	0.2689	0.3407	2.5GY	2	4	3.126	0.3881	0.4752	2.5Y	3	2	6.555	0.3703	0.37
10G	1	4	1.21	0.204	0.3724	5GY	2	2	3.126	0.3309	0.3743	2.5Y	3	4	6.555	0.4277	0.4166
10G	1	6	1.21	0.1249	0.4019	5GY	2	4	3.126	0.3582	0.465	2.5Y	3	6	6.555	0.4784	0.4531
2.5BG	1	2	1.21	0.26	0.3289	5GY	2	6	3.126	0.3839	0.5748	5Y	3	2	6.555	0.3646	0.3748
2.5BG	1	4	1.21	0.1883	0.3406	7.5GY	2	2	3.126	0.3165	0.365	5Y	3	4	6.555	0.4191	0.4283
2.5BG	1	6	1.21	0.1169	0.3452	7.5GY	2	4	3.126	0.3248	0.4457	5Y	3	6	6.555	0.467	0.4711
2.5BG	1	8	1.21	0.0476	0.3458	7.5GY	2	6	3.126	0.326	0.5379	7.5Y	3	2	6.555	0.3589	0.3778
5BG	1	2	1.21	0.25	0.3141	7.5GY	2	8	3.126	0.316	0.6509	7.5Y	3	4	6.555	0.4086	0.4379
5BG	1	4	1.21	0.1753	0.3021	10GY	2	2	3.126	0.3069	0.358	7.5Y	3	6	6.555	0.4526	0.4889
5BG	1	6	1.21	0.1093	0.286	10GY	2	4	3.126	0.2986	0.424	10Y	3	2	6.555	0.3513	0.3789
7.5BG	1	2	1.21	0.243	0.3023	10GY	2	6	3.126	0.2852	0.4972	10Y	3	4	6.555	0.3961	0.4452
7.5BG	1	4	1.21	0.1702	0.2768	10GY	2	8	3.126	0.2628	0.5837	10Y	3	6	6.555	0.4345	0.5026
7.5BG	1	6	1.21	0.1059	0.2485	10GY	2	10	3.126	0.2307	0.6814	2.5GY	3	2	6.555	0.3412	0.3768
10BG	1	2	1.21	0.2362	0.2882	10GY	2	12	3.126	0.1907	0.7798	2.5GY	3	4	6.555	0.3772	0.4484
10BG	1	4	1.21	0.1658	0.2496	2.5G	2	2	3.126	0.2978	0.3507	2.5GY	3	6	6.555	0.4069	0.511
10BG	1	6	1.21	0.1074	0.2129	2.5G	2	4	3.126	0.2763	0.3998	5GY	3	2	6.555	0.3319	0.3729
2.5B	1	2	1.21	0.2322	0.2781	2.5G	2	6	3.126	0.2493	0.4522	5GY	3	4	6.555	0.3554	0.4429
2.5B	1	4	1.21	0.1649	0.2324	2.5G	2	8	3.126	0.2192	0.5042	5GY	3	6	6.555	0.375	0.5109
2.5B	1	6	1.21	0.1118	0.1908	2.5G	2	10	3.126	0.1773	0.5698	5GY	3	8	6.555	0.3924	0.5832
5B	1	2	1.21	0.2291	0.2677	2.5G	2	12	3.126	0.1307	0.6308	7.5GY	3	2	6.555	0.318	0.3644
5B	1	4	1.21	0.1667	0.2168	2.5G	2	14	3.126	0.082	0.686	7.5GY	3	4	6.555	0.327	0.4288
5B	1	6	1.21	0.1212	0.1745	2.5G	2	16	3.126	0.0329	0.7358	7.5GY	3	6	6.555	0.3333	0.4967
7.5B	1	2	1.21	0.2291	0.2579	5G	2	2	3.126	0.2918	0.345	7.5GY	3	8	6.555	0.3341	0.57
7.5B	1	4	1.21	0.1716	0.2048	5G	2	4	3.126	0.264	0.3845	7.5GY	3	10	6.555	0.3266	0.6448
7.5B	1	6	1.21	0.1303	0.1639	5G	2	6	3.126	0.2318	0.4231	10GY	3	2	6.555	0.3088	0.3578
7.5B	1	8	1.21	0.0968	0.128	5G	2	8	3.126	0.1979	0.4583	10GY	3	4	6.555	0.3053	0.4123
10B	1	2	1.21	0.2309	0.2491	5G	2	10	3.126	0.156	0.4981	10GY	3	6	6.555	0.2992	0.4717
10B	1	4	1.21	0.1783	0.1974	5G	2	12	3.126	0.112	0.5358	10GY	3	8	6.555	0.2887	0.5361
10B	1	6	1.21	0.1392	0.1563	5G	2	14	3.126	0.0688	0.5691	10GY	3	10	6.555	0.2724	0.6026
10B	1	8	1.21	0.1077	0.1218	5G	2	16	3.126	0.0277	0.5986	10GY	3	12	6.555	0.2531	0.67
2.5PB	1	2	1.21	0.236	0.242	7.5G	2	2	3.126	0.2869	0.34	10GY	3	14	6.555	0.2283	0.7423
2.5PB	1	4	1.21	0.1895	0.1911	7.5G	2	4	3.126	0.254	0.3705	2.5G	3	2	6.555	0.2999	0.35
2.5PB	1	6	1.21	0.1539	0.1491	7.5G	2	6	3.126	0.22	0.3983	2.5G	3	4	6.555	0.2836	0.3915
2.5PB	1	8	1.21	0.1273	0.1157	7.5G	2	8	3.126	0.1842	0.4244	2.5G	3	6	6.555	0.2642	0.4342
5PB	1	2	1.21	0.2427	0.2368	7.5G	2	10	3.126	0.1442	0.4505	2.5G	3	8	6.555	0.2435	0.4752
5PB	1	4	1.21	0.2012	0.1867	7.5G	2	12	3.126	0.1022	0.4759	2.5G	3	10	6.555	0.217	0.5211
5PB	1	6	1.21	0.1678	0.1447	7.5G	2	14	3.126	0.0629	0.4973	2.5G	3	12	6.555	0.1902	0.5642
5PB	1	8	1.21	0.1447	0.1124	7.5G	2	16	3.126	0.0276	0.5153	2.5G	3	14	6.555	0.1626	0.6052
5PB	1	10	1.21	0.1285	0.087	10G	2	2	3.126	0.282	0.3341	2.5G	3	16	6.555	0.1341	0.642
7.5PB	1	2	1.21	0.2547	0.231	10G	2	4	3.126	0.2442	0.3559	2.5G	3	18	6.555	0.1049	0.6766
7.5PB	1	4	1.21	0.2232	0.1821	10G	2	6	3.126	0.2092	0.3739	2.5G	3	20	6.555	0.072	0.7127
7.5PB	1	6	1.21	0.2	0.1422	10G	2	8	3.126	0.1705	0.3911	2.5G	3	22	6.555	0.039	0.7468
7.5PB	1	8	1.21	0.1872	0.1141	10G	2	10	3.126	0.1321	0.4059	5G	3	2	6.555	0.2935	0.3439
7.5PB	1	10	1.21	0.1804	0.095	10G	2	12	3.126	0.0934	0.4183	5G	3	4	6.555	0.2711	0.378
7.5PB	1	12	1.21	0.1763	0.0804	10G	2	14	3.126	0.0599	0.427	5G	3	6	6.555	0.2471	0.41
7.5PB	1	14	1.21	0.1738	0.0688	10G	2	16	3.126	0.0285	0.4327	5G	3	8	6.555	0.2228	0.438
7.5PB	1	16	1.21	0.172	0.0583	2.5BG	2	2	3.126	0.2765	0.3271	5G	3	10	6.555	0.1935	0.4682
7.5PB	1	18	1.21	0.1709	0.0518	2.5BG	2	4	3.126	0.2343	0.3378	5G	3	12	6.555	0.166	0.4948
7.5PB	1	20	1.21	0.1701	0.0454	2.5BG	2	6	3.126	0.1971	0.3452	5G	3	14	6.555	0.1382	0.5197
7.5PB	1	22	1.21	0.1696	0.0402	2.5BG	2	8	3.126	0.1557	0.3517	5G	3	16	6.555	0.112	0.5414
7.5PB	1	24	1.21	0.1691	0.0352	2.5BG	2	10	3.126	0.119	0.3551	5G	3	18	6.555	0.0882	0.5605
7.5PB	1	26	1.21	0.1689	0.0309	2.5BG	2	12	3.126	0.0851	0.3576	5G	3	20	6.555	0.062	0.5802
7.5PB	1	28	1.21	0.1686	0.027	2.5BG	2	14	3.126	0.0555	0.3588	5G	3	22	6.555	0.034	0.6011
7.5PB	1	30	1.21	0.1684	0.0234	5BG	2	2	3.126	0.2697	0.3175	7.5G	3	2	6.555	0.289	0.3391
7.5PB	1	32	1.21	0.1682	0.0202	5BG	2	4	3.126	0.2234	0.315	7.5G	3	4	6.555	0.2618	0.3667
7.5PB	1	34	1.21	0.1682	0.018	5BG	2	6	3.126	0.1843	0.311	7.5G	3	6	6.555	0.2346	0.3901
7.5PB	1	36	1.21	0.1681	0.016	5BG	2	8	3.126	0.1405	0.3037	7.5G	3	8	6.555	0.2088	0.4101
7.5PB	1	38	1.21	0.168	0.014	5BG	2	10	3.126	0.105	0.2956	7.5G	3	10	6.555	0.18	0.431

续表

H	V/	/C	Y	x	y	H	V/	/C	Y	x	y	H	V/	/C	Y	x	y
10PB	1	2	1.21	0.2677	0.228	5BG	2	12	3.126	0.0769	0.288	7.5G	3	12	6.555	0.1516	0.4505
10PB	1	4	1.21	0.2459	0.1828	7.5BG	2	2	3.126	0.2651	0.3098	7.5G	3	14	6.555	0.1262	0.4667
10PB	1	6	1.21	0.229	0.147	7.5BG	2	4	3.126	0.2162	0.2981	7.5G	3	16	6.555	0.1023	0.4818
10PB	1	8	1.21	0.219	0.1228	7.5BG	2	6	3.126	0.1747	0.2853	7.5G	3	18	6.555	0.0798	0.4954
10PB	1	10	1.21	0.212	0.1029	7.5BG	2	8	3.126	0.1325	0.271	7.5G	3	20	6.555	0.0568	0.5082
10PB	1	12	1.21	0.207	0.0869	7.5BG	2	10	3.126	0.0991	0.2582	7.5G	3	22	6.555	0.0332	0.5206
10PB	1	14	1.21	0.2038	0.0745	7.5BG	2	12	3.126	0.0724	0.2478	10G	3	2	6.555	0.2844	0.3337
10PB	1	16	1.21	0.2008	0.0638	10BG	2	2	3.126	0.2606	0.301	10G	3	4	6.555	0.2525	0.3537
10PB	1	18	1.21	0.1991	0.0564	10BG	2	4	3.126	0.2096	0.279	10G	3	6	6.555	0.224	0.3699
10PB	1	20	1.21	0.1976	0.0493	10BG	2	6	3.126	0.1669	0.257	10G	3	8	6.555	0.197	0.3841
10PB	1	22	1.21	0.1965	0.0436	10BG	2	8	3.126	0.1258	0.2331	10G	3	10	6.555	0.1688	0.3974
10PB	1	24	1.21	0.1952	0.038	10BG	2	10	3.126	0.0929	0.2133	10G	3	12	6.555	0.1411	0.4095
10PB	1	26	1.21	0.1942	0.0326	2.5B	2	2	3.126	0.2578	0.294	10G	3	14	6.555	0.1161	0.4192
10PB	1	28	1.21	0.1936	0.0281	2.5B	2	4	3.126	0.206	0.2649	10G	3	16	6.555	0.0925	0.4275
10PB	1	30	1.21	0.1928	0.024	2.5B	2	6	3.126	0.1621	0.2358	10G	3	18	6.555	0.0718	0.434
2.5P	1	2	1.21	0.2808	0.2296	2.5B	2	8	3.126	0.123	0.2076	10G	3	20	6.555	0.0528	0.4393
2.5P	1	4	1.21	0.2668	0.1874	2.5B	2	10	3.126	0.0911	0.1828	10G	3	22	6.555	0.0333	0.4444
2.5P	1	6	1.21	0.257	0.1559	5B	2	2	3.126	0.2559	0.2874	2.5BG	3	2	6.555	0.2799	0.3271
2.5P	1	8	1.21	0.2496	0.1303	5B	2	4	3.126	0.2048	0.2518	2.5BG	3	4	6.555	0.2437	0.3386
2.5P	1	10	1.21	0.2441	0.1112	5B	2	6	3.126	0.1617	0.2162	2.5BG	3	6	6.555	0.2132	0.3468
2.5P	1	12	1.21	0.2394	0.094	5B	2	8	3.126	0.1245	0.1827	2.5BG	3	8	6.555	0.1845	0.3531
2.5P	1	14	1.21	0.2361	0.081	5B	2	10	3.126	0.0965	0.1558	2.5BG	3	10	6.555	0.1552	0.358
2.5P	1	16	1.21	0.2331	0.0696	7.5B	2	2	3.126	0.2545	0.2799	2.5BG	3	12	6.555	0.1288	0.362
2.5P	1	18	1.21	0.2312	0.0618	7.5B	2	4	3.126	0.2063	0.24	2.5BG	3	14	6.555	0.1051	0.3648
2.5P	1	20	1.21	0.2295	0.0542	7.5B	2	6	3.126	0.1658	0.2026	2.5BG	3	16	6.555	0.0843	0.3667
2.5P	1	22	1.21	0.2279	0.0473	7.5B	2	8	3.126	0.1313	0.1692	2.5BG	3	18	6.555	0.0648	0.3682
2.5P	1	24	1.21	0.2266	0.0418	7.5B	2	10	3.126	0.1051	0.1422	2.5BG	3	20	6.555	0.0482	0.3695
2.5P	1	26	1.21	0.2251	0.0355	10B	2	2	3.126	0.2558	0.2725	5BG	3	2	6.555	0.2742	0.3192
5P	1	2	1.21	0.2936	0.233	10B	2	4	3.126	0.2102	0.2313	5BG	3	4	6.555	0.2343	0.32
5P	1	4	1.21	0.2854	0.1927	10B	2	6	3.126	0.1716	0.1937	5BG	3	6	6.555	0.202	0.3188
5P	1	6	1.21	0.2794	0.1628	10B	2	8	3.126	0.1396	0.1603	5BG	3	8	6.555	0.1703	0.3159
5P	1	8	1.21	0.2742	0.1375	10B	2	10	3.126	0.1157	0.1346	5BG	3	10	6.555	0.141	0.3118
5P	1	10	1.21	0.2701	0.1178	2.5PB	2	2	3.126	0.2592	0.2675	5BG	3	12	6.555	0.1158	0.3071
5P	1	12	1.21	0.267	0.1006	2.5PB	2	4	3.126	0.2175	0.2245	5BG	3	14	6.555	0.094	0.3027
5P	1	14	1.21	0.2645	0.0863	2.5PB	2	6	3.126	0.1825	0.1857	5BG	3	16	6.555	0.0735	0.2979
5P	1	16	1.21	0.2625	0.0746	2.5PB	2	8	3.126	0.154	0.153	5BG	3	18	6.555	0.058	0.294
5P	1	18	1.21	0.2612	0.0667	2.5PB	2	10	3.126	0.1332	0.1278	7.5BG	3	2	6.555	0.2699	0.312
5P	1	20	1.21	0.2601	0.0586	2.5PB	2	12	3.126	0.1166	0.1076	7.5BG	3	4	6.555	0.2272	0.3041
5P	1	22	1.21	0.259	0.0509	5PB	2	2	3.126	0.2638	0.2624	7.5BG	3	6	6.555	0.1928	0.2958
7.5P	1	2	1.21	0.303	0.2361	5PB	2	4	3.126	0.2263	0.2192	7.5BG	3	8	6.555	0.162	0.2872
7.5P	1	4	1.21	0.2991	0.1974	5PB	2	6	3.126	0.1942	0.1811	7.5BG	3	10	6.555	0.1326	0.2784
7.5P	1	6	1.21	0.296	0.1682	5PB	2	8	3.126	0.1685	0.1491	7.5BG	3	12	6.555	0.1086	0.2706
7.5P	1	8	1.21	0.2932	0.1429	5PB	2	10	3.126	0.15	0.124	7.5BG	3	14	6.555	0.0874	0.2627
7.5P	1	10	1.21	0.2905	0.1229	5PB	2	12	3.126	0.1363	0.1048	7.5BG	3	16	6.555	0.0691	0.2559
7.5P	1	12	1.21	0.2884	0.1059	5PB	2	14	3.126	0.1253	0.0873	10BG	3	2	6.555	0.266	0.305
7.5P	1	14	1.21	0.2868	0.0903	7.5PB	2	2	3.126	0.2712	0.2582	10BG	3	4	6.555	0.2221	0.2886
7.5P	1	16	1.21	0.2852	0.079	7.5PB	2	4	3.126	0.242	0.2148	10BG	3	6	6.555	0.1861	0.2722
7.5P	1	18	1.21	0.2841	0.0706	7.5PB	2	6	3.126	0.2189	0.179	10BG	3	8	6.555	0.1551	0.2571
7.5P	1	20	1.21	0.2831	0.0625	7.5PB	2	8	3.126	0.2005	0.1495	10BG	3	10	6.555	0.125	0.2411
10P	1	2	1.21	0.3132	0.2404	7.5PB	2	10	3.126	0.1882	0.1258	10BG	3	12	6.555	0.1018	0.2281
10P	1	4	1.21	0.3132	0.2032	7.5PB	2	12	3.126	0.1813	0.1094	10BG	3	14	6.555	0.0798	0.2151
10P	1	6	1.21	0.3126	0.1737	7.5PB	2	14	3.126	0.1762	0.0955	2.5B	3	2	6.555	0.2636	0.2983
10P	1	8	1.21	0.3114	0.1481	7.5PB	2	16	3.126	0.1728	0.0839	2.5B	3	4	6.555	0.2183	0.2748
10P	1	10	1.21	0.3102	0.1282	7.5PB	2	18	3.126	0.1701	0.0742	2.5B	3	6	6.555	0.1826	0.2536
10P	1	12	1.21	0.3094	0.111	7.5PB	2	20	3.126	0.1685	0.0666	2.5B	3	8	6.555	0.1511	0.2331
10P	1	14	1.21	0.3084	0.0952	7.5PB	2	22	3.126	0.167	0.0594	2.5B	3	10	6.555	0.122	0.2132
10P	1	16	1.21	0.3078	0.0839	7.5PB	2	24	3.126	0.166	0.0538	2.5B	3	12	6.555	0.0989	0.1963
10P	1	18	1.21	0.3069	0.0748	7.5PB	2	26	3.126	0.1653	0.0492	5B	3	2	6.555	0.2617	0.2921

续表

H	V/	/C	Y	x	y	H	V/	/C	Y	x	y	H	V/	/C	Y	x	y
2.5RP	1	2	1.21	0.324	0.2459	7.5PB	2	28	3.126	0.1647	0.0451	5B	3	4	6.555	0.2176	0.2632
2.5RP	1	4	1.21	0.329	0.2095	7.5PB	2	30	3.126	0.164	0.0409	5B	3	6	6.555	0.1835	0.2375
2.5RP	1	6	1.21	0.3321	0.1811	7.5PB	2	32	3.126	0.1635	0.0373	5B	3	8	6.555	0.1527	0.2119
2.5RP	1	8	1.21	0.3342	0.1551	7.5PB	2	34	3.126	0.163	0.034	5B	3	10	6.555	0.1259	0.1879
2.5RP	1	10	1.21	0.3354	0.1351	7.5PB	2	36	3.126	0.1628	0.031	5B	3	12	6.555	0.1042	0.1681
2.5RP	1	12	1.21	0.3361	0.1181	7.5PB	2	38	3.126	0.1623	0.028	7.5B	3	2	6.555	0.2616	0.2857
2.5RP	1	14	1.21	0.3368	0.102	10PB	2	2	3.126	0.2803	0.2567	7.5B	3	4	6.555	0.22	0.2536
2.5RP	1	16	1.21	0.3368	0.0902	10PB	2	4	3.126	0.26	0.2162	7.5B	3	6	6.555	0.1875	0.2258
5RP	1	2	1.21	0.3378	0.2542	10PB	2	6	3.126	0.244	0.184	7.5B	3	8	6.555	0.1583	0.1987
5RP	1	4	1.21	0.3503	0.2196	10PB	2	8	3.126	0.2294	0.1551	7.5B	3	10	6.555	0.1343	0.1756
5RP	1	6	1.21	0.3588	0.192	10PB	2	10	3.126	0.22	0.133	7.5B	3	12	6.555	0.1131	0.1542
5RP	1	8	1.21	0.366	0.1662	10PB	2	12	3.126	0.2139	0.117	10B	3	2	6.555	0.2631	0.2801
5RP	1	10	1.21	0.3727	0.1458	10PB	2	14	3.126	0.2087	0.1026	10B	3	4	6.555	0.2246	0.2467
5RP	1	12	1.21	0.3772	0.1283	10PB	2	16	3.126	0.2052	0.091	10B	3	6	6.555	0.1933	0.2173
5RP	1	14	1.21	0.3811	0.1138	10PB	2	18	3.126	0.2021	0.0808	10B	3	8	6.555	0.1658	0.1905
7.5RP	1	2	1.21	0.3498	0.2617	10PB	2	20	3.126	0.1998	0.0718	10B	3	10	6.555	0.1432	0.1675
7.5RP	1	4	1.21	0.3705	0.23	10PB	2	22	3.126	0.1978	0.0643	10B	3	12	6.555	0.1228	0.146
7.5RP	1	6	1.21	0.3865	0.2036	10PB	2	24	3.126	0.1962	0.0578	10B	3	14	6.555	0.1065	0.1285
7.5RP	1	8	1.21	0.4005	0.1793	10PB	2	26	3.126	0.1949	0.052	2.5PB	3	2	6.555	0.2663	0.2756
7.5RP	1	10	1.21	0.4132	0.158	10PB	2	28	3.126	0.1937	0.0471	2.5PB	3	4	6.555	0.2312	0.2405
7.5RP	1	12	1.21	0.424	0.14	10PB	2	30	3.126	0.1925	0.042	2.5PB	3	6	6.555	0.2022	0.2101
						10PB	2	32	3.126	0.1918	0.0379	2.5PB	3	8	6.555	0.178	0.1833
						10PB	2	34	3.126	0.1911	0.0344	2.5PB	3	10	6.555	0.1576	0.16
						2.5P	2	2	3.126	0.2892	0.2583	2.5PB	3	12	6.555	0.1398	0.1395
						2.5P	2	4	3.126	0.2758	0.2208	2.5PB	3	14	6.555	0.1251	0.1218
						2.5P	2	6	3.126	0.2661	0.1921	5PB	3	2	6.555	0.2708	0.2719
						2.5P	2	8	3.126	0.257	0.1635	5PB	3	4	6.555	0.2393	0.2361
						2.5P	2	10	3.126	0.2501	0.1422	5PB	3	6	6.555	0.2122	0.2052
						2.5P	2	12	3.126	0.2449	0.1245	5PB	3	8	6.555	0.1908	0.1799
						2.5P	2	14	3.126	0.2406	0.11	5PB	3	10	6.555	0.1718	0.1562
						2.5P	2	16	3.126	0.2372	0.098	5PB	3	12	6.555	0.1557	0.1356
						2.5P	2	18	3.126	0.2345	0.0873	5PB	3	14	6.555	0.1431	0.1184
						2.5P	2	20	3.126	0.232	0.0779	5PB	3	16	6.555	0.1318	0.1024
						2.5P	2	22	3.126	0.2298	0.0696	5PB	3	18	6.555	0.1228	0.0895
						2.5P	2	24	3.126	0.2277	0.0621	7.5PB	3	2	6.555	0.2777	0.2687
						2.5P	2	26	3.126	0.226	0.0555	7.5PB	3	4	6.555	0.252	0.2319
						2.5P	2	28	3.126	0.2245	0.0491	7.5PB	3	6	6.555	0.2311	0.201
						2.5P	2	30	3.126	0.2231	0.0432	7.5PB	3	8	6.555	0.2149	0.1761
						5P	2	2	3.126	0.2984	0.2612	7.5PB	3	10	6.555	0.2005	0.1536
						5P	2	4	3.126	0.2908	0.2261	7.5PB	3	12	6.555	0.1903	0.1353
						5P	2	6	3.126	0.285	0.1992	7.5PB	3	14	6.555	0.1824	0.1188
						5P	2	8	3.126	0.2791	0.1707	7.5PB	3	16	6.555	0.1765	0.1048
						5P	2	10	3.126	0.2748	0.15	7.5PB	3	18	6.555	0.173	0.0948
						5P	2	12	3.126	0.2709	0.132	7.5PB	3	20	6.555	0.1702	0.0867
						5P	2	14	3.126	0.2676	0.1163	7.5PB	3	22	6.555	0.1677	0.0782
						5P	2	16	3.126	0.2652	0.1045	7.5PB	3	24	6.555	0.1658	0.0711
						5P	2	18	3.126	0.2632	0.0935	7.5PB	3	26	6.555	0.1642	0.0655
						5P	2	20	3.126	0.2612	0.0838	7.5PB	3	28	6.555	0.1632	0.0609
						5P	2	22	3.126	0.2597	0.075	7.5PB	3	30	6.555	0.1621	0.0556
						5P	2	24	3.126	0.2582	0.0669	7.5PB	3	32	6.555	0.1612	0.0511
						5P	2	26	3.126	0.2569	0.0594	7.5PB	3	34	6.555	0.1608	0.048
						5P	2	28	3.126	0.2559	0.0525	10PB	3	2	6.555	0.2847	0.267
						7.5P	2	2	3.126	0.3071	0.2647	10PB	3	4	6.555	0.266	0.2319
						7.5P	2	4	3.126	0.3048	0.2321	10PB	3	6	6.555	0.2511	0.2031
						7.5P	2	6	3.126	0.3025	0.2058	10PB	3	8	6.555	0.2387	0.1786
						7.5P	2	8	3.126	0.3	0.1781	10PB	3	10	6.555	0.2278	0.1565
						7.5P	2	10	3.126	0.2979	0.1569	10PB	3	12	6.555	0.2206	0.1407
						7.5P	2	12	3.126	0.2956	0.1392	10PB	3	14	6.555	0.2142	0.125

续表

H	V/	/C	Y	x	y	H	V/	/C	Y	x	y	H	V/	/C	Y	x	y
						7.5P	2	14	3.126	0.2938	0.1235	10PB	3	16	6.555	0.2092	0.1118
						7.5P	2	16	3.126	0.2922	0.1106	10PB	3	18	6.555	0.206	0.102
						7.5P	2	18	3.126	0.2912	0.0995	10PB	3	20	6.555	0.203	0.093
						7.5P	2	20	3.126	0.2902	0.0901	10PB	3	22	6.555	0.2004	0.0847
						7.5P	2	22	3.126	0.289	0.0799	10PB	3	24	6.555	0.1982	0.0772
						7.5P	2	24	3.126	0.2882	0.0719	10PB	3	26	6.555	0.1963	0.0708
						10P	2	2	3.126	0.3161	0.2691	10PB	3	28	6.555	0.195	0.065
						10P	2	4	3.126	0.3189	0.239	10PB	3	30	6.555	0.1938	0.0599
						10P	2	6	3.126	0.3207	0.2132	10PB	3	32	6.555	0.1926	0.0542
						10P	2	8	3.126	0.3219	0.1862	10PB	3	34	6.555	0.1918	0.0503
						10P	2	10	3.126	0.323	0.1659	2.5P	3	2	6.555	0.2922	0.268
						10P	2	12	3.126	0.3233	0.1477	2.5P	3	4	6.555	0.2792	0.2342
						10P	2	14	3.126	0.3235	0.1317	2.5P	3	6	6.555	0.2691	0.2072
						10P	2	16	3.126	0.3235	0.1181	2.5P	3	8	6.555	0.2615	0.1845
						10P	2	18	3.126	0.3233	0.1063	2.5P	3	10	6.555	0.2548	0.1638
						10P	2	20	3.126	0.3231	0.0962	2.5P	3	12	6.555	0.2498	0.148
						10P	2	22	3.126	0.323	0.0861	2.5P	3	14	6.555	0.2449	0.1325
						2.5RP	2	2	3.126	0.3279	0.2754	2.5P	3	16	6.555	0.241	0.1198
						2.5RP	2	4	3.126	0.3382	0.2496	2.5P	3	18	6.555	0.238	0.1094
						2.5RP	2	6	3.126	0.347	0.2259	2.5P	3	20	6.555	0.2354	0.1003
						2.5RP	2	8	3.126	0.3555	0.2003	2.5P	3	22	6.555	0.2329	0.0911
						2.5RP	2	10	3.126	0.3617	0.18	2.5P	3	24	6.555	0.2305	0.0832
						2.5RP	2	12	3.126	0.3668	0.1618	2.5P	3	26	6.555	0.2286	0.0765
						2.5RP	2	14	3.126	0.3711	0.1449	2.5P	3	28	6.555	0.2268	0.0698
						2.5RP	2	16	3.126	0.3748	0.131	2.5P	3	30	6.555	0.2252	0.0638
						2.5RP	2	18	3.126	0.3778	0.1188	2.5P	3	32	6.555	0.2242	0.0587
						2.5RP	2	20	3.126	0.3802	0.108	2.5P	3	34	6.555	0.223	0.0543
						5RP	2	2	3.126	0.3383	0.2829	5P	3	2	6.555	0.2997	0.27
						5RP	2	4	3.126	0.3558	0.2597	5P	3	4	6.555	0.2928	0.2386
						5RP	2	6	3.126	0.3708	0.238	5P	3	6	6.555	0.287	0.2135
						5RP	2	8	3.126	0.3858	0.214	5P	3	8	6.555	0.2819	0.191
						5RP	2	10	3.126	0.3971	0.1939	5P	3	10	6.555	0.2772	0.1707
						5RP	2	12	3.126	0.408	0.1764	5P	3	12	6.555	0.2739	0.1539
						5RP	2	14	3.126	0.418	0.1598	5P	3	14	6.555	0.2707	0.1397
						5RP	2	16	3.126	0.4269	0.1454	5P	3	16	6.555	0.268	0.1272
						5RP	2	18	3.126	0.4338	0.134	5P	3	18	6.555	0.2657	0.1163
						7.5RP	2	2	3.126	0.3459	0.2892	5P	3	20	6.555	0.2639	0.1074
						7.5RP	2	4	3.126	0.3702	0.2683	5P	3	22	6.555	0.262	0.0978
						7.5RP	2	6	3.126	0.3918	0.249	5P	3	24	6.555	0.2602	0.0891
						7.5RP	2	8	3.126	0.4137	0.2276	5P	3	26	6.555	0.259	0.0822
						7.5RP	2	10	3.126	0.4321	0.2082	5P	3	28	6.555	0.2579	0.075
						7.5RP	2	12	3.126	0.4481	0.1903	5P	3	30	6.555	0.2568	0.069
						7.5RP	2	14	3.126	0.4624	0.1737	5P	3	32	6.555	0.2557	0.063
						7.5RP	2	16	3.126	0.4744	0.1595	7.5P	3	2	6.555	0.3088	0.274
												7.5P	3	4	6.555	0.3072	0.2448
												7.5P	3	6	6.555	0.3057	0.2208
												7.5P	3	8	6.555	0.3037	0.1981
												7.5P	3	10	6.555	0.302	0.1794
												7.5P	3	12	6.555	0.3003	0.1618
												7.5P	3	14	6.555	0.2992	0.1475
												7.5P	3	16	6.555	0.2981	0.1356
												7.5P	3	18	6.555	0.2969	0.1239
												7.5P	3	20	6.555	0.2961	0.1151
												7.5P	3	22	6.555	0.2953	0.1057
												7.5P	3	24	6.555	0.2944	0.0967
												7.5P	3	26	6.555	0.2938	0.0892
												7.5P	3	28	6.555	0.293	0.0812
												7.5P	3	30	6.555	0.2922	0.075

续表

H	V//C	Y	x	y	H	V//C	Y	x	y	H	V//C	Y	x	y
										10P	3	2	6.555	0.317	0.279
										10P	3	4	6.555	0.3214	0.2517
										10P	3	6	6.555	0.3243	0.2293
										10P	3	8	6.555	0.3269	0.2075
										10P	3	10	6.555	0.3286	0.1889
										10P	3	12	6.555	0.3301	0.1715
										10P	3	14	6.555	0.3309	0.1572
										10P	3	16	6.555	0.332	0.1456
										10P	3	18	6.555	0.3329	0.1332
										10P	3	20	6.555	0.3332	0.124
										10P	3	22	6.555	0.334	0.1146
										10P	3	24	6.555	0.3341	0.1055
										10P	3	26	6.555	0.3343	0.0978
										2.5RP	3	2	6.555	0.3272	0.2861
										2.5RP	3	4	6.555	0.34	0.2624
										2.5RP	3	6	6.555	0.3501	0.2425
										2.5RP	3	8	6.555	0.3598	0.2233
										2.5RP	3	10	6.555	0.3681	0.2054
										2.5RP	3	12	6.555	0.3754	0.1898
										2.5RP	3	14	6.555	0.3818	0.1758
										2.5RP	3	16	6.555	0.3876	0.1629
										2.5RP	3	18	6.555	0.3929	0.1506
										2.5RP	3	20	6.555	0.3969	0.1413
										2.5RP	3	22	6.555	0.4018	0.1304
										5RP	3	2	6.555	0.337	0.294
										5RP	3	4	6.555	0.3586	0.2742
										5RP	3	6	6.555	0.3765	0.2569
										5RP	3	8	6.555	0.393	0.2395
										5RP	3	10	6.555	0.4073	0.2235
										5RP	3	12	6.555	0.4199	0.2089
										5RP	3	14	6.555	0.4313	0.1944
										5RP	3	16	6.555	0.4418	0.1809
										5RP	3	18	6.555	0.4503	0.1695
										5RP	3	20	6.555	0.4577	0.1593
										7.5RP	3	2	6.555	0.345	0.3001
										7.5RP	3	4	6.555	0.3739	0.2851
										7.5RP	3	6	6.555	0.399	0.2708
										7.5RP	3	8	6.555	0.4234	0.2556
										7.5RP	3	10	6.555	0.4445	0.2419
										7.5RP	3	12	6.555	0.4654	0.2273
										7.5RP	3	14	6.555	0.4831	0.214
										7.5RP	3	16	6.555	0.4991	0.2011
										7.5RP	3	18	6.555	0.513	0.1893
10RP	4	2	12	0.3417	0.3106	10RP	5	2	19.77	0.3332	0.3131	10RP	6	2	30.05	0.3292	0.3141
10RP	4	4	12	0.3715	0.3042	10RP	5	4	19.77	0.3594	0.309	10RP	6	4	30.05	0.3508	0.3112
10RP	4	6	12	0.3999	0.2972	10RP	5	6	19.77	0.3851	0.3039	10RP	6	6	30.05	0.374	0.3074
10RP	4	8	12	0.4282	0.289	10RP	5	8	19.77	0.4105	0.298	10RP	6	8	30.05	0.393	0.3038
10RP	4	10	12	0.4528	0.2811	10RP	5	10	19.77	0.4332	0.2918	10RP	6	10	30.05	0.415	0.2989
10RP	4	12	12	0.4789	0.2717	10RP	5	12	19.77	0.4579	0.2841	10RP	6	12	30.05	0.436	0.2936
10RP	4	14	12	0.502	0.2623	10RP	5	14	19.77	0.4767	0.2776	10RP	6	14	30.05	0.4552	0.2881
10RP	4	16	12	0.5234	0.253	10RP	5	16	19.77	0.4986	0.2695	10RP	6	16	30.05	0.4781	0.2812
10RP	4	18	12	0.5466	0.2424	10RP	5	18	19.77	0.5185	0.262	10RP	6	18	30.05	0.4961	0.2751
10RP	4	20	12	0.5674	0.2319	10RP	5	20	19.77	0.5396	0.2535	2.5R	6	2	30.05	0.3318	0.3166
2.5R	4	2	12	0.3461	0.315	2.5R	5	2	19.77	0.336	0.3158	2.5R	6	4	30.05	0.3566	0.3163
2.5R	4	4	12	0.3806	0.3125	2.5R	5	4	19.77	0.366	0.3148	2.5R	6	6	30.05	0.3832	0.3158
2.5R	4	6	12	0.4141	0.3085	2.5R	5	6	19.77	0.396	0.313	2.5R	6	8	30.05	0.4065	0.3144
2.5R	4	8	12	0.4472	0.3031	2.5R	5	8	19.77	0.4252	0.3101	2.5R	6	10	30.05	0.432	0.3118

续表

H	V/	/C	Y	x	y	H	V/	/C	Y	x	y	H	V/	/C	Y	x	y
2.5R	4	10	12	0.4774	0.2969	2.5R	5	10	19.77	0.4533	0.3058	2.5R	6	12	30.05	0.4568	0.3082
2.5R	4	12	12	0.5072	0.2897	2.5R	5	12	19.77	0.482	0.3002	2.5R	6	14	30.05	0.479	0.3041
2.5R	4	14	12	0.5369	0.281	2.5R	5	14	19.77	0.5047	0.295	2.5R	6	16	30.05	0.5041	0.2983
2.5R	4	16	12	0.562	0.2724	2.5R	5	16	19.77	0.53	0.288	2.5R	6	18	30.05	0.5262	0.2928
5R	4	2	12	0.3508	0.32	2.5R	5	18	19.77	0.554	0.2804	5R	6	2	30.05	0.3343	0.319
5R	4	4	12	0.3916	0.3223	2.5R	5	20	19.77	0.5784	0.2719	5R	6	4	30.05	0.3628	0.3221
5R	4	6	12	0.4299	0.3226	5R	5	2	19.77	0.3392	0.3192	5R	6	6	30.05	0.3921	0.3244
5R	4	8	12	0.469	0.3209	5R	5	4	19.77	0.374	0.322	5R	6	8	30.05	0.4187	0.3251
5R	4	10	12	0.5043	0.3176	5R	5	6	19.77	0.4078	0.3238	5R	6	10	30.05	0.448	0.325
5R	4	12	12	0.5385	0.3129	5R	5	8	19.77	0.4413	0.324	5R	6	12	30.05	0.476	0.3234
5R	4	14	12	0.5734	0.3057	5R	5	10	19.77	0.4747	0.3227	5R	6	14	30.05	0.502	0.3212
5R	4	16	12	0.6039	0.2978	5R	5	12	19.77	0.5071	0.3194	5R	6	16	30.05	0.5297	0.3179
5R	4	18	12	0.6329	0.2881	5R	5	14	19.77	0.5341	0.3158	5R	6	18	30.05	0.5552	0.3138
7.5R	4	2	12	0.3538	0.3236	5R	5	16	19.77	0.5637	0.3102	7.5R	6	2	30.05	0.3381	0.3228
7.5R	4	4	12	0.399	0.33	5R	5	18	19.77	0.5918	0.3038	7.5R	6	4	30.05	0.3692	0.3291
7.5R	4	6	12	0.4415	0.334	5R	5	20	19.77	0.6142	0.297	7.5R	6	6	30.05	0.4	0.334
7.5R	4	8	12	0.485	0.3359	7.5R	5	2	19.77	0.3425	0.3229	7.5R	6	8	30.05	0.4318	0.3383
7.5R	4	10	12	0.5235	0.3351	7.5R	5	4	19.77	0.3806	0.3294	7.5R	6	10	30.05	0.4655	0.3412
7.5R	4	12	12	0.5603	0.3321	7.5R	5	6	19.77	0.418	0.3348	7.5R	6	12	30.05	0.4961	0.3428
7.5R	4	14	12	0.5959	0.3269	7.5R	5	8	19.77	0.4563	0.3387	7.5R	6	14	30.05	0.5265	0.3431
7.5R	4	16	12	0.626	0.3192	7.5R	5	10	19.77	0.4927	0.3399	7.5R	6	16	30.05	0.556	0.342
7.5R	4	18	12	0..6538	0.31	7.5R	5	12	19.77	0.528	0.3389	7.5R	6	18	30.05	0.5829	0.3396
7.5R	4	20	12	0.6806	0.2988	7.5R	5	14	19.77	0.559	0.337	10R	6	2	30.05	0.3417	0.3268
10R	4	2	12	0.3582	0.3294	7.5R	5	16	19.77	0.5901	0.3331	10R	6	4	30.05	0.3768	0.3381
10R	4	4	12	0.4078	0.3412	7.5R	5	18	19.77	0.6161	0.3277	10R	6	6	30.05	0.4103	0.3473
10R	4	6	12	0.4535	0.35	7.5R	5	20	19.77	0.6388	0.3216	10R	6	8	30.05	0.4449	0.355
10R	4	8	12	0.4995	0.3557	10R	5	2	19.77	0.3465	0.3278	10R	6	10	30.05	0.4812	0.3619
10R	4	10	12	0.5418	0.358	10R	5	4	19.77	0.3879	0.3398	10R	6	12	30.05	0.515	0.3667
10R	4	12	12	0.5801	0.3588	10R	5	6	19.77	0.4299	0.3499	10R	6	14	30.05	0.5468	0.3697
10R	4	14	12	0.6154	0.3568	10R	5	8	19.77	0.4713	0.3575	10R	6	16	30.05	0.5741	0.3713
10R	4	16	12	0.6409	0.3533	10R	5	10	19.77	0.5113	0.363	10R	6	18	30.05	0.6009	0.372
2.5YR	4	2	12	0.3624	0.3367	10R	5	12	19.77	0.5481	0.366	2.5YR	6	2	30.05	0.3453	0.3321
2.5YR	4	4	12	0.4141	0.3539	10R	5	14	19.77	0.5771	0.3664	2.5YR	6	4	30.05	0.3806	0.3467
2.5YR	4	6	12	0.4612	0.3674	10R	5	16	19.77	0.6037	0.3657	2.5YR	6	6	30.05	0.418	0.36
2.5YR	4	8	12	0.5071	0.3777	10R	5	18	19.77	0.6297	0.3642	2.5YR	6	8	30.05	0.4533	0.3708
2.5YR	4	10	12	0.5475	0.3856	2.5YR	5	2	19.77	0.3506	0.3337	2.5YR	6	10	30.05	0.4891	0.3806
2.5YR	4	12	12	0.5809	0.391	2.5YR	5	4	19.77	0.3925	0.3494	2.5YR	6	12	30.05	0.5215	0.3887
5YR	4	2	12	0.3651	0.3442	2.5YR	5	6	19.77	0.4365	0.364	2.5YR	6	14	30.05	0.5488	0.3947
5YR	4	4	12	0.4187	0.3679	2.5YR	5	8	19.77	0.4795	0.3758	2.5YR	6	16	30.05	0.5698	0.399
5YR	4	6	12	0.4651	0.3859	2.5YR	5	10	19.77	0.5175	0.3844	2.5YR	6	18	30.05	0.5879	0.4021
5YR	4	8	12	0.507	0.3994	2.5YR	5	12	19.77	0.5482	0.3909	5YR	6	2	30.05	0.3474	0.3373
5YR	4	10	12	0.5432	0.4097	2.5YR	5	14	19.77	0.5731	0.3953	5YR	6	4	30.05	0.384	0.3564
5YR	4	12	12	0.5729	0.4169	2.5YR	5	16	19.77	0.5933	0.3989	5YR	6	6	30.05	0.4229	0.375
7.5YR	4	2	12	0.3662	0.3504	5YR	5	2	19.77	0.353	0.3395	5YR	6	8	30.05	0.4592	0.39
7.5YR	4	4	12	0.4208	0.3809	5YR	5	4	19.77	0.3968	0.3614	5YR	6	10	30.05	0.4921	0.4022
7.5YR	4	6	12	0.4655	0.4029	5YR	5	6	19.77	0.442	0.3808	5YR	6	12	30.05	0.5199	0.4119
7.5YR	4	8	12	0.5038	0.4204	5YR	5	8	19.77	0.483	0.396	5YR	6	14	30.05	0.5423	0.4188
7.5YR	4	10	12	0.5356	0.4342	5YR	5	10	19.77	0.5161	0.4064	5YR	6	16	30.05	0.5597	0.4239
10YR	4	2	12	0.366	0.359	5YR	5	12	19.77	0.5422	0.4141	5YR	6	18	30.05	0.5715	0.427
10YR	4	4	12	0.4189	0.3948	5YR	5	14	19.77	0.5642	0.4201	7.5YR	6	2	30.05	0.3487	0.3421
10YR	4	6	12	0.4618	0.4213	7.5YR	5	2	19.77	0.354	0.3445	7.5YR	6	4	30.05	0.386	0.3652
10YR	4	8	12	0.4965	0.4414	7.5YR	5	4	19.77	0.3991	0.3714	7.5YR	6	6	30.05	0.4242	0.3876
10YR	4	10	12	0.525	0.4573	7.5YR	5	6	19.77	0.444	0.3954	7.5YR	6	8	30.05	0.4596	0.4064
2.5Y	4	2	12	0.3633	0.3654	7.5YR	5	8	19.77	0.482	0.4141	7.5YR	6	10	30.05	0.4904	0.422
2.5Y	4	4	12	0.4138	0.4076	7.5YR	5	10	19.77	0.5108	0.4276	7.5YR	6	12	30.05	0.5145	0.4331
2.5Y	4	6	12	0.4542	0.4391	7.5YR	5	12	19.77	0.5335	0.4378	7.5YR	6	14	30.05	0.532	0.4412
2.5Y	4	8	12	0.4865	0.4625	7.5YR	5	14	19.77	0.5506	0.445	7.5YR	6	16	30.05	0.5468	0.4478
2.5Y	4	10	12	0.512	0.48	10YR	5	2	19.77	0.3546	0.3514	10YR	6	2	30.05	0.3491	0.3483

续表

H	V//C		Y	x	y	H	V//C		Y	x	y	H	V//C		Y	x	y
5Y	4	2	12	0.359	0.3701	10YR	5	4	19.77	0.3995	0.384	10YR	6	4	30.05	0.3861	0.3767
5Y	4	4	12	0.4069	0.4188	10YR	5	6	19.77	0.4428	0.4128	10YR	6	6	30.05	0.424	0.403
5Y	4	6	12	0.4451	0.455	10YR	5	8	19.77	0.477	0.4338	10YR	6	8	30.05	0.457	0.4249
5Y	4	8	12	0.4745	0.481	10YR	5	10	19.77	0.5025	0.4489	10YR	6	10	30.05	0.4843	0.4416
7.5Y	4	2	12	0.3542	0.3727	10YR	5	12	19.77	0.5211	0.46	10YR	6	12	30.05	0.505	0.4536
7.5Y	4	4	12	0.3982	0.4272	2.5Y	5	2	19.77	0.3534	0.357	10YR	6	14	30.05	0.52	0.4623
7.5Y	4	6	12	0.4331	0.4688	2.5Y	5	4	19.77	0.3968	0.3954	2.5Y	6	2	30.05	0.348	0.354
7.5Y	4	8	12	0.4595	0.499	2.5Y	5	6	19.77	0.438	0.4292	2.5Y	6	4	30.05	0.384	0.3867
10Y	4	2	12	0.3436	0.3732	2.5Y	5	8	19.77	0.4685	0.4524	2.5Y	6	6	30.05	0.4203	0.4176
10Y	4	4	12	0.3871	0.4321	2.5Y	5	10	19.77	0.4905	0.4683	2.5Y	6	8	30.05	0.4517	0.4421
10Y	4	6	12	0.419	0.4795	2.5Y	5	12	19.77	0.5082	0.4812	2.5Y	6	10	30.05	0.476	0.4607
10Y	4	8	12	0.443	0.5153	5Y	5	2	19.77	0.35	0.362	2.5Y	6	12	30.05	0.4928	0.473
2.5GY	4	2	12	0.3382	0.3706	5Y	5	4	19.77	0.3915	0.4057	2.5Y	6	14	30.05	0.5061	0.4829
2.5GY	4	4	12	0.3708	0.4329	5Y	5	6	19.77	0.4302	0.4435	5Y	6	2	30.05	0.3457	0.358
2.5GY	4	6	12	0.3968	0.4857	5Y	5	8	19.77	0.4579	0.4692	5Y	6	4	30.05	0.3794	0.3955
2.5GY	4	8	12	0.4174	0.53	5Y	5	10	19.77	0.4777	0.4876	5Y	6	6	30.05	0.414	0.4305
5GY	4	2	12	0.3312	0.3678	5Y	5	12	19.77	0.4932	0.5019	5Y	6	8	30.05	0.4426	0.4588
5GY	4	4	12	0.3538	0.4284	7.5Y	5	2	19.77	0.347	0.364	5Y	6	10	30.05	0.4639	0.479
5GY	4	6	12	0.3718	0.4852	7.5Y	5	4	19.77	0.385	0.412	5Y	6	12	30.05	0.478	0.492
5GY	4	8	12	0.3868	0.5384	7.5Y	5	6	19.77	0.4199	0.4551	5Y	6	14	30.05	0.4905	0.5038
5GY	4	10	12	0.3983	0.585	7.5Y	5	8	19.77	0.445	0.485	7.5Y	6	2	30.05	0.3431	0.3601
7.5GY	4	2	12	0.3185	0.3604	7.5Y	5	10	19.77	0.4632	0.5057	7.5Y	6	4	30.05	0.3745	0.4004
7.5GY	4	4	12	0.3281	0.4157	7.5Y	5	12	19.77	0.4767	0.5208	7.5Y	6	6	30.05	0.406	0.44
7.5GY	4	6	12	0.3355	0.4739	10Y	5	2	19.77	0.3422	0.3648	7.5Y	6	8	30.05	0.4321	0.4719
7.5GY	4	8	12	0.34	0.5348	10Y	5	4	19.77	0.3762	0.4158	7.5Y	6	10	30.05	0.4512	0.4943
7.5GY	4	10	12	0.3395	0.5913	10Y	5	6	19.77	0.4072	0.4621	7.5Y	6	12	30.05	0.4638	0.5087
7.5GY	4	12	12	0.3348	0.6468	10Y	5	8	19.77	0.4307	0.4967	7.5Y	6	14	30.05	0.4754	0.522
10GY	4	2	12	0.3109	0.355	10Y	5	10	19.77	0.4468	0.5209	10Y	6	2	30.05	0.3398	0.3611
10GY	4	4	12	0.31	0.4018	10Y	5	12	19.77	0.459	0.539	10Y	6	4	30.05	0.3679	0.4033
10GY	4	6	12	0.3069	0.455	2.5GY	5	2	19.77	0.3352	0.3636	10Y	6	6	30.05	0.396	0.4452
10GY	4	8	12	0.3008	0.5095	2.5GY	5	4	19.77	0.3621	0.4143	10Y	6	8	30.05	0.4201	0.4812
10GY	4	10	12	0.2908	0.5672	2.5GY	5	6	19.77	0.3879	0.4646	10Y	6	10	30.05	0.4372	0.5068
10GY	4	12	12	0.2758	0.6282	2.5GY	5	8	19.77	0.4088	0.5068	10Y	6	12	30.05	0.4488	0.5237
10GY	4	14	12	0.259	0.6858	2.5GY	5	10	19.77	0.4224	0.5369	10Y	6	14	30.05	0.4593	0.5392
10GY	4	16	12	0.2422	0.736	2.5GY	5	12	19.77	0.4333	0.5602	2.5GY	6	2	30.05	0.3342	0.3607
2.5G	4	2	12	0.3012	0.347	5GY	5	2	19.77	0.3289	0.3612	2.5GY	6	4	30.05	0.3572	0.4038
2.5G	4	4	12	0.2891	0.3821	5GY	5	4	19.77	0.3482	0.4097	2.5GY	6	6	30.05	0.3799	0.447
2.5G	4	6	12	0.2735	0.4215	5GY	5	6	19.77	0.3663	0.4614	2.5GY	6	8	30.05	0.4006	0.4885
2.5G	4	8	12	0.2561	0.4597	5GY	5	8	19.77	0.3815	0.5093	2.5GY	6	10	30.05	0.4159	0.519
2.5G	4	10	12	0.2355	0.5006	5GY	5	10	19.77	0.3928	0.5485	2.5GY	6	12	30.05	0.4269	0.5414
2.5G	4	12	12	0.2128	0.5425	5GY	5	12	19.77	0.4011	0.5802	2.5GY	6	14	30.05	0.4354	0.5594
2.5G	4	14	12	0.1909	0.5779	7.5GY	5	2	19.77	0.3188	0.356	5GY	6	2	30.05	0.3288	0.3592
2.5G	4	16	12	0.1682	0.6111	7.5GY	5	4	19.77	0.3274	0.3994	5GY	6	4	30.05	0.3461	0.4008
2.5G	4	18	12	0.1446	0.6431	7.5GY	5	6	19.77	0.3354	0.4483	5GY	6	6	30.05	0.3622	0.4438
2.5G	4	20	12	0.123	0.6706	7.5GY	5	8	19.77	0.3412	0.4976	5GY	6	8	30.05	0.3772	0.488
2.5G	4	22	12	0.1009	0.6975	7.5GY	5	10	19.77	0.3451	0.549	5GY	6	10	30.05	0.3891	0.5264
2.5G	4	24	12	0.076	0.725	7.5GY	5	12	19.77	0.345	0.5949	5GY	6	12	30.05	0.398	0.5564
2.5G	4	26	12	0.0528	0.7502	7.5GY	5	14	19.77	0.3429	0.6335	5GY	6	14	30.05	0.4042	0.5788
5G	4	2	12	0.2959	0.3417	10GY	5	2	19.77	0.311	0.3508	7.5GY	6	2	30.05	0.3193	0.355
5G	4	4	12	0.2781	0.3704	10GY	5	4	19.77	0.3111	0.3881	7.5GY	6	4	30.05	0.3275	0.3922
5G	4	6	12	0.2581	0.3992	10GY	5	6	19.77	0.3108	0.4301	7.5GY	6	6	30.05	0.3351	0.4321
5G	4	8	12	0.2359	0.4266	10GY	5	8	19.77	0.308	0.4759	7.5GY	6	8	30.05	0.3418	0.4768
5G	4	10	12	0.2115	0.4532	10GY	5	10	19.77	0.3028	0.5237	7.5GY	6	10	30.05	0.3463	0.5196
5G	4	12	12	0.1843	0.4807	10GY	5	12	19.77	0.294	0.5751	7.5GY	6	12	30.05	0.3488	0.5596
5G	4	14	12	0.1627	0.5015	10GY	5	14	19.77	0.2838	0.6208	7.5GY	6	14	30.05	0.3498	0.5985
5G	4	16	12	0.1402	0.5214	10GY	5	16	19.77	0.2702	0.67	7.5GY	6	16	30.05	0.3498	0.6282
5G	4	18	12	0.1188	0.54	10GY	5	18	19.77	0.2549	0.7179	10GY	6	2	30.05	0.3112	0.3496
5G	4	20	12	0.1018	0.5543	2.5G	5	2	19.77	0.303	0.3445	10GY	6	4	30.05	0.3124	0.3822

续表

H	V/	/C	Y	x	y	H	V/	/C	Y	x	y	H	V/	/C	Y	x	y
5G	4	22	12	0.0841	0.5684	2.5G	5	4	19.77	0.2943	0.3735	10GY	6	6	30.05	0.3128	0.4175
5G	4	24	12	0.0614	0.5857	2.5G	5	6	19.77	0.2841	0.4045	10GY	6	8	30.05	0.3116	0.4563
5G	4	26	12	0.0407	0.601	2.5G	5	8	19.77	0.271	0.438	10GY	6	10	30.05	0.3086	0.4949
7.5G	4	2	12	0.2919	0.3371	2.5G	5	10	19.77	0.2565	0.4705	10GY	6	12	30.05	0.3037	0.5358
7.5G	4	4	12	0.2702	0.3602	2.5G	5	12	19.77	0.2385	0.5071	10GY	6	14	30.05	0.2962	0.5802
7.5G	4	6	12	0.2467	0.3822	2.5G	5	14	19.77	0.2211	0.5411	10GY	6	16	30.05	0.2872	0.6199
7.5G	4	8	12	0.2232	0.4022	2.5G	5	16	19.77	0.2005	0.5759	10GY	6	18	30.05	0.2763	0.6616
7.5G	4	10	12	0.1989	0.4219	2.5G	5	18	19.77	0.1782	0.6095	10GY	6	20	30.05	0.2648	0.7004
7.5G	4	12	12	0.1706	0.4419	2.5G	5	20	19.77	0.1579	0.6392	2.5G	6	2	30.05	0.3039	0.3437
7.5G	4	14	12	0.15	0.4562	2.5G	5	22	19.77	0.1377	0.6674	2.5G	6	4	30.05	0.2967	0.3695
7.5G	4	16	12	0.1293	0.4703	2.5G	5	24	19.77	0.1188	0.6918	2.5G	6	6	30.05	0.2892	0.3963
7.5G	4	18	12	0.1086	0.4842	2.5G	5	26	19.77	0.0992	0.7155	2.5G	6	8	30.05	0.2799	0.4239
7.5G	4	20	12	0.0928	0.4942	2.5G	5	28	19.77	0.0794	0.7385	2.5G	6	10	30.05	0.269	0.453
7.5G	4	22	12	0.077	0.504	5G	5	2	19.77	0.2978	0.3392	2.5G	6	12	30.05	0.2574	0.4814
7.5G	4	24	12	0.0581	0.5151	5G	5	4	19.77	0.2841	0.3628	2.5G	6	14	30.05	0.2426	0.5133
7.5G	4	26	12	0.0392	0.5258	5G	5	6	19.77	0.269	0.386	2.5G	6	16	30.05	0.2278	0.543
10G	4	2	12	0.288	0.3327	5G	5	8	19.77	0.2511	0.4107	2.5G	6	18	30.05	0.2102	0.5737
10G	4	4	12	0.2628	0.3498	5G	5	10	19.77	0.2329	0.4331	2.5G	6	20	30.05	0.1922	0.6035
10G	4	6	12	0.2374	0.3655	5G	5	12	19.77	0.2104	0.4578	2.5G	6	22	30.05	0.1739	0.6318
10G	4	8	12	0.2124	0.3799	5G	5	14	19.77	0.1912	0.4773	2.5G	6	24	30.05	0.1536	0.6605
10G	4	10	12	0.1876	0.3933	5G	5	16	19.77	0.1695	0.4981	2.5G	6	26	30.05	0.134	0.6871
10G	4	12	12	0.1602	0.407	5G	5	18	19.77	0.1489	0.5171	2.5G	6	28	30.05	0.1145	0.7122
10G	4	14	12	0.1398	0.4168	5G	5	20	19.77	0.1318	0.5321	5G	6	2	30.05	0.2988	0.3382
10G	4	16	12	0.1212	0.4245	5G	5	22	19.77	0.1144	0.5463	5G	6	4	30.05	0.2868	0.3595
10G	4	18	12	0.1006	0.433	5G	5	24	19.77	0.0953	0.5628	5G	6	6	30.05	0.2748	0.3795
10G	4	20	12	0.085	0.4388	5G	5	26	19.77	0.0784	0.5761	5G	6	8	30.05	0.2612	0.399
10G	4	22	12	0.0702	0.444	5G	5	28	19.77	0.0609	0.5898	5G	6	10	30.05	0.2466	0.4181
10G	4	24	12	0.0553	0.4492	7.5G	5	2	19.77	0.2945	0.3355	5G	6	12	30.05	0.2293	0.439
10G	4	26	12	0.04	0.4545	7.5G	5	4	19.77	0.2775	0.3545	5G	6	14	30.05	0.213	0.4571
2.5BG	4	2	12	0.284	0.327	7.5G	5	6	19.77	0.2598	0.3724	5G	6	16	30.05	0.196	0.4751
2.5BG	4	4	12	0.2552	0.3375	7.5G	5	8	19.77	0.2395	0.3915	5G	6	18	30.05	0.1785	0.4924
2.5BG	4	6	12	0.2278	0.3463	7.5G	5	10	19.77	0.22	0.4082	5G	6	20	30.05	0.1609	0.5091
2.5BG	4	8	12	0.2006	0.354	7.5G	5	12	19.77	0.1964	0.4271	5G	6	22	30.05	0.1432	0.5252
2.5BG	4	10	12	0.1738	0.36	7.5G	5	14	19.77	0.1776	0.4415	5G	6	24	30.05	0.1252	0.5408
2.5BG	4	12	12	0.1492	0.3649	7.5G	5	16	19.77	0.1571	0.4561	5G	6	26	30.05	0.1079	0.556
2.5BG	4	14	12	0.1283	0.3688	7.5G	5	18	19.77	0.1372	0.4705	5G	6	28	30.05	0.0908	0.5695
2.5BG	4	16	12	0.1102	0.372	7.5G	5	20	19.77	0.1212	0.4817	7.5G	6	2	30.05	0.2958	0.3344
2.5BG	4	18	12	0.0915	0.3754	7.5G	5	22	19.77	0.105	0.4927	7.5G	6	4	30.05	0.2807	0.3522
2.5BG	4	20	12	0.0768	0.3773	7.5G	5	24	19.77	0.0878	0.5039	7.5G	6	6	30.05	0.2662	0.3672
2.5BG	4	22	12	0.0636	0.3788	7.5G	5	26	19.77	0.073	0.5131	7.5G	6	8	30.05	0.251	0.3829
2.5BG	4	24	12	0.051	0.38	7.5G	5	28	19.77	0.0585	0.5224	7.5G	6	10	30.05	0.235	0.3979
5BG	4	2	12	0.2799	0.3208	10G	5	2	19.77	0.291	0.331	7.5G	6	12	30.05	0.2171	0.4138
5BG	4	4	12	0.248	0.3232	10G	5	4	19.77	0.2711	0.3455	7.5G	6	14	30.05	0.2001	0.4278
5BG	4	6	12	0.2182	0.324	10G	5	6	19.77	0.2519	0.3587	7.5G	6	16	30.05	0.1832	0.4414
5BG	4	8	12	0.189	0.3234	10G	5	8	19.77	0.2297	0.373	7.5G	6	18	30.05	0.1654	0.4551
5BG	4	10	12	0.1618	0.3219	10G	5	10	19.77	0.2095	0.3853	7.5G	6	20	30.05	0.1485	0.4677
5BG	4	12	12	0.1379	0.3198	10G	5	12	19.77	0.1852	0.3992	7.5G	6	22	30.05	0.1325	0.4795
5BG	4	14	12	0.117	0.317	10G	5	14	19.77	0.1671	0.4089	7.5G	6	24	30.05	0.1159	0.491
5BG	4	16	12	0.0992	0.3141	10G	5	16	19.77	0.1469	0.4192	7.5G	6	26	30.05	0.101	0.5018
5BG	4	18	12	0.0828	0.3108	10G	5	18	19.77	0.1275	0.4288	7.5G	6	28	30.05	0.0858	0.5127
5BG	4	20	12	0.0675	0.3075	10G	5	20	19.77	0.112	0.436	10G	6	2	30.05	0.2929	0.3303
7.5BG	4	2	12	0.2764	0.3148	10G	5	22	19.77	0.0958	0.4428	10G	6	4	30.05	0.2749	0.3443
7.5BG	4	4	12	0.2429	0.3108	10G	5	24	19.77	0.0811	0.4491	10G	6	6	30.05	0.2591	0.3558
7.5BG	4	6	12	0.2113	0.3052	10G	5	26	19.77	0.069	0.4542	10G	6	8	30.05	0.242	0.3679
7.5BG	4	8	12	0.1815	0.2985	10G	5	28	19.77	0.0572	0.459	10G	6	10	30.05	0.2247	0.3796
7.5BG	4	10	12	0.154	0.291	2.5BG	5	2	19.77	0.288	0.327	10G	6	12	30.05	0.206	0.3914
7.5BG	4	12	12	0.1298	0.284	2.5BG	5	4	19.77	0.2659	0.3369	10G	6	14	30.05	0.1895	0.4015
7.5BG	4	14	12	0.1092	0.2774	2.5BG	5	6	19.77	0.2448	0.3452	10G	6	16	30.05	0.1722	0.4113

续表

H	V/	/C	Y	x	y	H	V/	/C	Y	x	y	H	V/	/C	Y	x	y
7.5BG	4	16	12	0.0922	0.2718	2.5BG	5	8	19.77	0.2205	0.3537	10G	6	18	30.05	0.1551	0.4208
7.5BG	4	18	12	0.0768	0.2667	2.5BG	5	10	19.77	0.198	0.3606	10G	6	20	30.05	0.1382	0.4299
10BG	4	2	12	0.274	0.3091	2.5BG	5	12	19.77	0.1735	0.3668	10G	6	22	30.05	0.123	0.4378
10BG	4	4	12	0.2384	0.2984	2.5BG	5	14	19.77	0.1559	0.3708	10G	6	24	30.05	0.107	0.4458
10BG	4	6	12	0.2065	0.2863	2.5BG	5	16	19.77	0.1348	0.375	10G	6	26	30.05	0.0941	0.452
10BG	4	8	12	0.176	0.273	2.5BG	5	18	19.77	0.1165	0.3785	2.5BG	6	2	30.05	0.2902	0.3268
10BG	4	10	12	0.148	0.26	2.5BG	5	20	19.77	0.1005	0.3814	2.5BG	6	4	30.05	0.2702	0.3369
10BG	4	12	12	0.1248	0.2484	2.5BG	5	22	19.77	0.0861	0.3832	2.5BG	6	6	30.05	0.2526	0.3448
10BG	4	14	12	0.1033	0.2376	2.5BG	5	24	19.77	0.0738	0.3851	2.5BG	6	8	30.05	0.2332	0.3522
10BG	4	16	12	0.0888	0.2298	5BG	5	2	19.77	0.2841	0.321	2.5BG	6	10	30.05	0.2148	0.3584
2.5B	4	2	12	0.2727	0.3038	5BG	5	4	19.77	0.2591	0.3246	2.5BG	6	12	30.05	0.1954	0.3645
2.5B	4	4	12	0.236	0.2872	5BG	5	6	19.77	0.236	0.327	2.5BG	6	14	30.05	0.1779	0.3699
2.5B	4	6	12	0.2048	0.2708	5BG	5	8	19.77	0.21	0.328	2.5BG	6	16	30.05	0.16	0.3748
2.5B	4	8	12	0.1737	0.2524	5BG	5	10	19.77	0.185	0.328	2.5BG	6	18	30.05	0.1428	0.379
2.5B	4	10	12	0.1463	0.2354	5BG	5	12	19.77	0.1614	0.328	2.5BG	6	20	30.05	0.1269	0.3829
2.5B	4	12	12	0.1247	0.2209	5BG	5	14	19.77	0.1448	0.3275	2.5BG	6	22	30.05	0.112	0.386
2.5B	4	14	12	0.1027	0.2057	5BG	5	16	19.77	0.1243	0.3261	5BG	6	2	30.05	0.2872	0.3219
2.5B	4	16	12	0.09	0.1973	5BG	5	18	19.77	0.1046	0.3244	5BG	6	4	30.05	0.2648	0.3262
5B	4	2	12	0.2723	0.2992	5BG	5	20	19.77	0.0904	0.3231	5BG	6	6	30.05	0.2441	0.329
5B	4	4	12	0.2363	0.2782	5BG	5	22	19.77	0.0781	0.3211	5BG	6	8	30.05	0.2236	0.3311
5B	4	6	12	0.206	0.2572	7.5BG	5	2	19.77	0.2812	0.3161	5BG	6	10	30.05	0.2037	0.3329
5B	4	8	12	0.1759	0.2345	7.5BG	5	4	19.77	0.255	0.315	5BG	6	12	30.05	0.1844	0.3337
5B	4	10	12	0.1512	0.2148	7.5BG	5	6	19.77	0.2292	0.3125	5BG	6	14	30.05	0.1662	0.3343
5B	4	12	12	0.1299	0.1963	7.5BG	5	8	19.77	0.203	0.3082	5BG	6	16	30.05	0.1491	0.3345
5B	4	14	12	0.1098	0.1785	7.5BG	5	10	19.77	0.1776	0.3032	5BG	6	18	30.05	0.1325	0.3345
7.5B	4	2	12	0.2733	0.2947	7.5BG	5	12	19.77	0.1537	0.2976	5BG	6	20	30.05	0.1168	0.3344
7.5B	4	4	12	0.2388	0.2704	7.5BG	5	14	19.77	0.1364	0.2932	7.5BG	6	2	30.05	0.2849	0.3172
7.5B	4	6	12	0.2102	0.247	7.5BG	5	16	19.77	0.1167	0.288	7.5BG	6	4	30.05	0.2604	0.3169
7.5B	4	8	12	0.1821	0.2232	7.5BG	5	18	19.77	0.0982	0.2828	7.5BG	6	6	30.05	0.2384	0.3155
7.5B	4	10	12	0.1601	0.2028	10BG	5	2	19.77	0.2796	0.3111	7.5BG	6	8	30.05	0.2171	0.3138
7.5B	4	12	12	0.1393	0.1837	10BG	5	4	19.77	0.2512	0.304	7.5BG	6	10	30.05	0.1961	0.311
7.5B	4	14	12	0.1204	0.1655	10BG	5	6	19.77	0.2234	0.2952	7.5BG	6	12	30.05	0.1762	0.3081
10B	4	2	12	0.2753	0.291	10BG	5	8	19.77	0.197	0.286	7.5BG	6	14	30.05	0.1585	0.3052
10B	4	4	12	0.2429	0.2648	10BG	5	10	19.77	0.1716	0.276	7.5BG	6	16	30.05	0.1408	0.3017
10B	4	6	12	0.2157	0.2407	10BG	5	12	19.77	0.1485	0.2662	7.5BG	6	18	30.05	0.1248	0.2981
10B	4	8	12	0.1893	0.216	10BG	5	14	19.77	0.1308	0.2582	10BG	6	2	30.05	0.2837	0.3132
10B	4	10	12	0.1681	0.1954	10BG	5	16	19.77	0.1108	0.2489	10BG	6	4	30.05	0.2578	0.3078
10B	4	12	12	0.1487	0.176	2.5B	5	2	19.77	0.2791	0.3071	10BG	6	6	30.05	0.2335	0.3015
10B	4	14	12	0.131	0.158	2.5B	5	4	19.77	0.2492	0.2954	10BG	6	8	30.05	0.2116	0.295
10B	4	16	12	0.1155	0.1416	2.5B	5	6	19.77	0.221	0.2823	10BG	6	10	30.05	0.1909	0.2881
2.5PB	4	2	12	0.2782	0.2876	2.5B	5	8	19.77	0.1947	0.2687	10BG	6	12	30.05	0.1698	0.2802
2.5PB	4	4	12	0.2487	0.2597	2.5B	5	10	19.77	0.1697	0.2549	10BG	6	14	30.05	0.1518	0.2729
2.5PB	4	6	12	0.2235	0.2343	2.5B	5	12	19.77	0.1461	0.2406	10BG	6	16	30.05	0.1337	0.2651
2.5PB	4	8	12	0.1995	0.2094	2.5B	5	14	19.77	0.1283	0.2292	10BG	6	18	30.05	0.1181	0.2581
2.5PB	4	10	12	0.1805	0.1888	2.5B	5	16	19.77	0.109	0.2166	2.5B	6	2	30.05	0.2835	0.3097
2.5PB	4	12	12	0.1634	0.1698	5B	5	2	19.77	0.2794	0.3032	2.5B	6	4	30.05	0.2571	0.3008
2.5PB	4	14	12	0.1473	0.1513	5B	5	4	19.77	0.2493	0.2879	2.5B	6	6	30.05	0.2312	0.2899
2.5PB	4	16	12	0.1336	0.1349	5B	5	6	19.77	0.2215	0.2701	2.5B	6	8	30.05	0.208	0.2789
2.5PB	4	18	12	0.1218	0.1208	5B	5	8	19.77	0.1958	0.2519	2.5B	6	10	30.05	0.1879	0.2682
5PB	4	2	12	0.2816	0.2842	5B	5	10	19.77	0.1729	0.2347	2.5B	6	12	30.05	0.166	0.2561
5PB	4	4	12	0.2562	0.256	5B	5	12	19.77	0.1505	0.2172	2.5B	6	14	30.05	0.148	0.2459
5PB	4	6	12	0.2325	0.23	5B	5	14	19.77	0.132	0.2021	2.5B	6	16	30.05	0.1294	0.2348
5PB	4	8	12	0.2103	0.205	5B	5	16	19.77	0.1132	0.1863	5B	6	2	30.05	0.2842	0.3063
5PB	4	10	12	0.1925	0.1843	7.5B	5	2	19.77	0.2803	0.3	5B	6	4	30.05	0.2579	0.2938
5PB	4	12	12	0.1773	0.1659	7.5B	5	4	19.77	0.2511	0.2808	5B	6	6	30.05	0.232	0.2789
5PB	4	14	12	0.1627	0.1479	7.5B	5	6	19.77	0.2248	0.2612	5B	6	8	30.05	0.2088	0.2635
5PB	4	16	12	0.1504	0.1317	7.5B	5	8	19.77	0.2007	0.2417	5B	6	10	30.05	0.1883	0.2487
5PB	4	18	12	0.1392	0.1167	7.5B	5	10	19.77	0.1792	0.223	5B	6	12	30.05	0.1685	0.2339

续表

H	V/	/C	Y	x	y	H	V/	/C	Y	x	y	H	V/	/C	Y	x	y
5PB	4	20	12	0.1288	0.1027	7.5B	5	12	19.77	0.1584	0.2042	5B	6	14	30.05	0.1496	0.2193
7.5PB	4	2	12	0.2861	0.2819	7.5B	5	14	19.77	0.1404	0.1878	5B	6	16	30.05	0.131	0.2048
7.5PB	4	4	12	0.2657	0.2528	7.5B	5	16	19.77	0.123	0.1711	7.5B	6	2	30.05	0.2854	0.3037
7.5PB	4	6	12	0.2471	0.2266	10B	5	2	19.77	0.2821	0.2966	7.5B	6	4	30.05	0.2602	0.2881
7.5PB	4	8	12	0.2304	0.2023	10B	5	4	19.77	0.2547	0.2757	7.5B	6	6	30.05	0.2352	0.2708
7.5PB	4	10	12	0.2158	0.1811	10B	5	6	19.77	0.2299	0.2548	7.5B	6	8	30.05	0.2132	0.2537
7.5PB	4	12	12	0.2037	0.1629	10B	5	8	19.77	0.2067	0.2344	7.5B	6	10	30.05	0.1934	0.2374
7.5PB	4	14	12	0.1941	0.1468	10B	5	10	19.77	0.186	0.2149	7.5B	6	12	30.05	0.1734	0.2203
7.5PB	4	16	12	0.1861	0.1316	10B	5	12	19.77	0.1666	0.1964	7.5B	6	14	30.05	0.1556	0.2043
7.5PB	4	18	12	0.1798	0.1185	10B	5	14	19.77	0.1492	0.1797	7.5B	6	16	30.05	0.1376	0.1879
7.5PB	4	20	12	0.1742	0.1058	10B	5	16	19.77	0.1326	0.1632	10B	6	2	30.05	0.2871	0.3012
7.5PB	4	22	12	0.1713	0.098	10B	5	18	19.77	0.1203	0.1505	10B	6	4	30.05	0.2637	0.284
7.5PB	4	24	12	0.1684	0.0899	2.5PB	5	2	19.77	0.2847	0.2942	10B	6	6	30.05	0.2399	0.265
7.5PB	4	26	12	0.1659	0.0825	2.5PB	5	4	19.77	0.26	0.272	10B	6	8	30.05	0.2189	0.2468
10PB	4	2	12	0.2911	0.2804	2.5PB	5	6	19.77	0.2365	0.2488	10B	6	10	30.05	0.2	0.2298
10PB	4	4	12	0.2759	0.2522	2.5PB	5	8	19.77	0.2157	0.2278	10B	6	12	30.05	0.1803	0.2114
10PB	4	6	12	0.2618	0.2263	2.5PB	5	10	19.77	0.1968	0.2078	10B	6	14	30.05	0.1629	0.1947
10PB	4	8	12	0.2497	0.2038	2.5PB	5	12	19.77	0.1793	0.1894	10B	6	16	30.05	0.1454	0.1778
10PB	4	10	12	0.2388	0.1837	2.5PB	5	14	19.77	0.1642	0.1728	2.5PB	6	2	30.05	0.2897	0.2991
10PB	4	12	12	0.2298	0.1659	2.5PB	5	16	19.77	0.1495	0.1559	2.5PB	6	4	30.05	0.2684	0.2804
10PB	4	14	12	0.222	0.1503	2.5PB	5	18	19.77	0.1363	0.141	2.5PB	6	6	30.05	0.2465	0.2599
10PB	4	16	12	0.217	0.1373	5PB	5	2	19.77	0.2882	0.2923	2.5PB	6	8	30.05	0.2274	0.2406
10PB	4	18	12	0.212	0.1256	5PB	5	4	19.77	0.2662	0.2687	2.5PB	6	10	30.05	0.2095	0.2225
10PB	4	20	12	0.2075	0.114	5PB	5	6	19.77	0.2447	0.2449	2.5PB	6	12	30.05	0.1913	0.2038
10PB	4	22	12	0.2048	0.1064	5PB	5	8	19.77	0.2255	0.2239	2.5PB	6	14	30.05	0.1754	0.1868
10PB	4	24	12	0.202	0.0985	5PB	5	10	19.77	0.208	0.2041	5PB	6	2	30.05	0.2923	0.2978
10PB	4	26	12	0.1994	0.0904	5PB	5	12	19.77	0.1918	0.1858	5PB	6	4	30.05	0.2734	0.2778
10PB	4	28	12	0.1971	0.084	5PB	5	14	19.77	0.1773	0.1689	5PB	6	6	30.05	0.2533	0.2558
10PB	4	30	12	0.1952	0.0778	5PB	5	16	19.77	0.1638	0.1521	5PB	6	8	30.05	0.236	0.2365
2.5P	4	2	12	0.2962	0.2807	5PB	5	18	19.77	0.1518	0.1365	5PB	6	10	30.05	0.2197	0.2188
2.5P	4	4	12	0.2855	0.2531	7.5PB	5	2	19.77	0.2918	0.2908	5PB	6	12	30.05	0.2026	0.1999
2.5P	4	6	12	0.2763	0.23	7.5PB	5	4	19.77	0.2739	0.2666	5PB	6	14	30.05	0.1873	0.1822
2.5P	4	8	12	0.2685	0.2089	7.5PB	5	6	19.77	0.2563	0.2417	7.5PB	6	2	30.05	0.2955	0.2963
2.5P	4	10	12	0.2619	0.1903	7.5PB	5	8	19.77	0.2417	0.2204	7.5PB	6	4	30.05	0.2798	0.2752
2.5P	4	12	12	0.2559	0.173	7.5PB	5	10	19.77	0.2285	0.202	7.5PB	6	6	30.05	0.2638	0.2531
2.5P	4	14	12	0.2509	0.1585	7.5PB	5	12	19.77	0.2157	0.183	7.5PB	6	8	30.05	0.2505	0.2347
2.5P	4	16	12	0.2467	0.1452	7.5PB	5	14	19.77	0.2042	0.1661	7.5PB	6	10	30.05	0.2378	0.2168
2.5P	4	18	12	0.243	0.1332	7.5PB	5	16	19.77	0.1945	0.1511	7.5PB	6	12	30.05	0.2241	0.1975
2.5P	4	20	12	0.2394	0.1221	7.5PB	5	18	19.77	0.1862	0.1365	7.5PB	6	14	30.05	0.2119	0.1799
2.5P	4	22	12	0.2371	0.1143	7.5PB	5	20	19.77	0.1794	0.1239	10PB	6	2	30.05	0.2988	0.2961
2.5P	4	24	12	0.2348	0.1062	10PB	5	2	19.77	0.2959	0.2905	10PB	6	4	30.05	0.2863	0.2747
2.5P	4	26	12	0.2322	0.0978	10PB	5	4	19.77	0.2821	0.2659	10PB	6	6	30.05	0.274	0.2533
2.5P	4	28	12	0.2302	0.0909	10PB	5	6	19.77	0.2686	0.2412	10PB	6	8	30.05	0.2637	0.2352
2.5P	4	30	12	0.2285	0.0847	10PB	5	8	19.77	0.2572	0.2211	10PB	6	10	30.05	0.254	0.2176
2.5P	4	32	12	0.2265	0.0774	10PB	5	10	19.77	0.2478	0.203	10PB	6	12	30.05	0.244	0.1998
5P	4	2	12	0.3022	0.2825	10PB	5	12	19.77	0.2384	0.1857	10PB	6	14	30.05	0.2352	0.1839
5P	4	4	12	0.2958	0.2565	10PB	5	14	19.77	0.2299	0.1698	10PB	6	16	30.05	0.2265	0.1671
5P	4	6	12	0.2903	0.2347	10PB	5	16	19.77	0.2224	0.1555	2.5P	6	2	30.05	0.3016	0.296
5P	4	8	12	0.2855	0.215	10PB	5	18	19.77	0.2174	0.1444	2.5P	6	4	30.05	0.2932	0.2759
5P	4	10	12	0.2814	0.1967	10PB	5	20	19.77	0.2121	0.1329	2.5P	6	6	30.05	0.2842	0.255
5P	4	12	12	0.2778	0.1808	10PB	5	22	19.77	0.2082	0.1225	2.5P	6	8	30.05	0.277	0.2372
5P	4	14	12	0.2747	0.166	2.5P	5	2	19.77	0.3	0.2912	2.5P	6	10	30.05	0.2703	0.2204
5P	4	16	12	0.2718	0.152	2.5P	5	4	19.77	0.2898	0.2667	2.5P	6	12	30.05	0.2647	0.2052
5P	4	18	12	0.2693	0.1408	2.5P	5	6	19.77	0.2806	0.2444	2.5P	6	14	30.05	0.2593	0.1909
5P	4	20	12	0.267	0.13	2.5P	5	8	19.77	0.2728	0.224	2.5P	6	16	30.05	0.2548	0.1768
5P	4	22	12	0.2652	0.1218	2.5P	5	10	19.77	0.2665	0.2075	2.5P	6	18	30.05	0.2504	0.1658
5P	4	24	12	0.2635	0.1132	2.5P	5	12	19.77	0.2608	0.1913	5P	6	2	30.05	0.305	0.2967
5P	4	26	12	0.2618	0.1052	2.5P	5	14	19.77	0.256	0.1774	5P	6	4	30.05	0.3001	0.2778

续表

H	V/	/C	Y	x	y	H	V/	/C	Y	x	y	H	V/	/C	Y	x	y
5P	4	28	12	0.26	0.0971	2.5P	5	16	19.77	0.2515	0.1644	5P	6	6	30.05	0.295	0.2585
5P	4	30	12	0.2588	0.0907	2.5P	5	18	19.77	0.2476	0.1532	5P	6	8	30.05	0.2905	0.2421
5P	4	32	12	0.2574	0.0833	2.5P	5	20	19.77	0.2438	0.1419	5P	6	10	30.05	0.2862	0.226
7.5P	4	2	12	0.3093	0.2859	2.5P	5	22	19.77	0.2402	0.1315	5P	6	12	30.05	0.2829	0.2121
7.5P	4	4	12	0.3084	0.2622	2.5P	5	24	19.77	0.2372	0.1223	5P	6	14	30.05	0.2794	0.1979
7.5P	4	6	12	0.3076	0.2416	2.5P	5	26	19.77	0.2348	0.114	5P	6	16	30.05	0.2761	0.1852
7.5P	4	8	12	0.3066	0.2228	5P	5	2	19.77	0.3045	0.2928	5P	6	18	30.05	0.2731	0.1738
7.5P	4	10	12	0.3056	0.206	5P	5	4	19.77	0.2986	0.2699	5P	6	20	30.05	0.2702	0.1621
7.5P	4	12	12	0.3045	0.1905	5P	5	6	19.77	0.2932	0.2487	7.5P	6	2	30.05	0.3107	0.2993
7.5P	4	14	12	0.3035	0.1755	5P	5	8	19.77	0.2885	0.2296	7.5P	6	4	30.05	0.3107	0.2831
7.5P	4	16	12	0.3028	0.1621	5P	5	10	19.77	0.2845	0.2137	7.5P	6	6	30.05	0.3101	0.265
7.5P	4	18	12	0.3016	0.15	5P	5	12	19.77	0.2806	0.1977	7.5P	6	8	30.05	0.3099	0.2502
7.5P	4	20	12	0.301	0.1396	5P	5	14	19.77	0.2775	0.1847	7.5P	6	10	30.05	0.3092	0.235
7.5P	4	22	12	0.3001	0.1306	5P	5	16	19.77	0.2744	0.1718	7.5P	6	12	30.05	0.309	0.2222
7.5P	4	24	12	0.2993	0.1225	5P	5	18	19.77	0.2718	0.1604	7.5P	6	14	30.05	0.3084	0.2095
7.5P	4	26	12	0.2986	0.1135	5P	5	20	19.77	0.2694	0.1499	7.5P	6	16	30.05	0.308	0.1976
7.5P	4	28	12	0.2979	0.1062	5P	5	22	19.77	0.2673	0.1398	7.5P	6	18	30.05	0.3075	0.187
7.5P	4	30	12	0.2969	0.0979	5P	5	24	19.77	0.2652	0.1304	7.5P	6	20	30.05	0.3069	0.1745
7.5P	4	32	12	0.2962	0.0906	5P	5	26	19.77	0.2635	0.1224	7.5P	6	22	30.05	0.3062	0.1638
10P	4	2	12	0.3162	0.2902	5P	5	28	19.77	0.2618	0.1135	7.5P	6	24	30.05	0.3058	0.1547
10P	4	4	12	0.321	0.2686	7.5P	5	2	19.77	0.3103	0.2959	10P	6	2	30.05	0.3146	0.3018
10P	4	6	12	0.3248	0.2493	7.5P	5	4	19.77	0.31	0.275	10P	6	4	30.05	0.3181	0.2871
10P	4	8	12	0.328	0.2318	7.5P	5	6	19.77	0.3093	0.2555	10P	6	6	30.05	0.3226	0.2716
10P	4	10	12	0.3306	0.2162	7.5P	5	8	19.77	0.3087	0.2375	10P	6	8	30.05	0.3259	0.2584
10P	4	12	12	0.3331	0.2014	7.5P	5	10	19.77	0.308	0.223	10P	6	10	30.05	0.3293	0.245
10P	4	14	12	0.3351	0.1875	7.5P	5	12	19.77	0.3071	0.208	10P	6	12	30.05	0.3321	0.2329
10P	4	16	12	0.337	0.1756	7.5P	5	14	19.77	0.3068	0.1951	10P	6	14	30.05	0.3349	0.2203
10P	4	18	12	0.3386	0.1626	7.5P	5	16	19.77	0.306	0.183	10P	6	16	30.05	0.337	0.2095
10P	4	20	12	0.34	0.15	7.5P	5	18	19.77	0.3052	0.1711	10P	6	18	30.05	0.3388	0.1995
10P	4	22	12	0.3411	0.1424	7.5P	5	20	19.77	0.3042	0.1606	10P	6	20	30.05	0.3409	0.1882
10P	4	24	12	0.3421	0.1337	7.5P	5	22	19.77	0.3038	0.15	10P	6	22	30.05	0.3426	0.1785
10P	4	26	12	0.3428	0.1248	7.5P	5	24	19.77	0.303	0.1423	10P	6	24	30.05	0.3441	0.1698
10P	4	28	12	0.3432	0.1172	7.5P	5	26	19.77	0.3022	0.1331	10P	6	26	30.05	0.3457	0.1604
10P	4	30	12	0.344	0.108	7.5P	5	28	19.77	0.3018	0.1253	2.5RP	6	2	30.05	0.3188	0.3048
2.5RP	4	2	12	0.3231	0.2951	7.5P	5	30	19.77	0.301	0.117	2.5RP	6	4	30.05	0.3272	0.2929
2.5RP	4	4	12	0.334	0.277	10P	5	2	19.77	0.3148	0.2986	2.5RP	6	6	30.05	0.3362	0.2799
2.5RP	4	6	12	0.3442	0.2595	10P	5	4	19.77	0.3198	0.2807	2.5RP	6	8	30.05	0.3437	0.2688
2.5RP	4	8	12	0.3533	0.2438	10P	5	6	19.77	0.3243	0.263	2.5RP	6	10	30.05	0.3509	0.2578
2.5RP	4	10	12	0.3608	0.2301	10P	5	8	19.77	0.328	0.2464	2.5RP	6	12	30.05	0.3582	0.2462
2.5RP	4	12	12	0.3683	0.2162	10P	5	10	19.77	0.3308	0.2328	2.5RP	6	14	30.05	0.3652	0.2355
2.5RP	4	14	12	0.3748	0.2039	10P	5	12	19.77	0.3335	0.2187	2.5RP	6	16	30.05	0.3718	0.2251
2.5RP	4	16	12	0.3807	0.1923	10P	5	14	19.77	0.336	0.2066	2.5RP	6	18	30.05	0.3773	0.2158
2.5RP	4	18	12	0.3865	0.1802	10P	5	16	19.77	0.3382	0.1951	2.5RP	6	20	30.05	0.3833	0.2056
2.5RP	4	20	12	0.3926	0.1679	10P	5	18	19.77	0.3401	0.184	2.5RP	6	22	30.05	0.3877	0.1978
2.5RP	4	22	12	0.3967	0.1593	10P	5	20	19.77	0.3422	0.1735	2.5RP	6	24	30.05	0.3927	0.1892
2.5RP	4	24	12	0.4011	0.1504	10P	5	22	19.77	0.3437	0.1644	5RP	6	2	30.05	0.3232	0.3085
2.5RP	4	26	12	0.4048	0.1428	10P	5	24	19.77	0.345	0.1555	5RP	6	4	30.05	0.3371	0.3001
5RP	4	2	12	0.331	0.301	10P	5	26	19.77	0.3468	0.146	5RP	6	6	30.05	0.352	0.2904
5RP	4	4	12	0.3491	0.2872	10P	5	28	19.77	0.3478	0.1388	5RP	6	8	30.05	0.3648	0.282
5RP	4	6	12	0.3671	0.2733	10P	5	30	19.77	0.349	0.1308	5RP	6	10	30.05	0.3769	0.2738
5RP	4	8	12	0.3833	0.26	2.5RP	5	2	19.77	0.3199	0.3019	5RP	6	12	30.05	0.39	0.2646
5RP	4	10	12	0.396	0.2489	2.5RP	5	4	19.77	0.3298	0.2869	5RP	6	14	30.05	0.4023	0.2552
5RP	4	12	12	0.4104	0.2361	2.5RP	5	6	19.77	0.3396	0.2718	5RP	6	16	30.05	0.4136	0.2467
5RP	4	14	12	0.4225	0.2249	2.5RP	5	8	19.77	0.349	0.257	5RP	6	18	30.05	0.4245	0.2382
5RP	4	16	12	0.4339	0.2139	2.5RP	5	10	19.77	0.356	0.2452	5RP	6	20	30.05	0.4368	0.2283
5RP	4	18	12	0.4455	0.2023	2.5RP	5	12	19.77	0.3635	0.2325	5RP	6	22	30.05	0.4449	0.2219
5RP	4	20	12	0.4571	0.1906	2.5RP	5	14	19.77	0.3703	0.2211	7.5RP	6	2	30.05	0.3261	0.3113
5RP	4	22	12	0.4656	0.1821	2.5RP	5	16	19.77	0.3763	0.2108	7.5RP	6	4	30.05	0.3439	0.3056

续表

H	V/	/C	Y	x	y	H	V/	/C	Y	x	y	H	V/	/C	Y	x	y
7.5RP	4	2	12	0.3371	0.3061	2.5RP	5	18	19.77	0.3821	0.2007	7.5RP	6	6	30.05	0.3635	0.2987
7.5RP	4	4	12	0.3612	0.2963	2.5RP	5	20	19.77	0.3873	0.1909	7.5RP	6	8	30.05	0.3791	0.2929
7.5RP	4	6	12	0.385	0.2859	2.5RP	5	22	19.77	0.3924	0.1814	7.5RP	6	10	30.05	0.396	0.286
7.5RP	4	8	12	0.4072	0.275	2.5RP	5	24	19.77	0.3965	0.1738	7.5RP	6	12	30.05	0.4125	0.2784
7.5RP	4	10	12	0.4259	0.2651	2.5RP	5	26	19.77	0.4011	0.1652	7.5RP	6	14	30.05	0.4285	0.2705
7.5RP	4	12	12	0.445	0.2541	5RP	5	2	19.77	0.3256	0.3065	7.5RP	6	16	30.05	0.4448	0.2622
7.5RP	4	14	12	0.4629	0.2437	5RP	5	4	19.77	0.3421	0.2954	7.5RP	6	18	30.05	0.4581	0.2549
7.5RP	4	16	12	0.4799	0.2329	5RP	5	6	19.77	0.3585	0.2842	7.5RP	6	20	30.05	0.4735	0.2464
7.5RP	4	18	12	0.4965	0.2217	5RP	5	8	19.77	0.3748	0.2729						
7.5RP	4	20	12	0.513	0.2101	5RP	5	10	19.77	0.388	0.263						
						5RP	5	12	19.77	0.4022	0.2523						
						5RP	5	14	19.77	0.4142	0.2428						
						5RP	5	16	19.77	0.4261	0.2331						
						5RP	5	18	19.77	0.4372	0.2242						
						5RP	5	20	19.77	0.4484	0.215						
						5RP	5	22	19.77	0.4581	0.2068						
						5RP	5	24	19.77	0.4683	0.1978						
						7.5RP	5	2	19.77	0.3296	0.3098						
						7.5RP	5	4	19.77	0.3515	0.3024						
						7.5RP	5	6	19.77	0.3726	0.2941						
						7.5RP	5	8	19.77	0.3932	0.2852						
						7.5RP	5	10	19.77	0.4108	0.2773						
						7.5RP	5	12	19.77	0.4303	0.2675						
						7.5RP	5	14	19.77	0.4454	0.2596						
						7.5RP	5	16	19.77	0.4617	0.2506						
						7.5RP	5	18	19.77	0.4761	0.2421						
						7.5RP	5	20	19.77	0.4915	0.233						
						7.5RP	5	22	19.77	0.5045	0.2248						
10RP	7	2	43.06	0.3258	0.3148	10RP	8	2	59.1	0.3218	0.3152	10RP	9	2	78.66	0.3205	0.3155
10RP	7	4	43.06	0.3446	0.3125	10RP	8	4	59.1	0.3412	0.3135	10RP	9	4	78.66	0.34	0.314
10RP	7	6	43.06	0.3648	0.3098	10RP	8	6	59.1	0.36	0.3112	10RP	9	6	78.66	0.359	0.3118
10RP	7	8	43.06	0.3851	0.3067	10RP	8	8	59.1	0.38	0.3082	2.5R	9	2	78.66	0.321	0.3168
10RP	7	10	43.06	0.404	0.303	10RP	8	10	59.1	0.3983	0.3049	2.5R	9	4	78.66	0.3445	0.3179
10RP	7	12	43.06	0.426	0.298	2.5R	8	2	59.1	0.3236	0.3169	2.5R	9	6	78.66	0.3665	0.3183
10RP	7	14	43.06	0.4456	0.2931	2.5R	8	4	59.1	0.346	0.3177	5R	9	2	78.66	0.324	0.3188
10RP	7	16	43.06	0.4648	0.2878	2.5R	8	6	59.1	0.3671	0.3175	5R	9	4	78.66	0.3495	0.3226
2.5R	7	2	43.06	0.3284	0.317	2.5R	8	8	59.1	0.39	0.3171	5R	9	6	78.66	0.3734	0.3256
2.5R	7	4	43.06	0.3499	0.3171	2.5R	8	10	59.1	0.4125	0.316	7.5R	9	2	78.66	0.3263	0.321
2.5R	7	6	43.06	0.3728	0.317	5R	8	2	59.1	0.3254	0.3186	7.5R	9	4	78.66	0.3551	0.3283
2.5R	7	8	43.06	0.3961	0.316	5R	8	4	59.1	0.351	0.3224	7.5R	9	6	78.66	0.3812	0.3348
2.5R	7	10	43.06	0.4183	0.3144	5R	8	6	59.1	0.3743	0.3248	10R	9	2	78.66	0.3284	0.3233
2.5R	7	12	43.06	0.4435	0.3119	5R	8	8	59.1	0.4001	0.3263	10R	9	4	78.66	0.36	0.3348
2.5R	7	14	43.06	0.466	0.3082	5R	8	10	59.1	0.4249	0.327	10R	9	6	78.66	0.388	0.3439
2.5R	7	16	43.06	0.4885	0.3039	7.5R	8	2	59.1	0.3277	0.3211	2.5YR	9	2	78.66	0.332	0.3273
5R	7	2	43.06	0.3306	0.319	7.5R	8	4	59.1	0.3564	0.3279	2.5YR	9	4	78.66	0.3641	0.3422
5R	7	4	43.06	0.3552	0.3222	7.5R	8	6	59.1	0.383	0.3335	2.5YR	9	6	78.66	0.3927	0.355
5R	7	6	43.06	0.3805	0.3244	7.5R	8	8	59.1	0.4118	0.3385	5YR	9	2	78.66	0.3353	0.3325
5R	7	8	43.06	0.4067	0.3256	7.5R	8	10	59.1	0.4388	0.3419	5YR	9	4	78.66	0.3668	0.3509
5R	7	10	43.06	0.432	0.326	10R	8	2	59.1	0.3301	0.3237	5YR	9	6	78.66	0.3948	0.3659
5R	7	12	43.06	0.4595	0.3252	10R	8	4	59.1	0.3621	0.3349	7.5YR	9	2	78.66	0.338	0.3377
5R	7	14	43.06	0.4848	0.3238	10R	8	6	59.1	0.391	0.3442	7.5YR	9	4	78.66	0.3679	0.3585
7.5R	7	2	43.06	0.3335	0.322	10R	8	8	59.1	0.4212	0.3526	7.5YR	9	6	78.66	0.395	0.3763
7.5R	7	4	43.06	0.3611	0.3282	10R	8	10	59.1	0.449	0.3589	7.5YR	9	8	78.66	0.422	0.393
7.5R	7	6	43.06	0.3888	0.3336	2.5YR	8	2	59.1	0.3334	0.3276	10YR	9	2	78.66	0.3392	0.343
7.5R	7	8	43.06	0.4196	0.3382	2.5YR	8	4	59.1	0.3667	0.3429	10YR	9	4	78.66	0.3677	0.3668
7.5R	7	10	43.06	0.447	0.3413	2.5YR	8	6	59.1	0.396	0.3547	10YR	9	6	78.66	0.3941	0.3877
7.5R	7	12	43.06	0.4777	0.3435	2.5YR	8	8	59.1	0.4275	0.3662	10YR	9	8	78.66	0.4199	0.4069

续表

H	V/	/C	Y	x	y	H	V/	/C	Y	x	y	H	V/	/C	Y	x	y
7.5R	7	14	43.06	0.5059	0.345	2.5YR	8	10	59.1	0.4552	0.3761	2.5Y	9	2	78.66	0.339	0.3472
7.5R	7	16	43.06	0.5341	0.3452	2.5YR	8	12	59.1	0.4852	0.3847	2.5Y	9	4	78.66	0.3655	0.3738
10R	7	2	43.06	0.336	0.3253	5YR	8	2	59.1	0.3373	0.333	2.5Y	9	6	78.66	0.391	0.3972
10R	7	4	43.06	0.3671	0.336	5YR	8	4	59.1	0.369	0.351	2.5Y	9	8	78.66	0.4154	0.4186
10R	7	6	43.06	0.3984	0.3452	5YR	8	6	59.1	0.3988	0.3663	2.5Y	9	10	78.66	0.437	0.4369
10R	7	8	43.06	0.4308	0.3533	5YR	8	8	59.1	0.431	0.382	2.5Y	9	12	78.66	0.4569	0.4527
10R	7	10	43.06	0.46	0.3596	5YR	8	10	59.1	0.4576	0.3938	5Y	9	2	78.66	0.3378	0.3504
10R	7	12	43.06	0.493	0.3659	5YR	8	12	59.1	0.4849	0.405	5Y	9	4	78.66	0.3621	0.3799
10R	7	14	43.06	0.5234	0.37	5YR	8	14	59.1	0.5088	0.4145	5Y	9	6	78.66	0.3858	0.4071
10R	7	16	43.06	0.5519	0.3729	7.5YR	8	2	59.1	0.3395	0.3379	5Y	9	8	78.66	0.408	0.4319
2.5YR	7	2	43.06	0.3392	0.3298	7.5YR	8	4	59.1	0.3699	0.3586	5Y	9	10	78.66	0.4275	0.4529
2.5YR	7	4	43.06	0.3715	0.3439	7.5YR	8	6	59.1	0.4	0.377	5Y	9	12	78.66	0.4455	0.4719
2.5YR	7	6	43.06	0.4053	0.357	7.5YR	8	8	59.1	0.4306	0.3952	5Y	9	14	78.66	0.4602	0.4869
2.5YR	7	8	43.06	0.4371	0.3679	7.5YR	8	10	59.1	0.4568	0.41	5Y	9	16	78.66	0.4711	0.4977
2.5YR	7	10	43.06	0.4671	0.3768	7.5YR	8	12	59.1	0.4816	0.4232	5Y	9	18	78.66	0.4782	0.5049
2.5YR	7	12	43.06	0.5001	0.3861	7.5YR	8	14	59.1	0.5025	0.4338	5Y	9	20	78.66	0.483	0.5092
2.5YR	7	14	43.06	0.5297	0.3938	7.5YR	8	16	59.1	0.5195	0.4424	7.5Y	9	2	78.66	0.3365	0.3527
2.5YR	7	16	43.06	0.5522	0.3989	7.5YR	8	18	59.1	0.5316	0.448	7.5Y	9	4	78.66	0.3591	0.3832
2.5YR	7	18	43.06	0.5695	0.4024	7.5YR	8	20	59.1	0.5391	0.4518	7.5Y	9	6	78.66	0.3811	0.4123
2.5YR	7	20	43.06	0.5824	0.4046	10YR	8	2	59.1	0.3407	0.3434	7.5Y	9	8	78.66	0.4019	0.4392
5YR	7	2	43.06	0.3421	0.3349	10YR	8	4	59.1	0.3701	0.3674	7.5Y	9	10	78.66	0.4201	0.4622
5YR	7	4	43.06	0.375	0.353	10YR	8	6	59.1	0.3994	0.3896	7.5Y	9	12	78.66	0.4369	0.4829
5YR	7	6	43.06	0.4091	0.3701	10YR	8	8	59.1	0.428	0.4102	7.5Y	9	14	78.66	0.4503	0.4993
5YR	7	8	43.06	0.4402	0.3842	10YR	8	10	59.1	0.4527	0.4268	7.5Y	9	16	78.66	0.4595	0.5104
5YR	7	10	43.06	0.4711	0.3972	10YR	8	12	59.1	0.4753	0.4414	7.5Y	9	18	78.66	0.4663	0.5188
5YR	7	12	43.06	0.5007	0.4081	10YR	8	14	59.1	0.494	0.453	10Y	9	2	78.66	0.3349	0.3537
5YR	7	14	43.06	0.5252	0.4168	10YR	8	16	59.1	0.5079	0.4613	10Y	9	4	78.66	0.3558	0.3852
5YR	7	16	43.06	0.5437	0.4228	10YR	8	18	59.1	0.5179	0.467	10Y	9	6	78.66	0.3761	0.4155
5YR	7	18	43.06	0.5564	0.4267	10YR	8	20	59.1	0.5245	0.4709	10Y	9	8	78.66	0.3957	0.445
5YR	7	20	43.06	0.5657	0.4298	2.5Y	8	2	59.1	0.3406	0.3484	10Y	9	10	78.66	0.412	0.4694
7.5YR	7	2	43.06	0.3437	0.3397	2.5Y	8	4	59.1	0.3684	0.3751	10Y	9	12	78.66	0.4271	0.492
7.5YR	7	4	43.06	0.3772	0.3613	2.5Y	8	6	59.1	0.3969	0.4009	10Y	9	14	78.66	0.4393	0.5101
7.5YR	7	6	43.06	0.4107	0.382	2.5Y	8	8	59.1	0.4231	0.4231	10Y	9	16	78.66	0.4477	0.5225
7.5YR	7	8	43.06	0.4415	0.3996	2.5Y	8	10	59.1	0.4469	0.4423	10Y	9	18	78.66	0.454	0.532
7.5YR	7	10	43.06	0.4704	0.4151	2.5Y	8	12	59.1	0.4678	0.4589	2.5GY	9	2	78.66	0.3321	0.3539
7.5YR	7	12	43.06	0.497	0.4282	2.5Y	8	14	59.1	0.4842	0.4712	2.5GY	9	4	78.66	0.3499	0.3866
7.5YR	7	14	43.06	0.5174	0.4381	2.5Y	8	16	59.1	0.4957	0.48	2.5GY	9	6	78.66	0.367	0.4178
7.5YR	7	16	43.06	0.5319	0.4449	2.5Y	8	18	59.1	0.5033	0.4855	2.5GY	9	8	78.66	0.3834	0.449
7.5YR	7	18	43.06	0.5417	0.4492	2.5Y	8	20	59.1	0.5091	0.49	2.5GY	9	10	78.66	0.3973	0.4761
10YR	7	2	43.06	0.3443	0.3454	5Y	8	2	59.1	0.3394	0.3518	2.5GY	9	12	78.66	0.4108	0.5028
10YR	7	4	43.06	0.3778	0.3719	5Y	8	4	59.1	0.365	0.3826	2.5GY	9	14	78.66	0.4212	0.5237
10YR	7	6	43.06	0.4102	0.396	5Y	8	6	59.1	0.3913	0.4117	2.5GY	9	16	78.66	0.4288	0.5383
10YR	7	8	43.06	0.4399	0.4164	5Y	8	8	59.1	0.4158	0.4378	2.5GY	9	18	78.66	0.4354	0.5508
10YR	7	10	43.06	0.4667	0.4335	5Y	8	10	59.1	0.4376	0.4601	5GY	9	2	78.66	0.3284	0.3534
10YR	7	12	43.06	0.49	0.448	5Y	8	12	59.1	0.4562	0.4788	5GY	9	4	78.66	0.3437	0.3861
10YR	7	14	43.06	0.5074	0.4581	5Y	8	14	59.1	0.4699	0.492	5GY	9	6	78.66	0.3572	0.4179
10YR	7	16	43.06	0.5188	0.465	5Y	8	16	59.1	0.4791	0.5012	5GY	9	8	78.66	0.3698	0.4497
10YR	7	18	43.06	0.5276	0.47	5Y	8	18	59.1	0.4847	0.5069	5GY	9	10	78.66	0.381	0.4791
2.5Y	7	2	43.06	0.3436	0.3507	7.5Y	8	2	59.1	0.3379	0.354	5GY	9	12	78.66	0.3911	0.5082
2.5Y	7	4	43.06	0.3761	0.38	7.5Y	8	4	59.1	0.3622	0.3861	5GY	9	14	78.66	0.3993	0.5329
2.5Y	7	6	43.06	0.4073	0.4073	7.5Y	8	6	59.1	0.3862	0.4175	5GY	9	16	78.66	0.4058	0.5541
2.5Y	7	8	43.06	0.4353	0.4312	7.5Y	8	8	59.1	0.4088	0.4466	5GY	9	18	78.66	0.4108	0.5699
2.5Y	7	10	43.06	0.4606	0.4516	7.5Y	8	10	59.1	0.4283	0.4712	7.5GY	9	2	78.66	0.3198	0.35
2.5Y	7	12	43.06	0.4806	0.4666	7.5Y	8	12	59.1	0.4455	0.4917	7.5GY	9	4	78.66	0.3274	0.3793
2.5Y	7	14	43.06	0.495	0.4773	7.5Y	8	14	59.1	0.4574	0.5062	7.5GY	9	6	78.66	0.3351	0.4111
2.5Y	7	16	43.06	0.5049	0.4843	7.5Y	8	16	59.1	0.4658	0.5158	7.5GY	9	8	78.66	0.3414	0.4415
5Y	7	2	43.06	0.3419	0.354	7.5Y	8	18	59.1	0.4709	0.522	7.5GY	9	10	78.66	0.3471	0.4735
5Y	7	4	43.06	0.3718	0.3885	10Y	8	2	59.1	0.3359	0.3552	7.5GY	9	12	78.66	0.3518	0.5042

续表

H	V/	/C	Y	x	y	H	V/	/C	Y	x	y	H	V/	/C	Y	x	y
5Y	7	6	43.06	0.4009	0.4198	10Y	8	4	59.1	0.3581	0.3883	7.5GY	9	14	78.66	0.3551	0.5339
5Y	7	8	43.06	0.4271	0.4462	10Y	8	6	59.1	0.3803	0.4216	7.5GY	9	16	78.66	0.3581	0.5654
5Y	7	10	43.06	0.4509	0.4696	10Y	8	8	59.1	0.4008	0.452	7.5GY	9	18	78.66	0.3602	0.592
5Y	7	12	43.06	0.4677	0.4857	10Y	8	10	59.1	0.419	0.4791	10GY	9	2	78.66	0.3124	0.3454
5Y	7	14	43.06	0.4791	0.4965	10Y	8	12	59.1	0.4341	0.502	10GY	9	4	78.66	0.3144	0.3711
5Y	7	16	43.06	0.4875	0.5047	10Y	8	14	59.1	0.445	0.5181	10GY	9	6	78.66	0.3153	0.4008
7.5Y	7	2	43.06	0.3396	0.3558	10Y	8	16	59.1	0.4525	0.5295	10GY	9	8	78.66	0.3157	0.4259
7.5Y	7	4	43.06	0.3677	0.3925	10Y	8	18	59.1	0.457	0.5366	10GY	9	10	78.66	0.3155	0.4558
7.5Y	7	6	43.06	0.3943	0.4264	2.5GY	8	2	59.1	0.3327	0.3555	10GY	9	12	78.66	0.3139	0.4829
7.5Y	7	8	43.06	0.4184	0.4568	2.5GY	8	4	59.1	0.3504	0.3887	10GY	9	14	78.66	0.3115	0.5129
7.5Y	7	10	43.06	0.44	0.483	2.5GY	8	6	59.1	0.369	0.423	10GY	9	16	78.66	0.3079	0.544
7.5Y	7	12	43.06	0.4547	0.5005	2.5GY	8	8	59.1	0.3858	0.455	10GY	9	18	78.66	0.3032	0.5748
7.5Y	7	14	43.06	0.4652	0.5128	2.5GY	8	10	59.1	0.4021	0.4869	2.5G	9	2	78.66	0.3058	0.34
7.5Y	7	16	43.06	0.4728	0.5215	2.5GY	8	12	59.1	0.4154	0.5133	2.5G	9	4	78.66	0.3018	0.3606
10Y	7	2	43.06	0.3369	0.3569	2.5GY	8	14	59.1	0.4261	0.5344	2.5G	9	6	78.66	0.2966	0.3846
10Y	7	4	43.06	0.3624	0.3951	2.5GY	8	16	59.1	0.4327	0.5475	2.5G	9	8	78.66	0.2912	0.4054
10Y	7	6	43.06	0.3864	0.4305	2.5GY	8	18	59.1	0.4371	0.5557	2.5G	9	10	78.66	0.2851	0.4275
10Y	7	8	43.06	0.409	0.4641	5GY	8	2	59.1	0.3284	0.3542	2.5G	9	12	78.66	0.2786	0.4491
10Y	7	10	43.06	0.4289	0.4937	5GY	8	4	59.1	0.3433	0.3872	2.5G	9	14	78.66	0.2711	0.4726
10Y	7	12	43.06	0.442	0.5131	5GY	8	6	59.1	0.3573	0.4214	2.5G	9	16	78.66	0.263	0.4966
10Y	7	14	43.06	0.4516	0.5277	5GY	8	8	59.1	0.3696	0.4542	5G	9	2	78.66	0.3017	0.3357
10Y	7	16	43.06	0.4582	0.5375	5GY	8	10	59.1	0.3816	0.4879	5G	9	4	78.66	0.2933	0.3519
2.5GY	7	2	43.06	0.3328	0.3569	5GY	8	12	59.1	0.3924	0.5199	5G	9	6	78.66	0.2832	0.3697
2.5GY	7	4	43.06	0.3534	0.3953	5GY	8	14	59.1	0.4011	0.5468	5G	9	8	78.66	0.2735	0.3854
2.5GY	7	6	43.06	0.3728	0.4316	5GY	8	16	59.1	0.4061	0.5641	5G	9	10	78.66	0.2639	0.4001
2.5GY	7	8	43.06	0.3919	0.4684	5GY	8	18	59.1	0.4104	0.5785	5G	9	12	78.66	0.2528	0.416
2.5GY	7	10	43.06	0.4091	0.503	5GY	8	20	59.1	0.4127	0.5855	7.5G	9	2	78.66	0.2987	0.3323
2.5GY	7	12	43.06	0.4213	0.527	7.5GY	8	2	59.1	0.3194	0.3502	7.5G	9	4	78.66	0.2882	0.3461
2.5GY	7	14	43.06	0.4309	0.5459	7.5GY	8	4	59.1	0.3266	0.3809	7.5G	9	6	78.66	0.2763	0.3607
2.5GY	7	16	43.06	0.4366	0.5578	7.5GY	8	6	59.1	0.3339	0.4129	7.5G	9	8	78.66	0.2652	0.3738
5GY	7	2	43.06	0.3284	0.3559	7.5GY	8	8	59.1	0.3408	0.4452	7.5G	9	10	78.66	0.2545	0.3855
5GY	7	4	43.06	0.3437	0.3929	7.5GY	8	10	59.1	0.3463	0.4791	7.5G	9	12	78.66	0.2419	0.3985
5GY	7	6	43.06	0.3581	0.4291	7.5GY	8	12	59.1	0.3511	0.5144	10G	9	2	78.66	0.2965	0.3293
5GY	7	8	43.06	0.3722	0.4669	7.5GY	8	14	59.1	0.3546	0.549	10G	9	4	78.66	0.284	0.3402
5GY	7	10	43.06	0.3852	0.5051	7.5GY	8	16	59.1	0.3569	0.5798	10G	9	6	78.66	0.2703	0.3513
5GY	7	12	43.06	0.3949	0.5367	7.5GY	8	18	59.1	0.3585	0.6063	10G	9	8	78.66	0.2574	0.3618
5GY	7	14	43.06	0.4027	0.5615	7.5GY	8	20	59.1	0.3592	0.6235	10G	9	10	78.66	0.2457	0.3702
5GY	7	16	43.06	0.4076	0.5783	10GY	8	2	59.1	0.3121	0.3459	10G	9	12	78.66	0.2325	0.3796
7.5GY	7	2	43.06	0.319	0.3516	10GY	8	4	59.1	0.314	0.3727	2.5BG	9	2	78.66	0.2947	0.3267
7.5GY	7	4	43.06	0.3267	0.3848	10GY	8	6	59.1	0.315	0.4014	2.5BG	9	4	78.66	0.2805	0.3349
7.5GY	7	6	43.06	0.3341	0.4191	10GY	8	8	59.1	0.3149	0.4284	2.5BG	9	6	78.66	0.2652	0.3433
7.5GY	7	8	43.06	0.3406	0.4558	10GY	8	10	59.1	0.314	0.4601	2.5BG	9	8	78.66	0.2509	0.3507
7.5GY	7	10	43.06	0.3461	0.495	10GY	8	12	59.1	0.3124	0.4926	2.5BG	9	10	78.66	0.2382	0.3568
7.5GY	7	12	43.06	0.3502	0.5328	10GY	8	14	59.1	0.3091	0.5247	5BG	9	2	78.66	0.293	0.3232
7.5GY	7	14	43.06	0.3532	0.57	10GY	8	16	59.1	0.3043	0.5578	5BG	9	4	78.66	0.2768	0.3287
7.5GY	7	16	43.06	0.3549	0.6	10GY	8	18	59.1	0.2987	0.5919	5BG	9	6	78.66	0.2599	0.3338
7.5GY	7	18	43.06	0.3555	0.6242	10GY	8	20	59.1	0.2918	0.6255	5BG	9	8	78.66	0.2437	0.3378
10GY	7	2	43.06	0.3117	0.3469	10GY	8	22	59.1	0.2846	0.6564	5BG	9	10	78.66	0.2301	0.3405
10GY	7	4	43.06	0.3133	0.3764	10GY	8	24	59.1	0.2781	0.684	7.5BG	9	2	78.66	0.2911	0.3188
10GY	7	6	43.06	0.3142	0.4058	2.5G	8	2	59.1	0.3053	0.3404	7.5BG	9	4	78.66	0.2728	0.3208
10GY	7	8	43.06	0.314	0.4387	2.5G	8	4	59.1	0.3009	0.3614	7.5BG	9	6	78.66	0.2543	0.322
10GY	7	10	43.06	0.3123	0.4732	2.5G	8	6	59.1	0.2952	0.3851	7.5BG	9	8	78.66	0.2361	0.3225
10GY	7	12	43.06	0.3092	0.5095	2.5G	8	8	59.1	0.2896	0.4065	7.5BG	9	10	78.66	0.2215	0.3226
10GY	7	14	43.06	0.3047	0.5458	2.5G	8	10	59.1	0.2829	0.4301	10BG	9	2	78.66	0.2907	0.3159
10GY	7	16	43.06	0.2981	0.5835	2.5G	8	12	59.1	0.2743	0.4554	10BG	9	4	78.66	0.27	0.314
10GY	7	18	43.06	0.2905	0.6186	2.5G	8	14	59.1	0.2661	0.478	10BG	9	6	78.66	0.2501	0.3118
10GY	7	20	43.06	0.2816	0.6563	2.5G	8	16	59.1	0.2563	0.5045	2.5B	9	2	78.66	0.2909	0.3125
10GY	7	22	43.06	0.2728	0.6893	2.5G	8	18	59.1	0.2451	0.5309	2.5B	9	4	78.66	0.268	0.3073

续表

H	V/	/C	Y	x	y	H	V/	/C	Y	x	y	H	V/	/C	Y	x	y
2.5G	7	2	43.06	0.3047	0.3413	2.5G	8	20	59.1	0.2339	0.5561	5B	9	2	78.66	0.2919	0.3102
2.5G	7	4	43.06	0.2992	0.3644	2.5G	8	22	59.1	0.2221	0.5799	5B	9	4	78.66	0.2675	0.3005
2.5G	7	6	43.06	0.2933	0.3873	2.5G	8	24	59.1	0.2091	0.6033	7.5B	9	2	78.66	0.2937	0.3087
2.5G	7	8	43.06	0.2861	0.4129	5G	8	2	59.1	0.3009	0.3359	7.5B	9	4	78.66	0.2688	0.2961
2.5G	7	10	43.06	0.2775	0.4395	5G	8	4	59.1	0.2924	0.3523	10B	9	2	78.66	0.2949	0.3076
2.5G	7	12	43.06	0.2672	0.4667	5G	8	6	59.1	0.2822	0.3702	10B	9	4	78.66	0.2712	0.2924
2.5G	7	14	43.06	0.2568	0.4931	5G	8	8	59.1	0.2723	0.3865	2.5PB	9	2	78.66	0.2975	0.3063
2.5G	7	16	43.06	0.2448	0.5203	5G	8	10	59.1	0.2613	0.4026	5PB	9	2	78.66	0.2991	0.3057
2.5G	7	18	43.06	0.2328	0.5467	5G	8	12	59.1	0.2489	0.4191	7.5PB	9	2	78.66	0.3015	0.3052
2.5G	7	20	43.06	0.2181	0.5744	5G	8	14	59.1	0.2368	0.4348	10PB	9	2	78.66	0.3038	0.3054
2.5G	7	22	43.06	0.2029	0.6017	5G	8	16	59.1	0.224	0.45	10PB	9	4	78.66	0.291	0.285
2.5G	7	24	43.06	0.1875	0.6265	5G	8	18	59.1	0.2103	0.4652	2.5P	9	2	78.66	0.305	0.3051
2.5G	7	26	43.06	0.1689	0.6549	5G	8	20	59.1	0.1956	0.4806	2.5P	9	4	78.66	0.2963	0.2865
5G	7	2	43.06	0.3001	0.3366	5G	8	22	59.1	0.1821	0.494	5P	9	2	78.66	0.3067	0.306
5G	7	4	43.06	0.2902	0.3548	7.5G	8	2	59.1	0.2981	0.3326	5P	9	4	78.66	0.3003	0.287
5G	7	6	43.06	0.2801	0.3721	7.5G	8	4	59.1	0.2874	0.3464	7.5P	9	2	78.66	0.3107	0.3081
5G	7	8	43.06	0.2687	0.3901	7.5G	8	6	59.1	0.2754	0.3608	7.5P	9	4	78.66	0.3117	0.2928
5G	7	10	43.06	0.2554	0.4087	7.5G	8	8	59.1	0.2639	0.3733	7.5P	9	6	78.66	0.312	0.2788
5G	7	12	43.06	0.2416	0.4267	7.5G	8	10	59.1	0.2515	0.3867	10P	9	2	78.66	0.3128	0.3094
5G	7	14	43.06	0.2262	0.445	7.5G	8	12	59.1	0.238	0.4002	10P	9	4	78.66	0.3176	0.2966
5G	7	16	43.06	0.2111	0.4616	7.5G	8	14	59.1	0.2254	0.4125	10P	9	6	78.66	0.3218	0.2845
5G	7	18	43.06	0.1967	0.4771	7.5G	8	16	59.1	0.212	0.4252	2.5RP	9	2	78.66	0.3149	0.3108
5G	7	20	43.06	0.1805	0.4933	7.5G	8	18	59.1	0.198	0.4372	2.5RP	9	4	78.66	0.3234	0.301
5G	7	22	43.06	0.1659	0.5074	7.5G	8	20	59.1	0.1845	0.4492	2.5RP	9	6	78.66	0.3322	0.291
5G	7	24	43.06	0.1521	0.52	10G	8	2	59.1	0.2957	0.3293	5RP	9	2	78.66	0.3172	0.3126
5G	7	26	43.06	0.1397	0.5312	10G	8	4	59.1	0.2828	0.3403	5RP	9	4	78.66	0.3301	0.306
7.5G	7	2	43.06	0.2972	0.3333	10G	8	6	59.1	0.2693	0.3512	5RP	9	6	78.66	0.3431	0.2988
7.5G	7	4	43.06	0.285	0.3482	10G	8	8	59.1	0.2564	0.3611	7.5RP	9	2	78.66	0.319	0.3141
7.5G	7	6	43.06	0.2728	0.3622	10G	8	10	59.1	0.243	0.371	7.5RP	9	4	78.66	0.335	0.3099
7.5G	7	8	43.06	0.2595	0.3764	10G	8	12	59.1	0.2282	0.3811	7.5RP	9	6	78.66	0.3512	0.3052
7.5G	7	10	43.06	0.2445	0.3914	10G	8	14	59.1	0.2148	0.3903						
7.5G	7	12	43.06	0.2295	0.4058	10G	8	16	59.1	0.2012	0.3992						
7.5G	7	14	43.06	0.2139	0.4199	10G	8	18	59.1	0.1866	0.4086						
7.5G	7	16	43.06	0.1982	0.433	10G	8	20	59.1	0.1734	0.4164						
7.5G	7	18	43.06	0.1841	0.4448	2.5BG	8	2	59.1	0.294	0.3268						
7.5G	7	20	43.06	0.1688	0.457	2.5BG	8	4	59.1	0.2791	0.3351						
7.5G	7	22	43.06	0.1539	0.4683	2.5BG	8	6	59.1	0.2647	0.3429						
7.5G	7	24	43.06	0.1415	0.4778	2.5BG	8	8	59.1	0.25	0.35						
7.5G	7	26	43.06	0.1303	0.4858	2.5BG	8	10	59.1	0.2352	0.3566						
10G	7	2	43.06	0.2945	0.3297	2.5BG	8	12	59.1	0.2196	0.363						
10G	7	4	43.06	0.2803	0.3415	2.5BG	8	14	59.1	0.2057	0.3681						
10G	7	6	43.06	0.2662	0.3526	2.5BG	8	16	59.1	0.1915	0.3732						
10G	7	8	43.06	0.2513	0.3635	2.5BG	8	18	59.1	0.1759	0.3782						
10G	7	10	43.06	0.2352	0.3748	5BG	8	2	59.1	0.2919	0.3228						
10G	7	12	43.06	0.2195	0.3854	5BG	8	4	59.1	0.2752	0.3278						
10G	7	14	43.06	0.2033	0.3956	5BG	8	6	59.1	0.2588	0.3318						
10G	7	16	43.06	0.1881	0.4049	5BG	8	8	59.1	0.2419	0.3352						
10G	7	18	43.06	0.1734	0.4135	5BG	8	10	59.1	0.2264	0.3383						
10G	7	20	43.06	0.1589	0.422	5BG	8	12	59.1	0.2101	0.3412						
10G	7	22	43.06	0.1434	0.4306	5BG	8	14	59.1	0.1958	0.3432						
10G	7	24	43.06	0.131	0.4377	5BG	8	16	59.1	0.1814	0.345						
2.5BG	7	2	43.06	0.2927	0.3269	7.5BG	8	2	59.1	0.29	0.3183						
2.5BG	7	4	43.06	0.2764	0.3354	7.5BG	8	4	59.1	0.2718	0.32						
2.5BG	7	6	43.06	0.2608	0.343	7.5BG	8	6	59.1	0.2525	0.3198						
2.5BG	7	8	43.06	0.2439	0.3508	7.5BG	8	8	59.1	0.2352	0.3198						
2.5BG	7	10	43.06	0.2264	0.3576	7.5BG	8	10	59.1	0.2184	0.3196						
2.5BG	7	12	43.06	0.2102	0.3636	7.5BG	8	12	59.1	0.201	0.3188						
2.5BG	7	14	43.06	0.1932	0.3694	7.5BG	8	14	59.1	0.1868	0.3179						

续表

H	V/	/C	Y	x	y	H	V/	/C	Y	x	y	H	V/	/C	Y	x	y
2.5BG	7	16	43.06	0.1788	0.3739	7.5BG	8	16	59.1	0.1721	0.3168						
2.5BG	7	18	43.06	0.1626	0.3788	10BG	8	2	59.1	0.2894	0.3152						
2.5BG	7	20	43.06	0.149	0.3827	10BG	8	4	59.1	0.2686	0.313						
2.5BG	7	22	43.06	0.1334	0.387	10BG	8	6	59.1	0.2489	0.3099						
5BG	7	2	43.06	0.2898	0.3225	10BG	8	8	59.1	0.2302	0.3063						
5BG	7	4	43.06	0.2712	0.3269	10BG	8	10	59.1	0.212	0.3025						
5BG	7	6	43.06	0.2543	0.3302	10BG	8	12	59.1	0.1937	0.2978						
5BG	7	8	43.06	0.2354	0.3335	10BG	8	14	59.1	0.1788	0.2936						
5BG	7	10	43.06	0.2163	0.3361	2.5B	8	2	59.1	0.2897	0.3124						
5BG	7	12	43.06	0.1997	0.3379	2.5B	8	4	59.1	0.2668	0.3067						
5BG	7	14	43.06	0.1838	0.339	2.5B	8	6	59.1	0.2462	0.3						
5BG	7	16	43.06	0.1675	0.3401	2.5B	8	8	59.1	0.2264	0.2923						
5BG	7	18	43.06	0.1515	0.341	2.5B	8	10	59.1	0.2066	0.2839						
5BG	7	20	43.06	0.138	0.3412	2.5B	8	12	59.1	0.1877	0.2752						
7.5BG	7	2	43.06	0.2878	0.3182	5B	8	2	59.1	0.2908	0.3096						
7.5BG	7	4	43.06	0.2671	0.3189	5B	8	4	59.1	0.2671	0.2998						
7.5BG	7	6	43.06	0.249	0.3186	5B	8	6	59.1	0.2457	0.2888						
7.5BG	7	8	43.06	0.2292	0.3178	5B	8	8	59.1	0.2237	0.2761						
7.5BG	7	10	43.06	0.2094	0.3165	7.5B	8	2	59.1	0.2922	0.3077						
7.5BG	7	12	43.06	0.1914	0.3148	7.5B	8	4	59.1	0.2688	0.2956						
7.5BG	7	14	43.06	0.1751	0.3129	7.5B	8	6	59.1	0.2472	0.2821						
7.5BG	7	16	43.06	0.1584	0.3101	7.5B	8	8	59.1	0.2252	0.2668						
7.5BG	7	18	43.06	0.1427	0.3076	10B	8	2	59.1	0.2935	0.3062						
10BG	7	2	43.06	0.2869	0.3143	10B	8	4	59.1	0.2718	0.2911						
10BG	7	4	43.06	0.2642	0.3109	10B	8	6	59.1	0.2512	0.276						
10BG	7	6	43.06	0.2448	0.3069	10B	8	8	59.1	0.2294	0.2587						
10BG	7	8	43.06	0.2235	0.3014	2.5PB	8	2	59.1	0.2957	0.3047						
10BG	7	10	43.06	0.2035	0.2956	2.5PB	8	4	59.1	0.2758	0.2879						
10BG	7	12	43.06	0.1841	0.2892	2.5PB	8	6	59.1	0.2562	0.2709						
10BG	7	14	43.06	0.1671	0.2832	5PB	8	2	59.1	0.2974	0.3039						
10BG	7	16	43.06	0.1489	0.2768	5PB	8	4	59.1	0.2798	0.2861						
2.5B	7	2	43.06	0.2867	0.311	5PB	8	6	59.1	0.2614	0.267						
2.5B	7	4	43.06	0.2629	0.3038	7.5PB	8	2	59.1	0.3003	0.3034						
2.5B	7	6	43.06	0.2418	0.296	7.5PB	8	4	59.1	0.2856	0.2846						
2.5B	7	8	43.06	0.2208	0.2871	7.5PB	8	6	59.1	0.2702	0.2648						
2.5B	7	10	43.06	0.1994	0.2775	10PB	8	2	59.1	0.3027	0.3035						
2.5B	7	12	43.06	0.1797	0.2672	10PB	8	4	59.1	0.2911	0.2848						
2.5B	7	14	43.06	0.1624	0.2581	10PB	8	6	59.1	0.2792	0.2649						
5B	7	2	43.06	0.2875	0.3078	10PB	8	8	59.1	0.2677	0.2443						
5B	7	4	43.06	0.2633	0.2972	2.5P	8	2	59.1	0.3048	0.304						
5B	7	6	43.06	0.241	0.2854	2.5P	8	4	59.1	0.2962	0.285						
5B	7	8	43.06	0.2204	0.2729	2.5P	8	6	59.1	0.2881	0.2671						
5B	7	10	43.06	0.1986	0.2579	2.5P	8	8	59.1	0.28	0.2488						
5B	7	12	43.06	0.1778	0.243	5P	8	2	59.1	0.3065	0.3047						
5B	7	14	43.06	0.1615	0.2307	5P	8	4	59.1	0.3012	0.2868						
7.5B	7	2	43.06	0.2888	0.3058	5P	8	6	59.1	0.2963	0.2704						
7.5B	7	4	43.06	0.2651	0.2927	5P	8	8	59.1	0.2914	0.2534						
7.5B	7	6	43.06	0.2436	0.2787	5P	8	10	59.1	0.287	0.238						
7.5B	7	8	43.06	0.2225	0.2631	7.5P	8	2	59.1	0.3107	0.307						
7.5B	7	10	43.06	0.2016	0.2466	7.5P	8	4	59.1	0.3114	0.2915						
7.5B	7	12	43.06	0.1818	0.2303	7.5P	8	6	59.1	0.3114	0.2785						
10B	7	2	43.06	0.2908	0.3039	7.5P	8	8	59.1	0.3116	0.2626						
10B	7	4	43.06	0.2685	0.2886	7.5P	8	10	59.1	0.3116	0.2497						
10B	7	6	43.06	0.2478	0.2728	7.5P	8	12	59.1	0.3117	0.237						
10B	7	8	43.06	0.2277	0.2559	10P	8	2	59.1	0.3131	0.3084						
10B	7	10	43.06	0.2078	0.2382	10P	8	4	59.1	0.3175	0.2955						
10B	7	12	43.06	0.1883	0.2203	10P	8	6	59.1	0.3213	0.2829						
2.5PB	7	2	43.06	0.2932	0.3025	10P	8	8	59.1	0.325	0.27						

续表

H	V/	/C	Y	x	y	H	V/	/C	Y	x	y	H	V/	/C	Y	x	y
2.5PB	7	4	43.06	0.2729	0.2848	10P	8	10	59.1	0.3282	0.2582						
2.5PB	7	6	43.06	0.2538	0.2677	10P	8	12	59.1	0.3312	0.247						
2.5PB	7	8	43.06	0.2352	0.2498	10P	8	14	59.1	0.3342	0.2349						
2.5PB	7	10	43.06	0.2162	0.2309	2.5RP	8	2	59.1	0.3154	0.31						
5PB	7	2	43.06	0.2952	0.3011	2.5RP	8	4	59.1	0.3239	0.3						
5PB	7	4	43.06	0.2773	0.2828	2.5RP	8	6	59.1	0.3327	0.2898						
5PB	7	6	43.06	0.2596	0.2643	2.5RP	8	8	59.1	0.3406	0.2793						
5PB	7	8	43.06	0.2427	0.2458	2.5RP	8	10	59.1	0.3479	0.2699						
5PB	7	10	43.06	0.2254	0.2267	2.5RP	8	12	59.1	0.3552	0.2594						
7.5PB	7	2	43.06	0.2982	0.3003	2.5RP	8	14	59.1	0.3621	0.2496						
7.5PB	7	4	43.06	0.2833	0.2809	5RP	8	2	59.1	0.318	0.312						
7.5PB	7	6	43.06	0.2687	0.2612	5RP	8	4	59.1	0.3308	0.3052						
7.5PB	7	8	43.06	0.2546	0.2418	5RP	8	6	59.1	0.344	0.2978						
7.5PB	7	10	43.06	0.241	0.2224	5RP	8	8	59.1	0.357	0.29						
10PB	7	2	43.06	0.3005	0.3	5RP	8	10	59.1	0.3685	0.2828						
10PB	7	4	43.06	0.2886	0.2801	5RP	8	12	59.1	0.3818	0.2742						
10PB	7	6	43.06	0.2776	0.2612	7.5RP	8	2	59.1	0.32	0.3136						
10PB	7	8	43.06	0.267	0.2425	7.5RP	8	4	59.1	0.336	0.3092						
10PB	7	10	43.06	0.2563	0.224	7.5RP	8	6	59.1	0.3521	0.3042						
10PB	7	12	43.06	0.2465	0.2058	7.5RP	8	8	59.1	0.3682	0.2983						
2.5P	7	2	43.06	0.3031	0.3	7.5RP	8	10	59.1	0.383	0.293						
2.5P	7	4	43.06	0.295	0.281	7.5RP	8	12	59.1	0.4002	0.2859						
2.5P	7	6	43.06	0.2873	0.2633												
2.5P	7	8	43.06	0.2799	0.2459												
2.5P	7	10	43.06	0.2729	0.2289												
2.5P	7	12	43.06	0.2664	0.2127												
5P	7	2	43.06	0.3059	0.301												
5P	7	4	43.06	0.3009	0.2831												
5P	7	6	43.06	0.2961	0.2663												
5P	7	8	43.06	0.2918	0.2504												
5P	7	10	43.06	0.2872	0.2343												
5P	7	12	43.06	0.2833	0.2197												
5P	7	14	43.06	0.2801	0.2068												
7.5P	7	2	43.06	0.3109	0.3037												
7.5P	7	4	43.06	0.3111	0.288												
7.5P	7	6	43.06	0.3111	0.273												
7.5P	7	8	43.06	0.3109	0.2584												
7.5P	7	10	43.06	0.3108	0.2442												
7.5P	7	12	43.06	0.3104	0.232												
7.5P	7	14	43.06	0.3101	0.2192												
7.5P	7	16	43.06	0.3099	0.2074												
7.5P	7	18	43.06	0.3093	0.1962												
10P	7	2	43.06	0.3138	0.3054												
10P	7	4	43.06	0.3181	0.292												
10P	7	6	43.06	0.3221	0.2786												
10P	7	8	43.06	0.3256	0.2654												
10P	7	10	43.06	0.3288	0.2531												
10P	7	12	43.06	0.3314	0.2423												
10P	7	14	43.06	0.3341	0.2308												
10P	7	16	43.06	0.3368	0.2192												
10P	7	18	43.06	0.3391	0.2088												
10P	7	20	43.06	0.341	0.1988												
10P	7	22	43.06	0.343	0.1883												
2.5RP	7	2	43.06	0.317	0.3076												
2.5RP	7	4	43.06	0.3254	0.2971												
2.5RP	7	6	43.06	0.3338	0.2854												
2.5RP	7	8	43.06	0.3417	0.2745												
2.5RP	7	10	43.06	0.3487	0.2648												

续表

H	V	/C	Y	x	y	H	V	/C	Y	x	y	H	V	/C	Y	x	y
2.5RP	7	12	43.06	0.3555	0.2545												
2.5RP	7	14	43.06	0.362	0.2448												
2.5RP	7	16	43.06	0.3688	0.2342												
2.5RP	7	18	43.06	0.3751	0.2241												
2.5RP	7	20	43.06	0.3811	0.2143												
5RP	7	2	43.06	0.3206	0.3104												
5RP	7	4	43.06	0.3332	0.3032												
5RP	7	6	43.06	0.347	0.2949												
5RP	7	8	43.06	0.3603	0.2869												
5RP	7	10	43.06	0.3713	0.2798												
5RP	7	12	43.06	0.3841	0.271												
5RP	7	14	43.06	0.3958	0.2628												
5RP	7	16	43.06	0.4076	0.254												
5RP	7	18	43.06	0.4186	0.2459												
7.5RP	7	2	43.06	0.3232	0.3125												
7.5RP	7	4	43.06	0.3389	0.3079												
7.5RP	7	6	43.06	0.3562	0.3022												
7.5RP	7	8	43.06	0.3722	0.2963												
7.5RP	7	10	43.06	0.3871	0.2906												
7.5RP	7	12	43.06	0.404	0.2834												
7.5RP	7	14	43.06	0.4195	0.2762												
7.5RP	7	16	43.06	0.4346	0.2689												

附录5　色彩学常用词汇中英文对照表

A

achromatic stimulus　无彩色刺激
acquired color vision deficiency　后天色视觉缺陷
active display　主动显示
adaptation　适应
additive colorimeter　加色法色度计
additive color mixture　加色法混合
advanced colorimetry　高等色度学
advancing color　近似色
adjacency effect　邻界效应
after image　后像
anomalous color vision　异常色觉
anomalous trichromat　色弱
anomalous trichromatism　异常三色性色觉
auto B/W or color　自动黑白与彩色
auto black balance　自动黑平衡
azure blue　天蓝色

B

background color　背景颜色
basic colorimetry　基础色度学
beige　浅褐色、米色
black body　黑体

black body locus　黑体轨迹
black burst　黑场信号
black level　黑电平
blackness　黑度
black plate　黑版
blue　蓝色
blue light's whiteness W_b　蓝光白度 W_b
blueness　蓝度
blue-yellow blindness　蓝黄色盲
body color　不透明色
brightness　视亮度
brightness constancy　视亮度恒常性
brightening agent　荧光增白剂
brown toning　棕调色

C

calculation of tristimulus values　三刺激值计算
cardinal stimuli　主刺激
carmine　洋红色、深红色
cerulean blue　天蓝色
China ink　墨、墨汁
Chinese blue　中国蓝
Chinese color system　中国颜色体系

Chinese vermilion　中国朱红
Chinese white　中国白
chroma　彩度
chroma cosmos 5000　色彩大全 5000
chromatic adaptation　色适应
chromaticity　色品
chromaticity coordinates　色品坐标
chromaticity diagram　色品图
CIE 1976 (L^*, u^*, v^*) color space and color difference formula　CIE 1976 (L^*, u^*, v^*) 色空间及色差公式
CIE 1976 (L^*, a^*, b^*) color space and color difference formula　CIE 1976 (L^*, a^*, b^*) 色空间及色差公式
CIE 1931 (x, y, Y) color system　CIE 1931 (x, y, Y) 颜色系统
CIELAB color system　CIELAB 颜色系统
CIELUV color system　CIELUV 颜色系统
CIE standard colorimetric observer　CIE 标准色度观察者
CIE 1931 standard colorimetric observer　CIE1931 标准色度观察者
CIE standard colorimetric system　CIE 标准色度系统
CIE 1931 standard colorimetric observer　CIE1931 标准色度系统
CIE standard illuminants　CIE 标准施照体（照明体）
CIE standard sources　CIE 标准光源
CIE 1964 supplementary standard colorimetric system　CIE 1964 补充标准色度系统
CIE 1964 supplementary standard colorimetric observer　CIE 1964 补充标准色度观察者
CIE 1976 UCS diagram　CIE 1976 UCS 色品图
clear bulb　透明灯泡，无色灯泡
clear negative　透明负片，无底色负片
clear photoflood lamp　透明散光灯
CMC (l: c) color difference formula　CMC (l: c) 色差公式
coatings　涂料
colorant　色料，着色剂，色素
colorant formulation　配色
colorant formulation and coloration　配色与着色

colorant mixture systems　色料混合系统
coloration　赋色
colorfulness　视彩度，色浓度
colorimeter　比色计，测色仪
colorimetric color reproduction by dot apposition　网点的并列呈色
colorimetric color reproduction by dot superimposition　网点的叠加呈色
colorimetric primary standard of China　中国国家色度基准
colorimetric purity　色度纯度 Pc
colorimetric shift　色度位移
colorimetric system　色度学系统
colorimetric transformation　色度学变换
colorimetry　色度学
coloring　着色，染色
coloring agent, coloring matter　色料，着色剂，色素
coloring power　着色力
color hue A　颜色系统的色调 A
color lightness V　颜色系统的明度 V
color saturation T　颜色系统的饱和度 T
color solid　颜色系统的颜色立体
color system　颜色系统
color　颜色
color agnosia　颜色失认症
color album of Chinese color system　中国颜色体系样册
color analysis of original manuscripture　彩色原稿的颜色分析
color analyzer　彩色分析仪
color appearance　色貌，色表
color appearance model　色貌模型
color appearance systems　色貌系统，色表系统
color arrangement　配色
color arrangement balance　配色平衡
color arrangement focus　配色重点
color atlas　色谱，颜色图谱
color balance　彩色平衡
color bar signal　彩条信号
color blends　色并现
color blindness　色盲
color-blindness test　色盲测验图

color boundary 色边界	color mixture 颜色混合
color breakup 颜色分解	color motion picture 彩色电影
color burst 色同步信号	color negative film 彩色负片
color camera 彩色相机	color order system 色序系统
color cathode ray tube 彩色电子束管	color original manuscripture 彩色原稿
color coding 彩色编码	color perception 颜色感知过程
color compensation filter 彩色补偿滤光镜	color photography 彩色摄影
color conditioning 色彩调节	color picture signal 彩色图像信号
color constancy 颜色恒常性	color positive film 彩色正片
color contrast 颜色对比	color preference 颜色爱好
color correction 彩色校正	color print 彩色照片，彩色拷贝
color corrector 彩色校正器	color printing 彩色印刷
color deficiency 色觉缺陷	color printing register 彩色印刷的套色叠印
color density 彩色密度	color printing sequence 彩色印刷的色序
color development 彩色显影	color print paper 彩色相纸
color difference 色差	color proof 彩色打样
color difference ΔE 色差 ΔE	color purity 色纯
color difference formula 色差公式	color purity allowance 色纯余量
color difference meter 色差计	color purity control 色纯调整
color difference threshold 色差阈值	color pyramid 色锥体
color display 彩色显示	color rendering properties of light source 光源显色性
color distortion 色失真	
color encoder 彩色编码器	color reproduction 色再现
color equation 颜色方程	color reversal film 彩色反转片
color error of reproduction 印刷复制的颜色误差	color reversal material 彩色反转片材料
color fastness 色牢度	color scanner 电子分色机
color fatigue 色疲劳	color scattering 色彩散射
color field 色视场	color sensitive emulsion 感色乳剂
color film 彩色胶片	color sensitive materials and it's processing 彩色感光材料及其处理工艺
color filter 彩色滤光镜	
(color) fixing agent 固色剂	color sensitivity 感色性，彩色感光度
color fusion 色融合	color separation 分色
color gamut 色域	color signal transmission and reception 彩色电视信号的发送与接收
color geometry 色几何（学）	
color glass filter 色玻璃滤光镜	color-size illusion 颜色大小错觉
color harmony 颜色和谐	color solid 颜色立体
color holography 彩色全息摄影	color solid of Chinese color system 中国颜色体系的色立体
color light illumination 色光照明	
color light signal 颜色灯光信号	color space 颜色空间
color masking 色罩，彩色蒙版	color specification 颜色表示
color matching 颜色匹配	color specification mode 颜色描述模式
color measurement of printing ink 印刷油墨的颜色测定	color stimulus 色刺激
	color stimulus function 色刺激函数

color (stimulus) measurement　颜色（刺激）测量
color stimulus mixture systems　颜色刺激混合系统
color table　颜色表
color television　彩色电视
color television camera　彩色电视摄像机
color (temperature) conversion filter　色温变换滤光镜
color temperature T_c　颜色温度 T_c
color temperature meter　色温表
color theory　色觉理论
color tolerance　色宽容度，色宽容量
color top　色陀螺
color triangle　颜色三角形，原色三角形
color TV phosphor　彩色电视荧光粉
color TV systems conversion　彩色电视制式转换
color valence　颜色界
color value　颜色值
color vision　色视觉
color visual response　颜色视觉响应
color wheel　色轮
color zone　色区
complementary color　补色
complementary color stimuli　互补色刺激
complementary wavelength　补色波长
composite light lamp　复合光源
computer color matching (CCM)　计算机配色（CCM）
cones　锥体细胞
contrast　对比，衬比，对比度
contrast sensitivity　对比灵敏度
conventional gravure　照相凹版印刷
cool color　冷色
correlated color temperature T_{cp}　相关色温 T_{cp}
coupling　成色
covering power　遮盖力
cyan　青色
cyanine blue　青蓝

D

dark adaptation　暗适应
daylight fluorescent lamp　白昼荧光灯
daylight illuminant　日光施照体
daylight screen　白昼银幕
daylight type color film　日光型彩色胶片

decomposition of white light　白光分解
definition　清晰度
degrees of freedom in color matching　颜色匹配的自由度
density failure　密度失效
deuteranopia　乙型色盲，绿色盲
developer　显影剂
dim　暗淡的（观察条件）
direct color separation　直接分色
direct screening　直接加网分色
direct toning　直接调色法
discoloration　去色，褪色，变色
display device　显示器件
display primaries　显示基色
display tube　显像管
dissonance　不和谐的
distal stimulus　远距刺激
distribution temperature T_d　分布温度 T_d
dominant wavelength　主波长
dot　网点
dot gain　网点扩大，网点增大
dye　染料
dye developer　染料显影剂
dyeing　染色
dye laser　染料激光器
dyestuff　着色剂

E

earth colors　土色
edge contrast　边缘对比
electrochromic display　电子彩色显示
elementary color　基本色
emerald green　宝石翠绿，鲜绿色
encephalopxy　颜色联想
English red　英国红
equi-energy spectrum　等能光谱
equivalent neutral density (E.N.D)　等效中性灰密度（E.N.D）
Eurocolor system　欧洲颜色系统
evaluation and measurement of color printing　彩色印刷的评价与测试
evolutionary theory of color　色视觉进化论
excitation purity　兴奋纯度 Pe
expansive color　似胀色
exposure density　曝光密度

extended range film 宽容度扩展型胶片
eye 眼

F

fashion color 流行色
field of view (FOV) 视野，视场
figure-ground 图像背景
flake white 铅白
flat-bed scanner 平板扫描仪
flat-panel display 平板显示器
fluorescence 荧光
fluorescent color 荧色
fluorescent dyes 荧光染料
fluorescent lamp 荧光灯
fluorescent pigment 荧光颜料
fluorescent screen 荧光屏
fluorescent whitener, fluorescent whitening agent, fluorescent bleacher 荧光增白剂
FMC color difference formula FMC 色差公式
food dyes 食用染料
foreground color 前景颜色
four-color printing 四色印刷
fovea 中央凹（黄斑中心）
free color 自由色
fresh living color 流行色
fugitive 易褪色的
full color electroluminescent display device 彩色电致发光显示器件
full color liquid crystal display 彩色液晶显示
fundamental color 基础色，基色，原色

G

gloss 光泽
gloss trap 光泽陷阱
gold toning 金调色
gradations 层次渐变
graphic arts film 印刷制版胶片，制版用软片
Grassmann law 格拉斯曼定律
gray component replace 灰色成分替代
grayscale, gray scale, grey scale 灰度级
gravure film 照相凹版印刷胶片
gravure printing 凹版印刷
grey balance of color printing 彩色印刷的灰色平衡
grey density 灰度密度

H

half-tone picture 网目调图像
halftone plate 网目调印版，半色调版，加网印版
Hering theory of vision 赫林四色学说
hexagon of primary color 原色六角形
high definition television (HDTV) 高清晰度电视
highlight 高光
hue 色调，色相
hue circle 色调环

I

illuminant 光源，发光体
illuminant color 光源色
illuminant and light sources 施照体和光源
illuminating and viewing conditions for reflecting specimen 反射样品的照明和观察条件
illuminating and viewing conditions for transmitting specimen 透射样品的照明和观察条件
illumination color 照明色
image 图像
image input device 图像输入设备
image quality 图像质量
image resolution 图像清晰度，图像分辨力
incandescent lamp 白炽灯
index of lightness 明度指数
Indian red 印度红
Indian yellow 印度黄
indigo 靛青
indigoid dyes 靛族染料
ink 油墨
isotemperature line 等色温线

J

Japan colors 日本色
jet printing 喷射印刷
Judd 贾德（NBS 单位）
Judd formula 贾德公式
Judd-Hunter color difference formula 贾德-亨特色差公式
just noticeable difference 最小可觉差（JND）

K

key 基调

Kubelka-Munk law 库贝卡-芒克定律

L

large area transmittance density 平均透射密度
laser Chinese character composition system 激光汉字排版系统
laser printer 激光印刷机
laser printing 激光打印
law of complementary colors 补色律
law of intermediary colors 中间色律
law of substitution 代替律
light 光
light adaptation 亮适应
light and weight feeling of color 颜色的轻重感
light balancing filter 光平衡滤光镜，色温变换滤光镜，LB 镜
lightness 明度
light red 亮红
light source color 光源色
liquid crystal display 液晶显示
liquid crystal display device 液晶显示器
lithographic plate 平版
lithography printing 平版印刷
luminance 光亮度，亮度
luminance coefficient 光亮度系数
luminance factor 光亮度因数，亮度因数
luminance level 亮度水平
luminous color 发光色
luminous pigment 发光颜料
luminous transmittance 光透射比
Luther's condition 卢瑟条件

M

MacAdam ellipse 麦克亚当椭圆
MacAdam formula 麦克亚当公式
MacAdam gamut 麦克亚当限
MacAdam color formula 麦克亚当色差公式
magenta 品红
masking 蒙版（印刷）
masking film 蒙片，蒙版软片
memory color 记忆颜色
mercury vapor lamp 汞灯，水银灯
mesopic spectral luminous efficiency 中间视觉光谱光视效率
mesopic vision 中间视觉

metal halide lamp 金属卤化物灯
metallic pigment 金属颜料
metameric stimuli 同色异谱刺激
minimum perceptible color difference 最小察觉色差（MPCD）
modern development of color theory 颜色科学的现代发展
modulation 色彩造型
monochromatic printing 单色印刷
monochromatic specification 单色表示
monochromatic zone 单色视觉带
monochromatism 全色盲
monochromator 单色器，单色仪
monochrome 单色画
monochrome television 黑白电视
monocular color mixture 单眼混色
multidimentional stimuli 多维刺激
multiplication color mixture 乘积混色（减色混色）
multispectral scanner 多光谱扫描仪
mummy 普鲁士红
Munsell chroma /C 孟塞尔彩度/C
Munsell color book 孟塞尔颜色图册
Munsell color notation 孟塞尔颜色标注
Munsell color solid 孟塞尔颜色立体
Munsell color system 孟塞尔颜色系统
Munsell hue H 孟塞尔色调 H
Munsell renotation system 孟塞尔新标颜色系统
Munsell value V/ 孟塞尔明度 V/

N

natural color system (NCS) 自然色系统（NCS）
natural dyes 天然染料
NCS atlas NCS 色谱
NCS color notation NCS 颜色标号
NCS color solid NCS 颜色立体
NCS elementary attributes NCS 基本属性
NCS elementary colors NCS 基本色
NCS lightness (l) NCS 明度 (l)
NCS saturation (m) NCS 饱和度 (m)
ND filter 中性灰滤光片，灰色滤光片
negative mask 负像蒙片
neon lamp 霓虹灯

Neugebauer equations 聂格伯尔方程,纽介堡方程
Neugebauer primary 聂格伯尔基色,纽介堡基色
neutral color 中性色
neutral point 中性点
neutral zone 中性带
Newton's color circle 牛顿色环
night-blindness 夜盲
north sky light 北方天空光

O

ocher 赭石
Optical Society of America-Uniform Color Scale System (OSA-UCS) 美国光学学会——均匀色系统(OSA-UCS)
opto-electronics colorimeter 光电色度计
opto-electronics integral colorimeter 光电积分测色仪
opponent color 对抗色
organic pigment 有机颜料
XOSA-UCS color solid 美国光学学会——均匀色系统颜色立体
OSA-UCS notation 美国光学学会——均匀色系统标注
Ostwald color notation 奥斯瓦尔德颜色系统标注
Ostwald color solid 奥斯瓦尔德颜色立体
Ostwald color system 奥斯瓦尔德颜色系统
Ostwald full-color content 奥斯瓦尔德全彩色 C
Ostwald whitness (white content) and blackness (black content) 奥斯瓦尔德白度 W 和黑度 B
over correction 过校正

P

paint 油漆,涂料,色料
PCCS chroma PCCS 彩度
PCCS color solid PCCS 颜色立体
PCCS hue PCCS 色调
PCCS lightness PCCS 明度
PCCS tone PCCS 影调
perceived achromatic color 感知无彩色
perceived chroma 感知彩度
perceived chromatic color 感知有彩色
perfect reflecting diffuser (PRD) 完全反射漫射体
perfect transmitting diffuser (PTD) 完全透射漫射体
photographic color separation 照相分色
photopic vision 明视觉
picture signal 图像信号
pigment 颜料
Planckian radiator, black body 普朗克辐射体,黑体
Planck's law 普朗克定律
plane color chart 平面色彩图
plasma display 等离子显示,等离子体显示器
plate 版,印版
plating 印刷制版
plating camera 制版照相机
polarizing filter 偏(振)光滤光镜,偏光镜
porphyropsin 视紫红素
positive mask 正像蒙片
poster 广告画
Practical Color Coordinate System (PCCS) (日本)实用颜色坐标系统(PCCS)
primary color 基础色,原色
primary color signal drive 基色信号激励
print contrast signal (PCS) (条码)印刷反差,印刷色差对比度
printing ink 油墨
process plate 照相制版干版
protanopia 甲型色盲,红色盲
protective coloration 保护色
Prussian blue 普鲁士蓝
Prussian brown 普鲁士棕
Prussian green 普鲁士绿
pseudo color 伪彩色
pseudo color display 伪彩色显示
pseudo color image processing 伪彩色图像处理
psychometric terms 心理度量术语
psychometric brightness 心理度量视亮度
psychometric chromaticness 心理度量色品度
psychometric lightness 心理度量明度
psychophysical color 心理物理色
psychophysical terms 心理物理术语
pupil 瞳孔
purity 纯度
Purkinje phenomenon 浦尔金耶现象
purple boundary 紫红线

Q

quinoline dyes 喹琳染料

R

radiance factor 辐射因数
radiography 射线摄影
rainbow 彩虹
receding color 似远色
red-eye phenomenon 红眼现象
red-green blindness 红绿色盲
redness 红度
redout 红视
red-sensitive emulsion layer 感红乳剂层
redware 紫砂，红土陶
reflectance 光反射比 ρ
reflectance factor 反射因数 R
reflected glare 反射眩光
reflection density 反射密度
reference color stimuli 参比色刺激
related color 相关色
relative color stimulus function 相对色刺激函数
relative spectral power distribution 相对光谱功率分布
reprography 复印
resin 树脂
resolution 分辨率，分辨力
retina 视网膜
retinene 视黄素
retouching 修版
retroreflection 逆反射
reversed contrast 反转对比
rhodopsin 视紫红质
ribbon 色带
rods 杆体细胞
ruby glass 红宝石玻璃

S

safety colors 安全色
saturation 饱和度
scarlet 鲜红
scotopic 暗视觉
screen angle 网屏角度，网线角度
separations, separation film 分色片
sharpness of vision 视觉锐度

silk screen printing 丝网印刷
simultaneous （颜色的）同时对比
single-exposure printer 减色法彩色印片机，一次曝光印片机
sky filter 天空滤光镜
skylight 天空光
smalt 大青色
soft and hard feeling of color 颜色的软、硬感
solid color density of printing 彩色印刷的实地密度
Spanish red 西班牙红
spectral color 光谱色
spectral distribution 光谱分布
spectral luminous efficiency 光谱光视效率
spectral luminous efficiency curve 光谱光视效率曲线
spectral concentration 光谱密度，光谱密集度
spectral tristimulus values 光谱三刺激值
spectrophotometer 光谱光度计，分光光度计
spectrophotometric colorimetry 光谱光度测色法，分光光度法
spectrum locus 光谱轨迹
specular density 镜向密度
standard negative 标准负片，标准底片
standard of reflectance factor 反射因数标准
standard white 标准白
state of chromatic adaptation 色适应状态
stereoscopic motion picture 立体电影
stereoscopic photography 立体摄影
subjective color 主观色
subtractive colorimeter 减色法色度计
subtractive color mixture 减色法混合
subtractive color printer 减色法彩色印片机，一次曝光印片机
successive contrast （颜色的）继时对比，先后对比
surface color 表面色
surround 周场，背景

T

television system 电视制式
tetrachromatic color measurement 四色测色
The Color Harmony Manual 颜色和谐手册
thermographic materials 热敏成像材料

three-color printing　三色印刷
tint　彩色，彩色的等级
tinting strength　着色力
tintometer　色辉计
tone　影调，调子，阶调
toner　色调剂，色粉，墨粉，显影油墨
toners　调色剂，增色剂
toning　调色
total color blindness　全色盲
translucency　半透明
transmission density　透射密度
triangle of primary color　原色三角形
trichromatic colorimeter　三色色度计
trichromatic system　三色系统
trichromatic specification　三色表示
trichromatism　三色视觉
tricolor element　三色单元
trinitron　单枪三束彩色显像管，栅条式彩色显像管
tristimulus values　三刺激值
tritanopia　丙型色盲
troland　楚兰德（视网膜照度单位）
tungsten halogen lamp　卤钨灯
tungsten type　灯光型（胶片）
two-color printing　二色印刷
two-color process　二色照相法
two-stage mask　二级蒙片

U

1960 UCS diagram　1960 UCS 色品图
ultraviolet absorbing filter　紫外线吸收滤光镜
under color removal　底色去除
under correction　欠校正，校正不足
undertone　蕴色
uniform-chromaticity scale diagram（UCS）　均匀色品图（UCS）
unique color, unitary color　基本色，单元色
unrelated color　非相关色
unsharp mask　晕光蒙片，模糊蒙片，虚光蒙片
uranium glass　铀玻璃

V

variable filter　可变色滤色镜
varnish　上光油
vector colorimetry　矢量色度术
verifax　染料转印复印法

vermillion　朱砂
vert emeralde　翡翠绿
video color atlas　视频色谱
videograph　高速阴极射线印刷机，电照相印刷系统
vidicon　视像管
viewing distance　视距
viewing field　视场，视野
viridian　翠绿
virtual color　虚色
visibility　视认性
vision　视觉，视力
visual acuity　视觉灵敏度，视觉锐度
visual angle　视角
visual colorimetry　目视色度学
visual field　视野
visual purple　视绀素，视紫红素
visual pigments　视色素
visual pigments of cones　锥体细胞视色素
visual red　视红素
visual system　视觉系统
visual white　视白素
visual yellow　视黄素
volume color　容量色
Von Kries'persistence law　冯克里斯守恒定律

W

wanted color　必要色
warm black tone　暖黑调
warm black tone developer　暖黑调显影液
warm color　暖色
warm tone developer　暖调显影液
warm tone paper　暖调印相纸
water color　水彩，水色
weighted ordinate method　等间隔波长加权法
white balance　白平衡
white level　白电平
white light　白光
whiteness　白度
white W　白度 W
whiteness constancy　白色恒常
Wratten filter　雷登滤光片
Wright colorimeter　莱特色度计

X

xenon flash lamp　氙闪光灯

xenon lamp 氙灯
xeroprinting 静电印刷法

Y

yellow filter 黄滤光片
yellow coupler 黄成色剂
yellow filter layer 黄滤光层
yellowness 黄度
yellow ocher 土黄
yellow plate 黄版
yellow spot 黄斑
yellow stain 黄色污染，黄斑
Young-Helmholtz's trichromatic theory 杨-亥姆赫兹三色说

Z

zinc yellow 锌黄
zone theory 阶段说

参 考 文 献

1. 荆其诚，焦书兰，喻柏林，胡维生编著. 色度学. 北京：科学出版社，1979. 10
2. 汤顺青主编. 色度学. 北京：北京理工大学出版社，1990
3. 杜功顺. 印刷色彩学. 北京：印刷工业出版社，1995
4. 刘浩学. 桌面出版系统制版工艺. 北京：中国纺织出版社，1998
5. 胡成发. 印刷色彩学与色度学. 北京：印刷工业出版社，1993. 2
6. 武兵. 印刷色彩. 北京：中国轻工业出版社，2002
7. ［美］Bruce Fraser 等著. 刘浩学等译. 色彩管理. 北京：电子工业出版社，2005
8. Dr. R. W. G. Hunt. Measuring Colour. Third Edition. England：Fountain Press，1998
9. Gary G. Field. Color and Its Reproduction. Third Edition. Sewickley：GATF *press*，2004
10. 李亨. 颜色应用分类词典. 广州：广东教育出版社，2001
11. Improvement to Industrial Colour-Difference Evaluation. ［R］. Vienna, Austria：Central Bureau of the CIE，2001
12. Luo M R, Cui G, Rigg B. The Development of the CIE 2000 Colour-Difference Formula：CIEDE2000 ［J］. Color Res. Appl.，2001，26（5）：340~350
13. CIE, The CIE 1997 Interim Colour Appearance Model (Simple Version)，CIECAM97s，*CIE Pub. 131* (1998)
14. N. Moroney, M. D. Fairchild, R. W. G. Hunt, C. J Li, M. R. Luo, and T. Newman, The CIECAM02 color appearance model, *IS&T/SID 10 th Color Imaging Conference*, Scottsdale, 2002. 23~27
15. Specification ICC. 1：2004-10（Profile version 4.2.0.0）Image technology colour management—Architecture, profile format, and data structure, http：//www.color.org
16. ICC White Papers：ICC Profiles, Color Appearance Modeling, and the Microsoft Windows^{TM} Color System, http：//www.color.org/whitepapers.html
17. 刘浩学，袁宇霞，杨文杰. 纽介堡方程的网点扩大量修正法. ［J］，北京印刷学院学报. 1999，7（4）：19~23
18. 刘浩学. 印刷品阶调与明度感觉的关系. ［J］，北京印刷学院学报，2001，9（4）：3~5
19. 刘浩学. CIE 均匀颜色空间与色差公式的应用. ［J］，北京印刷学院学报，2003，11（3）：3~8
20. 刘浩学. 色度学系统在印刷中的应用. ［J］，印刷质量与标准化，2004，5~6 期，28~30
21. 刘浩学. 印刷色彩管理技术的应用与发展. ［J］，北京印刷学院学报，2006，10（5）：1~5
22. GB/T 9851.3—1990　印刷术语　图像制版术语
23. GB/T 17934—1999　印刷技术　网目调分色片、样张和印刷成品的加工过程控制　第 1 部分：参数与测试方法
24. GB/T 17934—1999　印刷技术　网目调分色片、样张和印刷成品的加工过程控制　第 2 部分：胶印
25. CY/T 3—1999　色评价照明和观察条件
26. ISO 5-3 Photography – Density measurements-Part 3：Spectral conditions

印刷包装专业　新书/重点书

本科教材

1. 印后加工技术（第二版）——"十三五"普通高等教育印刷专业规划教材　唐万有　主编　16开　48.00元　ISBN 978-7-5184-0890-5

2. 印刷原理与工艺——普通高等教育"十一五"国家级规划教材　魏先福　主编　16开　36.00元　ISBN 978-7-5019-8164-9

3. 印刷材料学——普通高等教育"十一五"国家级规划教材　陈蕴智　主编　16开　47.00元　ISBN 978-7-5019-8253-0

4. 印刷质量检测与控制——普通高等教育"十一五"国家级规划教材　何晓辉　主编　16开　26.00元　ISBN 978-7-5019-8187-8

5. 包装印刷技术（第二版）——"十二五"普通高等教育本科国家级规划教材　许文才　编著　16开　59.00元　ISBN 978-7-5184-0054-6

6. 包装机械概论——普通高等教育"十一五"国家级规划教材　卢立新　主编　16开　43.00元　ISBN 978-7-5019-8133-5

7. 数字印前原理与技术（带课件）——普通高等教育"十一五"国家级规划教材　刘真　等著　16开　32.00元　ISBN 978-7-5019-7612-6

8. 包装机械（第二版）——"十二五"普通高等教育本科国家级规划教材　孙智慧　高德　主编　16开　59.00元　ISBN 978-7-5184-1163-4

9. 数字印刷——普通高等教育"十一五"国家级规划教材　姚海根　主编　16开　28.00元　ISBN 978-7-5019-7093-3

10. 包装工艺技术与设备——普通高等教育"十一五"国家级规划教材　金国斌　主编　16开　44.00元　ISBN 978-7-5019-6638-7

11. 包装材料学（第二版）（带课件）——"十二五"普通高等教育本科国家级规划教材　国家精品课程主讲教材　王建清　主编　16开　58.00元　ISBN 978-7-5019-9752-7

12. 印刷色彩学（带课件）——普通高等教育"十一五"国家级规划教材　刘浩学　主编　16开　40.00元　ISBN 978-7-5019-6434-7

13. 包装结构设计（第四版）（带课件）——"十二五"普通高等教育本科国家级规划教材国家精品课程主讲教材　孙诚　主编　16开　69.00元　ISBN 978-7-5019-9031-3

14. 包装应用力学——普通高等教育包装工程专业规划教材　高德　主编　16开　30.00元　ISBN 978-7-5019-9223-2

15. 包装装潢与造型设计——普通高等教育包装工程专业规划教材　王家民　主编　16开　56.00元　ISBN 978-7-5019-9378-9

16. 特种印刷技术——普通高等教育"十一五"国家级规划教材　智文广　主编　16开　45.00元　ISBN 978-7-5019-6270-9

17. 包装英语教程（第三版）（带课件）——普通高等教育包装工程专业"十二五"规划材料　金国斌　李蓓蓓　编著　16开　48.00元　ISBN 978-7-5019-8863-1

18. 数字出版——普通高等教育"十二五"规划教材　司占军　顾翀　主编　16开　38.00元　ISBN 978-7-5019-9067-2

19. 柔性版印刷技术（第二版）——"十二五"普通高等教育印刷工程专业规划教材　赵秀萍　主编　16开　36.00元　ISBN 978-7-5019-9638-0

20. 印刷色彩管理（带课件）——普通高等教育印刷工程专业"十二五"规划材料　张霞　编著

16 开　35.00 元　ISBN 978-7-5019-8062-8

21. 印后加工技术——"十二五"普通高等教育印刷工程专业规划教材　高波　编著　16 开　34.00 元　ISBN 978-7-5019-9220-1

22. 包装CAD——普通高等教育包装工程专业"十二五"规划教材　王冬梅　主编　16 开　28.00 元　ISBN 978-7-5019-7860-1

23. 包装概论——普通高等教育"十一五"国家级规划教材　蔡惠平　主编　16 开　22.00 元　ISBN 978-7-5019-6277-8

24. 印刷工艺学——普通高等教育印刷工程专业"十一五"规划教材　齐晓堃　主编　16 开　38.00 元　ISBN 978-7-5019-5799-6

25. 印刷设备概论——北京市高等教育精品教材立项项目　陈虹　主编　16 开　52.00 元　ISBN 978-7-5019-7376-7

26. 包装动力学（带课件）——普通高等教育包装工程专业"十一五"规划教材　高德　计宏伟　主编　16 开　28.00 元　ISBN 978-7-5019-7447-4

27. 包装工程专业实验指导书——普通高等教育包装工程专业"十一五"规划教材　鲁建东　主编　16 开 22.00 元　ISBN 978-7-5019-7419-1

28. 包装自动控制技术及应用——普通高等教育包装工程专业"十一五"规划教材　杨仲林　主编　16 开 34.00 元　ISBN 978-7-5019-6125-2

29. 现代印刷机械原理与设计——普通高等教育印刷工程专业"十一五"规划教材　陈虹　主编　16 开　50.00 元　ISBN 978-7-5019-5800-9

30. 方正书版/飞腾排版教程——普通高等教育印刷工程专业"十一五"规划教材　王金玲　等编著　16 开　40.00 元　ISBN 978-7-5019-5901-3

31. 印刷设计——普通高等教育"十二五"规划教材　李慧媛　主编　大16 开　38.00 元　ISBN 978-7-5019-8065-9

32. 包装印刷与印后加工——"十二五"普通高等教育本科国家级规划教材　许文才　主编　16 开　45.00 元　ISBN 7-5019-3260-3

33. 药品包装学——高等学校专业教材　孙智慧　主编　16 开　40.00 元　ISBN 7-5019-5262-0

34. 新编包装科技英语——高等学校专业教材　金国斌　主编　大32 开　28.00 元　ISBN 978-7-5019-4641-8

35. 物流与包装技术——高等学校专业教材　彭彦平　主编　大32 开　23.00 元　ISBN 7-5019-4292-7

36. 绿色包装（第二版）——高等学校专业教材　武军等　编著　16 开　26.00 元　ISBN 978-7-5019-5816-0

37. 丝网印刷原理与工艺——高等学校专业教材　武军　主编　32 开　20.00 元　ISBN 7-5019-4023-1

38. 柔性版印刷技术——普通高等教育专业教材　赵秀萍　等编　大32 开　20.00 元　ISBN 7-5019-3892-X

高等职业教育教材

39. 印刷材料（第二版）（带课件）——教育部高职高专印刷与包装专业教学指导委员会双元制示范教材　艾海荣　主编　16 开　48.00 元　ISBN 978-7-5184-0974-7

40. 印前图文信息处理（带课件）——教育部高职高专印刷与包装专业教学指导委员会双元制示范教材　诸应照　主编　16 开　42.00 元　ISBN 978-7-5019-7440-5

41. 包装印刷设备（带课件）——教育部高职高专印刷与包装专业教学指导委员会双元制示范教材　国家精品课程主讲教材　余成发　主编　16 开　42.00 元　ISBN 978-7-5019-7461-0

42. 包装工艺（带课件）——教育部高职高专印刷与包装专业教学指导委员会双元制示范教材 吴艳芬　等编著　16开　39.00元　ISBN 978-7-5019-7048-3

43. 包装材料质量检测与评价——教育部高职高专印刷与包装专业教学指导委员会双元制示范教材 郑美琴　主编　16开　28.00元　ISBN 978-7-5019-9338-3

44. 现代胶印机的使用与调节（带课件）——教育部高职高专印刷与包装专业教学指导委员会双元制示范教材　周玉松　主编　16开　39.00元　ISBN 978-7-5019-6840-4

45. 印刷包装专业实训指导书——教育部高职高专印刷与包装专业教学指导委员会双元制示范教材 周玉松　主编　16开　29.00元　ISBN 978-7-5019-6335-5

46. 印刷概论——"十二五"职业教育国家规划教材　国家精品课程"印刷概论"主讲教材　顾萍　编著　16开　34.00　ISBN 978-7-5019-9379-6

47. 印刷工艺——"十二五"职业教育国家规划教材　国家级精品课程、国家精品资源共享课程建设教材　王利婕　主编　16开　79.00　ISBN 978-7-5184-0598-5

48. 印刷设备（第二版）——"十二五"职业教育国家级规划教材　潘光华　主编　16开　39.00元　ISBN 978-5019-9995-8

49. 印刷色彩控制技术（印刷色彩管理）——全国高职高专印刷与包装专业教学指导委员会规划统编教材　国家精品课程主讲教材　魏庆葆　主编　16开　35.00元　ISBN 978-7-5019-8874-7

50. 运输包装设计——全国高职高专印刷与包装专业教学指导委员会规划统编教材　曹国荣　编著　16开　28.00元　ISBN 978-7-5019-8514-2

51. 印刷质量检测与控制——全国高职高专印刷与包装专业教学指导委员会规划统编教材　李荣　编著　16开　42.00元　ISBN 978-7-5019-9374-1

52. 食品包装技术——高等教育高职高专"十三五"规划教材　文周　主编　16开　38.00　ISBN 978-7-5184-1488-8

53. 3D打印技术——全国高等院校"十三五"规划教材　李博　编著　16开　38.00元　ISBN 978-7-5184-1519-9

54. 包装工艺与设备——"十三五"职业教育规划教材　刘安静　主编　16开　43.00元　ISBN 978-7-5184-1375-1

55. 印刷色彩——全国高职高专印刷与包装类专业"十二五"规划教材　朱元泓　等编著　16开　49.00元　ISBN 978-7-5019-9104-4

56. 现代印刷企业管理——全国高职高专印刷与包装类专业"十二五"规划教材　熊伟斌　等主编　16开　40.00元　ISBN 978-7-5019-8841-9

57. 包装材料性能检测及选用（带课件）——全国高职高专印刷与包装专业教学指导委员会规划统编教材　国家精品课程主讲教材　郝晓秀　主编　16开　22.00元　ISBN 978-7-5019-7449-8

58. 包装结构与模切版设计（第二版）（带课件）——"十二五"职业教育国家级规划教材　国家精品课程主讲教材　孙诚　主编　16开　58.00元　ISBN 978-7-5019-9698-8

59. 印刷色彩与色彩管理·色彩管理——全国职业教育印刷包装专业教改示范教材　吴欣　主编　16开　38.00　ISBN 978-7-5019-9771-9

60. 印刷色彩与色彩管理·色彩基础——全国职业教育印刷包装专业教改示范教材　吴欣　主编　16开　59.00　ISBN 978-7-5019-9770-1

61. 纸包装设计与制作实训教程——全国高职高专印刷与包装类专业教学指导委员会规划统编教材　曹国荣　编著　16开　22.00元　ISBN 978-75019-7838-0

62. 数字化印前技术——全国高职高专印刷与包装专业教学指导委员会规划统编教材　赵海生　等编　16开　26.00元　ISBN 978-7-5019-6248-6

63. 设计应用软件系列教程 IllustratorCS——全国高职高专印刷与包装专业教学指导委员会规划统编教材　向锦朋　编著　16开　45.00元　ISBN 978-7-5019-6780-3

64. 包装材料测试技术——全国高职高专印刷与包装专业教学指导委员会规划统编教材　林润惠　主编　16开　30.00元　ISBN 978-7-5019-6313-3

65. 书籍设计——全国高职高专印刷与包装专业教学指导委员会规划统编教材　曹武亦　编著　16开　30.00元　ISBN 7-5019-5563-8

66. 包装概论——全国高职高专印刷与包装专业教学指导委员会规划统编教材　郝晓秀　主编　16开　18.00元　ISBN 978-7-5019-5989-1

67. 印刷色彩——高等职业教育教材　武兵　编著　大32开　15.00元　ISBN 7-5019-3611-0

68. 印后加工技术——高等职业教育教材　唐万有　蔡圣燕　主编　16开　25.00元　ISBN 7-5019-3353-7

69. 印前图文处理——高等职业教育教材　王强　主编　16开　30.00元　ISBN 7-5019-3259-7

70. 网版印刷技术——高等职业教育教材　郑德海　编著　大32开　25.00元　ISBN 7-5019-3243-3

71. 印刷工艺——高等职业教育教材　金银河编　16开　27.00元　ISBN 978-7-5019-3309-X

72. 包装印刷材料——高等职业教育教材　武军　主编　16开　24.00元　ISBN 7-5019-3260-3

73. 印刷机电气自动控制——高等职业教育教材　孙玉秋　主编　大32开　15.00元　ISBN 7-5019-3617-X

74. 印刷设计概论——高等职业教育教材/职业教育与成人教育教材　徐建军　主编　大32开　15.00元　ISBN 7-5019-4457-1

中等职业教育教材

75. 印前制版工艺——全国中等职业教育印刷包装专业教改示范教材　王连军　主编　16开　54.00元　ISBN 978-7-5019-8880-8

76. 平版印刷机使用与调节——全国中等职业教育印刷包装专业教改示范教材　孙星　主编　16开　39.00元　ISBN 978-7-5019-9063-4

77. 印刷概论（带课件）——全国中等职业教育印刷包装专业教改示范教材　唐宇平　主编　16开　25.00元　ISBN 978-7-5019-7951-6

78. 印后加工（带课件）——全国中等职业教育印刷包装专业教改示范教材　刘舜雄　主编　16开　24.00元　ISBN 978-7-5019-7444-3

79. 印刷电工基础（带课件）——全国中等职业教育印刷包装专业教改示范教材　林俊欢等　编著　16开　28.00元　ISBN 978-7-5019-7429-0

80. 印刷英语（带课件）——全国中等职业教育印刷包装专业教改示范教材　许向宏　编著　16开　18.00元　ISBN 978-7-5019-7441-2

81. 印前图像处理实训教程——职业教育"十三五"规划教材　张民　张秀娟　主编　16开　39.00元　ISBN 978-7-5184-1381-2

82. 方正飞腾排版实训教程——职业教育"十三五"规划教材　张民　于卉　主编　16开　38.00元　ISBN 978-7-5184-0838-2

83. 最新实用印刷色彩（附光盘）——印刷专业中等职业教育教材　吴欣　编著　16开　38.00元　ISBN 7-5019-5415-5

84. 包装印刷工艺·特种装潢印刷——中等职业教育教材　管德福　主编　大32开　23.00元　ISBN 7-5019-4406-7

85. 包装印刷工艺·平版胶印——中等职业教育教材　蔡文平　主编　大32开　23.00元　ISBN 7-5019-2896-7

86. 印版制作工艺——中等职业教育教材　李荣　主编　大32开　15.00元　ISBN 7-5019-2932-7

87. 文字图像处理技术·文字处理——中等职业教育教材　吴欣　主编　16开　38.00元　ISBN

7 – 5019 – 4425 – 3

88. 印刷概论——中等职业教育教材　王野光　主编　大32开　20.00元　ISBN 7 – 5019 – 3199 – 2

89. 包装印刷色彩——中等职业教育教材　李炳芳　主编　大32开　12.00元　ISBN 7 – 5019 – 3201 – 8

90. 包装印刷材料——中等职业教育教材　孟刚　主编　大32开　15.00元　ISBN 7 – 5019 – 3347 – 2

91. 印刷机械电路——中等职业教育教材　徐宏飞　主编　16开　23.00元　ISBN 7 – 5019 – 3200 – X

研究生

92. 印刷包装功能材料——普通高等教育"十二五"精品规划研究生系列教材　李路海　编著　16开　46.00元　ISBN 978 – 7 – 5019 – 8971 – 3

93. 塑料软包装材料结构与性能——普通高等教育"十二五"精品规划研究生系列教材　李东立　编著　16开　34.00元　ISBN 978 – 7 – 5019 – 9929 – 3

科技书

94. 纸包装结构设计（第三版）　孙诚　主编　16开　58.00元　ISBN 978 – 7 – 5184 – 0449 – 0

95. 科技查新工作与创新体系　江南大学　编著　异16开　29.00元　ISBN 978 – 7 – 5019 – 6837 – 4

96. 数字图书馆　江南大学著　异16开　36.00元　ISBN 978 – 7 – 5019 – 6286 – 0

97. 现代实用胶印技术——印刷技术精品丛书　张逸新　主编　16开　40.00元　ISBN 978 – 7 – 5019 – 7100 – 8

98. 计算机互联网在印刷出版的应用与数字化原理——印刷技术精品丛书　俞向东　编著　16开　38.00元　ISBN 978 – 7 – 5019 – 6285 – 3

99. 印前图像复制技术——印刷技术精品丛书　孙中华等　编著　16开　24.00元　ISBN 7 – 5019 – 5438 – 0

100. 复合软包装材料的制作与印刷——印刷技术精品丛书　陈永常编　16开　45.00元　ISBN 7 – 5019 – 5582 – 4

101. 现代胶印原理与工艺控制——印刷技术精品丛书　孙中华　编著　16开　28.00元　ISBN 7 – 5019 – 5616 – 2

102. 现代印刷防伪技术——印刷技术精品丛书　张逸新　编著　16开　30.00元　ISBN 7 – 5019 – 5657 – X

103. 胶印设备与工艺——印刷技术精品丛书　唐万有　等编　16开　34.00元　ISBN 7 – 5019 – 5710 – X

104. 数字印刷原理与工艺——印刷技术精品丛书　张逸新　编著　16开　30.00元　ISBN 978 – 7 – 5019 – 5921 – 1

105. 图文处理与印刷设计——印刷技术精品丛书　陈永常　主编　16开　39.00元　ISBN 978 – 7 – 5019 – 6068 – 2

106. 印后加工技术与设备——印刷工程专业职业技能培训教材　李文育　等编　16开　32.00元　ISBN 978 – 7 – 5019 – 6948 – 7

107. 平版胶印机使用与调节——印刷工程专业职业技能培训教材　冷彩凤　等编　16开　40.00元　ISBN 978 – 7 – 5019 – 5990 – 7

108. 印前制作工艺及设备——印刷工程专业职业技能培训教材　李文育　主编　16开　40.00元　ISBN 978 – 7 – 5019 – 6137 – 5

109. 包装印刷设备——印刷工程专业职业技能培训教材　郭凌华　主编　16开　49.00元　ISBN 978 – 7 – 5019 – 6466 – 6

110. 特种印刷新技术　钱军浩　编著　16开　36.00元　ISBN 7 – 5019 – 3222 – 054

111. 现代印刷机与质量控制技术（上）　钱军浩　编著　16开　34.00元　ISBN 7 – 5019 – 3053 – 8